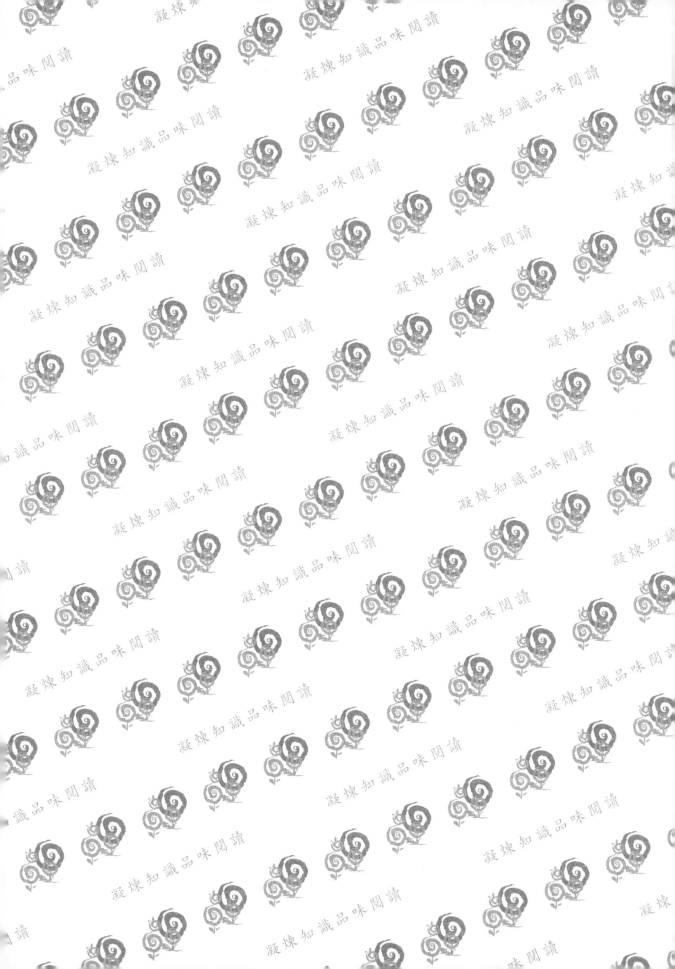

消防叢書系列

火災學

Fire Dynamics

30年火場經驗消防本職博士

作者 盧守謙

協同作者 陳承聖

五南圖書出版公司 印行

推薦序

　　為培育出國家消防安全設備之設計、監造、裝置、檢修及防火防災實務型人才，本校特創立消防安全學士學位學程之獨立系所，建置了水系統、警報系統及氣體滅火系統專業教室等軟硬體設備，擁有全方位師資團隊，跨消防、工程科技、機械工程、電機、資訊等完整博士群組成，每年消防設日間部四技班、進修部四技班及進修學院二技班等，目前也刻正籌備規劃消防系（所），為未來消防人力注入所需的充分能量。

　　本校經營主軸為一核心之提升人的生命品質；三主軸之健康促進、環境保育、關懷服務；四志業之健康、管理、休閒、社會福利等完整理念目標。在消防學程發展上，重視實務學習與經驗獲得，促進學生能盡快了解就業方向；並整合相關科系資源，創造發展出綜合性消防專業課程模組，不僅能整合並加強教學資源，使課程更為專業及專精，還能順應新世紀社會高度分工發展，提升學生消防就業市場之競爭能力。在課程規劃上，含消防、土木建築、機械、化工、電機電子、資訊等基礎知識與專業技能，培育學生具備公共安全、災害防救、職業安全衛生管理等市場所需之專業領域知識；並使學生在校期間，取得救護技術員、防火管理人、保安監督人、CAD 2D、CAD 3D或 Pro/E等相關證照，及能考取消防設備士、消防四等特考、職業安全／衛生（甲級）或職業安全／衛生管理師（員）等公職及專業證照之取得。

　　本書作者盧守謙博士在消防機關服務期間累積豐富之現場救災經歷，也奉派至英國及美國消防學院進階深造，擁有消防設備師，也熟稔英日文能力，教學經驗及消防書籍著作相當豐富。本書再版完整結合理論面與實務面內涵，相信能使讀者在學習上有系統式貫通了解，本人身為作者任教大學之校長，也深感與有榮焉，非常樂意將本書推薦給所有有志消防的朋友們，並敬祝各位身心健康快樂！

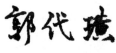

大仁科技大學校長

自序

　　火為溫度變化引發速率失控的放熱化學反應，使火焰具有自行傳播特性；火災實際上是一個較大燃燒規模過程中之副產物。當火災發生時，在物理的以及化學的雙方共同影響，求解火災動態過程相當複雜，就像其他複雜領域一樣，以理論基礎上的簡化關係式來解決工程問題，是一種相當有效之工具。

　　火災對人類和環境影響能否成為社會關注問題，取決於一個國家的意識形態與經濟狀況；而對火災預防與控制投入程度，則取決於一個國家風險意識與價值觀。在消防救災、消防工程或產業安全上，火災學是一門重要理論基礎，從各項消防國考科目上可見一斑。其中消防工程更是因應火災而設，脫離了火災學就失去其存在意義。尤其歐美國家日益倡行性能化設計，消防設計更應了解火災可能動態情境，以達到消防設備在經濟、安全及有效之預期目標。另在火場方面，能預期火勢發展及潛在危險，是關係到第一線搶救行動安全及有效作業與否之指標。

　　近十幾年來火災研究工作湧現出大量新理論，本書盡可能網羅NFPA, SFPE Handbook, Drysdale's Book等，並納入其內涵、圖表與運算，也加入多元化型態如鐵皮屋、倉儲類等本土化常發生火災。在此以30年火場經驗之消防本職博士背景，來進行系統式精心彙編，並儘量插入工學應有之數值運算演練，以整合一門完整之學科。

　　作者任教於大仁科技大學，學校特成立火災鑑識組織，由作者專責執行火災原因調查與鑑定、火災／消防研究產學合作及廠區防火安全技術顧問等，也順應社會市場需求，另於消防學程舉辦各種消防訓練班，有消防20學分班、防火管理人初訓／複訓班及消防設備師士考前衝刺班等推廣教育，也接受客製化消防訓練。在本書改版上，一些專有名詞再考究更多原文資料，予以明確化，也儘量移除消防搶救或應變等內容，回歸以火災動力為主，並大幅增加圖表及其精進化，其中也納入最新考題精解，以符讀者群之反應及高度期待。作為一位消防教育工作者，無不希望國內消防教材之專業水準能提升，這也是作者孳孳不倦之動力根源。

盧守謙 博士

大仁科技大學消防學程火災鑑識中心主任

目　錄

第3章　防火與滅火科學

第4章　固體類火災

第5章　液體類火災

第6章　氣體類火災

第7章　各類滅火劑

第二篇　火災特論

第8章　爆炸科學

第9章　建築物火災發展

第10章　火災煙與煙控

第14章　非建築物火災

參考文獻

第一篇　火災導論

第 **1** 章

火災科學
（Fire Science）

---

[1] 本書可作為工具用書及考試用書，在考試分5種重要程度，分別是非常重要、重要、普通、弱及非常弱。

　　雖然火是人類最早利用的工具之一，但只是在過去50年內才得到相關數學式。爲了使讀者了解火災動力學理化複雜行爲，本書在第1章及第2章能提供相關基本科學，使讀者具有某種程度知識了解，以便探討後續燃燒動力、區劃空間及非區劃空間之火災發展。

圖1-1　本書提供火災學各類原理，以能了解並有效預防及控制火災發生

第1節　氧化起火與燃燒（Oxidation, Fire and Combustion）

　　大多數人認爲火和燃燒是可以互換使用的兩個名詞，但與火相關工作人員應理解其差異性。燃燒（Combustion）是一種燃料快速氧化（化學反應）自我維持，並產生熱和光的過程（物理現象），其可能沒有產生火焰，如燃燒在局部或近燃料表面，僅與氧氣接觸產生沒有火焰之燃燒，如燒炭現象；而火（Fire）則是一種燃料反應生成二氧化碳、水蒸汽等很熱的混合物，進行快速氧化反應，也就是燃燒的結果。火是一種劇烈化學反應，而不是物質！火災實際上是一個較大規模燃燒（Combustion）過程中之副產物（Byproduct）。

表1-1　燃燒與火異同

項目		燃燒	火
相異點	火焰	可能沒有	一定有
	連鎖反應	可能沒有	一定有
相同點		皆為燃燒且快速氧化反應	

一、氧化反應

　　生活中常見由碳和氫構成的物質被氧化，而大多可燃性固體、液體和氣體有機物，就是以碳和氫為主成分。最常見氧化劑是空氣中的氧，空氣組成1/5氧和4/5氮。氧化性物質如硝酸鈉（$NaNO_3$）和氯酸鉀（$KClO_3$）是一種易於釋出氧的化合物，此種化合物中含有氧，反應時無需外界氧，而能遇熱自行氧化燃燒。

　　氧化（Oxidation）是一種發熱反應，由於氧化速度不同，或成為燃燒反應，或成為一般氧化反應，如蘋果削好了，過一些時間表面泛黃、報紙時間久了形成泛黃，其氧化速度慢，發熱量小，且很快散失掉，當然也沒有明顯熱及光之物理現象。人類呼吸作用就是氧化葡萄醣，使得葡萄醣中的氫被氧取代，所產生能量發熱至37℃。即氧化是有機化合物與氧分子發生的自由基鏈反應，金屬特別容易自動氧化，如鐵生鏽、鋁陽級氧化（Anodization）產生蝕洞或銀表面喪失光澤。為防生鏽，以油擦拭金屬或擦油漆，使金屬表面隔離空氣中的氧，致其不能氧化反應；又如油性乳液抹在臉部肌膚上產生抗氧化效果，以保青春。

　　生活中許多有機物易於自動氧化，橡膠與塑膠的老化變質，常是緩慢氧化過程的結果，如橡皮筋於一段長時間慢慢氧化（發熱）變黏。假使自動氧化所產生熱量如不散失，就會自行升溫（Self-Heating）致自燃起火。多孔性固體物質如煤更是如此，因空氣能滲入到內部自動氧化，卻因物質多孔的空氣隔熱屬性（空氣為不良熱導體），而能有效蓄熱，常造成煤炭自燃現象。

圖1-2 有機化合物與空氣氧化所產生熱量如不散失就會自行升溫

二、起火

起火（Fire）是溫度與時間的一個函數，其是能自行持續的一種燃燒過程；若沒有外界引燃起火係為自燃現象。物質的起火溫度是指某一可燃物質達到起火的最低溫度。通常物質引燃溫度顯著低於其自燃溫度。

起火是一個複雜物理化學過程，如固體可燃物可分四階段過程，敘述如下。

(一) 釋出水分之吸熱過程，當熱源與可燃物反應時，可燃物表面結構分子會吸收熱量，熱物理運動使分子間距加大，內部水分會逐漸蒸發至完全釋出。

(二) 熱解之吸熱過程，表面分子熱物理運動加劇，使各原子間熱力平衡產生斷鍵，脫離又重新組合形成更小之分子，如此經歷熱裂解及分解過程，產生微量有機可燃物如 CO、NOx、SO_2 等，及非可燃性 CO_2、Cl_2、HCl、H_2O 等生成物。

(三) 煙之放熱過程，熱解範圍擴大，分解更多氣相產物，這些氣相分子聚合較大直徑之多環高分子化合物，進而形成碳顆粒。這種初始顆粒子是人類視覺無法察覺，隨後會形成有色煙霧粒。而煙霧顏色根據可燃物質分子結構不同，由白色（水蒸氣）至微黃（可燃揮發物）直至黑色（碳粒）。

(四) 火焰之放熱過程，因熱解物理運動加劇化學反應，氧化產物愈來愈多，伴隨二次分解，並與氧反應形成無焰悶燒，繼續蓄熱至震盪火焰出現，並逐漸形成穩態燃燒。

因此，可燃物質起火現象，不僅包含複雜化學過程，也含熱物理過程如熱傳導、對流及質傳過程，以及這些過程之相互作用等。一般而言，燃料和氧分子產生化學反應之前，需先激發成活性狀態。

三、燃燒

燃燒（Combustion）是一種可燃物受熱分解或氧化、還原，解離為游離基，游離基具有比普通分子動能更多活化能，易與其他分子進行反應而生成新游離基，或者自行結合成穩定分子。此種化學過程中也伴隨物理之效應。熱量是在化學過程中所釋放出的物理能量。光是一種存儲在煙灰粒子能量之物理結果。燃燒與一般氧化作比較，差異如表1-2所示。

表1-2　一般氧化與燃燒異同

項目		一般氧化	燃燒
相異點	氧化速度	慢	快
	化學反應	慢	快
	產生熱量	小	大
	產生光亮	無	有
	發生要素	氧、物質	氧、可燃物、熱量
相同點		皆為氧化反應	

許多自發性反應之速率緩慢，分子化學鍵需被打斷，而打斷化學鍵需要額外輸入能量來啟動，才能自行持續的連鎖反應，這種啟動化學反應的能量為活化能。而燃燒涉及固相、液相或氣相燃料，發熱、自行持續之連鎖反應。固態和液態燃料在燃燒前需氣化；有些固體燃燒可直接是無焰燃燒或悶燒，如香菸、家具蓆墊或木屑等具多孔性，空氣能滲入至內部空間，以固態方式產生無焰燃燒，其主要熱源係來自焦碳之氧化作用。另一方面，氣相燃燒通常伴有可見的火焰，若燃燒過程被封閉在某一範圍內，因氣體分子不停地碰撞壁面而產生壓力，致壓力會迅速上升，形成壓力波現象，則為爆炸。

而燃燒、火災與化學性爆炸在實質上是相同的，主要區別在於物質燃燒速度，後者是極短時間完成之瞬間燃燒，而爆炸是帶有壓力波現象。而顆粒大小直接顯著影響

物質燃燒速度，如煤塊燃燒通常是緩慢甚至是悶燒，但磨成煤粉時則產生極快速之粉塵爆炸。

表1-3　燃燒與火災異同

項目		燃燒	火災
相異點	物質	單一物質	多重物質
	規模	小	大
	使用	控制	未控制
	發展	室內外差異小	室內外差異大
	化學反應	較慢	較快（輻射能回饋）
	控制	燃料控制燃燒	室內分燃料及通風控制燃燒
相同點		皆為燃燒且快速氧化反應	

四、爆炸（Explosion）

　　化學性爆炸是爆炸前，燃料和氧化劑已混合。因燃料和氧化劑不需進行混合時間，故燃燒反應能不延遲而迅速地進行。若預混合的氣體被限制在一定範圍，燃燒使其膨脹，可導致迅速升壓爆炸。火災情況與此相反，燃料和氧化劑混合受燃燒過程本身所控制，火災燃燒速率低得多，不會發生以壓力迅速增加為特徵。

表1-4　火災與化學性爆炸異同

項目		火災	爆炸
相異點	氧化燃燒速度	相對慢	極快
	化學反應	相對慢	極快
	壓力波	無	有
	燃料和氧化劑	發生前未混合	發生前已混合
	階段	初期、成長、最盛及衰退	瞬間
相同點		皆需氧化劑、可燃物、熱量及連鎖反應	
		皆有可能是固體、液體或氣體狀態	
		總燃燒熱值二者是相同的	

第2節　吸熱與潛熱（Endothermic and Latent Heat）

一、吸熱和放熱化學反應

物質固體受熱融化爲液體，液體再受熱蒸發爲氣體；或固體直接受熱分解[註1]昇華爲氣體，上述過程皆爲吸熱反應；反之過程，則爲放熱反應；如下圖。

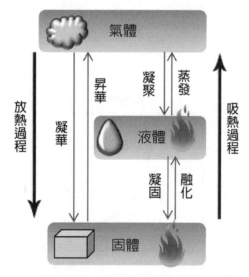

圖1-3　固、液或氣體相互轉變過程之吸熱及放熱反應

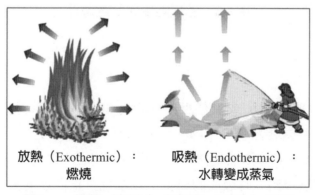

圖1-4　放熱（圖左）與吸熱（圖右）反應

[註1]　一種物質進行化學反應後，生成2種以上化合物或元素的過程，稱爲分解反應。

　　乙炔是一種吸熱化合物，在組成乙炔時需吸收大量熱，一旦乙炔分解時，就放出其在生成時所吸收的熱：

$$C_2H_2 \rightarrow 2C + H_2 + 226.4\,\frac{J}{mol}$$

　　乙炔在化學上分解時是固態碳及氫氣，如果是密閉容器內，分解產生放熱反應使溫度升高，壓力增大致形成爆炸之危險。因此，乙炔常溶於丙酮或酒精等液體儲存，這類似二氧化碳溶於水中形成碳酸水一樣，當打開鋼瓶閥門，壓力下降，氣體就可從溶液中逸出使用；工業上，乙炔配合氧氣形成氧乙炔火焰，能產生高達攝氏3200度的火焰，能進行快速切割作業。

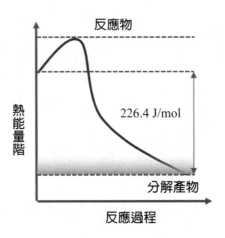

圖1-5　乙炔能量與反應過程

二、潛熱

　　物質從固態轉成液態，或液態轉成氣態，所吸收的熱量稱為潛熱（Latent Heat）；潛熱可分為熔化熱及汽化熱。與之相反，從氣態至液態或從液態至固態轉變過程中，則會放出熱量。潛熱是物質在液相與氣相之間轉變（蒸發潛熱）或固相與液相之間轉變（溶解潛熱）時吸收的熱量，以單位質量內焦耳數[註2]計量。水在沸點（100℃）下的汽化潛熱為2260 J/g，因水擁有相當汽化潛熱，且水是所有物質中具有最高蒸發潛熱，水每克能吸收539cal熱量，這正是水作為滅火劑之有效主因。

[註2]　焦耳（Joule, J）為功（Work）或能量之單位，為每一單位力（1牛頓），移動物體至單位距離（1公尺）之能量（或功）。1焦耳能量相當於使1g的水溫度升高0.24℃，1卡=4.184焦耳。

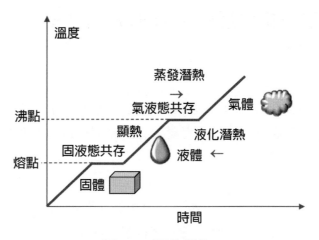

圖1-6　潛熱變化

　　以水滅火主要是吸走燃燒中熱量，現今一般消防車是裝水，如有比水經濟更有效物質，屆時消防車就有可能不裝水，改裝如此物質。

表1-5　物質潛熱比較

物質	熔化潛熱 （J/g）	熔點 （℃）	汽化潛熱 （J/g）	沸點 （℃）
乙醇	108	-114	855	78.3
氨	339	-75	1369	-33.34
二氧化碳	184	-78	574	-57
氫	58	-259	455	-253
氧	13.9	-219	213	-183
甲苯	—	-93	351	110.6
水	334	0	2260	100

（Yaws, 2011）

第3節 活化能與化學反應（Activation Energy and Chemical Reaction）

燃燒過程本質是激烈化學反應過程，而化學反應本質是分子或原子間碰撞之結果。然而，並不是碰撞就會發生化學反應，有的碰撞只是交換能量而已。

一、活化能

欲使氧化反應發生，首要條件就是分子相互之間碰撞，但這些分子沒有足夠能量來產生氧化反應，只有當一定數量分子獲得足夠能量後，才能在碰撞時產生顯著振動，使分子中原子間結合減弱，分子各部分重排才有可能引向化學反應。反應物質不會全部參與化學反應，只有其中一部分活化分子才能參與反應；這些具有足夠能量在碰撞時會發生化學反應的分子，稱為活性分子。而使普通分子轉變為活性分子所必須最低能量稱為活化能，其是一種與反應物能量之差值。

把活化能想像成一個能量即一座山頭，要發生化學反應，反應物分子必須越過山頭。每一個化學反應都對應不同高度山頭。亦即反應物分子必須達到「山頂」，活化分子才能轉化為生成物。所以，活化能實際上是分子反應時必須越過之門檻。顯然，山頭愈高，所需能量愈高，即活化能愈大，分子活化愈困難，反應速率也就愈小。

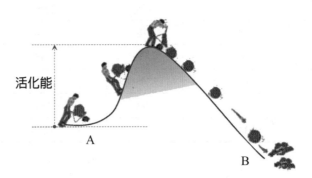

活化能

A

B

圖1-7 所需活化能之能量高低

瑞典Arrhenius提出活化能與化學反應速率常數（k）關係式：

$$k = A \times \exp^{(\frac{-E}{RT})}$$

A = 碰撞頻率因子，與溫度無關一種常數（$Jcm^{-3} sec^{-1}$）

E = 活化能（$J\ mol^{-1}$）；R = 氣體常數（$J\ mol^{-1}K^{-1}$）

T = 絕對溫度（K）。

從關係式看來，反應速率常數（k）是隨著溫度（T）升高，而溫度會使分子間相互碰撞，使能量重新分配，具有高能量分子數增多，提高化學反應速率，而活化能（E）所需能量降低。如圖1-8，當溫度以算術級數增加時，反應速率則以$e^{(\frac{-E}{RT})}$幾何級數急激增加至某一定值。這是個規則，不是一個定律。相反，降低溫度會使反應速率下降，如迅速降溫甚至使反應停止，這常用於一般建築物火災防射水滅火方法。

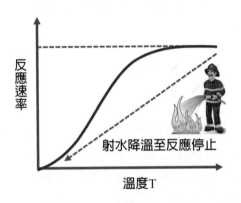

圖1-8　反應速率常數與溫度關係圖

使分子活化方法，如加熱、吸收光能使分子分解成原子、電離使分子電離成自由離子。而化學反應不是瞬間完成，而是能量較高的分子先發生反應，而後其他分子獲得能量，從而變成活化分子，相繼反應；假使初始狀態A反應物吸收一定活化能後，達到活性狀態，則反應可進行，如果A能量 > B能量，則生成產物，並放出能量（$\Delta H > 0$）為放熱反應，反之則吸熱反應。

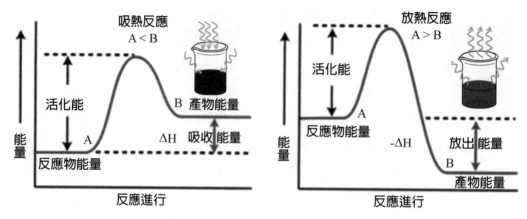

圖1-9　放熱與吸熱反應過程

二、化學反應

化學反應依反應形式分類：

1. 化合反應：二種以上物質生成一種物質，如$C + O_2 \rightarrow CO_2$
2. 分解反應：一種物質分解成二種以上物質，如$C_2H_2 \rightarrow 2C + H_2$
3. 置換反應：一種物質化合反應，生成另外一種物質，如$CuO + H_2 \rightarrow Cu + H_2O$
4. 複分解反應：一種化合物和另一種化合物反應，進行互相交換成分，而反應物質必須有可溶於水。如$Na_2CO_3 + 2HCl \rightarrow 2NaCl + CO_2 + H_2O$

在反應速率上，物質分子反應是藉著相互間碰撞產生的，愈多碰撞則反應速率愈快。增高溫度能使化學反應的速率加快，如鐵與煤炭在空氣中氧化，在常溫時緩慢，但在高溫時進行甚速。而化學反應係反應物原子之間重新排列組合，形成新的化合物，如甲烷與氧氣燃燒反應生成二氧化碳與水。此過程僅是原子之重新排列組合而已。

$$CH_4 + 2O_2 \rightarrow CO_2 + 2H_2O$$

左邊原子種類與右邊完全相同，僅組合方式不同，其中某些鍵被破壞，某些鍵又生成，並不是消滅某原子而產生新原子。所以方程式平衡必須遵循原子不滅之原理。

$$從16g\ CH_4 + 2(32g)\ O_2 \rightarrow 44g\ CO_2 + 2(18g)H_2O$$
$$即反應物16 + 64 = 80g \rightarrow 產物44 + 36 = 80g$$

而CH_4分子質量為：

$$(1\text{mol} \times 12\text{g} + 4\text{mol} \times 1\text{g})\frac{\text{g}}{\text{mol}} \times \frac{1\text{mol}}{6 \times 10^{23}\text{分子}} = 2.66 \times 10^{-23}\frac{\text{g}}{\text{分子}}$$

起燃時需有活化能，可燃物之分子被活化後開始與氧氣反應。以碳氫化合物爲例，完全燃燒後各成爲CO_2及H_2O。

$$CH_4 + 2O_2 \rightarrow CO_2 + 2H_2O$$
$$CmHn + (m + 0.25n)O_2 \rightarrow mCO_2 + 0.5nH_2O$$

例1 試以氨燃燒產物是一氧化氮和水，試平衡其反應方程式。

解：

1. 令NH_3係數爲1。

$$1NH_3 + O_2 \rightarrow NO + H_2O$$

2. 平衡N原子數，則生成物NO係數爲1，因N原子不滅

$$1NH_3 + O_2 \rightarrow 1NO + H_2O$$

3. 平衡H原子數，則生成物水的係數爲$\frac{3}{2}$

$$1NH_3 + O_2 \rightarrow 1NO + \frac{3}{2}H_2O$$

4. 右邊生成物O原子數爲$\frac{5}{2}$，所以左邊O_2之係數必須平衡爲$\frac{5}{4}$

$$1NH_3 + \frac{5}{4}O_2 \rightarrow 1NO + \frac{3}{2}H_2O$$

5. 全部方程式取最小整數比

$$4NH_3 + 5O_2 \rightarrow 4NO + 6H_2O$$

例2 丙烷燃燒反應生成二氧化碳與水，請問1公斤丙烷完全燃燒需要多少重量O_2重及生成二氧化碳多少重量？

解：

$$C_3H_8 + 5O_2 \rightarrow 3CO_2 + 4H_2O$$

莫耳數爲重量除以分子數

$$\frac{丙烷重量}{丙烷分子量} = \frac{1000\,g}{44\,g} = 22.7\,mol丙烷$$

因1mol丙烷需5mol氧氣，所以需氧氣之莫耳數

$$22.7\,mol丙烷 = \frac{5mol氧氣}{1mol丙烷} = 113.5\,mol氧氣$$

重量為莫耳數乘以分子數

$$113.5\,mol氧氣 \times \frac{32g氧氣}{1mol氧氣} = 3.632\,kg氧氣$$

因1mol丙烷需3mol二氧化碳，所以需二氧化碳之莫耳數68.1mol

$$68.1\,mol二氧化碳 \times \frac{44g二氧化碳}{1mol二氧化碳} = 2.96\,kg二氧化碳$$

例3　求甲烷及丙烷等二種瓦斯含碳量與含氫量之百分比各為多少？

解：

$$CH_4之C：H莫耳數比1：4 = \frac{X}{12g} : \frac{100-X}{1g}$$

$$X = 75$$

因此，甲烷含碳量75%，含氫量25%

$$C_3H_8之C：H莫耳數比3：8 = \frac{X}{12g} : \frac{100-X}{1g}$$

$$X = 81.8$$

因此，丙烷含碳量81.8%，含氫量18.2%

例4　甲烷、乙烷、乙烯、乙炔完全燃燒生成二氧化碳、黑煙，何者最多？何者較易不完全燃燒？

解：

比較碳的質量分數

甲烷12/16 = 0.75

乙烷24/30 = 0.80

乙烯24/28 = 0.86

乙炔24/26 = 0.92

因此，含碳多燃燒產生更多二氧化碳、黑煙及較易不完全燃燒，本題以乙炔最多。

例5　氨燃燒反應生成2.5公斤氮與0.5公斤氫，試求氮與氫莫耳數各為多少？

解：

$$2NH_3 \rightarrow N_2 + 3H_2$$

莫耳數為重量除以分子數

$$N_2莫耳數 = 2500g \times \frac{1mol氮}{28g氮} = 89.3mol氮$$

$$H_2莫耳數 = 500g \times \frac{1mol氫}{2g氫} = 250mol氫$$

例6　為提高化學反應速率，而活化能所需能量降低，請問降低活化能之方法？

解：

第4節 理想氣體定律（Ideal Gas Law）

　　理想氣體定律能近似實際氣體的物理行為，以其變量多（溫度、壓力、體積及氣體莫耳數）、適用範圍廣而著稱。理想氣體定律是建立在波以耳定律、查理定律與亞佛加厥定律：

1. 波以耳定律：在T（定溫）、n（定量）下，$V \propto \dfrac{1}{P}$
2. 查理定律：在P（定壓）、n（定量）下，$V \propto T$
3. 亞佛加厥定律：在P（定壓）、T（定溫）下，$V \propto n$

上述也共同顯示壓力（P）、絕對溫度（T）與莫耳數（n）對氣體體積（V）的影響。理想氣體狀態方程式為

(a) P（atm）$\times$ V（L）$=$ n（mole）$\times$ R（氣體常數0.082）$\times$ T（K）

(b) P（kpa）$\times$ V（m^3）$=$ m（kg）$\times$ R（氣體常數$= \dfrac{8.314}{n}$）$\times$ T（K）

$$PV = \frac{W}{M}RT$$

$$M = \frac{\rho RT}{P}$$

式中莫耳數（n）為 $\dfrac{重量（W）}{分子量（M）}$，為使二邊值相等，引入一比例常數R（0.082 $\dfrac{L \times atm}{K \times mol}$）。

表1-6　氣體常數R值　　　　　　　　　　　（NIST, 2015）

R值	單位
8.314	$\dfrac{J}{K \times mol}$
0.082	$\dfrac{L \times atm}{K \times mol}$
1.985	$\dfrac{cal}{K \times mol}$

　　依查理定律，在定壓下，溫度每升降1℃，體積增減在0℃時體積的$\dfrac{1}{273}$。在定容下，溫度每升降1℃，壓力增減在0℃時壓力的$\dfrac{1}{273}$。因此，溫度與壓力之關係曲線如圖1-10所示。

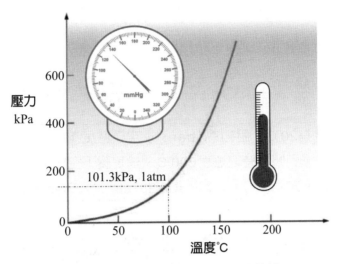

圖1-10　溫度與壓力之正相關曲線

　　而空氣主要為氮氣（N_2）與氧氣（O_2）組成，以一莫耳空氣有28.84g（$28 \times 77\% + 32 \times 23\% = 28.92$）。

例1　在0°C及1atm之理想氣體，求1莫耳體積？

解：

$$V = \frac{nRT}{P} = \frac{1mol \times 0.082 \frac{L \times atm}{K \times mol} \times 273K}{1atm} = 22.42L$$

例2　由實驗得知壓力1atm，溫度0°C時，一莫耳的氣體的體積約為22.4公升，則理想氣體常數（**R**）為多少，始能使PV = nRT之二邊值相等？

解：

$$R = \frac{PV}{nT} = \frac{1atm \times 22.4L}{1mol \times 273K} = 0.082 \frac{L \times atm}{K \times mol}$$

例3　在25°C及1atm之理想氣體，求1莫耳體積？

解：

$$V = \frac{nRT}{P} = \frac{1mol \times 0.082 \frac{L \times atm}{K \times mol} \times 298K}{1atm} = 24.4\ L$$

例4　一甲烷氣體在25°C下體積為4.1公升，等壓下受熱至200°C時體積為何？

解：

從理想氣體定律得知 $\dfrac{V}{T} = \dfrac{nR}{P}$

$$\dfrac{V_1}{T_1} = \dfrac{nR}{P} = \dfrac{V_2}{T_2}，V_2 = \dfrac{T_2 V_1}{T_1} = \dfrac{(473 \times 4.1)}{298} = 6.5（L）$$

例5　室內環境溫度為20℃、壓力為1bar，求空氣密度為多少？如果不考慮其他因素，室內火災達到閃燃時之溫度600℃，求定壓下空氣密度為多少？（R= 8.2 ×10⁻⁵ m³ · atm/K · mol）（1bar = 0.987atm）（Drysdale, 2008）

解：

從理想氣體定律得知 $D = \dfrac{n \times MW}{V} = \dfrac{P \times MW}{RT}$（MW為空氣之莫耳重量28.95g、T為293K）

於溫度20℃時，$D = \dfrac{0.987 \times 28.95}{8.2 \times 10^{-5} \times 293}$，$\rho = 1.19kg/m^3$

於溫度600℃時，$D = 0.39kg/m^3$

例6　在溫度和密度之間關係式，可由理想氣體定律得出，決定密度和溫度間之關係式。煙的主要成分為空氣，假設27℃煙的密度為1.18kg/m³，請問427℃煙的密度約為多少？

解：

$$\rho = \dfrac{353}{T}$$

$$\rho = \dfrac{353}{300} = 1.18kg/m^3$$

$$\rho = \dfrac{353}{700} = 0.50kg/m^{3 \text{ 註3}}$$

例7　若空氣中氧占21%、氮占79%，試問於標準狀況（0℃及1atm）下之空氣密度為多少？

解：

1mol空氣質量= (0.21×32) + (0.79×28) = 28.84（g）

註3　0℃及1atm空氣密度1.29kg/m³，273×1.29 = 353

由PM=rRT → r= $(1 \times 28.84) / (0.082 \frac{L \times atm}{K \times mol} \times 273)$ =1.29kg/m³

例8 試問於標準狀況（0°C及1atm）下之空氣質量為多少？（標準狀況空氣密度 =1.29kg/m³）

解：

由PV = nRT → $P\frac{M}{D}$ = nRT

$101325N/m^2 \times \frac{M}{1.29}$ = 1×8.31J/K.mol×273K

M = 0.0289（kg）

第5節 熱傳與熱慣性（Heat Transfer and Thermal Inertia）

控制火災的因素不僅是化學反應因素，還有氣體流動及熱傳等物理因素；本節對熱傳進行專節探討。

一、熱傳

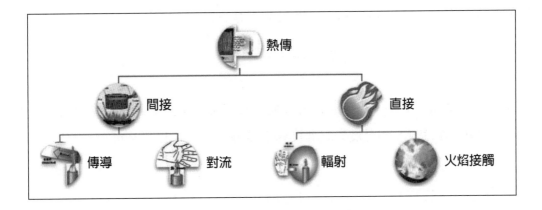

火災是一種熱量傳遞之結果，對熱量或能量轉移之熱傳理解，是了解火行為和火災過程之關鍵。熱傳發生之基本條件是存在溫度差異，根據熱力學第二定律，熱傳之方向必往溫度較低移動，溫度差就是構成熱傳之推動力（Driving Force）。在區畫

空間如船艙能夠透過熱傳4種方式中的一個或多個進行傳輸：即傳導、對流、輻射和火焰直接接觸（Impingement）。事實上，熱傳對一物質而言，是一種熱損失。

(一)傳導（Conduction）

固體的傳熱方式主要是傳導：熱從高溫的物體傳到低溫的物體，即固體溫度梯度內部傳遞的過程。基本上，在固體或靜止流體（液體或氣體）中，熱傳導是由於物體內分子、原子、電子之無規則運動所造成，由一分子向另一分子傳遞振動能的結果。

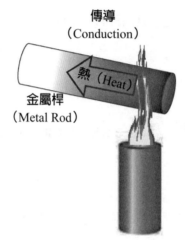

圖1-11　熱傳導：因從火焰熱量造成分子運動，溫度沿著金屬桿上升

1.傳導影響因素

依傅立葉定律（Fourier's Law）指出熱傳導公式，

$$\dot{Q} = kA\frac{T_1 - T_2}{d}　（W）$$

式中

Q = 熱傳導量（W）；k = 熱傳導係數（W/mK）；A = 垂直於傳熱方向之截面積（m^2）；d是從溫度T_1到溫度T_2之溫度梯度傳輸之距離或厚度（m）。

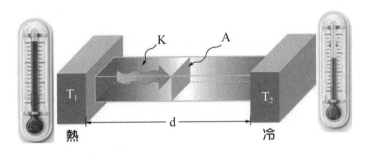

圖1-12 固體物質受到外來熱量之熱傳導

(1)溫度差（ΔT）

溫度差是熱傳之推動力，溫度差與熱傳導量成正比，火場燃燒速度愈快，使溫度增加愈高，如發生閃燃溫度遽增，使建築物使用人陷入危險境界。

(2)熱傳導係數（或傳導率k）

各種材料熱傳導性能不同，傳導性能佳如金屬，其電子自由移動，熱傳速度快，能做熱交換器材料；傳導性能不良如石棉，能做熱絕緣材料。在熱傳導率，固體>液體>氣體；其中固體以金屬熱傳導率效果比非金屬較好，如銅熱傳導幾乎是木材2000倍，銅為一理想傳導體常做為電線使用。依此觀點，氣體難以散熱而最易燃燒，塊狀金屬則較難燃燒。纖維物質如毛氈、布和紙是不良導體，所以相對易於燃燒。空氣也是不良導體，所以大樓窗戶多以雙層玻璃內含空氣，進行隔熱作用。又如棉絮內（Batting）多含氣囊（Air Pockets），能成為良好保溫材料。

正如炒菜時靠金屬鍋面及鍋內油進行熱傳導，使鍋內食物煮熟；又將食物切的很細，以增加其熱傳之表面積，因而較易煮熟。又鍋子把手必須以不易熱傳導之非金屬材質（如木塊或塑膠等），避免燙傷人員。

圖1-13 炒菜以熱傳導方式使金屬鍋內菜煮熟

(3) 截面積（A）

依傅立葉定律（Fourier's Law），單位時間通過一定截面積，正比於熱傳量，如滅焰器（Flame Arrester）是化工廠內常見之防火防爆設備，藉由金屬網良好之熱導傳性，增加其表面積而吸收能量，以快速有效冷卻焰鋒的熱能，並抑制火焰穿透及火花排出。又炒菜鍋面之截面積愈大接觸熱量愈多，熱傳導愈快。

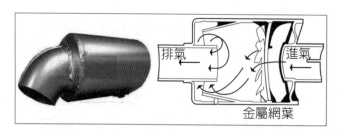

圖1-14　排氣管滅焰器裝置金屬網增加面積以吸收熱能

(4) 厚度或距離（d）

依傅立葉定律，固體物質厚度與熱傳量成反比，如金屬鍋底愈厚，熱量熱傳量將較慢。

2. 傳導與火災

在建築物火災中熱傳導之熱量相當有限，主要是以火災之起火期階段為主，電線設備、菸蒂、線香、火星等熱源，接觸可燃物進行熱傳導，導致起火。在臺灣建築物係屬鋼筋混凝土結構，且牆壁厚度相對厚，依傅立葉定律，固體物質厚度與熱傳量成反比難以熱傳導；但在船舶結構如同鐵皮屋火災一樣，金屬牆壁薄，比熱容小，易以熱傳，這也導致鐵皮屋火災鋼製邊界層扮演熱傳重要因素，尤其是上面屋頂邊界層會有溫度最大傳導熱量。

又依傅立葉定律，熱量傳導與距離成反比，所以火災蔓延常以相鄰空間，在一定時間火勢擴大規模是有限的。

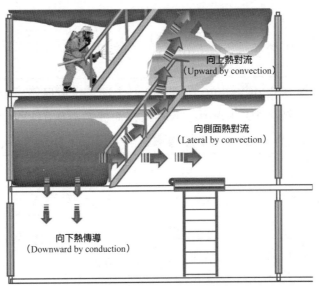

圖1-15 鐵皮屋如同船舶火災有顯著熱傳導問題

　　有此建築防火塗料使用熱傳導係數（k）低之無機材質，噴灑在鋼結構之厚度愈厚，保護效果愈佳，即增加上述公式之d（厚度）使Q減小；又有此防火塗料利用在高溫下生成一層比原塗層厚十倍難燃炭層且其熱傳導係數（k）低，也是同樣增加d，減小k，以隔絕火焰對底材加熱，達到防火之作用。

　　請讀者思考一下，把1張A4紙完全貼在牆壁上，以打火機進行引燃，卻無法點燃，為什麼？又引燃1張A4紙時，從邊緣或中央位置何者較易點燃？為什麼？如果你可正確回答此問題，表示你已有相當專業觀念。

例1	在一穩態熱通量（steady-state heat flux）下通過玻璃面板（厚度為0.01m、玻璃面1m²、熱傳導係數為0.76W/mK），如果面板溫度內部5℃和外部25℃，求熱傳導之熱通量，則該的熱傳導量約為多少 ？

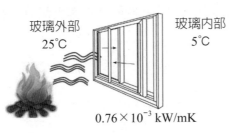

玻璃外部　　　　　玻璃內部
25℃　　　　　　　5℃

0.76×10^{-3} kW/mK

解：

$$\dot{Q} = kA\frac{(T_1 - T_2)}{d} = 0.76 \times 1 \times \frac{(298 - 278)}{0.01} = 1520 \text{ W/m}^2 \text{ （註：k = 0}^{\circ}\text{C+273）}$$

> **例2** 在一穩態熱通量（steady-state heat flux）下通過玻璃面板（厚度為5×10^{-3}m、熱傳導係數為0.76×10^{-3}kW/m · K、熱對流係數為0.01kW/m² · K），如果面板溫度內部5℃和外部25℃，求熱傳導之熱通量？（Drysdale, 2008）

解：

依Drysdale（2008）指出

$$Q = \frac{(T_1 - T_2)}{\frac{1}{h} + \frac{L}{K} + \frac{1}{h}} = \frac{298 - 278}{\frac{1}{0.01} + \frac{5 \times 10^{-3}}{0.76 \times 10^{-3}} + \frac{1}{0.01}} = 0.097 \text{kW/m}^2$$

> **例3** 有一建築物其混凝土外牆，寬8m、高5m、厚度200mm，熱傳導係數K = 1.0W/m · K，牆內外二面熱對流係數h = 10W/m² · K，若建築物內外溫度分別為25℃及15℃，試問穩態熱通量下，其總熱量損失為多少？

解：

$$Q = \frac{A(T_1 - T_2)}{\frac{1}{h} + \frac{L}{K} + \frac{1}{h}} = \frac{40(10)}{\frac{1}{10} + \frac{0.2}{1} + \frac{1}{10}} = 1000 \text{W}$$

(二)對流（Convection）

　　液體和氣體的傳熱方式主要是對流。由於流體整體運動引起流體各部分之間發生相對位移，從較熱移到較冷部分產生能量傳輸，而較密進入到較疏位置，進行質量傳輸，此種冷熱流體摻混所引起相對位移之熱量傳遞過程。不同的溫度差導致整體密度差是造成對流的原因。對流熱傳因牽扯到動力過程，所以比熱傳導迅速。當手掌置在火焰上方會感覺到熱量的原因，即使手是沒有與火焰直接接觸到，這是熱對流之作用。

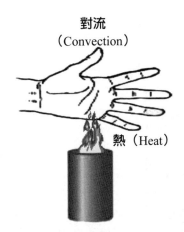

對流
（Convection）

熱（Heat）

圖1-16　熱對流：從受熱液體或氣體，熱能產生轉移現象

1.對流分類

引起對流原因可分自然對流與強制對流；依流動介質可分氣體對流與液體對流。

(1)自然對流與強制對流

①自然對流（Natural or Free Convection）：透過溫差所造成的密度差而產生能量傳遞者，如自然排煙、穿衣服來減低體溫（37℃）與外界冷空氣進行自然對流、睡覺時蓋棉被主要是可以防止棉被內外空氣的對流而保持體溫、或如水煮蛋置於桌面上自然冷卻現象。

②強制對流（Forced Convection）：透過外力如電風扇或幫浦去帶動流體者，如機械排煙、使用吹風機、或如水煮蛋以電風扇吹冷卻。

(2)液體對流與氣體對流

①液體對流：液體受熱後，體積膨脹密度變小而上升，溫度較低者則下降，在這運動過程伴隨著熱量傳遞，如煮開水。

②氣體對流：根據牛頓冷卻定律傳遞熱量與溫度差成正比，意即火災燃燒愈猛烈，溫度成長愈快，對流熱傳愈大，且火煙因對流作用會往上發展。

2.對流影響因素

於穩態熱傳（$\dot{Q}$）基本方程式，熱對流公式如次：

$$\dot{Q} = hA(T_1 - T_2)\ (W)$$

其中

　　h = 對流係數（W/m^2K）。

　　A = 垂直於傳熱方向之截面積（m^2）

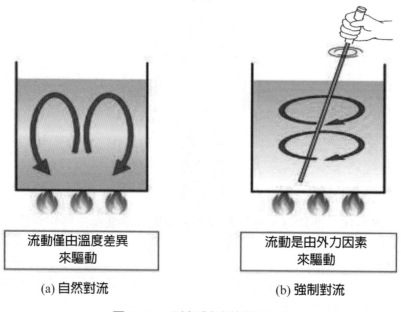

(a) 自然對流　　　　　　　　(b) 強制對流

圖1-17　引起對流傳輸形式

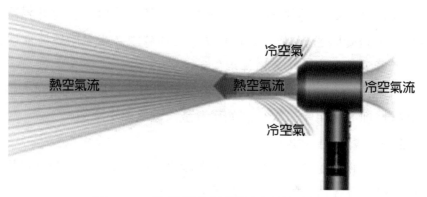

圖1-18　吹風機為強制對流使用例

　　　　　T = 溫差（K）

　　與熱傳導係數（k）不同的是，對流係數（h）不是物質本身常數，而是取決於流動面結構和屬性，並與溫度有關。根據牛頓冷卻定律（Newton Law of Cooling），溫度高於周圍環境的物體向周圍介質傳遞熱量逐漸冷卻時所遵循的規律，即流體與固體表面間的對流熱通量，與流體和固體表面間的溫度差成正比，其比例常數稱為對流熱傳係數。與熱傳導係數不同，對流熱傳係數本身不是物質本身內在參數，而是與流體性質（熱傳導係數、密度、黏性等）、流體參數（速度和流動狀態）以及固體的幾何

性質有關，同時也是流體與固體間溫差的函數。對於自然對流，典型的對流熱傳係數介於5～25W/m²K之間；而強制對流介於10～500W/m²K之間。

3.對流與火災

燃燒的氧化劑是來自週圍的空氣，靠重力或是其他加速度來產生對流，將燃燒產物帶走，並且補充氧氣，使其繼續燃燒。若沒有對流，燃料起火後會立刻被周圍的燃燒產物及空氣中不可燃的氣體包圍，火會因沒有足夠氧氣而熄滅。

當火災室空氣受熱時，體積變大（壓力差），密度變小，對流由溫度差引起密度差驅動而產生的。以室內而言，對流作用形成火羽流，後又形成天花板噴流，使天花板溫度是最高的，而地板則為相反。在空氣密度與溫度關係如下表所示。因空氣受熱密度變小，體積變大膨脹上升，火勢蔓延主要是透過對流向上的方向；火煙蔓延透過管道、走廊、電梯井（Up Elevator Shafts）、向上管道間、向上樓梯間等，此為熱對流所造成，此因是火煙氣體移動是採取阻力最小之路徑進行（Least Resistance）。

表1-7　空氣密度為溫度之一種函數　　　（Drysdale 1985）

溫度（K）	密度（kg/m³）
280	1.26
290	1.22
300	1.18
500	0.70
700	0.50
1100	0.32

在油槽火災而言，輕質油類不易產生熱對流作用，但重質油類則會對流導致熱波形成，出現危險之沸溢與濺溢現象（延伸閱讀見本書第5章第2節）。在建築物火災，對流主要在室內天花板或樓板位置，比傳導或輻射更具較大的影響力。火災時偵溫式探測器或撒水頭之感知作動[4]，靠熱對流氣熱能傳遞給其表面，受熱後再熱導至感

---

[4]　撒水頭RTI $= \tau\sqrt{V} = \left(\frac{mc}{hA}\sqrt{v}\right)$，其中τ：時間常數（sec），V：空氣流速（m/sec），m：感熱元件質量（g），c：感熱元件比熱（cal/g℃），h：熱對流傳導係數，A：感熱元件表面積。

熱裝置動作。而自然排煙也是靠熱對流所產生動力達到排煙之作用。所以,上述消防安全設備主要裝置目的是火災初期成長期階段,進行動作以保護建築物使用人之安全為目的。如裝置於室內最上方位置距離過多,可能就喪失其保護人命之目的。

圖1-19　偵溫探測器於火災成長期熱對流產生感知

例1　下列何者將減緩火場中煙霧自然對流的速度?

(A) 降低火場溫度　　(B) 增加各通風口面積

(C) 增加通風口數量　(D) 增加通風口高度

解:(A)

例2　熱傳最主要的動力源為何?

(A) 傳導　(B) 輻射　(C) 對流　(D) 兩點間的溫差

解:(D)

(三)輻射(Radiation)

物體因自身溫度而具有向外發射能量之特性,不需任何物質當媒介(Medium),以有一定頻率(電磁波)進行熱傳稱為輻射。當物質內原子或分子中之電子組成改變時,能量以電磁波(Electromagnetic Waves)或光子(Photons)傳輸;以手掌靠近至火焰側邊,即會感覺到熱輻射之威力。太陽熱量傳達至地球表面,即使是不直接與地球接觸(傳導),也不是以氣體加熱之方式(對流),而是透過電

磁波的形式進行傳輸，其熱是相類似於光波（Light Waves）之屬性，但輻射與光波之間區別在於週期的長度。熱輻射波（Heat Waves）有時也被稱爲紅外線（Infrared Rays），比光波更長；如紅外線火災探測器之應用。

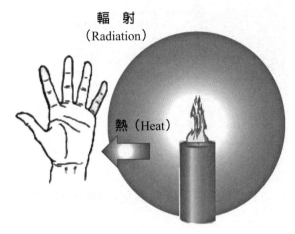

圖1-20　熱輻射：不需介質，由電磁波造成能量傳輸現象

1.輻射特點

(1) 輻射以光速（3×10^8 m/s）進行即使是眞空環境也是一樣。

(2) 任何物體只要大於絕對零度（0K，$-273℃$），就能以電磁波方式從表面放出輻射能量。

(3) 任何物體不但能自身發射輻射熱，轉換輻射能，進行能量轉換，也能同時吸收其他發射輻射能，再轉換爲輻射熱，形成輻射能相互回饋增溫現象。

2.輻射影響因素

根據玻茲曼定律，絕對溫度T物體單位時間發射能量爲

$$I = \varepsilon \times A \times \sigma \times T^4$$

I爲輻射總能量（稱輻射強度或能量通量密度），W/m^2。

T爲絕對溫度，K。

A是表面積，m^2

ε是輻射係數（Emissivity），若爲絕對黑體則$\varepsilon = 1$。

σ是史帝芬—波茲曼（Stefan-Boltzman）常數（5.67×10^{-8} W/m^2K^4）。

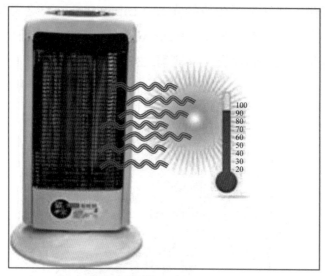

圖1-21　電暖器取暖為輻射能轉換熱能方式

(1) 溫度

電磁波輻射傳輸速度取決於熱源絕對溫度，溫度愈高輻射愈強，且輻射與溫度4次方成正比。

(2) 距離

再者輻射與距離平方成反比，即$I \propto \dfrac{1}{d^2}$；假使一物體距離2公尺熱輻射強度8kW/m²，當物體移動至4公尺遠，則輻射強度為2kW/m²（1/4倍強度）。

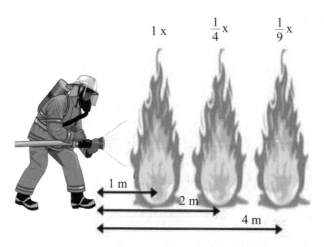

圖1-22　輻射能量與距離平方成反比

(3)截面積與方位

輻射與截面積即接受熱量之表面積成正比或表面愈粗糙，代表表面積愈大；又輻射面與受軸射面成平行時，即輻射角度為0時，承受熱量最高，輻射熱量隨輻射角之餘弦（cosθ）而變，如向日葵向陽光移動或太陽能板對著太陽。

(4)顏色與材質

顏色與材質與輻射係數有關，物體之顏色愈深如黑色，材質愈粗糙，輻射係數會愈大；如冬天穿黑色衣服，夏天則穿白色較適宜。

3.輻射與火災

當火災成長期至閃燃階段，輻射熱會成為主導熱傳的重要機制。依國內學者黃伯全氏指出，當火源的直徑超過30cm時，熱輻射將成為區劃空間中火災的主要傳熱方式。而熱輻射與溫度之4次方成正比，這就意味著火災室溫度提高1.5倍，從298K（25℃）成長到447K（174℃），熱輻射強度將上升為5.1倍。火災時火焰所呈的顏色，主要是燃燒不完全的粉狀物質以及碳素微粒子所形成，而火焰的輻射熱，亦是由於這些物質熱放射的結果。在室內火災成長至一定程度時，透過空間輻射熱進行傳輸，熱輻射遇到不透光物體（Opaque Object），會從其表面依次回饋返回，形成室內火災之輻射能回饋效應（Radiation Energy Feedback）。

閃燃輻射熱回饋理論

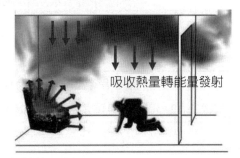

吸收熱量轉能量發射

圖1-23　區劃空間輻射熱回饋理論

在森林及建築物大火，輻射是扮演火災熱傳最大之因素，可以防火間距來防止鄰近物體著火，主要是利用空氣是不良熱傳導體。在油類物質燃燒中，其高溫熱輻射會使滅火人員難以驅近，而儲槽設置卻撒水設備，以防止輻射熱。又影響建築物火災之熱輻射會表現在火災溫度、火災室尺寸及形狀、邊界層屬性（天花板、牆壁之材質等）或開口等。

表1-8 傳導、對流與輻射異同

項目		傳導	對流	輻射
相異點	介質	固體	流體	不需
	熱傳	間接	間接	直接
	接觸	需要	需要	不需
	火災階段	起火初期	成長期初	成長期末至最盛期
	一場火災熱傳量	較少	次之	最多
相同點		皆為熱量傳遞		

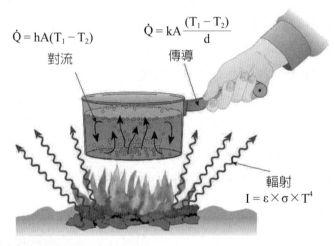

$$\dot{Q} = hA(T_1 - T_2)$$
對流

$$\dot{Q} = kA\frac{(T_1 - T_2)}{d}$$
傳導

輻射
$$I = \varepsilon \times \sigma \times T^4$$

圖1-24 熱傳三公式

例1 已知史蒂芬波茲曼常數為$5.67 \times 10^{-11} \text{kW/m}^2\text{K}^4$，若一物體之溫度為300℃，放射率為0.9，請問熱輻射強度為多少kW/m²？

解：

$$I = \varepsilon \times \sigma \times T^4 = 0.9 \times 5.67 \times 10^{-11} \times (300 + 273)^4 = 5.46 \text{kW/m}^2$$

例2 一般電暖器安全設計運作溫度為260℃，請問此輻射強度為多少？如附近置一黑色木質椅子（放射率1.0），假使電暖器安全設計零件因長期使用過熱，致內部運作溫度增加至500℃，請問電暖器是否能引燃附近範圍內椅子？（Drysdale, 2008）

解：

(1) $I = 1.0 \times 5.67 \times 10^{-11} \times (533)^4 = 4.6 \text{kW/m}^2$

(2) $I = 1.0 \times 5.67 \times 10^{-11} \times (773)^4 = 20.2 \text{kW/m}^2$，此種熱通量足以引燃一般可燃物質。（木材引燃值為20kW/m²）

例3 已知史蒂芬波茲曼常數為$5.67 \times 10^{-11} \text{kW/m}^2\text{K}^4$，若一物體之溫度為227℃，放射率（emissivity）為0.5，則其熱輻射強度為多少kW/m²？（104年4等一般特考）

解：

$$I = 0.5 \times 5.67 \times 10^{-11} \times (227 + 273)^4 = 1.77 \text{kW/m}^2$$

例4 輻射熱受「輻射物體」與「受輻射體」之相對位置所影響，若輻射角 θ 為0度時，「受輻射體」受到之輻射熱量為Q，則若輻射角度為60度時，其受到之輻射熱量Q為多少？（104年臺灣中油甄試）

解：

輻射角θ為0度時為Q，輻射角度60度[註5] $= Q \times \cos(60) = 0.5Q$

例5 輻射熱受「輻射物體」與「受輻射體」之相對位置所影響，若輻射角 θ 為0度時，「受輻射體」受到之輻射熱量為Q，則若輻射角度為30度時，其受到之輻射熱量為多少？（104年警大消佐班）

解：

輻射角θ為0度時為Q，輻射角度30度 $= Q \times \cos(30) = 0.866Q$

例6 熱量傳遞過程與火災成長關係密切，試敘述熱輻射之物理機制與影響熱輻射之因素。（25分）（102年設備士）

解：見本節內容所述。

[註5]

θ	0	30	45	60	90	120	135	150	180	270	360
cos	1	$\frac{\sqrt{3}}{2}$	$\frac{\sqrt{2}}{2}$	$\frac{1}{2}$	0	$-\frac{1}{2}$	$-\frac{\sqrt{2}}{2}$	$-\frac{\sqrt{3}}{2}$	-1	0	1

(四)直接火焰接觸（Direct Flame Contact）

火焰是反應生成之氣體及固體混合物，釋放可見光、紅外線甚至是紫外線；如燃燒木頭等有機物質形成熟悉的橙紅色火焰，這類火焰的光譜為連續光譜。完全燃燒時會形成淺藍色的火焰，因分子內各種電子移動時，產生單一波長輻射。當直接火焰接觸時，則由傳導、對流和輻射之組合熱傳作用。

圖1-25　大廚炒菜時大火直接火焰接觸快炒食物使熱傳導加速

二、熱慣性（Thermal Inertia）

熱慣性為固體燃燒程度一種指標，首先描述物質熱傳能力之k、代表物質內部緊密程度之ρ，及物質吸熱或散熱能力之c三者之乘積。

1.熱傳導係數（Thermal Conductivity, k）

熱量藉由分子的振動或自由電子的傳遞，由高溫的地方傳到低溫的地方。熱傳導係數（k）指材料傳導熱量的能力，k值愈大導熱效果愈好，此k值大能廣泛用於鍋子、散熱器等，而k值愈小則作為保溫、熱絕緣。k值大小依次：金屬固體 > 非金屬固體 > 液體（k值0.09～0.7）>氣體（k值0.008～0.6）。熱傳導係數的倒數為熱阻抗率（thermal resistivity），其為任何管路或容器隨著使用時間的增長，其表面將因流體所攜帶之雜質或表面之腐蝕或氧化作用而形成結垢物，對熱傳遞造成額外的阻抗。

熱傳導係數（$k, \dfrac{W}{m \times k}$）依Fourier's Law計算如次：

$$k = \frac{\frac{\Delta Q}{\Delta t} \times L}{A \times \Delta T}$$

式中，$\frac{\Delta Q}{\Delta t}$ 是單位時間傳導熱量（W）、L是長（厚）度（m）、A是接觸面積（m²）、ΔT是溫度差（K）。其中，Q與L成反比，愈厚材料的Q值就愈小。

表1-9 物質熱傳導係數（Wm⁻¹K⁻¹）

物質		熱傳導係數
固體	鑽石	2300
	銀	420
	銅	401
	黃金	318
	鋁	237
	鐵	80
	鋼	60
	陶瓷	1.2
	玻璃	1.1
	人體皮膚	0.37
	石棉	0.2
	岩棉	0.29
	軟木塞	0.5
	水泥牆	0.56
	木塊	0.17
	保麗龍	0.032
液體	水	0.6
氣體	空氣	0.024

（理科年表，平成23年，第84冊，物54-410.）

2.比熱（Special Heat Capacity, c）

比熱（c）是熱力學中常用的一個物理量，表示物體吸熱或散熱能力。比熱愈大，物體的吸熱或散熱能力愈強，即比熱愈小，愈易引燃。即1公斤的物質的溫度上升1K所需的能量為比熱。

3.熱慣性（kρc）

熱慣性（Thermal Inertia）在物質熱傳能力之熱傳導係數k（W/m×K）（k值愈

小愈易引燃）、密度ρ（kg/m³）（ρ值愈小愈易引燃），以及物質比熱c（J/kg×K）（c值愈小愈易引燃）^{註6}。

　　因此，從上述三者之乘積平方根，即為左右物質是否容易因受熱而燃燒的之指標，為物質之一種熱阻抗。假使物質kρc愈高，物體內部愈易熱傳，則需更多的能量才能被點燃，反之kρc愈低愈不易傳熱，使內部易於達到燃點；如木塊較聚苯乙烯更難著火，其原因在於木塊具有較高之熱慣性。於防火工程中將物質之熱慣性，視為防火材料之選用指標；而在撒水頭感知頭，即使用不同材質（熱慣性），來設計撒水頭元件。但當火勢達到定常溫度時，密度（ρ）及比熱（c）對於熱傳導則顯得較為不重要。因此，熱慣性之作用主要是表現在火災之初期至成長期階段，如防焰材質於火勢初期能扮演阻燃作用，但遇到閃燃階段，則照樣快速燃燒。

圖1-26　熱慣性為固體熱阻抗之指標

依Lars-Göran Bengtsson（2001）研究一些材質kρc，如表1-10所示。

表1-10　不同材質熱慣性（kρc）　　　（Lars-Göran Bengtsson, 2001）

物質	k（W/m×K）	ρ（kg/m³）	c（J/kg×K）	kρc（W²s/m⁴K²）
碎木膠合板（Chipboard）	0.14	1400	600	120000
木纖維片	0.05	2090	300	32000
聚氨酯（Polyurethane）	0.034	1400	30	1400

---

^{註6}　比熱（J/g・℃）是一公克物質的熱容量；而熱容量（J/℃）是一定量物質在一定條件下，溫度升高1度所需要的熱量。二者關係式：熱容量（J/℃）＝比熱（J/g・℃）×質量（g）。

例1　以1kg的水加熱1K需4200KJ熱量，求水的比熱為多少？

解：

$$c = \frac{H}{m\Delta T}$$

$$c = \frac{4200}{1 \times 1K} = 4.2KJ.kg^{-1}.K^{-1}$$

例2　將容器2kg的水（溫度20℃）進行加熱至60℃，所需熱能為312KJ，求其比熱為多少?

解：

$$c = \frac{312}{2 \times (60-20)} = 3.9KJ.kg^{-1}.℃^{-1}$$

第6節　火災特性（Feature of Fires）

　　火災是指從微小火源或明火引燃物質或自燃發火，在失去人為控制擴大，並造成財物或人命損失之過度燃燒事件。換言之，火災是在時間和空間上失去控制燃燒，所造成之災害；在眾多災害中，火災是發生頻率最多之一種災害。火災特性如下：

一、不定性

　　火災發展是一種非常複雜理化的動態事件（Dynamic Event）。於室外火災是明顯受到風、雨量或地形等氣象影響，而室內火災則受到通風開口、空間體積及高度、現有燃料量等許多變數的影響。現今消防人員面臨多元化災害現場，如石化油槽、船舶、危險物品、高層樓或地下室等各類火場，在天氣變化、現場環境及火災種類情況，面臨這種不定性環境，消防人員必須時常不斷接受各類救災訓練，消防戰術亦需調整因應，以應付時常變化不定之火災現場。

圖1-27　現今消防人員面臨多元化災害現場

二、偶發性

　　由於人為蓄意或疏忽管理所引起火災，無法事先預測，惟有從預防面如防火教育宣導或防火管理角度等，來避免或減輕所造成之人員財物損失。因此，消防人員必須全天候24小時待命備勤，消防救災採取整體作戰方式，人員休假制度採取輪流方式，隨時保持一定消防力（人員、車輛裝備、水源），以備隨時出勤來應付災害發生之偶發性。

圖1-28　消防人員24小時待命及訓練以應付隨時可能火災

三、成長性

　　火災從一起火就有逐漸成長之趨勢，在燃料與氧氣供應下持續燃燒擴大。假使在不受外力（人為滅火、風雨等）干擾情況下，燃燒面積與經過時間之平方成正比。基

本上，在初期火災階段是很容易撲滅掉，一旦燃料量2kg以上捲入火勢，滅火上已需由室內消防栓或撒水設備等較多滅火藥劑來滅火；而火勢增強至50kg以上燃料量，就需消防人員使用消防水帶等大量水來進行控制。

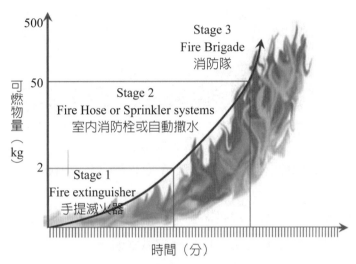

圖1-29　火災成長性與相應滅火策略

在建築物起火上一般會經歷醞釀期發展（此階段所需時間可能是數秒至數小時），此時會釋出裂解氣體，粒子大小通常< 0.3Microns[註7]，這是一種人類不可見煙粒子，難以偵知到熱量之形成，需使用室內空氣取樣（Air Sampling）或離子式偵煙探測器[註8]予以感知潛在起火情況。接著繼續高溫成悶燒狀態，熱裂解形成可見煙粒子（> 0.3Microns）、少量微小火焰，但周遭仍沒有多少熱量出現，此階段得使用光電式偵煙探測器[註9]，予以感知火災發生。火勢繼續成長至小火出現，致第一起火物燃燒現象，形成可見輻射能及不可見之紅外線及紫外線光譜火焰，可使用火花（Sparks Detectors）或火焰式（Flame Detectors）探測器[註10]等感知火災。

[註7]　1 microns = 10^{-6}m.

[註8]　離子式偵煙探測器之感知部為放射性金屬（鋂Am^{241}），煙粒子致正、負極離子電流變化。

[註9]　光電式偵煙探測器之感知部為發光二極體，可分散亂光與遮光式煙粒子致離子電流變化。

[註10]　火焰式可分紫外線、紅外線皆為不可見光波，波長僅0.36～0.75μm為人類可見光波。

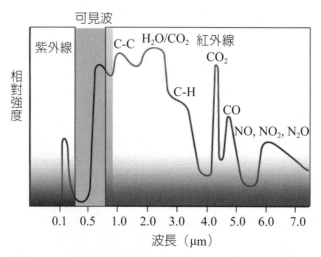

圖1-30 典型火焰之波譜 (NFPA-72, 2010)

接下來初期火勢會繼續擴大成長，鄰近可燃物受到高熱至其起火點，此使用偵溫探測（定溫或差動式）感知或是使用自動感知撒水頭。

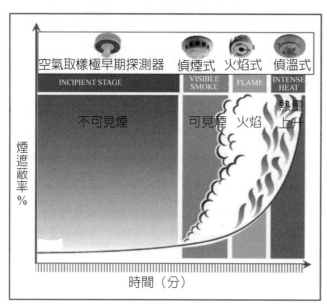

圖1-31 火災從醞釀期至成長期之消防策略 (Jeff Buster, 2013)

因此，區劃空間火災處於成長期，火勢大小隨著時間成正相關發展。而消防人員車輛於每日早晨勢必發動引擎暖車，一旦火災發生消防人員能於白日60秒、夜間90秒內完成車輛駛離車庫，開始馳往火災現場。

依據建築物t^2火災成長模式，分為慢速成長（Slow）、中速成長（Medium）、快速成長（Fast）以及極快速成長（Ultra-Fast Fire Growths）。

$$\dot{Q} = \alpha(t - t_0)^2$$

其中，$\dot{Q}$為火災熱釋放率、t_0為火災醞釀期至起火現象發生，α為火災成長係數（kW/s^2），範圍從非常慢速成長火災$10^{-3}kW/s^2$至極快速成長火災$10^{-1}kW/s^2$。而火災醞釀期至起火發生（t_0）時間，依起火源屬性與其位置而定；在α值如表1-11所示。

$$\dot{Q} = (\frac{t - t_0}{K})^2 = (\frac{t}{K})^2$$

上述K相當於從0發展到閃燃發生之1MW（1000kW）程度之所需相當時間如表1-11所示；火災標準成長速率曲線如圖1-32所示。

表1-11　建築物t^2火災成長模式　　　（參考來源：NFPA 92B）

成長模式	火災成長係數（kW/s^2）α	達到1MW所需時間（秒）K	典型可燃物
慢速	0.0029	600	藝術畫廊、體育館、運輸公共空間、火載量有限建築場所
中速	0.0117	300	住宅、診所、醫院、旅館房間、辦公室、學校教室
快速	0.0468	150	高堆疊木托盤場所、購物中心、圖書館、劇院、電影院、超級市場
極快速	0.1876	75	易燃傢俱場、高疊塑膠品廠、化工廠、含酒精油類倉庫

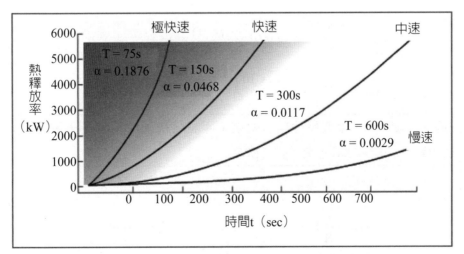

圖1-32　火災標準成長速率曲線（NFPA 92B, 2001）

　　上述可知，火災成長之時間歷程主要取決於可燃物的熱釋放率，在建築物火災預防上熱釋放率扮演重要角色。依NFPA 921火災熱釋放率主要取決於物質燃燒速率與燃燒熱值。因此，室內使用燃燒熱值高之傢俱如聚氨酯發泡塑料之椅子、沙發或地毯等，這些將使火災成長期縮短，快速進入閃燃或最盛期。所以，垂直性快速燃燒之窗簾、布幕、展示用廣告板或施工用帆布等使用防焰規制，以抑制初期火災之成長，且盡量使室內不燃化，減少火載量及控制發火源是火災預防上之重要策略。

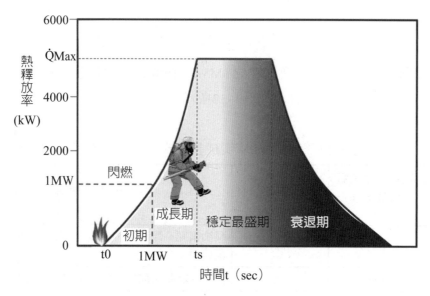

圖1-33　建築物t²火災成長模式

例1　室內火災以快速成長（K=150）時，室內熱釋放率達到4MW時，所需時間？

解：

$$4MW = (\frac{t - O}{150})^2$$

$$t = 300 \text{（sec）}$$

例2　依據「建築物火災t²成長理論」所述，假設在快速成長發展速率的火災，燃燒10分鐘時，其釋熱率約為多少（MW）？

解：

$$Q = (\frac{t}{K})^2 = (\frac{10 \times 60}{150})^2 = (4)^2 = 16 \text{（MW）}$$

例3

1. 火災非常危險，試說明其定義及特性。（20分）（88年設備士）

2. 試述火災的特性，並說明消防人員從事滅火搶救工作時應有的作為。（25分）（102年3等特考）

3. 現今消防人員必須不斷接受各種訓練瞭解火災的特性，以因應日漸多元化的火災現場，試申論火災的基本特性？（25分）（105年4等特考）

解：如下圖，說明見本節所述

不定性

偶發性

成長性

第7節　火災分類（Classification of Fires）

當討論火災如何滅火時，火災分類就顯得很重要的。每一分類都有其各自對應滅火的要求，不同國家都有其火災系統分類。然而，以本書這種規模，限於篇幅並沒有對每個分類系統作深入的討論。因此，本節是依照臺灣與北美的分類系統作討論。目前大多數歐洲國家對火災分類，也會在下面部分作一簡短的概述。依中國國家標準CNS 1378規定，火災依所引發之可燃物種類可分為：ABCD類火災。又火災原因從人類行為角度探討，可分為4類，亦併入探討。

1.A類火災（Class A）

A類火災涉及普通可燃性物質，如木材、布、紙、棉毛、橡膠或多種塑膠等可燃性固體所引起之火災。只有固體燃料物質會產生灰燼（Ash-Producing）物質，並可以形成悶燒狀態。而A類火災滅火上，以水冷卻低於其起火溫度。

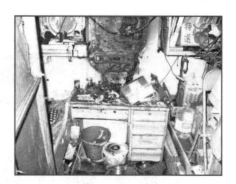

圖1-34　A類火災：日常所見可燃物如木、紙、塑膠或布類等

歐洲火災分類（European Classification of Fires）
A類火災
固體有機成分燃料，如木材、紙張、紡織品等。
B類火災
易（可）燃液體燃料或液化固體，如油、脂肪或油漆等。
C類火災
易燃氣體燃料。
D類火災
金屬如鎂、鈉、鈦、鋯等。
E類火災
帶電電氣設備或線路燃料。

2.B類火災

指石油類、有機溶劑、油漆類等易燃或可燃液體之火災，在美國尚包括液化石油氣、天然氣、乙炔等可燃氣體所引起之火災。滅火上以隔絕氧氣所形成窒息或覆蓋作用，是最有效的策略，也有助於減少額外的蒸汽產生，如泡沫滅火等。

基本上，氣體燃料不需要汽化，可直接燃燒，而較少需要輻射熱回饋來維持燃燒。在B類液體燃料比固體較易蒸發汽化，滅火策略上，針對液體燃料中比重和溶解度為滅火所考量重點。

圖1-35　B類火災：易燃性與可燃液體（右圖為船舶機艙火災）

3.C類火災

C類火災為帶電之電氣設備火災，如配電盤、電動機、電纜、電氣配線、變壓器、工程開關設備、電腦設備、交換機電路（Circuitry）和其元件等。

C類火災最快的滅火程序是先採取電氣設備或電路之斷電措施，然後依所涉及的燃料，採取適當地進行滅火。基本上，當電源被斷電後，此類火災將視為A類火災。

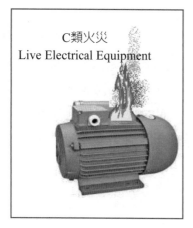

圖1-36　C類燃料：通電中設備物質

4.D類火災

D類火災為可燃性金屬，如鋁、鎂、鈦、鋯、鈉、和鉀。這些物質粉末的形式是特別危險的。固體金屬火災之所以從A類火災中分離出來，是因為金屬燃燒熱很大，為普通燃料數十倍，火焰溫度甚至達3000℃，並且在高溫下使金屬成活性，能與H_2O、CO_2、鹵素等產生化學反應，使水分解氫氣引發爆炸；還有些金屬極為活性，在N_2或CO_2仍能繼續燃燒，使一般滅火藥劑失效。

D類火災使用水和其他常見的滅火劑是無法見效。還好，此類火災是非常少。一些燃燒的金屬會產生極高的溫度，使水和其他常見的滅火劑，達不到滅火之效果。目前並沒有一個能通用控制所有金屬火災，特殊的滅火劑僅可控制某一特定金屬火災。

圖1-37　D類燃料：鋁、鎂、鈦等（右圖貨櫃混雜金屬氧化物D類悶燒）

此外，各類滅火藥劑與火災分類適用關係，如表1-12所示：

表1-12　各類滅火藥劑與火災分類適用關係

項目		A類火災	B類火災	C類火災	D類火災
主要燃燒物		紙，木材，一般固體可燃物	油類，有機溶劑，油漆等可（易）燃液（氣）體	配電盤，電動機，電腦設備等用電處所	鋁，鎂，鈦，鋯，鈉，鉀等金屬
主要場所		住宅，集合住宅，商業大樓等一般建築物	石油設施，化學工廠，氣體等可（易）燃液（氣）體	變電所，配電等帶電設備場所	金屬加工等場所
滅火劑	水	○ 冷卻	×	×（水） ○（高壓霧狀）	×
	泡沫	◉ 冷卻／窒息	◉ 冷卻／窒息	×	×（空氣泡沫） △（化學泡）
	二氧化碳	×	○（注意復燃） 稀釋氧	○ 稀釋氧	×
	鹵化烷	×	△（注意復燃） 稀釋氧／抑制	◉ 稀釋氧／抑制	×
	惰性氣體	△ 稀釋氧	○（注意復燃） 稀釋氧	○ 稀釋氧	×
	乾粉 ABC類	○（注意復燃） 窒息／抑制	○（注意復燃） 窒息／抑制	○（注意復燃） 窒息／抑制	△（注意復燃） 窒息／抑制
	乾粉 BC類	△（注意復燃） 窒息／抑制	○（注意復燃） 窒息／抑制	○（注意復燃） 窒息／抑制	△（注意復燃） 窒息／抑制
	乾粉 D類	△（注意復燃） 窒息／抑制	△（注意復燃） 窒息／抑制	△（注意復燃） 窒息／抑制	○（注意復燃） 窒息／抑制

註：×表示不可，◉、○、△表示適用（適用度：◉＞○＞△）
（消防設備士資格研究會，平成23年）

第8節　火災與氣象（Fire and Weather）

本節係進階課程，一般課程可略過本節。

氣象對森林火災影響相當顯著，一個地區常發生較大的森林火災，確實有其特定氣象條件，在大火發生之前，往往會出現氣候特殊現象，如降水量減少、連續乾旱、氣溫升高等現象。

圖1-38　林火發生受到任一時刻下大氣情況變化而影響

在氣象影響林火重要因素，其中太陽輻射、氣溫、風速及蒸發量等與林火危險度呈正相關；而降雨、相對溼度則與林火危險度呈負相關。對林火行為最有影響力的氣象變數是風、氣溫、相對溼度和降水。這些影響因素分述如次：

圖1-39　林火行為最有影響力氣象變數是風、氣溫、相對溼度和降水

一、火災與風

氣象因素中對林火行為的影響，風是最重要的變數之一。風會增加火焰區空氣的流動，使氧氣和燃料充分混合。當林火時會使空氣質量產生上升對流柱，其運動是受林火釋放的熱量和熱差異所影響，風愈大使大氣之湍流愈強並會造成飛火（Fire Spotting），在火場外產生新的火源而形成另一火場。

二、火災與氣溫／相對溼度

氣溫在自然界中，能量的來源為太陽能，溫度愈高，森林中燃料水分蒸發和變乾的速度愈快，相對溼度也會明顯的降低，促使可燃物乾燥，林火發生的可能性就增高。相對溼度低於30%有利於林區引燃和林火蔓延。燃料含水率越大，引燃時需有較多能量供應；因此，林火強度與相對溼度是呈負相關。

圖1-40　低相對溼度林火發生的可能性就增高

相對溼度和大氣溫度，透過其影響地表枯落物燃料含水率，間接影響著林火行為，在臺灣之冬季和春季容易發生火災，即因天氣乾燥，相對溼度低所致。以溼度而言，一般吾人皆使用相對溼度，而在某一特定空間使用是絕對溼度，其為單位體積空氣中所含水蒸汽的質量。此外，日本有一實效溼度，即當日相對溼度加上過去相對溼度之影響值。

$$H_e = (1 - r)(H_m + rH_1 + r^2H_2 + r^3H_3 \cdots r^nH_n)$$

式中H_e：實效溼度（％）、H_m：當日相對溼度（％）、H_n：n日前相對溼度（％）、r：過去相對溼度之影響值，一般火災取0.7，森林火災取0.5。

三、火災與降雨量

降雨量的多少與乾旱日數的長短為林火發生的重要指標，它直接影響燃料溼度的變化如降雨量減少、連續乾旱日數較長，森林中的燃料含水量將不斷下降，林火發生的可能性和嚴重性也隨之增高，如2003年武陵森林大火，即是持續長期的乾旱及燃料過度的累積所造成。反而，降雨時間愈多，林火發生的機會則是愈低，如臺灣梅雨季，接連為颱風季節，此期間不可能有林火發生。

例1 森林火災發生時，當天的溼度為60%，若一天前的溼度為70%，兩天前的溼度為80%。請問這三天森林之實效溼度為多少？

解：

$$H_e = (1 - 0.5)(0.6 + 0.5 \times 0.7 + 0.5^2 \times 0.8) = 57.5\%$$

例2 若昨日之實效溼度為70%，今日之相對溼度為45%，則今日森林區之實效溼度為多少？

解：

$$H_e = (1 - 0.5)(0.45 + 0.5 \times 0.7) = 40\%$$

第9節　歷屆考題精解

一、選擇題

(A)　1. 進入石化工廠，車輛會被要求在排氣管加裝滅焰器（flame arrester）以避免火災爆炸之發生，加裝該措施防制火災爆炸之原理為？
　　　　(A) 冷卻　(B) 窒息　(C) 抑制連鎖反應　(D) 弄溼阻止擴展

(D)　2. 有關熱對流之敘述下列何者錯誤？
　　　　(A) 熱對流是透過流體介質將熱量傳遞　(B) 對流可分為自然對流與強制對流
　　　　(C) 排煙設備是利用強制對流的原理　　(D) 熱對流係數為單一物質之特性

(D)　3. 有關熱量傳遞敘述，下列何者錯誤？
　　　　(A) 熱傳導為熱流在固體內部傳遞的過程　(B) 熱輻射量與物體溫度（K）四

次方成正比　(C) 熱傳導係數為物質特性　(D) 史帝芬-波茲曼常數與熱對流有關

(B)　4. 下列有關熱傳導（conduction）之敘述，何者錯誤？

(A) 為固體內部的熱傳遞方式　(B) 傳遞方向為由高熱容量傳向低熱容量

(C) 熱傳導係數會隨溫度而變　(D) 影響熱厚性（thermally thick）材料之火場行為

(C)　5. 下列何種物質之熱傳導度為最大？

(A) 水　(B) 酒精　(C) 木炭　(D) 木材

(A)　6. 鐵板輻射率約為0.9，史帝芬－波茲曼常數為5.67×10^{-11}（kW/m^2K^4），請問溫度727℃鐵板表面之輻射能E（kW/m^2）為何？[註11]

(A) 51.03　(B) 5671　(C) 56.71　(D) 5.103

(B)　7. 下列有關熱輻射之敘述，何者有誤？

(A) 熱輻射是一種電磁波，以光速傳播　(B) 熱輻射量與輻射面積及輻射物體溫度二次方成正比　(C) 輻射物體與受輻射物體間距離增加一倍，受到之輻射熱減少到四分之一　(D) 輻射物體之輻射面與受輻射物體處於平行位置時，受輻射物體所承受之熱量最高

(C)　8. 相同材質做成的衣服其厚度大者隔熱性質較佳，則使用下列何者來解釋這種現象最為恰當？

(A) Lambert-Beer law[註12]　　　　(B) 柏努利方程式（Bernoulli's equation）

(C) 傅立葉定律（Fourier's law）　(D) 理想氣體定律（Ideal gas law）

(B)　9. 火災時偵溫式探測器之作動，主要靠熱氣以何種熱能傳遞給探測器？

(A) 傳導熱　(B) 對流熱　(C) 輻射熱　(D) 蒸發熱

(C)　10. 造成工業火災的最高比率因素為何？

(A) 物料過熱　(B) 摩擦　(C) 電器　(D) 明火

(B)　11. 下列哪一項不是物質的內在特性？

(A) 熱傳導係數　(B) 對流傳熱係數　(C) 熱擴散係數　(D) 熱慣性

(B)　12. 火場中排煙系統主要是要移除：

(A) 傳導熱　(B) 對流熱　(C) 輻射熱　(D) 摩擦熱

註11 $I = \epsilon \times \sigma \times T^4$，I為輻射度，σ為史帝芬－波茲曼常數，T為絕對溫度，∈為輻射係數。

註12 Lambert-Beer為煙濃度測定公式，消光係數$K = \dfrac{1}{L}\log_e \dfrac{I_0}{I} = \dfrac{2.303}{L}\log_{10} \dfrac{I_0}{I}$

(A) 13. 有一建築物其混凝土外牆，寬8m、高5m、厚度200mm，熱傳導係數K = 1.0W/m-K，牆內外二面熱對流係數h = 10W/m²-K，若建築物內外溫度分別為25℃及15℃，試問穩流下，其總熱量損失為多少？[註13]

(A) 1kW　(B) 2kW　(C) 3kW　(D) 4kW

(B) 14. 將一金屬湯匙懸掛於戶外接受太陽照射，湯匙溫度逐漸升高，導因於何種熱量傳遞？　　(A) 熱對流　(B) 熱輻射　(C) 風力摩擦　(D) 熱傳導

(C) 15. 下列物質，何者熱傳導係數最高？　　(A) 水泥　(B) 水　(C) 銅　(D) 空氣

(C) 16. 下列何種顏色的物體吸收輻射熱的能力最好？

(A) 黃色　(B) 紅色　(C) 黑色　(D) 金色

(C) 17. 下列何種物質狀態最有利於燃燒？

(A) 發熱量低且熱傳導度高　(B) 發熱量高且熱傳導度高

(C) 發熱量高且熱傳導度低　(D) 發熱量低且熱傳導度低

(A) 18. 高溫物體與低溫物體之間，無媒介物質，熱直接傳至對方的現象，稱為：

(A) 熱輻射　(B) 熱傳導　(C) 熱對流　(D) 熱擴散

(D) 19. 在常溫下，下列物質何者熱傳導係數最低？

(A) 銅　(B) 水　(C) 石膏板　(D) 空氣

(A) 20. 下列何者具有最低的熱傳導度？

(A) 二氧化碳　(B) 水　(C) 石墨　(D) 鐵

(D) 21. 在不需媒介物質的情況下，兩物體雖不接觸，熱仍可直接由高溫物體傳至低溫物體之現象稱為：

(A) 熱擴散　(B) 熱傳導　(C) 熱對流　(D) 熱輻射

(A) 22. 依史帝芬－波茲曼公式，下列關於輻射熱量與輻射物體之關係何者正確？

(A) 與輻射物體溫度的四次方成正比　(B) 與輻射物體溫度的二次方成正比

(C) 與輻射物體表面積二次方成正比　(D) 與輻射物體體積四次方成正比

(B) 23. 燃燒中的天花板會向地面放射大量輻射熱，促進地面可燃物的燃燒速度，此種現象即為密閉空間具有的何種效果？

(A) 熱對流回饋效果　(B) 輻射能回饋效果

(C) 熱傳導回饋效果　(D) 煙囪效應

[註13] 熱傳導 $\dot{Q} = KA\dfrac{(T_1 - T_2)}{L}$，熱對流 $\dot{Q} = hA(T_1 - T_2)$，$\dot{Q} = \dfrac{A(T_1 - T_2)}{\dfrac{1}{h_1} + \dfrac{L}{K} + \dfrac{1}{h_2}} = \dfrac{40(10)}{\dfrac{1}{10} + \dfrac{0.2}{1} + \dfrac{1}{10}} = 1000W$

（ C ）24. 下列何者的熱傳導度最小？

(A) 鋼　(B) 橡木　(C) 石綿　(D) 磚

（ B ）25. 熱透過流動介質，將熱量由空間中的一處傳到另一處的現象稱之為？

(A) 傳導　(B) 對流　(C) 輻射　(D) 擴散

（ C ）26. 通電中的電氣設備引發的火災又稱為：

(A) A類火災　(B) B類火災　(C) C類火災　(D) D類火災

（ D ）27. 下列何者具有最低之熱傳導度？

(A) 鐵　(B) 石墨　(C) 水　(D) 二氧化碳

（ A ）28. 從以下哪項原理得知高度20公尺以上不用安裝探測器？

(A) 火羽流（fire plume）　　(B) 天花板噴流（ceiling jet）

(C) 突沸（boilover）　　　　(D) 閃燃（flashover）

（ D ）29. 下列何種顏色之物體其表面輻射度最大？

(A) 黃色　(B) 紅色　(C) 綠色　(D) 黑色

（ C ）30. 能量以電磁波之方式傳遞者稱為：

(A) 熱傳導　(B) 熱對流　(C) 熱輻射　(D) 黑體

（ B ）31. 火災初期熱空氣之何種能量使探測器作動？

(A) 傳導　(B) 對流　(C) 輻射　(D) 以上皆非

（ B ）32. 下列何者非材料受熱時之內部阻抗所含之項目？

(A) 熱傳導係數　(B) 熱對流係數　(C) 密度　(D) 比熱

（ B ）33. 固體與流體間之主要能量傳遞稱為：

(A) 熱傳導　(B) 熱對流　(C) 熱輻射　(D) 黑體

（ A ）34. 固體間之能量傳遞稱之：

(A) 熱傳導　(B) 熱對流　(C) 熱輻射　(D) 黑體

（ A ）35. 假設發射體傳到接收體的輻射熱通量為Q，當其距離增加一倍時，其輻射熱通量變為：　　(A) 0.25Q　(B) 0.50Q　(C) 0.75Q　(D) 0.90Q

（ A ）36. 下列何種物質其熱輻射光譜具連續性？

(A) 碳煙粒子　(B) N_2　(C) CO_2　(D) H_2O

（ D ）37. 灰體的輻射率：[註14]　　(A) 大於10　(B) 介於1和10　(C) 等於1　(D) 小於1

（ D ）38. 下列何者非輻射熱計算之考慮項目？

[註14] 黑色體為理想輻射體（ε = 1），灰體（grey body）為輻射率與波長無關之物體。

(A) 放射係數（emissivity）　(B) 史帝芬—波茲曼常數（Stefan-Boltzmann constant）　(C) 溫度　(D) 對流係數

(D) 39. 一般而言，區劃空間中引發全面性燃燒的最主要熱傳形式是：

(A) 熱傳導　(B) 自然對流　(C) 強制對流　(D) 熱輻射

(D) 40. 火災初期暴露於熱煙氣中的撒水頭感溫元件，其與熱煙氣之間的熱交換主要是屬於哪一種熱傳現象？

(A) 熱傳導　(B) 熱輻射　(C) 自然對流　(D) 強制對流

(C) 41. 下列何者物質熱傳導係數最低？

(A) 橡木　(B) 柴油　(C) 空氣　(D) 水

(A) 42. 傳導熱之熱傳遞速率與固體間之溫度差成何關係？

(A) 正比　(B) 反比　(C) 無關　(D) 平方成反比

(C) 43. 一物體的溫度為727℃，其輻射率為0.5，已知史帝芬—波茲曼常數為 $5.67 \times 10^{-8} W/m^2 K^4$，其輻射強度為[註15]：

(A) $283.5 W/m^2$　(B) $2835 W/m^2$　(C) $28350 W/m^2$　(D) $283500 W/m^2$

(B) 44. 當可燃性液體表面之蒸氣濃度超過燃燒下限時，火源靠近其液體表面會使其產生持續燃燒之最低液體溫度稱為：

(A) 閃火點（flash point）　(B) 著火點（fire point）　(C) 沸點　(D) 熔點

(C) 45. 材料的熱慣性，不包括下列哪一項？

(A) 密度　(B) 熱傳導係數　(C) 溫度　(D) 比熱

(B) 46. 任何化學反應從反應物能階到生成物能階之過程中，需經由一個較高能階的活性錯合物（體），其與反應物能階的差值，其名稱為何？

(A) 熱能　(B) 活化能　(C) 熵　(D) 自由能

(C) 47. 有關熱傳導的敘述，下列何者正確？

(A) 物質熱傳導係數大時，容易吸熱而提高溫度，故物性偏向可燃物

(B) 熱量是由具有高熱量的物質傳向低熱量的物質

(C) 傳導物體的截面積愈大，傳導的熱量愈多

(D) 熱傳導係數為溫度的函數，溫度升高，所有物質的熱傳導係數都變大

(C) 48. 當火災到達最盛時期階段，火場溫度極高，此時熱量傳遞的主要形式為：

(A) 傳導　(B) 對流　(C) 輻射　(D) 貫流

[註15] $Q = 0.5 \times (5.67 \times 10^{-8}) \times (727 + 273)^4 = 2.83 \times 10^4$

(D) 49. 一物體的溫度由500K提高到1000K時，其所放出的輻射熱量變為幾倍？

(A) 2　(B) 4　(C) 8　(D) 16

(B) 50. 假設一物體的輻射率為0.6，且距離該物體1公尺處所接收到的輻射熱通量為E，則距離該物體2公尺處的輻射熱通量變為：

(A) 0.15E　(B) 0.25E　(C) 0.3E　(D) 0.5E

(A) 51. 火場中撒水頭感熱元件與熱煙氣之間的熱交換型態主要為何種熱傳現象？

(A) 熱對流　(B) 熱輻射　(C) 熱傳導　(D) 熱通量

(C) 52. 物質的顏色會影響其吸收輻射熱的能力，下列何種顏色的物體吸收輻射熱能力最佳？　(A) 灰色　(B) 白色　(C) 黑色　(D) 紅色

(A) 53. 在長期乾旱的末期，森林含水量約在多少%以下時，有大風時發生的森林大火，是一種十分複雜而又異常可怕的災害現象？

(A) 15%　(B) 20%　(C) 25%　(D) 30%

(A) 54. D類火災為下列何種火災？

(A) 可燃金屬火災　(B) 電氣火災　(C) 油類火災　(D) 纖維類火災

(B) 55. 一般傢俱火災之成長為下列何者？

(A) 穩態火災成長　　　(B) 時間平方火災成長
(C) 時間三次方火災成長　(D) 時間四次方火災成長

(D) 56. 有關建築火災t^2理論，中速火災成長係指多少秒內達到約1MW？

(A) 25　(B) 75　(C) 150　(D) 300

(B) 57. 瓦斯火災通常被歸類為何種火災？

(A) A類火災　(B) B類火災　(C) C類火災　(D) D類火災

(D) 58. 火災成長常數K = 600 $sec/MW^{1/2}$時，是屬於下列何者？

(A) 極快速成長　(B) 快速成長　(C) 中速成長　(D) 慢速成長

(C) 59. 通電中的電器設備火災為下列何種火災？

(A) A類火災　(B) B類火災　(C) C類火災　(D) D類火災

(C) 60. 下列影響火災頻率因素統計，何者會造成起火件數增加？

(A) 氣溫高　(B) 絕對溼度低　(C) 相對溼度低　(D) 實效溼度高

(B) 61. 釋熱率公式中Q = $(t / K)^2$，中速成長之火災成長常數K（$sec/MW^{1/2}$），其值為下列何者？

(A) 600　(B) 300　(C) 150　(D) 75

（C）62. 依據建築物火災t^2成長理論$Q = \dfrac{t^2}{K}$，Q：熱釋放率；t：經過時間，當火災成長常數爲K = 150 sec/MW$^{1/2}$時，表示火災成長之速度爲下列何者？

　　　(A) 慢速成長　　(B) 中速成長　　(C) 快速成長　　(D) 極快速成長

（C）63. 根據火源成長與時間t（sec）、熱釋放率Q（kW）的關係歸納出熱釋放率公式爲Q = αt^2，t^2火源在極速（Ultra fast）之火災成長狀況下，根據NFPA92B其火災成長係數α（kW/sec^2）接近那個數值？[註16]

　　　(A) 0.001　　(B) 75　　(C) 0.2　　(D) 300

（C）64. 根據美國防火協會（NFPA）定義，可利用CO_2、乾粉、泡沫滅火劑滅火之火災爲：　　(A) D類火災　　(B) C類火災　　(C) B類火災　　(D) A類火災

（B）65. 下列有關火災統計的意義，何者錯誤？

　　　(A) 可比較各國火災情況與趨勢　　(B) 獲得熱釋放率

　　　(C) 了解防火教育現況與問題　　(D) 評估火災危險性

（D）66. 有關火災與環境影響關係之溼度表示方法，下列何者錯誤？

　　　(A) 絕對溼度　　(B) 相對溼度　　(C) 實效溼度　　(D) 對流溼度

（B）67. 高溫固體放出輻射熱的能量與下列何者成比例關係？

　　　(A) 攝氏溫度四次方成正比　　(B) 絕對溫度四次方成正比

　　　(C) 絕對溫度二次方成正比　　(D) 攝氏溫度二次方成正比

（B）68. 石油製品或可燃性油脂引起的火災，一般歸類爲：

　　　(A) A類火災　　(B) B類火災　　(C) C類火災　　(D) D類火災

（C）69. 傢俱火災之特性在不受其他因素影響下通常其燃燒的面積與：

　　　(A) 經過時間成正比　　　　(B) 經過時間之平方成反比

　　　(C) 經過時間之平方成正比　　(D) 經過時間成反比

（A）70. 聚乙烯高分子燃燒引發的火災爲哪一類火災？

　　　(A) A類火災　　(B) B類火災　　(C) C類火災　　(D) D類火災

（D）71. 水霧滅火設備不得用於何種火災？

　　　(A) A類火災　　(B) B類火災　　(C) C類火災　　(D) D類火災

（C）72. 下列何者又稱爲電氣火災？

註16 慢速成長模式（Slow）爲0.002778kW/s^2、中速成長模式（Medium）爲0.011111kW/s^2、快速成長模式（Fast）爲0.044444kW/s^2、極快速成長模式（Ultra-fast）爲 0.177778kW/s^2。

(A) A類火災　　(B) B類火災　　(C) C類火災　　(D) D類火災

(B)　73. 瓦斯火災一般常應併入哪一類火災中？

(A) A類火災　　(B) B類火災　　(C) C類火災　　(D) D類火災

(B)　74. 關於火災紀錄的敘述，下列何者不正確？

(A) 火災紀錄爲火災發生事實經過的永久紀錄，故爲一種法律文件

(B) 火災紀錄的統計數字資料，僅供消防單位使用，不得任意公開

(C) 火災紀錄可做爲消防單位評估作績效的依據

(D) 火災紀錄可分爲個案紀錄與年度報告兩種

(B)　75. 火災依燃燒之性質，可分爲A、B、C及D類火災，請問汽油外洩起火屬於：

(A) A類火災　　(B) B類火災　　(C) C類火災　　(D) D類火災

(B)　76. 火場中火勢成長過程與時間之關聯爲何？

(A) 一次方成正比　　(B) 二次方成正比

(C) 二次方成反比　　(D) 三次方成正比

(A)　77. 聚脲酯（Polyurethane；PU）泡棉燃燒引發的火災屬於哪一類火災？

(A) A類　　(C) B類　　(D) C類　　(D) D類

(B)　78. 當燃料分布均勻，燃燒得以持續且自由擴展而不受其他因素影響下，下列敘述何者正確？

(A) 燃燒面積與時間成正比　　(B) 燃燒釋熱率與時間平方成正比　　(C) 燃料燃燒速率（kg/sec）恆定，與經過時間無關　　(D) 火焰前緣向前推進的線性速率（m/sec）與時間成正比

(B)　79. 下列何種物質之臨界熱通量（critical heat flux）最小？[註17]

(A) 玻璃　　(B) 木材　　(C) 聚氯乙烯（PVC）　　(D) 鐵氟龍（Teflon）

(C)　80. 已知史帝芬－波茲曼常數爲$5.67 \times 10^{-11} kW/m^2 K^4$，若一物體之溫度爲227℃，放射率（emissivity）爲0.5，則其輻射強度爲：

(A) 0.44　　(B) 0.88　　(C) 1.77　　(D) 3.54

(C)　81. 下列何者爲釋熱率（Heat Release Rate, HRR）的單位？

(A) 度（K）　　(B) 焦耳（J）　　(C) 瓦特（W）　　(D) 牛頓（N）

(A)　82. 熱通量（heat flux）是量化熱傳遞之物理量，熱通量的單位是：

(A) W/m^2　　(B) $J/m2$　　(C) W　　(D) J

註17 物質臨界熱通量（kW/m^2），Teflon爲38，PVC爲15-20，Wood（Douglas fir）爲10

（C）83. 某物質每克的燃燒熱為1仟焦耳，若100克該物質於10秒內平均燃燒完，則該物質之熱釋放率為：

(A) 1 kW　(B) 1 MW　(C) 10 kW　(D) 10 MW

（B）84. 一立方公尺空氣中所含水蒸汽的公克數即為所謂的：

(A) 相對溼度　(B) 絕對溼度　(C) 實效溼度　(D) 有效溼度

（A）85. 輻射熱量與輻射物體及受輻射物體間距離有關，當兩者距離增加為2倍，受輻射熱減少為原來的若干倍？ 註18　　(A) 1/4　(B) 1/2　(C) 2　(D) 4

（A）86. 對於熱薄性（thermally thin）可燃固體而言，其引燃所需的時間，約略與其燃點和初始溫度的溫差（$T_{ig} - T_o$）的幾次方成正比？

(A) 1 次方　(B) 2 次方　(C) 3 次方　(D) 4 次方

（A）87. 下列材料的熱慣性，何者最小？

(A) PU泡綿　(B) 橡木　(C) 混凝土　(D) 磚

（C）88. 下列有關「熱」之敘述何者有誤？

(A) 具方向性　　　　　　(B) 因溫度差而存在

(C) 任何單一系統皆具有熱　(D) 為能量的一種

（C）89. 有關乙炔之敘述，何者為是？

(A) 化學式為C_2H_4　(B) 與空氣的混合焰，可達攝氏3000度以上

(C) 可溶於丙酮　　(D) 不溶於酒精

（D）90. 鐵、水蒸汽和空氣在攝氏100度的熱傳導度分別為甲、乙、丙，下述何者為是？

(A) 甲＜乙＜丙　(B) 乙＜甲＜丙　(C) 乙＞甲＞丙　(D) 甲＞乙＞丙

（B）91. 金屬湯杓經常用木製杓柄，原因為何？

(A) 木材的絕緣性較佳　(B) 木材的熱傳導係數比較適用

(C) 金屬會導電　　　　(D) 金屬的熱傳導係數不夠大

（A）92. 物質的熱慣性不含下列哪一項？

(A) 溫度　(B) 密度　(C) 比熱　(D) 熱傳導係數

（D）93. 有關物體引燃（ignition）之敘述，下列何者錯誤？

(A) 熱傳係數愈小，愈易引燃　(B) 密度愈小，愈易引燃

(C) 比熱愈小，愈易引燃　　　(D) 熱膨脹係數愈小，愈易引燃

註18
$I \propto \dfrac{1}{d^2}$，$\dfrac{I_1}{I_2} = \dfrac{d_2^2}{d_1^2}$，式中I為輻射熱，d為距離。

二、問答題

1. 火災之延燒受甚多因素影響，何謂熱對流？並述影響自然熱對流之因素有哪些？
（25分）（101年4等一般特考）

解：

(一) 液體和氣體的傳熱方式主要是對流。由於流體整體運動引起流體各部分之間
發生相對位移，冷熱流體相互摻混所引起的熱量傳遞過程。不同的溫度差導
致整體密度差是造成對流的原因。

(二) 影響自然熱對流因素：

主要有溫度差、密度差與壓力差。

1.平時壓力差：溫度差所產生煙囪效應、通風面積與位置、自然風力、空調
系統、電梯活塞效應。

2.火災時壓力差：熱膨脹與熱浮力。

2. 試說明熱傳導及其方程式？（13分）並討論影響熱傳導的因素？（12分）（100
年4等一般特考）

解：

依傅立葉定律（Fourier's Law）指出熱傳導公式，

$$\dot{Q} = KA\frac{(T_1 - T_2)}{d}(W)$$

Q = 熱傳導量（W）；k = 熱傳導係數（W/mK）；A = 垂直於傳熱方向之截面
積（m²）；T = 物質二端之溫差（K）；d = 物質二端之距離（m）。

依傅立葉定律（Fourier's Law）指出，在熱傳導中，單位時間內通過一定截面
積的熱量，正比於溫度變化率和截面面積，而熱量傳遞的方向則與溫度升高的方向相
反；以上都是影響熱傳導之主要因素。

3. 何謂火災統計，其重點為何？在消防預防上有何用途？（25分）（86年設備士）

解：

(一) 火災統計重點

由消防署統一製定一定格式及項目，在每次火災後由直轄市及縣市消防局依
此表格來填寫，以便彙整各項目，最後可進行統計分析，並逐年做比較，瞭

解火災相關資料之趨勢。

(二) 在消防預防上用途

統計應用日益普及，無論是自然科學或社會科學，利用統計方法往往能提升管理效益；而火災統計正是如此，以便使消防管理更具效果。

1. 敘述社區火災問題
2. 支持預算要求
3. 支持法規修改
4. 評估法規執行
5. 評估防火教育
6. 評估消防政策
7. 改善消防資源分配
8. 產品安全管理
9. 支持消防政策

4. 可燃物的熱釋放率（heat release rate）是火災科學的重要參數之一，請以火災成長之時間歷程說明其意義。並說明在建築物之火災預防上，有何應用之處？（25分）（99年消防人員升等考）

解：

依NFPA 921定義，火災熱釋放率以單位時間所釋放的熱量表示，為燃燒所產生熱能速率；其主要取決於物質燃燒速率與燃燒熱值。因此，室內使用燃燒熱值高傢俱如聚氨酯發泡塑料之椅子、沙發或地毯等，這些將使火災成長期縮短，而快速進入閃燃或最盛期。所以，在一些初期火災即會垂直性快速燃燒之窗廉、布幕、展示用廣告板或施工用帆布等使用防焰規制，以抑制初期火災之成長，且儘量使室內不燃化，減少火載量及控制發火源是火災預防上之重要策略。

5. 請分別說明「熱傳導」、「熱對流」與「熱輻射」的定義，並詳述其等在火災學或消防學上的應用。（25分）（90年設備師）

解：

(一) 固體的傳熱方式主要是傳導；熱從高溫的物體傳到低溫的物體，即固體溫度梯度內部傳遞的過程。如滅焰器是化工廠內常見之防火防爆設備，其僅使氣

體穿透而防止火焰通過之一種裝置，藉由金屬網良好之熱導傳性，增加其表面積而吸收能量，以快速有效冷卻焰鋒的熱能，使其抑制火焰穿透及火花排出。或如危險物品廠使用鐵絲網玻璃也是增加熱傳導及防止火焰延伸之應用例。

(二) 液體和氣體的傳熱方式主要是對流。由於流體整體運動引起流體各部分之間發生相對位移，冷熱流體相互摻混所引起的熱量傳遞過程。不同的溫度差導致整體密度差是造成對流的原因。如感知撒水頭集熱板、偵溫式探測器、排煙設備、防煙垂壁或如防火門或關門窗等，主要是針對火災熱對流之作用。

(三) 輻射不需任何物質當媒介，直接由熱源傳輸方式為輻射，當物質內原子或分子中之電子組成改變時，能量以電磁波傳輸；如紅外線火災探測器或如防火門也有防止熱輻射。

第 **2** 章

燃燒科學
(Combustion Science)

　　當熱量傳輸至可燃物質（引燃）或本身自體發熱（自燃）時，物質首先吸收熱量發生水分蒸發，水蒸汽產生使得在物質內部形成一個壓力分布，從而驅使水分析出。當水分完全釋出後，物質內部溫度始能上升，再者是熱裂解過程及後續分解，在其熱裂解析釋過程中，產生揮發性產物與固相炭，部分由於本身蒸氣壓低凝結成為液相顆粒，與水分一樣形成白色的煙霧。在蓄熱大於散熱情況下，溫度會升高至某一臨界點，突然出現火焰直立現象，這就是起火。

　　因此，具備對可燃物如何起火、燃燒過程和燃料如何影響火行為之知識，在進行滅火是成功的或是失敗的，具有絕對性之影響。本章將敘述燃燒各種機制與原理；這些對學習火災學是重要的；俾能奠定良好之基礎。

圖2-1　燃料如何影響火行為對消防滅火是重要的

第1節　燃燒熱與熱釋放率（Combustion Heat and HRR）

一、燃燒熱（Combustion Heat）

　　在1大氣壓（或101 kPa）時，1莫耳物質在25℃完全燃燒所釋放的熱量，為燃燒熱（ΔHc, kJ/mol、kcal/mol、kJ/kg、kJ/m³）。對於很多可燃物，如煤、木材、紙

張、汽油等，由於沒有確定分子式，其莫耳質量無法確定，因此在計算中使用熱值來表示燃燒熱之大小。

熱值為單位質量或體積可燃物完全燃燒所放出熱量。碳是大多數可燃物的主要可燃成分，它的多少基本上決定了可燃物發熱量大小。

分子之每莫耳燃燒熱在100kcal以上之氣體或液體均屬可燃性。基本上，含碳數愈高，其莫耳燃燒熱愈大，而每克燃燒熱則愈小。燃燒熱愈大溫度也愈高，則該燃料潛在危險則愈大。

表2-1　碳氫類燃燒熱　　　　　（Sebosis LLC, 2010）

名稱	化學式	沸點	每克燃燒熱 (kJ/g)	莫耳燃燒熱 (kJ/mol)	莫耳燃燒熱 (kcal/mol)
甲烷	CH_4	-162	55.6	890	212
乙烷	C_2H_6	-88.6	52.0	1560	371
丙烷	C_3H_8	-42.1	50.0	2015	524
丁烷	C_4H_{10}	-0.5	49.3	2859	681
戊烷	C_5H_{12}	36.1	48.8	3510	836
庚烷	C_6H_{14}	68.7	48.2	4141	986
己烷	C_7H_{16}	98.4	48.2	4817	1147
辛烷	C_8H_{18}	125.7	47.8	5450	1298

（註：1kCal = 4.18kJ）

根據Burgess-Wheeler定理，燃燒下限和燃燒熱之乘積大致呈一定值，而烷類遵循Burgess-Wheeler定理，烷類的燃燒熱跟分子量幾乎成正比，其燃燒下限（體積%）跟燃燒熱成反比，所以推知分子量和燃燒下界（體積%）成反比：

$$燃燒下限 \times 燃燒熱（kcal/mol）= 1059$$

二、熱釋放率（Heat Release Rate, HRR）

在火災動力學中，燃料質量損失率（Mass Loss Rate）和熱釋放率（Heat Release Rate）的概念是很重要的。熱釋放率（HRR, kW）是描述火焰釋放之能量大小，為確定火災危險性一種函數，依美國防火協會（NFPA 921）定義，火災熱釋放率常以單位時間所釋放的熱量表示，為燃燒所產生熱量之一種速率。因此，熱釋放率

是確定可燃物之燃燒行為一個最重要之參數,其為物質燃燒速率($\dot{m}$, g/s)與燃燒熱(ΔHc, kJ/g)之函數;由於燃燒通常為不完全燃燒,所以必須考慮燃燒效率($\propto$)。

$$HRR = \propto \times \dot{m} \times \Delta H_C$$

在火災中形成火羽流(Fire Plume)主要取決於火災規模大小,即火災所產生熱釋放率,而火羽流產生是由周圍較冷氣體,由溫度和密度較低的質量產生密度差,這些影響火災發展,如建築物內部充滿熱煙氣體,和建築結構能承受火災熱程度,如抗火時效等;這些皆受物質燃燒熱釋放率所影響。

例1 等莫耳數的酒精、汽油、庚烷、苯,完全燃燒所產生的熱量,何者最大?
(A) 酒精　(B) 汽油　(C) 庚烷　(D) 苯

解:

(B) 汽油(辛烷),含碳數較多

例2 請問10莫耳丙烷重量?根據Burgess-Wheeler定理,已知丙烷的燃燒下限為2.2,其燃燒熱為多少kJ/mol?

解:

(1) 丙烷(C_3H_8)每莫耳分子量44g,10莫耳為44×10 = 440g
(2) 2.2×燃燒熱 = 1059
燃燒熱481.36kcal/mol = 2014.03kJ/mol[註1]

例3 根據Burgess-Wheeler定理,已知乙烷的燃燒下限為3.0,其燃燒熱約為多少MJ/m³?

解:

$$燃燒下限 \times 燃燒熱 kcal/mol = 1059$$
$$3 \times 燃燒熱 = 1059$$
$$燃燒熱 = 353kcal/mole = 1482.6kJ/0.0224m^3 = 66.2MJ/m^3$$

[註1]　1 kcal = 4.2kJ,0℃時1mol = 0.0224m³

例4　某物質每克的燃燒熱為1000焦耳，若100克該物質於10秒內平均燃燒完，燃燒效率75%，則該物質之熱釋放率為多少？

解：

$$\dot{m} = 100g/10s = 10g/s$$
$$HRR = 0.75 \times 10g/s \times 1000J/g = 7.5kW$$

第2節　燃燒原理（Combustion Principle）

燃料爲文明生活之基本條件，人類使用燃料經長期之演變，由古時唯一燃料之木材（固體）開始，之後使用煤炭、再發現石油系（液體）並發展至污染性較低之氣體燃料，甚至應用核能燃料。

燃燒發生時必須質量傳輸，即燃燒產物將不斷離開燃燒區，燃料與氧化劑將不斷進入燃燒區，否則，燃燒將無法繼續進行下去。有機化合物爲含碳之化合物，碳因具有4個鍵，易與其化元素結合而產生燃燒，故可以燃燒的有機化合物種類很多。然而含碳化合物不會燃燒僅有CO_2。

圖2-2　初期火勢即採取動作能有效輕鬆撲滅

一、燃料物理屬性（Fuel Characteristics）

燃燒原理基本是一化學原理，物質本身不會主動發生燃燒，絕大多數物質是因爲受熱（外在或內在）分解產生可燃氣體分子，達到起火溫度時所發生燃燒現象。實際

上並非是物質本身在燃燒,以固體而言,大多數是分解的可燃性氣體在氧化燃燒,並氧氣供給產生水、二氧化碳或一氧化碳等。舉如木塊的分子式為$C_6H_{10}O_5$,加熱之後分子開始進行分解,6個碳分解可能形成2個碳的結構,該等碳開始分解燃燒,而連鎖反應持續不斷的分解,就會不斷的燃燒;當火災受限氧氣量後,生成物最多的是一氧化碳,因為燃燒發生太過迅速使空氣中的氧氣供給量不足,導致燃燒不完全而生成一氧化碳。

　　基本上,火因需供氧需產生自然浮升對流,使其生成物向上能遠離火焰本身,而氧氣能從底部供應。當成長火焰延伸時,也基於供氧而產生向外或向大空間位置燃燒趨勢,此二種現象在牆壁面上會留下V型的燒痕特徵。為了解火災動力學,最基本應認識燃料形狀、尺寸、方位、密度、狀態、水溶性和揮發性(Volatility),這些燃料物理屬性對火災燃燒過程中能產生重要之影響因素。

1.形狀和尺寸(Shape and Size)

　　固體燃料形狀和尺寸,是顯著影響起火性(Ignitability),其中重要是表面積與體積比(Surface to Mass Ratio):即燃料表面積與燃料體積比率。當燃料顆粒變得更小和更細碎,表面積與體積比將增大,所需起火能量亦低,致引火性也大大增加。

2.方位(Position)

　　固體燃料的物理位置,當以垂直位置燃燒,可透過對流、傳導和輻射同時進行多種之熱傳方式;如垂直性之窗簾、舞台布幕或施工用帆布及廣告用展示板等燃燒,分解可燃氣體很快使火勢呈現氣相火焰型態,所以消防署規定此類需作防焰處理。延伸閱讀請見第5章影響固體燃燒速度因素一節。

3.狀態(Physical Properties)

　　液體狀態燃料具有流動物理特性,此與室內火災一樣,具有煙流之流動物理,使煙流能很快充滿內部。在海上的船舶當液體洩漏於底面或弧面甲板上(Platform),會依物理狀態流動並積聚在低窪地區。而室內火災煙流卻相反地,受熱膨脹往室上高處流動,尤其透過樓梯間能快速往上流動,產生煙囪效應。

4.密度(Density)

　　密度是了解燃料特性之一個重要概念。正如前面所提的,密度是物質的分子如何緊密地擠在一起之程度(Measure)。密度(有單位)與比重(Specific Gravity)(無單位)方面,比重是液體重體與水重量之比值。大多數易燃液體比重小於1,此意味著,當滅火人員進行易燃液體火災搶救工作,流動的水會使油類火勢延伸到別

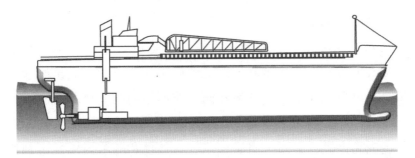

圖2-3　船舶上洩漏液體會往低處流，但火災煙會往高處流動

處。所以滅火以化學乾粉或泡沫，作爲液體火災之滅火劑。

$$比重 = \frac{物質密度}{（4℃水之密度）}$$

汽油比重少於1.0

水比重等於1.0

鹽水比重大於1.0

圖2-4　不同液體之比重關係

　　氣體往往假定其爲容器的形狀，但沒有具體的體積（Volume）。如果蒸氣密度[註2]小於空氣，釋放後會上升；如比空氣大，則會停留在低窪區域處。這是重要的，了解碳氫化合物之烴類氣體危險性，除最輕甲烷（Methane）外，大多蒸氣密度是大於1，如天然氣（主要由甲烷組成）是比空氣輕，其能以極低溫液化（Cryogenic Liquid），形成液化天然氣（LNG），一旦外漏蒸發能大量膨脹，起初液化是比空氣重，但稍後氣化會變得比空氣輕。

[註2]　蒸氣密度指一定體積的蒸氣與同體積空氣的重量比。

5.水溶性（Water Solubility）

液體燃料在水中溶解度，對燃燒過程影響也是重要考量的因素。油漆稀釋劑、丙酮或醇類（Alcohols）等極性溶劑，能溶解於水。如果使用大量的水，醇等極性溶劑能予以稀釋至不會燃燒程度。而烴類液體（非極性溶劑）是不溶於水，這就是為什麼單獨的水不能洗掉手上油類之道理。必須使用肥皂以溶解該油狀物。當碳氫化合物（不溶性）所造成的火災，必須考慮滅火劑的有效性和哪些對極性溶劑和醇類是有效的。

6.揮發性（Volatility）

液體釋放出蒸氣之揮發性，會影響滅火能力。所有液體的蒸氣是以簡單蒸發的形態進行。液體能揮發出大量易燃（Flammable）或可燃（Combustible）蒸氣，這是危險的，因其能容易在幾乎任何環境溫度，受到引燃情況。

二、燃料氣化與空氣混合物（Fuel Vapor to Air Mixture）

燃料會發生燃燒現象是已轉換成氣體之狀態，其必須與空氣中氧（氧化劑）混合在適當的比例，也就是燃燒範圍。燃料的燃燒（爆炸）範圍是以氣體或蒸氣在空氣中體積百分比，在燃燒範圍下限（LFL）（指能支持燃燒的最小濃度）和燃燒範圍上限（UFL）（指能支持燃燒的最大濃度）之間，遇到火源可以燃燒之範圍（界限）。假使爆炸上限為100%者，意即為純粹之單分子氣體而可引起分解爆炸、聚合爆炸等，多數為不穩定物質，如乙炔即是。

第3節　燃燒所需空氣量（The Amount of Air Required for Combustion）

各種燃料都是由碳、氫、氧、氮、硫五種元素和灰分、水分組成的。只是不同的燃料各元素和灰分、水分所占的比例不同而已。但是這五種元素有碳、氫和硫是可以燃燒的。燃燒所產生熱量，使其中熾熱的固體粒子和某些不穩定的中間物質（自由基）電子發生跳躍，從而發出各種波長的光。因此，燃燒是燃料中的可燃元素（C、H、S）與氧氣（O_2）在高溫條件下化學反應，並發生發光、發熱之物理現象。如果燃燒反應速度極快，則因高溫條件下產生的氣體和周圍氣體共同膨脹作用，使反應能

量直接轉變為機械功，在壓力釋放的同時產生強光、熱和壓力聲響，這就是所謂的爆炸。

　　在空氣中N_2在燃燒過程中一般不參加燃燒反應，但總是與參加反應的O_2，按一定比例（1：3.76）進入燃燒體系，亦即有1莫耳O_2反應，就必然有3.76莫耳N_2參與。在燃燒耗氧量方面，以碳原子為例$C + O_2 = CO_2$，碳的化學計量需氧量為2.67（＝32/12），表示燃燒每克碳需2.67克的氧。

　　空氣莫耳質量（$0.23\dfrac{mol\,O_2}{mol\,空氣} \times \left(\dfrac{32g}{mol\,O_2}\right) + \left(0.77\dfrac{mol\,N_2}{mol\,空氣}\right) \times \left(\dfrac{28g}{mol\,N_2}\right) = \dfrac{28.92g}{mol\,空氣}$）、氧體積21%、氧重量為$\dfrac{(0.21) \times (32)}{(28.92)} = 23.2\%$。依亞佛加厥理論（Avogador Theory），在同溫同壓同體積下任何氣體含有相同分子數，在STP狀態下1莫耳氣體容積為22.4L，1莫耳氧分子32g。

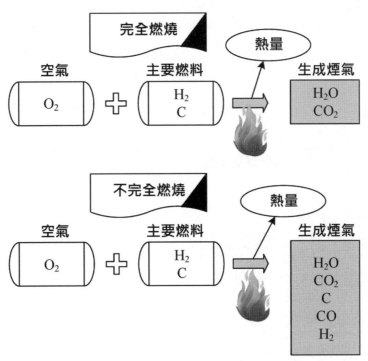

圖2-5　完全與不完全燃燒不同生成物

理論空氣量

　　理論空氣量為單位燃料完全燃燒所需之最小空氣量。根據燃料中碳和氫元素的含量和化學方程式，計算出來的1公斤燃料完全燃燒所需要的標準狀況下空氣，稱為理論空氣量。而燃燒所需理論空氣量，是假定在燃料燃燒所需的空氣和生成的煙氣均為理想氣體（22.4m³/mol），略去空氣中的稀有成分，只由N_2和O_2組成，且二者容積比為79：21。

$$Lw = [11.6 \times C + 34.8 \times (H - \frac{O}{8}) + 4.3 \times S]\% （kg）$$
$$Lv = [8.9 \times C + 26.7 \times (H - \frac{O}{8}) + 3.3 \times S]\% （m^3）$$

實際空氣量

　　實際空氣量為考慮單位燃料不完全燃燒下所需之空氣量。

　　而實際空氣量 = 理論空氣量 + 過剩空氣量。

$$\alpha = 空氣比 = \frac{實際空氣量}{理論空氣量}$$

固態物質$\alpha = 1.02 \sim 1.2$；液態物質$\alpha = 1.1 \sim 1.3$；氣態物質$\alpha = 1.3 \sim 1.7$

| 例1 | 於1kg碳完全燃燒所需空氣量為何？ |

解：

求完全燃燒所需的空氣量

求重量：$\frac{重量 \times 32 \times 氧莫耳數}{分子量} \times \frac{100}{23}$

求體積：$\frac{重量 \times 22.4 \times 氧莫耳數}{分子量} \times \frac{100}{21}$

使1kg碳完全燃燒時（$C + O_2 = CO_2$），需$11.6 kg \left(\frac{1000 \times 32}{12} \times \frac{100}{23}\right)$或8.9 $m^3 \left(\frac{1000 \times 22.4}{12} \times \frac{100}{21}\right)$空氣量

$$C + O_2 = CO_2$$

C莫耳數1kg/12g = 83.3

$$83.3 \times 22.4 \times \frac{100}{21} = 8900L （1m^3 = 1000L）$$

$$83.3 \times 32 \times \frac{100}{23} = 11600g$$

例2　於1kg硫完全燃燒所需空氣量為何？

解：

硫 $S + O_2 = SO_2$，需 $3.33m^3 \left(\frac{1000 \times 22.4}{32} \times \frac{100}{21} \right)$ 或 $4.35kg \left(\frac{1000 \times 32}{32} \times \frac{100}{23} \right)$ 空氣量

例3　於10kg天然氣（CH_4）完全燃燒所需空氣量為何？

解：

$$\text{求重量：} \frac{\text{重量} \times 32 \times \text{氧莫耳數}}{\text{分子量}} \times \frac{100}{23}$$

$$\frac{10000 \times 32 \times 2}{16} \times \frac{100}{23} = 174 \text{（kg）}$$

例4　燃燒1.6公斤重的甲烷，理論空氣量需要多少？

解：

$$\frac{1600 \times 32 \times 2}{16} \times \frac{100}{23} = 27.8 \text{（kg）}$$

例5　所謂理論空氣量係指可燃性物質完全燃燒所需要的空氣量，如碳氫化合物完全燃燒產物為 CO_2 及 H_2O，以丙烷為例，其完全燃燒反應式為 $C_3H_8 + 5O_2 \rightarrow 3CO_2 + 4H_2O$。現有4種物質其分別為：丙烷（$C_3H_8$，分子量58g/mol）、丙酮（$CH_3COCH_3$，分子量58g/mol）、異丙醇（$CH_3CHOHCH_3$，分子量60g/mol）、甲乙醚（$CH_3OC_2H_5$，分子量60g/mol），試問當上述4種物質質量相等時，何者燃燒時具最低之理論空氣量？

解：

(1) $C_3H_8 + 5O_2 \rightarrow 3CO_2 + 4H_2O$

　　X = 32 × 5/44 = 3.64

　　即1莫耳丙烷燃燒需3.64莫耳氧氣，最低理論空氣量為18.2莫耳

(2) $C_3H_6O + 4O_2 \rightarrow 3CO_2 + 3H_2O$

　　X = 32 × 4/58 = 2.21

　　即1莫耳丙酮燃燒需2.21莫耳氧氣，最低理論空氣量為11.0莫耳

(3) 異丙醇及甲乙醚分子式相同皆為C_3H_8O

$C_3H_8O + 4.5O_2 \rightarrow 3CO_2 + 4H_2O$

$X = 32 \times 4.5/60 = 2.4$

即1莫耳C_3H_8O燃燒需2.4莫耳氧氣，最低理論空氣量為12.0莫耳，故丙酮最少

例6 計算完全燃燒時，天然瓦斯（主成分CH_4）與液化瓦斯（主成分C_3H_8）各1立方公尺時各需多少空氣量？

解：

(1) $CH_4 + 2O_2 \rightarrow CO_2 + 2H_2O$

1m³甲烷完全燃燒時需2m³氧氣。

$2 \times \dfrac{100}{21} = 9.52m^3$

(2) $C_3H_8 + 5O_2 \rightarrow 3CO_2 + 4H_2O$

1m³丙烷完全燃燒需5m³氧氣。

$5 \times \dfrac{100}{21} = 23.8m^3$

第4節　燃燒界限（Flammability Limits）

可燃物、氧化劑與熱量是燃燒或爆炸之必要條件，但並不是充分條件，應是一定氧化劑、一定可燃氣體濃度及一定熱量，且前二者必須相混合在一定比例。可燃氣體是否會點燃或引爆，是由可燃氣體在空氣中的濃度來決定的。當氣體濃度太低，沒有足夠燃料來維持燃燒；當氣體濃度太高，沒有足夠氧氣來燃燒。可燃氣體只有在兩個濃度之間才可能燃燒，此稱燃燒（爆炸）界限（範圍）。燃燒界限以氣體或蒸氣在空氣中所佔體積百分比表示，其最低體積百分比為燃燒下限（Lower Flammable Limits, LFL），最高體積百分比為燃燒上限（Upper Flammable Limits, UFL）。這種體積百分比隨著溫度和壓力的變化而有改變。

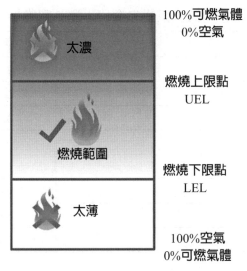

圖2-6　可燃物質之燃燒範圍／界限

　　以氫／空氣混合物在21℃下，氫濃度在4～74%（以體積計）之間，火焰會持續傳播。溫度升高，則燃燒下限降低，燃燒上限提高，燃燒範圍變寬；溫度降低時，範圍變窄（圖2-7）。但亦有例外，如CO在壓力愈高時反而減小其燃燒範圍，現今對此一事實，尚無適當之理論性解釋。在特定環境條件下，使混合氣濃度處於燃燒範圍之上或之下，則可燃性混合氣將變為不可燃性；或是工業上常添加不活潑性氣體（如二氧化碳或氮氣等）添入可燃性氣體中，使其燃燒範圍變窄。

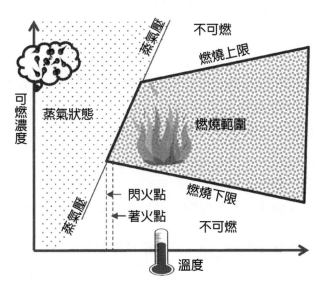

圖2-7　液體（氣體）燃料之燃燒範圍
（Fire Protection Handbook Sixteenth Edition）

表2-2　燃燒範圍（21℃和1大氣壓力環境下測試數據）　　　　　（NFPA, 1997）

	燃燒下限	燃燒上限
乙炔（Acetylene）	2.5	100.0
一氧化碳（Carbon Monoxide）	12.5	74.0
乙醇（Ethyl Alcohol）	3.3	19.0
1號燃料油（Fuel Oil No.1）	0.7	5.0
汽油（Gasoline）	1.4	7.6
氫（Hydrogen）	4.0	75.0
甲烷（Methane）	5.0	15.0
丙烷（Propane）	2.1	9.5

燃燒上限

燃燒上限計算法，基本上有2種方法：

1. 以當量濃度（Stoichiometric Concentration）求之，烷類公式如次：

$$燃燒上限 = \frac{4.8 \times \sqrt{\dfrac{1}{1+4.8n}} \times 100}{100}$$

2. 以燃燒下限求之：

$$燃燒上限 = 6.5 \times \sqrt{燃燒下限}$$

燃燒下限

燃燒下限是能支持燃燒的最小可燃混合濃度，液體燃燒下限也就是閃火（引火）點；是液體危險性之重要指標，以容積百分比（％）作表示。一般在爆炸防制策略上，添加不燃性氣體使其惰性化，其燃燒下限變化不大，主要是使其上限顯著降低，使燃燒範圍變窄。

燃燒下限計算法，基本上有3種方法：

1. 在氣體依Jone's理論，可燃性物質之爆炸下限為其化學理論濃度之0.55倍

$$燃燒下限 = 化學理論濃度 \frac{1}{1+4.8n}（或當量濃度）\times 0.55（其中n為氧莫耳數）$$

上述對所有有機可燃性氣體均適用，但不適於無機可燃性氣體。

2. 在液體能以閃火點之飽和蒸氣壓（P_0）計算

$$燃燒下限 = \frac{P_0}{P}（其中爲一大氣壓，即760mmHg）。$$

3. 依據Burgess-Wheeler定理，碳化氫系之燃燒下限C（V%）與燃燒熱Q（kcal/mol）之乘積，大致呈一定值：C × Q（kcal/mol）= 1059

例1　請寫出丙烯（C_3H_6）請計算其當量濃度？及其爆炸上下限？

解：

1. $C_3H_6 + 9/2O_2 \rightarrow 3CO_2 + 3H_2O$

2. 當量濃度 $= \dfrac{1}{1+4.8n} = \dfrac{1}{1+4.8(9/2)} = 4.4\%$

3. $0.55 \times 當量濃度 = 2.43\%$（下限）

$\dfrac{4.8 \times \sqrt{當量濃度 \times 100}}{100} = 10.07\%$（上限，烯類會有誤差）

例2　根據Burgess-Wheeler定理，已烷化學式是C_6H_{14}，燃燒熱是4159.1kJ/mol，其燃燒下限計算？

解：

燃燒下限×燃燒熱 = 1059　　燃燒熱 = 4159.1kJ/mol = 990kcal/mol

燃燒下限 = 1.07%

例3　根據Burgess-Wheeler定理，已知苯的燃燒熱為3120kJ/mol，其燃燒下限約為多少？

解：

燃燒下限×燃燒熱 = 1059　　燃燒熱 = 3120kJ/mol = 743kcal/mol

燃燒下限 = 1.42%

例4　LPG燃燒下限為何？在常溫（25℃）常壓（1atm）室內長寬高分別為10m×4m×3m，該LPG洩漏量（kg）達到多少即形成潛在爆炸環境？

解：

$C_3H_8 + 5O_2 \rightarrow 3CO_2 + 4H_2O$

理論濃度 $= \dfrac{1}{1+4.8n} = 0.038$

$C_下 = 0.55 \times 0.038 = 2.2\%$

依理想氣體方程式

1. P（atm）$\times$ V（L）= n（mol）$\times$ R（氣體常數$0.082\dfrac{L\times atm}{K\times mol}$）$\times$ T（K）

2. P（kpa）$\times$ V（m^3）= m（kg）$\times$ R（氣體常數 $= \dfrac{8.314}{n}$）$\times$ T（K）

$101 \times (120 \times 2.2\%) = m \times \dfrac{8.314}{44} \times 298$

m = 4.78（kg）

例5 丙烯晴閃火點為77℃，飽和蒸氣壓（P）為10mmHg，則其燃燒下限為何？

解：

$$燃燒下限 = \dfrac{P_0}{P} = \dfrac{10}{760} = 1.32\%$$

例6 如有一可燃性氣體，其閃火點下的飽和蒸氣壓為38mmHg，試求其燃燒下限？
（一大氣壓下，飽和蒸氣壓為760mmHg）

(A) 5%　(B) 10%　(C) 15%　(D) 20%

解：(A)

$$液體燃燒下限 = \dfrac{P_0}{P} = \dfrac{38}{760} = 0.05$$

當量濃度

　　當量濃度又稱化學理論濃度，當燃料氣體濃度等於化學理論濃度時，燃料與氧分子處於最佳比例，這是理論上最大燃燒速度。但實際最大壓力，卻是位於稍高於理論濃度，即當量濃度1.1～1.2範圍（SFPE, 2008），這是因為爆炸性混合物之燃料氣體分子可能比氧氣分子大，移動速度比氧氣分子慢，若燃料分子濃度稍高一點，能與氧氣分子碰撞頻率增加，此時反應才是產生熱量最多，壓力也最大。

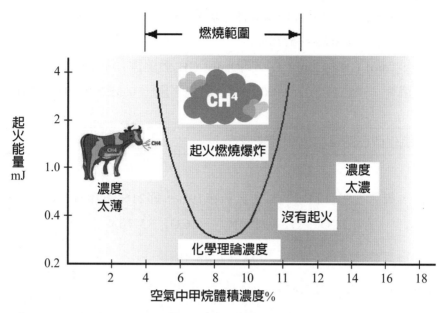

圖2-8 甲烷當量濃度與最小起火能量關係（Kuchta, J.M. 1985）

當量濃度 = 氣體完全燃燒時，可燃氣體所占全部氣體之比例

$$= \frac{\text{可燃氣體體積（烷類）}}{\text{可燃氣體體積（烷類）} + \text{空氣體積}}$$

當量濃度 $= \dfrac{1}{1+4.8n}$（n為氧氣莫耳數）

例1 若空氣中之氧氣含量為20%：

1. 請寫出丙烯（C_3H_6）燃燒之化學平衡式？

2. 請計算其當量濃度（stoichiometric concentration）？

解：

1. $C_3H_6 + 9/2\,O_2 \rightarrow 3CO_2 + 3H_2O$

2. 當量濃度 $= \dfrac{1}{1+4.8(9/2)} = 4.4\%$

例2 試以化學理論濃度之方法計算甲烷之燃燒下限為多少%？

解：

燃燒下限 $= 0.55 \times$ 化學理論濃度（當量濃度）

$CH_4 + 2O_2 \rightarrow CO_2 + 2H_2O$

$(1 \times 22.4^{註3}) \div [(1 + 2/0.21) \times 22.4] = 0.095$

燃燒下限 $= 0.55 \times 0.095 = 5.23\%$

另一算法，1mol CH_4需2mol O_2，即1mol CH_4燃燒需10mol空氣，

化學理論濃度 $= 1/(1 + 10) = 0.091$　　　燃燒下限 $= 0.55 \times 0.091 = 5.0\%$

例3　試求一氧化碳在空氣中化學理論濃度？

解：

不同算法，氧氣占空氣體積21%，氮氣占79%，即21%：79%→1：3.76

$$2CO + O_2 + 3.76N_2 \rightarrow 2CO_2 + 3.76N_2$$

參加反應物質總體積為2 + 1 + 3.76 = 6.76

則2個體積CO $= \dfrac{2}{6.76} = 29.6\%$

例4　氧乙炔併用於工業上燒焊作業，試求乙炔與氧氣混合化學理論濃度？

解：

$$2C_2H_2 + 5O_2 \rightarrow 4CO_2 + 2H_2O$$

參加反應物質總體積為2 + 5 = 7

則2體積$C_2H_2 = \dfrac{2}{7} = 28.6\%$

最小氧濃度（LOC）

可燃物燃燒所需最小氧濃度（Limiting Oxygen Concentration, LOC），以氧的體積百分比為單位表示。LOC會隨著壓力和溫度而變化，也取決於惰性（不燃性）氣體的類型。

$$LOC = 燃燒下限 \times 氧莫耳數$$

註3　標準狀況下（0℃、101kPa）一氣體為22.4L/mol，如C_3H_8分子量$12 \times 3 + 8 = 44$即一莫耳為44g，故C_3H_8丙烷氣體密度 $= 44g \div 22.4L = 1.96g/L$。

表2-3　可燃性蒸氣／氣體之LOC　（Don and Perry, 2007）

氣體或蒸氣	氮氣／空氣	二氧化碳／空氣
氫	5	5.2
甲烷	12	14.5
乙烷	11	13.5
丙烷	11.5	14.5
正丁烷	12	14.5
異丁烷	12	15

表2-4　易燃物質可燃屬性　（Chemical Properties Handbook, 1999）

可燃物質	下限	上限	閃火點	LOC	MIE（mJ）	AIT（℃）
氣體						
甲烷（Methane）	5.0	15.0	−188	12	0.28	600
乙烷（Ethane）	3.0	12.5	−135	11	0.24	515
丙烷（Propane）	2.1	9.5	−104	11.5	0.25	450
氫（Hydrogen）	4.0	75.0		5	0.018	400
氨（Ammonia）	16.0	25.0				651
一氧化碳（Carbon Monoxide）	12.5	74.0		5.5		609
硫化氫（Hydrogen Sulfide）	4.3	45.0		7.5		260
乙炔（Acetylene）	2.5	80.0	−18		0.020	305
液體						
己烷（Hexane）	1.2	7.5	−23	12	0.248	234
乙烯（Ethylene）	2.7	36.0	−136	10		450
苯（Benzene）	1.4	7.1	−11	11.4	0.225	562
乙醇（Ethanol）	4.3	19.0	13	10.5		422
甲醇（Methanol）	7.5	36.0	11	10	0.140	463
甲醛（Formaldehyde）	7.0	73.0	−53			430
丙酮（Acetone）	2.6	12.8	−18	11.5		538
苯乙烯（Styrene）	1.1	6.1	32	9.0		490
汽油（Gasoline）	1.4	7.6	−43	12		

（註：LOC為最小氧濃度；MIE為最小起火能量；AIT為自燃溫度）

例1 請計算丙烯（C_3H_6）燃燒最小氧濃度（limiting oxygen concentration）？

解：

$C_3H_6 + 9/2O_2 \rightarrow 3CO_2 + 3H_2O$

當量濃度 $= \dfrac{1}{1+4.8n}$（或 $\dfrac{1}{1+5n}$）$= \dfrac{1}{1+4.8(9/2)} = 4.4\%$

$0.55 \times$ 當量濃度 $= 2.43\%$（燃燒下限）

燃燒下限 $\times$ 氧莫耳數 $0.0243 \times 9/2 = $ LOC   LOC $= 10.9\%$

混合燃燒界限

依 Le Chatelier 定律指出混合氣體燃燒上下限，S_1、S_2、S_3……為各氣體組成百分比，U_1、U_2、U_3……為各氣體之燃燒上限值，D_1、D_2、D_3……為各氣體之燃燒下限值。Le Chatelier 定律極適合於碳氫化合物類之混合物，而不適合於含氫等混合物。其公式如次：

$$\text{混合氣體燃燒上限值，} M_U = \frac{1}{\dfrac{S_1}{U_1} + \dfrac{S_2}{U_2} + \dfrac{S_3}{U_3}\cdots} \times 100\%$$

$$\text{混合氣體燃燒下限值，} M_D = \frac{1}{\dfrac{S_1}{D_1} + \dfrac{S_2}{D_2} + \dfrac{S_3}{D_3}\cdots} \times 100\%$$

例1 如下表某混合可燃性氣體由乙烷、環氧乙烷、異丁烷等三種可燃性氣體組成，試計算此一混合氣體在空氣中之爆炸上限與爆炸下限？

物質名稱	爆炸界限（%）	組成百分比
乙烷	3.0～12.4	25%
環氧乙烷	3.6～100	50%
異丁烷	1.8～8.4	25%

解：

依 Le Chatelier 定律混合氣體燃燒上下限計算

混合氣體燃燒上限

$$M_U = \frac{1}{\dfrac{S_1}{U_1}+\dfrac{S_2}{U_2}+\dfrac{S_3}{U_3}\cdots} \times 100\% = \frac{1}{\dfrac{25}{12.4}+\dfrac{50}{100}+\dfrac{25}{8.4}} \times 100\% = 18.2\%$$

混合氣體燃燒下限

$$M_D = \frac{1}{\dfrac{S_1}{D_1}+\dfrac{S_2}{D_2}+\dfrac{S_3}{D_3}\cdots} \times 100\% = \frac{1}{\dfrac{25}{3.0}+\dfrac{50}{3.6}+\dfrac{25}{1.8}} \times 100\% = 2.8\%$$

例2 一混合可燃氣體含H_2 30%、CO 15%、CH_4 55%，其H_2、CO、CH_4之燃燒上限各為75%、74%及15%，下限各為4.0%，12.5%及5%，試求混合氣體之燃燒上下限？

解：

依Le Chatelier定律混合氣體燃燒上下限計算

混合氣體燃燒上限

$$M_U = \frac{1}{\dfrac{S_1}{U_1}+\dfrac{S_2}{U_2}+\dfrac{S_3}{U_3}\cdots} \times 100\% = \frac{1}{\dfrac{30}{75}+\dfrac{15}{74}+\dfrac{55}{15}} \times 100\% = 23.4\%$$

混合氣體燃燒下限

$$M_D = \frac{1}{\dfrac{S_1}{D_1}+\dfrac{S_2}{D_2}+\dfrac{S_3}{D_3}\cdots} \times 100\% = \frac{1}{\dfrac{30}{4}+\dfrac{15}{12.5}+\dfrac{55}{5}} \times 100\% = 5.2\%$$

例3 多種可燃性混合氣體（H_2 30%、N_2 30%、CO_2 30%、CO 10%），當加入不燃性CO_2時，燃燒範圍為何？（N_2 30%及H_2 15%為a混合氣體、CO_2 30%及H_2 15%為b混合氣體、CO 10%為c氣體，其中a：上限75%、下限13%，b：上限67%、下限13%，c：上限為74%、下限12.5%）？

解：

依Le Chatelier定律混合氣體燃燒上下限計算

混合氣體燃燒上限

$$M_U = \frac{1}{\dfrac{S_1}{U_1}+\dfrac{S_2}{U_2}+\dfrac{S_3}{U_3}\cdots} \times 100\% = \frac{1}{\dfrac{45}{75}+\dfrac{45}{67}+\dfrac{10}{74}} \times 100\% = 71.1\%$$

混合氣體燃燒下限

$$M_D = \cfrac{1}{\cfrac{S_1}{D_1} + \cfrac{S_2}{D_2} + \cfrac{S_3}{D_3}\cdots} \times 100\% = \cfrac{1}{\cfrac{45}{13} + \cfrac{45}{13} + \cfrac{10}{12.5}} \times 100\% = 12.9\%$$

第5節　燃燒機制與形式（Combustion Mechanism and Form）

一、燃燒機制（The Burning Process）

　　燃料能以3種狀態之任何形式存在：即固體、液體或氣體。原則上，只有蒸氣或氣相才能著火燃燒，只有少數物質可以固態形式直接燃燒如炭、鎂等。基本上，液體或固體燃料燃燒，是需透過受熱而轉換成蒸氣或氣體狀態。燃料氣體演變可以是從固體燃料的熱裂解過程（Pyrolysis Process），昇華為氣體，或是物質透過熱傳進行化學分解（Chemical Decomposition）再蒸發為氣體現象；或熔點低可燃固體會先溶解為液體，或固體先溶解再加上分解為液體；也可以從液體的蒸發汽化（Vaporization）或先分解再蒸發至燃料氣體。這些過程是相同的，就如無論是水沸騰蒸發或在陽光下的水蒸發；在這些情況下，皆是受熱導致液體氣化之現象。

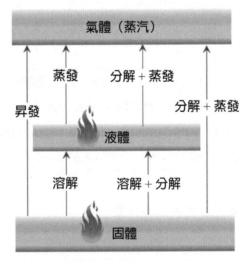

圖2-9　固體燃料以不同模式轉成氣體（蒸汽）方式（Drysdale, 1985）

　　在熱回饋機制上，液體受熱汽化、固體受熱進行熱裂解（Pyrolysis Process）[註4]。從液體沸騰或固體裂分解中產生可燃性分子，在火焰中發生化學鍵斷裂，而更容易與空氣中氧氣進行混合。熱裂解是一種複雜非線性行為，在熱量作用下固相可燃物發生熱裂解及分解，致發生揮發性產物，包括可燃性與非可燃物成分。熱分解反應同時產生可燃非揮發性炭，上述揮發性產物於固體表面上方發生氣相氧化反應，有一部分可燃性氣相揮發份被空氣流迅速帶離，從而濃度不足以燃燒，而存在固相燃燒殘留炭。

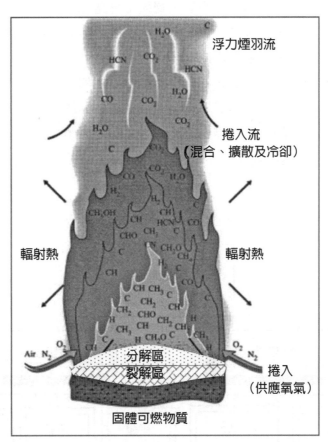

圖2-10　固體燃料熱裂解及分解氣體中捲入氧氣燃燒（DeHaan, 2007）

　　進一步言之，大部分固體可燃物隨著熱解與燃燒進行，會有相當量殘留物覆蓋在固體表面，炭層存在會使表面熱阻增大，較少受外空氣冷卻，而表面溫度上升，形成

[註4]　可燃物在燃燒前會熱裂解為簡單的分子，分子中共價鍵在外界因素（如光、熱）影響下，裂解而成化學活性非常強的原子或原子團，此稱為自由基。

內部梯度，從而影響燃燒速率，如木材燃燒就是一顯著例子。

　　而液體燃燒過程中，比固體熱裂解過程所需熱量低，亦即液體燃料蒸發過程顯然較少的熱量輸入，因此液體燃燒速度勢必大於固體。又對氣體燃料火災滅火是困難的，因其是更容易再形成複燃引火的。氣體燃料是最危險的，因其是處在所需起火之自然狀態，而無需再進行燃料熱裂解或氣化之轉換過程。因此，氣體燃料也是最難以抑制的。

　　所以，無論可燃物是以哪一種型態，絕大部分是以蒸氣或氣體狀態來燃燒。又如紙張分解燃燒，其實不是紙本身在燒，而是紙上方之揮發可燃氣體在燒，因其需由固體轉換成氣體才能燒；另如蠟燭亦是需先轉換成液體（蠟油）再轉換成氣體才燒（由白色棉繩藉虹吸作用吸取蠟油氣化）。在液體方面，如汽油燃燒不是液體，是由其上方油氣在燃燒，如溫度愈高其蒸氣壓愈高，油氣愈多，燃燒愈旺。所以，車禍會導致油箱爆炸，其油箱的油絕對不是滿的狀態，因其都是液體，此頂多形成漏油表面蒸發燃燒。所以，任何油類容器內油愈少，則內部處在油氣較多之相對危險狀態。

二、燃燒形式

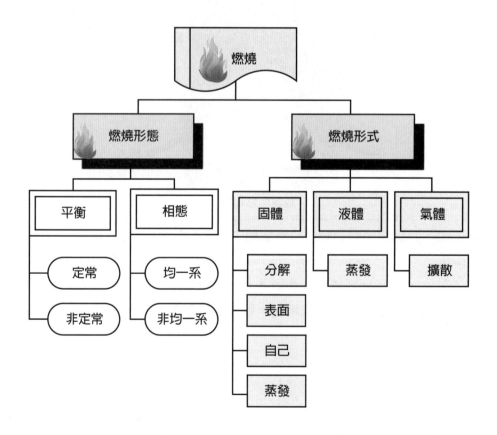

1.擴散燃燒

主要指氣體類燃燒，即可燃性氣體洩漏時，邊擴散邊燃燒的情形，如瓦斯爐之爐火燃燒；延伸閱讀請見氣體類燃燒一節。

2.蒸發燃燒

主要指液體類燃燒，因液體的燃燒非液體本身在燃燒，而是液體蒸發所生之蒸氣在燒；而少數熔點較低固體類，受熱後熔融液化，蒸發成蒸氣而燃燒，如硫磺、瀝青、石蠟等固體，則先熔融液化，繼而蒸發燃燒；延伸閱讀請見液體類燃燒一節。

3.分解燃燒

主要指固體類燃燒，佔大多數固體可燃物在空氣中被加熱時，先失去水分，再起熱分解而產生可燃氣體；延伸閱讀請見固體類燃燒一節。

4.表面燃燒

主要指固體燃燒，少數可燃物質由熱分解結果產生無定形碳化物，在固體表面與空氣接觸處形成碳素化合燃燒區，又其蒸氣壓非常小，或者難以發生熱分（裂）解，不能發生蒸發燃燒或分解燃燒；延伸閱讀請見固體類燃燒一節。

5.自己燃燒

主要指固體燃燒，少數可燃物質在分子內含有氧而不需外界空氣中氧供應；延伸閱讀請見固體類燃燒一節。

此外，燃燒形態又可分為如下

1.定常燃燒與非定常燃燒

燃燒產生之熱與逸散之熱，能維持平衡，而具有均衡燃燒溫度者為一種定常燃燒。反之，若燃燒產生之熱大於逸散之熱，使其無法維持均衡燃燒溫度者為一種非定常燃燒，如爆炸即是。

2.均一系燃燒與非均一系燃燒

若燃燒進行及產生是由同一相態者為均一系燃燒，此多為氣體形態；如氫氣與氧氣之燃燒（二者與其產物皆為氣相）。反之，若燃燒進行及產生是不同相態者為非均一系燃燒，此多為固體與液體形態，如油類燃燒（液態→氣態）、紙張燃燒（固態→氣態）。

第6節　物質燃燒危險性（**Burning Hazard of Materials**）

物質危險性是該物質燃燒時所產生的熱量，即燃燒熱（Combustion Heat）。燃燒熱愈大溫度也愈高，則該燃料潛在危險愈大。燃燒熱大小由物質化學屬性（Chemical Composition）決定；而燃燒速率則取決於物質物理屬性；如細刨木片（Excelsior）與等重木塊相比，二者燃燒熱量相等，但燃燒速率顯然是前者較快的。

一、有機物（Organic Materials）

只要討論到物質危險性，就必然講到有機物，即含碳物質；這無非是因有機物普遍存在地球各處。有機物之碳因具有4個鍵，易與其他元素結合而產生燃燒，故可燃的有機化合物種類很多，惟獨含碳化合物不會燃燒僅有CO_2。

有機化合物較無機化合物不安定，易起變化，多數能燃燒，加熱即行分解。最簡單有機化合物如甲烷（CH_4）和丙烷（C_3H_8）等氣體，是普遍商業上燃料。有機液體如燃料、溶劑等。但種類繁多卻是有機固體，如木材、紙張、紡織品、大部分塑膠，無不都是有機固體。上述這些物質都以碳為主要成分，幾乎又含有氫，許多還含氧、氮等元素，只是含量不盡相同。

小分子連接成長鏈叫聚合（Polymerization），聚合的產物叫聚合物。最簡單的聚合物如塑膠。非常大分子通常是天然的，如纖維素之木材、棉花和羊毛。此外，也能是人工合成的，如塑膠之聚乙烯是由數千個乙烯分子（C_2H_2）的化學連接在一起，並形成一大塊聚乙烯。因此，聚合物不論是天然的還是合成的，與簡單的固體、液體、氣體相比，有一主要區別：固體物必須在一定程度上分解，才能氧化產生揮發物質，但聚合物的分子太大，不能照原樣轉化為氣相，必須把存在的化學鍵打破，但這要消耗能量，也就是活化能。

二、能量產生（Energy Production）

大部分有機物能易於燃燒，燃燒後產物是H_2O（氫氧化物）與CO_2。有機物質能分為2大類：烴類（Hydrocarbon Based）與纖維素類（Cellulose Based）。從某種意義說，纖維素類在自然狀態下已部分氧化了。所以，這2類有機物經燃燒而成二氧化碳和水時，纖維素類耗氧量是較少，且產生熱量也較少。

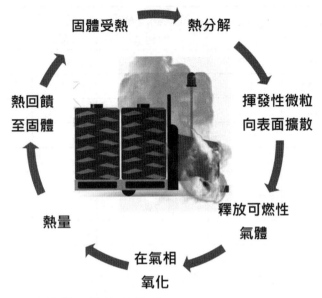

固體受熱　→　熱分解

熱回饋
至固體

揮發性微粒
向表面擴散

熱量

釋放可燃性
氣體

在氣相
氧化

圖2-11　纖維紡織類燃燒過程（Broughton and Cerkez, 2013）

　　就以等量（Equivalent）生成的氧化物而言，烴類物質耗氧量要多50%，產生的熱量也大50%左右。如以重量為基礎，則差異更大，烴類物質產生的熱要比等重的纖維素所產生的大100%以上。因此，從能量觀點而言，油類或天然氣燃料比木材好，因木材主要是由纖維素所組成。天然烴類幾乎全是工業用的化學品或者是商業上燃料，如大多數塑膠是用烴類而不是用纖維素製造，這樣烴類燃燒高熱對於一般建築物防火安全而言，就是一個非常重要之課題；關於有機物質燃燒熱如下表所述。

表2-5　物質之燃燒屬性　　　　（NFPA, Fire Protection Handbook）

物質	化學式	分子量	ΔHc淨燃燒熱（MJ/kg）	沸點（°C）	ΔHv蒸發潛熱（kJ/kg）
碳	C	12	32.8	4200	-
氫	H_2	2	130.8	-252.7	-
一氧化碳	CO	28	10.1	-191	-
甲烷	CH_4	16	50.3	-162	-
乙炔	C_2H_2	26	48.2	-84	-
乙醇	C_2H_6O	46	26.8	78.5	837
丙烷	C_3H_8	44	46.3	-42	-

物質	化學式	分子量	ΔHc淨燃燒熱（MJ/kg）	沸點（℃）	ΔHv蒸發潛熱（kJ/kg）
丙烯	C_3H_6	42	45.7	-47.7	-
尼龍	$C_6H_{11}NO$	113	29	-	-
聚丙烯	C_3H_6	42	43.2	-	-
報紙			12.7		
豬油			40.0		
鋁			31.0		
鐵			7.4		
鈦			19.7		

第7節　燃燒速率（Burning Rate）

　　火焰是經由燃料及空氣之混合物所形成很薄反應層，通常會產生球形，並以起火點為中心，做放射狀向外移動。可燃物與氧必須在分子接觸條件下，才會產生所需的化學作用，這就意味著燃燒是一種氣相（Vapor-Phase）現象。亦即火焰是一種氣化燃料和空氣間所發生反應之區域地帶。通常情況，熱輻射通常是在此區域地帶釋放出來，其以一黃色熾光形態出現。然而，也有以藍色光替代黃色光如某些醇類。含碳量低之醇類燃燒效率是非常高的，其僅形成少數煤煙顆粒，並以藍色熾光。

　　燃燒速率的快慢主要取決於：可燃物與氧的化學反應速度；可燃物和氧的接觸混合速度。前者稱化學反應速度，後者稱物理混合速度。化學反應速度正比於壓力、溫度、濃度有關，其中壓力增高使分子間距離接近，碰撞幾率增高，使燃燒反應更易進行。而物理混合速度取決於空氣與燃料的相對速度、紊流、擴散速度等。在高揮發性（Highly Volatile）液體和固體的燃燒，常受到燃燒區內氧的流入速率所影響，特別是貧乏通風條件。

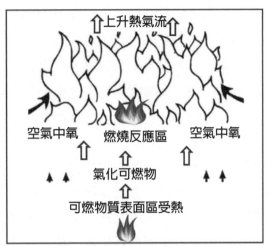

圖2-12　固體與液體物質燃燒形態

　　氣體分子間是極易相互混合在空氣中燃燒，如氫或甲烷，是一種非常快速之過程。但固體與液體是比氣體分子間較為濃縮緊密（Concentrated），燃燒時必先揮發（Volatilization）轉化為氣態，這個過程需吸收相當多熱能，以分解較多揮發氣物質，此如本書之前所述活化能之概念。

　　可燃性物質一般受高熱先形成裂解，再分解成揮發性氣體於燃料表面，此時需空氣中氧氣參與混合後，再形成燃燒行為，而空氣中氧氣濃度與燃料受熱揮發成氣體濃度，與該燃料表面之距離為一種函數關係。亦即，越靠近燃料表面之可燃氣體愈濃，而氧氣濃度愈少（圖2-13）。

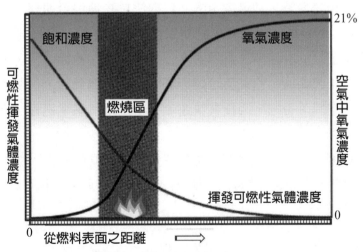

圖2-13　以微觀角度，氧氣濃度與可燃氣體濃度為與燃料表面距離之函數（DeHaan, 2006）

　　也就是說，可燃物必須受熱才能引發燃燒，所接受的熱量需使燃料氧化（Vaporize）到一定的量，才能觸動燃燒反應，且熱量足以加速此種化學燃燒反應的速度，直到其能自身持續下去。基本上，起火所需的熱量，在很大程度上取決於可燃物的物理狀態與周圍環境的熱傳屬性。因此，粉塵狀的可燃物，有一較大與氧接觸之表面積與體積比（Surface-to-Volume Ratio），所以氧化燃燒非常容易，甚至爆炸，而塊狀固體的同樣物質，卻連起火也很難。

　　固體與蒸氣（或氣體）比較，可燃固體物的危險性一般較小，因固體物既不易蒸發，在正常的環境溫度與大氣壓力下也不發出易燃蒸氣。所以，固體可燃物的起火，需要熱源與該可燃物接觸的時間足夠長，產生熱裂解氣體，以致釋出可燃蒸氣。而液體表面上早已存在易於起火的蒸氣，與固體與氣體一樣，三者皆需有足夠氧氣混合。但悶燒是個例外，像木炭這樣的物質，不蒸發也會發生熾熱之悶燒行為。

　　物質燃燒速率，最快是化學性爆炸，最慢是自動氧化（Auto-Oxidation）現象。

A. 燃燒速率能比音速快，每秒進行數公里之速度（km/s）如高階爆炸（Detonation）。

B. 每秒進行數公尺之速度（m/s），如低階爆燃（Deflagration）。

C. 每秒進行數公分之速度（cm/s），如火災或悶燒情況（Smolder）。

D. 每秒進行0.01～100毫米速度（mm/s），如自動氧化（Auto-Oxidation）。

　　燃燒速率是氧化發生之化學反應如何快速之一種函數，有時化學反應速率很快而物理上混合速率相對慢時，則燃燒速率必然取決於物理混合速率；如是預混合火焰（Premixed Flames），即燃燒前可燃物與氧已經物理上混合好，則決定燃燒速率只是一種物質化學反應之固有速率。這種速率一般很高，在預混合情況下火焰以每秒幾公尺的速度傳播。正因如此，空氣與可燃蒸氣的接觸極為危險，這個過程一旦起火，除非在有專門封閉空間；否則，因極其快速，要中止這種燃燒過程，事實上是不可能的。

　　熱通量（Heat Flux）是量化熱傳遞之物理量，其單位是W/m²。通常臨界熱通量越大則物質越不易引燃；小於臨界熱通量則物質不會引燃。此外，物質燃燒速率（ṁ）能由以下表示：

$$\dot{m} = \frac{Q_F - Q_L}{L_V} \times A$$

$\dot{m}$ 註5是燃燒速率（g/s）、也是燃料質量隨著時間損失率g/s。

Q_F是從火焰到燃料表面的熱通量（heat flux），此是熱獲得（kW/m^2）

Q_L是從燃料表面熱損失的熱通量（如輻射傳導），此是熱損失（kW/m^2）

A是燃料表面積（m^2）

L_V是氣化熱（相當於液體蒸發潛熱）（kJ/g），通常固體 > 液體 > 氣體。

在固或液體燃燒時燃燒速率（$\dot{m}$），正比於淨熱量，即熱獲得量（Q_F）減去熱傳損失量（Q_L），也與氧接觸在燃料表面積（A）成正比；但與可燃物起火時必須吸收足夠熱使之氣化為可燃性氣體（L_V）成反比。但液體燃料燃燒規模在100cm以上尺度時，燃燒速率將不隨尺度改變，成為一種穩定燃燒狀態。

燃燒速率（$\dot{m}$）也是可燃物逐步減輕重量的速度，是一種燃料質量隨著時間損失率（g/s）。

$$\dot{m} = \frac{m}{t}$$

其中m為燃料質量（g）；t為時間（sec）。

例1　在一防火區劃挑高大空間，當木材燃料接觸空氣的表面積為10m^2，燃燒時產生10kW/m^{2}的輻射熱通量時，木材氣化熱為6.0MJ/kg，求火災時的燃燒速率為多少？（假設防火區劃內沒有熱傳損失，燃燒所需氧氣是足夠）

解：

$$\dot{m} = \frac{Q_F - Q_L}{L_V} \times A = 16.7\left(kW \cdot \frac{kg}{MJ}\right) = 16.7g/s \text{ 註6}$$

例2　有一開放式直徑0.5m、高度2m圓形斷熱容器，內置甲苯，燃燒時產生60kW/m^{2}的輻射熱通量時，甲苯氣化潛熱為351 J/g，求其燃燒速率為多少？（假設容器沒有熱傳損失）

解：

$$\dot{m} = \frac{Q_F - Q_L}{L_V} \times A = \frac{60 - 0}{351} \times 0.196 = 0.0335 \ KW \cdot g/J = 33.5g/s$$

註5　$\dot{m}$於m上面一點是表示隨著時間而變化。

註6　1焦耳 = 2.8×10^{-4}瓦特・小時，而1瓦特・小時 = 3600焦耳（1W・sec = 1J）

例3　在一防火區劃空間內，當木材燃料的表面積為20m²，曝露於50kW/m²的輻射熱通量時，木材的熱釋放率為多少（kW）？（假設木材的完全燃燒熱為16MJ/kg，氣化熱為6.0MJ/kg，燃燒效率為80%，另已知單位面積質量流率 = 輻射熱通量 / 氣化熱）。

解：

$$\dot{m} = \frac{Q_F - Q_L}{L_V} \times A = 167 \left(kW \cdot \frac{kg}{MJ} \right) = 167 g/s$$

$$HRR = \propto \times \dot{m} \times \Delta H_C = 2133 kW$$

第8節　歷屆考題精解

一、選擇題

（B）　1. 在足夠的能量下，下列何種濃度的氫氣可以被點燃？

　　　　(A) 1%　(B) 30%　(C) 90%　(D) 100%

（D）　2. 下列何者為表面燃燒？

　　　　(A) 汽油油盆燃燒　(B) 木材有燄燃燒　(C) 瓦斯燃燒　(D) 木炭無燄燃燒

（D）　3. 燃燒界限的上下限，如為均一系燃燒者，通常以氣體的何種百分比表示？

　　　　(A) 重量　(B) 表面積　(C) 溫度　(D) 容積

（D）　4. 試以化學理論之方法計算甲烷之燃爆下限：

　　　　(A) 2.2%　(B) 3.2%　(C) 4.2%　(D) 5.2%

（C）　5. 以化學理論濃度的方法計算，則丁烷的燃燒下限為：[註7]

　　　　(A) 5.2%　(B) 2.2%　(C) 1.7%　(D) 1.2%

（C）　6. 試以化學理論濃度的方法，計算甲醇的燃燒下限？[註8]

　　　　(A) 3.6%　(B) 5.2%　(C) 6.8%　(D) 7.5%

（C）　7. 純液體的液溫達著火點時，其液面上方的蒸氣濃度接近：

[註7]　$C_4H_{10} + 6.5O_2 \rightarrow 4CO_2 + 5H_2O$，1mol C_4H_{10}需6.5mol O_2，即1mol C_4H_{10}燃燒需32.5mol空氣，Cst = 1/(1 + 32.5) = 0.02985，燃燒下限 = 0.55×0.02985 = 1.64%

[註8]　$2CH_3OH + 3O_2 \rightarrow 2CO_2 + 4H_2O$，1mol CH_3OH需1.5mol O_2，即1mol CH_3OH燃燒需7.5mol空氣，Cst = 1/(1 + 7.5) = 0.1176，燃燒下限 = 0.55×0.1176 = 6.47%

(A) 燃燒下限　(B) 燃燒上限　(C) 化學計量（理論）濃度　(D) 以上皆非

(A)　8. 若一混合氣體含甲烷20%，乙烷30%，丙烷50%，若甲烷、乙烷、丙烷之燃爆下限分別為5.3%，3.2%及2.2%，試求混合氣體之燃爆下限？[註9]

(A) 2.8%　(B) 3.2%　(C) 3.6%　(D) 4%

(D)　9. 1公斤之物質燃燒，下列何者所需之理論空氣量最小？

(A) 氫（H_2）　(B) 甲烷　(C) 乙炔　(D) 碳

(B)　10. 根據Burgess-Wheeler定理，已知辛烷的燃燒下限為0.92（vol%），其燃燒熱約為多少kcal/mol？　　(A) 750　(B) 1150　(C) 950　(D) 1750

(C)　11. 相等質量之乙醇（C_2H_5OH）和二甲醚（CH_3OCH_3），二者燃燒時之理論空氣量，其比較結果為下列何者？

(A) 乙醇 > 二甲醚　(B) 二甲醚 > 乙醇

(C) 二者相等　　　(D) 不一定，缺氧時乙醇 > 二甲醚，富氧時二甲醚 > 乙醇

(C)　12. 下列有關燃燒形式之敘述，何者有誤？

(A) 定常燃燒是指具有均衡燃燒溫度之燃燒　(B) 氧氣供應不足，會造成不完全燃燒　(C) 木材之燃燒屬於均一系燃燒　(D) 混合燃燒是氣體發焰燃燒的一種

(B)　13. 請預估丙烷之爆炸下限為多少%？

(A) 1.1　(B) 2.2　(C) 3.3　(D) 4.4

(C)　14. 由燃燒下限分別為7.0%、3.0%的甲、乙兩種氣體組成的混合氣，其中甲氣占70%；若兩氣體不發生催化或反應，則混合氣之燃燒下限約為：

(A) 6.5%　(B) 5.8%　(C) 5.0%　(D) 4.5%

(A)　15. 以化學理論濃度計算丁烷的燃燒下限，其值約為：

(A) 1.7%　(B) 3.1%　(C) 2.2%　(D) 4.0%

(A)　16. 若以化學理論濃度的方法計算，則丁烷的燃燒下限為下列何者？

(A) 1.78%　(B) 3.56%　(C) 7.43%　(D) 11.34%

(A)　17. 烷類的燃燒下限計算公式L下 = 0.55×Co，其中Co為下列何者？

(A) 可燃性氣體完全燃燒時之化學理論濃度（%）　(B) 可燃性氣體不完全

[註9]　依Le Chatelier（勒沙特列）定律混合氣體燃燒上下限計算，混合氣體燃燒下限

$$L_D = \frac{1}{\frac{V_1}{L_1D} + \frac{V_2}{L_2D} + \frac{V_3}{L_3D} \cdots} \times 100\% = \frac{1}{\frac{20}{5.3} + \frac{30}{3.2} + \frac{50}{2.2} \cdots} \times 100\% = 2.79\%$$

燃燒時之化學理論濃度（%）　(C) 可燃性液體完全燃燒時之化學理論濃度
（%）　(D) 可燃性液體不完全燃燒時之化學理論濃度（%）

（A）18. 苯的化學理論濃度為2.55（vol%），其燃燒下限約為多少？[註10]

    (A) 1.4（vol%）　(B) 1.3（vol%）　(C) 1.2（vol%）　(D) 1.1（vol%）

（A）19. 假設混合氣體中含有甲烷40%、丁烷36%、己烷24%，其燃燒下限約為多少？
（其中：甲烷、丁烷、己烷的燃燒下限分別為5%、1.8%、1.2%）

    (A) 2.1（vol%）　(B) 2.4（vol%）　(C) 2.7（vol%）　(D) 3.0（vol%）

（C）20. 假設甲醇的燃燒下限為6.7（vol%），試計算其化學理論濃度約為多少？

    (A) 10.2（vol%）　(B) 11.2（vol%）　(C) 12.2（vol%）　(D) 13.2（vol%）

（C）21. 根據Burgess-Wheeler定理，已知庚烷的燃燒熱為1060 kcal/mol，其燃燒下限
約為多少？[註11]

    (A) 0.8（vol%）　(B) 0.9（vol%）　(C) 1.0（vol%）　(D) 1.1（vol%）

（A）22. 下列哪一種物質最不容易被引燃？

    (A) 鐵氟龍　(B) 聚氯乙烯　(C) 聚丙烯　(D) 木材

（D）23. 下列相同重量的燃料燃燒時，何者的理論空氣量最多？[註12]

    (A) 一氧化碳　(B) 硫　(C) 甲烷　(D) 氫

（B）24. 某一混合氣體乃以甲烷與丙烷1：1混合，試求此混合氣體之燃燒下限（甲烷
燃燒下限5.3%，丙烷燃燒下限2.2%）？

    (A) 0.55%　(B) 3.11%　(C) 3.75%　(D) 4.23%

（B）25. 有一含環氧乙烷、乙烷及乙烯之混合氣體，其體積組成比例分別為30%、30%
及40%，請依勒沙特列（Le Châtelier）定律計算此混合氣體在空氣中的上限

[註10] 燃燒下限 = 0.55×化學理論濃度

[註11] 根據Burgess-Wheeler定理，烷類之燃燒下限×燃燒熱 = 1059

[註12] 1kg碳完全燃燒時（C + O_2 = CO_2），需11.6kg（$\frac{1000\times32}{12}\times\frac{100}{23}$）或8.9m³
（$\frac{1000\times22.4}{12}\times\frac{100}{21}$）空氣；氫 H$+\frac{1}{4}O_2 \rightarrow \frac{1}{2}H_2O$，需34.8kg（$\frac{1000\times32*1/4}{1}\times\frac{100}{23}$）或26.7m³
（$\frac{1000\times22.4*1/4}{1}\times\frac{100}{21}$）空氣；硫 S+$O_2$ = SO_2，需4.35kg（$\frac{1000\times32}{32}\times\frac{100}{23}$）或3.33m³
（$\frac{1000\times22.4}{32}\times\frac{100}{21}$）空氣；甲烷（$CH_4 + 2O_2 \rightarrow CO_2 + 2H_2O$）17.39kg（$\frac{1000\times32\times2}{16}\times\frac{100}{23}$）
或13.33m³（$\frac{1000\times22.4\times2}{16}\times\frac{100}{21}$）空氣；CO（$2CO + O_2 \rightarrow 2CO_2$）2.48kg（$\frac{1000\times32\times1/2}{28}\times\frac{100}{23}$）
或1.90m³（$\frac{1000\times22.4\times1/2}{28}\times\frac{100}{21}$）空氣

（UEL）為百分之多少？（其中環氧乙烷：UEL：100vol%，乙烷：UEL：12.4vol%，乙烯：UEL：36vol%）

(A) 15　(B) 26　(C) 36　(D) 56

(A)　26. 油類火災為何種火災成長？

(A) 穩態火災　　　　(B) 時間平方火災

(C) 時間三次方火災　(D) 時間四次方火災

(C)　27. 正丁烷之當量反應式為$C_4H_{10} + \frac{13}{2}O_2 \rightarrow 4CO_2 + 5H_2O$，其燃燒下限為1.9%，則其限氧濃度（LOC）為多少%？[註13]

(A) 1.9　(B) 3.8　(C) 12.4　(D) 16

(B)　28. 假設空氣中氧含量為20%，在一密閉空間中（體積為V）加入多少不燃性氣體時，該空間之氧濃度會變成12%？[註14]

(A) 0.33V　(B) 0.67V　(C) 1.00V　(D) 1.33V

(D)　29. 假設空氣中的氧占整體重量的23%，欲使12公斤的碳完全燃燒時，需要多少公斤的空氣？[註15]

(A) 11.6公斤　(B) 46.3公斤　(C) 69.6公斤　(D) 139.1公斤

(C)　30. 一克分子之碳完全燃燒時，需有1克分子之氧（$C + O_2 = CO_2$），空氣中氧之重量占整體之23%，故欲使1Kg之碳完全燃燒，需要多少Kg之空氣？[註16]

(A) 5kg　(B) 8.6kg　(C) 11.6kg　(D) 15.5kg

(A)　31. 燃燒所需實際空氣量一般均較理論空氣量：

(A) 多　(B) 少　(C) 相等　(D) 不一定

(A)　32. 等重的乙烷、乙烯、乙炔完全燃燒所需的理論空氣量分別為a、b、c，則a、b、c 的大小關係為：[註17]

[註13] $\frac{1}{1+5n} \times 0.55 = $ 燃燒下限，其中燃燒下限$\times n = $ LOC

[註14] $\frac{0.2V}{V+x} = 0.12$　x = 0.67V

[註15] 1kg碳完全燃燒時（$C + O_2 = CO_2$），需11.6kg（$\frac{32}{12} \times \frac{100}{23}$）

[註16] 同註16

[註17] 1kg乙烷完全燃燒時（$2C_2H_6 + 7O_2 = 4CO_2 + 6H_2O$），需16.23kg（$\frac{1000 \times 32 \times 7/2}{30} \times \frac{100}{23}$）；

乙烯（$C_2H_4 + 3O_2 = 2CO_2 + 2H_2O$），需14.91kg（$\frac{1000 \times 32 \times 3}{28} \times \frac{100}{23}$）；乙炔（$2C_2H_2 + 5O_2 = 4CO_2 + 2H_2O$），需13.38kg（$\frac{1000 \times 32 \times 5/2}{26} \times \frac{100}{23}$）

(A) a > b > c　(B) c > b > a　(C) c > a > b　(D) a = b = c

（ A ）33. 物質燃燒時實際所需的空氣量為A，該值遠超過理論空氣量B，A – B的差值稱為：

(A) 過剩空氣量　(B) 燃燒空氣量　(C) 理想空氣量　(D) 損失空氣量

（ A ）34. 下列不同重量之燃料燃燒時，何者之理論空氣量最小？[18]

(A) 28公斤的一氧化碳（CO）　(B) 32公斤的硫

(C) 4公斤的氫氣（H_2）　(D) 12公斤的碳

（ C ）35. 假設燃料燃燒所需的理論空氣量為Lo，實際需要空氣量為La，則La = K×Lo，其中K > 1，此K值稱為：

(A) 空氣過剩率　(B) 空氣容積　(C) 空氣比　(D) 廢氣量

（ C ）36. 甲烷、丙烷、乙醇及氨四種氣體之燃燒下限分別為5.3%、2.2%、4.3%、16%，燃燒上限分別為14%、9.5%、19%、25%，試計算何種氣體之危險性最大？[19]　(A) 甲烷　(B) 丙烷　(C) 乙醇　(D) 氨

（ C ）37. 甲烷1莫耳完全燃燒需要多少莫耳空氣？[20]

(A) 7.52　(B) 8.52　(C) 9.52　(D) 10.52

（ B ）38. 下列何種物質，一公斤燃燒時所需的理論空氣容量（m^3）最小[21]？

(A) 碳　(B) 硫　(C) 甲烷　(D) 乙炔

（ A ）39. 火焰溫度通常會依位置不同而有所變化，以蠟燭火焰為例，其哪個位置溫度最高？　(A) 中心　(B) 前端　(C) 下部　(D) 以上皆是

（ D ）40. 燃燒之際非但不能缺氧，且其濃度必須在一定比率以上；通常空氣中氧之含量，約為其容積之21%，以重量計則為23.2%，若氧濃度低於下列何者，則燃燒甚難維持？　(A) 5%　(B) 10%　(C) 15%　(D) 以上皆是

---

[18] CO（$2CO + O_2 \rightarrow 2CO_2$）2.48kg（$\frac{1000 \times 32 \times 1/2}{28} \times \frac{100}{23}$）或1.90$m^3$（$\frac{1000 \times 22.4 \times 1/2}{28} \times \frac{100}{21}$）空氣量

CO（28×2.48 = 69.4）；硫（32×4.35 = 139.2）；氫（4×34.8 = 139.2）；碳（12×11.6 = 139.2）

[19] 危險度 = $\frac{燃燒上限 - 燃燒下限}{燃燒下限}$

[20] $CH_4 + 2O_2 = CO_2 + 2H_2O$，$2 \times \frac{100}{21} = 9.523$

[21] 甲烷（$CH_4 + 2O_2 \rightarrow CO_2 + 2H_2O$）需13.33$m^3$（$\frac{1000 \times 22.4 \times 2}{16} \times \frac{100}{21}$）空氣；乙炔（$2C_2H_2 + 5O_2 = 4CO_2 + 2H_2O$），需10.26$m^3$（$\frac{1000 \times 22.4 \times 5/2}{26} \times \frac{100}{21}$）

（ B ） 41. 要使2公斤（2kg）的氫氣完全燃燒，所需的空氣量約為多少？[註22]

    (A) 34.5公斤　(B) 69公斤　(C) 103.5公斤　(D) 138公斤

（ D ） 42. 對於火災或爆炸之危險性敘述，何者正確？

    (A) 燃燒下限值愈大愈危險　　(B) 導電性愈大愈危險

    (C) 最小著火能量愈大愈危險　(D) 蒸氣壓愈大愈危險

（ B ） 43. 研究火災特性時，所謂「熱釋放率」（heat release rate, HRR）的單位為：

    (A) 卡（Cal）　(B) 瓦特（W）　(C) 溫度（℃）　(D) 焦耳（J）

（ B ） 44. 一般學者經常會以「熱釋放率」（heat release rate, HRR）來設計火源的大小，試問熱釋放率應為下列何者除以單位時間？

    (A) 溫度（K）　(B) 焦耳（J）　(C) 瓦特（W）　(D) 公斤（kg）

（ D ） 45. 所謂燃燒速度係指下列何者？

    (A) 延燒速度　　　　　　　　(B) 火焰傳播速度

    (C) 可燃物之燃燒擴展速度　(D) 可燃物因燃燒而逐漸減少其重量之速度

（ B ） 46. 有關於燃燒型態之描述，下列敘述何者正確？

    (A) 木炭之燃燒為分解燃燒　(B) 硫磺之燃燒為蒸發燃燒　(C) 燃料控制燃燒是指在燃料充足條件下之燃燒　(D) 通風控制燃燒是指在充分通風條件下之燃燒

（ A ） 47. 一般而言，可燃性氣體的最小起火能量（minimum ignition energy）接近下列哪一濃度？

    (A) 化學理論濃度　(B) 燃燒下限　(C) 燃燒中限　(D) 燃燒上限

（ D ） 48. 甲烷、乙烷、丙烷、丁烷燃燒熱分別為甲、乙、丙、丁，下述何者為是？

    (A) 甲＞乙＞丙＞丁　(B) 甲＜乙＜丁＜丙

    (C) 甲＞乙＞丁＞丙　(D) 甲＜乙＜丙＜丁

（ D ） 49. 熱釋放率的單位為何？

    (A) 焦耳　(B) 千瓦／分　(C) 千瓦／秒　(D) 千瓦

（ A ） 50. 燃燒速度的單位為何？

    (A) 公斤／分　(B) 千瓦／分　(C) 千瓦／秒　(D) 千瓦／時

[註22] $1kg氫H_2 + \frac{1}{2}O_2 \rightarrow H_2O$，需34.8kg（$\frac{1000 \times 32 \times 1/2}{2} \times \frac{100}{23}$）

二、問答題

1. 何謂理論空氣量？今有下列四種相等質量之物質：甲醇（CH_3OH）、乙醇（C_2H_5OH）、二甲醚（CH_3OCH_3）及二乙醚（$C_2H_5OC_2H_5$），何者燃燒時具有最低之理論空氣量？請詳細說明理由。（96-1年4等一般特考）

解：

(一) 理論空氣量：使可燃物完全燃燒理論上最少所需空氣量。

(二) 各物質理論空氣量為 $\dfrac{22.4 \times 氧莫耳數}{分子量} \times \dfrac{100}{21}$

    1. 甲醇 $CH_3OH + 1.5O_2 \rightarrow CO_2 + 2H_2O$

       $\dfrac{22.4 \times 1.5}{32} \times \dfrac{100}{21} = 5$（L）

    2. 乙醇 $C_2H_5OH + 3O_2 \rightarrow 2CO_2 + 3H_2O$

       $\dfrac{22.4 \times 3}{46} \times \dfrac{100}{21} = 7$（L）

    3. 二甲醚 $CH_3OCH_3 + 3O_2 \rightarrow 2CO_2 + 3H_2O$

       $\dfrac{22.4 \times 3}{46} \times \dfrac{100}{21} = 7$（L）

    4. 二乙醚 $C_2H_5OC_2H_5 + 6O_2 \rightarrow 4CO_2 + 5H_2O$

       $\dfrac{22.4 \times 6}{74} \times \dfrac{100}{21} = 8.67$（L）

2. 重油含有 C，H，S，O 分別為 84%，8%，4%，4%，假如燃燒後 CO_2 濃度為 14%，試求 1kg 的重油燃燒所需的理論空氣量在 0℃，1atm 之下為多少 m^3？（104年四等一般特考）

解：

燃燒時具有最低之理論空氣量為：

LW =「$11.6 \times C + 34.8 \times (H - O/8) + 4.3 \times S$」$\times$%（kg）有重量代入公式

LV =「$8.9 \times C + 26.7 \times H - O/8 + 3.3 \times S$」$\times$%（$m^3$）

理論空氣量（容積）= $[8.9C + 26.7(H - O/8) + 3.3S] \times 1/100$

$[8.9 \times 84 + 26.7 \times (8 - 4/8) + 3.3 \times 4] \times 1/100 = 9.6m^3$

3. 請問將 1mol 的乙醚（$C_2H_5OC_2H_5$）及二硫化碳（CS_2）燃燒需要多少公升的理論空氣量？（93年設備士）

解：

求體積：$\dfrac{重量 \times 22.4 \times 氧莫耳數}{分子量} \times \dfrac{100}{21}$

(1) $C_2H_5OC_2H_5 + 6O_2 \rightarrow 4CO_2 + 5H_2O$

$\dfrac{1 \times 22.4 \times 6}{74} \times \dfrac{100}{21} = 8.67L$

(2) $CS_2 + 3O_2 \rightarrow CO_2 + 2SO_2$

$\dfrac{1 \times 22.4 \times 3}{76} \times \dfrac{100}{21} = 4.20L$

4. 何謂「燃燒範圍」？何謂「燃燒界限」？（91年設備士）

解：

本題二個名詞同為Flammable Limits

燃料的燃燒（爆炸）範圍是以氣體（Gas）或蒸氣（Vapor）在空氣中體積百分比，在燃燒範圍下限（LFL）（指能支持燃燒的最小濃度）和燃燒範圍上限（UFL）（指能支持燃燒的最大濃度）之間，遇到火源可以燃燒之範圍（界限）。

5. 試舉實例說明「分解燃燒」？（91年設備士）

解：

主要指固體類燃燒，固體可燃物在空氣中被加熱時，先失去水分，再起熱分解而產生可燃氣體，起燃後由火焰維持其燃燒如木材、紙、布、熱固性塑膠、合成塑膠、纖維等固體可燃物，或高沸點之物質受熱分解出可燃氣體而燃燒。

6. 木炭燃燒係屬蒸發燃燒、分解燃燒或表面燃燒？請說明該燃燒之原理與現象。（92年設備士）

解：

為表面燃燒，可燃物質由熱分解結果產生無定形碳化物，在固體面與空氣接觸處形成碳素化合燃燒區，又其蒸氣壓非常小，或者難以發生熱分（裂）解，不能發生蒸發燃燒或分（裂）解燃燒，當氧氣包圍物質的表層時，呈熾熱狀態並呈現出無焰燃燒的現象。

7. 何謂燃燒？其形式分類有幾種？並說明燃燒四要素與滅火四原則。（85年、95-1

年設備士）

解：

(一) 燃燒（Combustion）是一種燃料快速氧化（化學反應）自我維持（Self-Sustaining），並產生熱和光的過程。

(二) 擴散燃燒、蒸發燃燒、分解燃燒、表面燃燒與自己燃燒。

(三) 氧氣、熱量、燃料與連鎖反應。

(四) 窒息法、冷卻法、移除法與抑制法。

8. 何謂可燃性氣體（燃氣與空氣混合物）的燃燒界限？若以不活潑性氣體（如二氧化碳或氮氣等）添入可燃性氣體中，對其燃燒界限的影響為何？試說明之。（87年設備士）

解：

(一) 同第4題。

(二) 添加不燃性氣體使其惰性化，其燃燒下限變化不大，主要是使其上限顯著降低，使燃燒範圍變窄。

9. 請說明燃燒範圍為何？已知A、B、C三種化學物質之閃火點分別為25、27、29℃，各物質在閃火點下之飽和蒸氣壓分別為6、10、7mmHg，試計算此三種物質之燃燒下限？若某混合氣體之組成比例為A：B：C＝1：2：2，試計算此混合氣體之燃燒下限。（102年4等特考）

解：

(一) 燃燒範圍為可燃性氣體或蒸氣，與空氣混合，其混合濃度需達到一定的範圍，遇到起火源而能產生燃燒／爆炸。

(二) 此三種化學物質之燃燒下限之計算各為：

用閃火點下的飽和蒸氣壓，求燃燒下限（$L_下$）：$L_D = \dfrac{P}{P_O} \times 100\%$

式中L_D：燃燒下限（%），P：閃火點下之飽和蒸氣壓（mmHg），P_0：latm（760mmHg）

1.物質燃燒下限 $\dfrac{6}{760} \times 100\% = 0.79\%$

2.物質燃燒下限 $\dfrac{10}{760} \times 100\% = 1.32\%$

3.物質燃燒下限 $\frac{7}{760} \times 100\% = 0.92\%$

(三) 依Le Chatelier定律混合氣體燃燒上下限計算

依題目混合氣體組成比例爲A：B：C = 1：2：2，計算體積百分比：

1.物質 $\frac{1}{(1+2+2)} \times 100\% = 20\%$

2.物質 $\frac{2}{(1+2+2)} \times 100\% = 40\%$

3.物質 $\frac{2}{(1+2+2)} \times 100\% = 40\%$

混合氣體燃燒上限 $L_U = \dfrac{1}{\dfrac{V_1}{L_1U} + \dfrac{V_2}{L_2U} + \dfrac{V_3}{L_3U}\cdots} \times 100\%$

混合氣體燃燒下限 $L_D = \dfrac{1}{\dfrac{V_1}{L_1D} + \dfrac{V_2}{L_2D} + \dfrac{V_3}{L_3D}\cdots} \times 100\%$

$$= \dfrac{1}{\dfrac{20}{0.79} + \dfrac{40}{1.32} + \dfrac{40}{0.92}} \times 100\% = 1.02\%$$

式中V爲可燃性氣體之體積百分率

10. 引燃行爲是產生燃燒／火災的關鍵，在室溫下請針對氣體、液體及固體燃料分別討論其引燃行爲所需的條件。（**97-2年設備師**）

解：

　　液體燃燒過程中，比固體熱裂解過程所需熱量低，亦即液體燃料蒸發過程顯然較少的熱量輸入，因此液體燃燒速度勢必大於固體。如對氣體燃料火災控制和滅火是困難的，因其是更容易再形成複燃引火的。氣體燃料是最危險的，因其是處在所需起火之自然狀態，而無需再進行燃料熱裂解或氣化之轉換過程。因此，氣體燃料也是最難以抑制的。

　　而引燃條件，顯然氣體所需發火能量是最低的，再者是液體，最後是固體。而三者引燃一樣，皆需有火之三要素存在，即燃料、氧氣與熱量。

11. 木碳與木材之燃燒分別屬於何種類之燃燒？請詳細說明其過程與現象之不同。（**91年設備師**）

解：

木碳屬表面燃燒，而木材屬分解燃燒。

(一) 表面燃燒同第6題。

(二) 分解燃燒同第5題。

12. 可燃性氣體（或蒸氣）之「燃燒範圍」（flammability limits）受周遭環境因素（例如：溫度、壓力、空氣成分等之影響如何？於消防安全觀點上，應如何妥善運用這些因素？（86年3等特考）

解：

壓力與溫度二者成正比。二者任一增力，皆會使燃燒下限降低，燃燒上限提高，使燃燒範圍變寬；而添加不燃性氣體使燃燒下限改變相當微小，但能顯著降低燃燒上限。

於公共危險物品儲藏室溫度不超過40℃，容器不能陽光直曬，室內進行通風措施，密閉容器設計釋壓閥及安全閥。

13. 試求某種具有下列各項化學成分組成之「天然」石化氣之混合物質的「燃燒上下界限」？（84年3等特考）

氣體	所占百分比（%）	燃燒下限（%）	燃燒上限（%）
CH_4（Methane）	78	5.0	15.0
C_2H_6（Ethane）	16	3.2	12.5
C_3H_8（Propane）	4	2.2	9.5
C_4H_{10}（Butane）	2	1.9	8.5

解：

依Le Chatelier定律混合氣體燃燒上下限計算

混合氣體燃燒上限

$$M_U = \frac{1}{\frac{S_1}{U_1} + \frac{S_2}{U_2} + \frac{S_3}{U_3} \cdots} \times 100\% = \frac{1}{\frac{78}{15.0} + \frac{16}{12.5} + \frac{4}{9.5} + \frac{2}{8.5}} \times 100\% = 14.01\%$$

混合氣體燃燒下限

$$M_D = \frac{1}{\dfrac{S_1}{D_1} + \dfrac{S_2}{D_2} + \dfrac{S_3}{D_3}\cdots} \times 100\% = \frac{1}{\dfrac{78}{5.0} + \dfrac{16}{3.2} + \dfrac{4}{2.2} + \dfrac{2}{1.9}} \times 100\% = 4.26\%$$

14. 有一燃燒塔每分鐘需消耗11.6kg之丁烷（C_4H_{10}），請估算在NTP之條件下（1大氣壓、25℃），丁烷之爆炸下限為多少%？燃燒塔每小時所需之燃燒理論空氣體積為多少立方米？燃燒理論空氣重量為多少公噸？（104年消防行政與消防技術升等考）

解：

$2（C_4H_{10}）+ 13（O_2）\rightarrow 8（CO_2）+ 10（H_2O）$

理論濃度 $= \dfrac{1}{1+\dfrac{6.5}{0.21}} = 3.13\%$

$C_下 = 0.55 \times 0.0313 \times 100\% = 1.72\%$

$11.6kg\,C_4H_{10}$之 $C = 696 \times \dfrac{48}{48+10} = 576kg$，而 $H = 696 \times \dfrac{10}{48+10} = 120kg$

理論空氣量

$Lw = [11.6 \times C + 34.8 \times (H - \dfrac{O}{8}) + 4.3 \times S]\%（kg）$

$Lv = [8.9 \times C + 26.7 \times (H - \dfrac{O}{8}) + 3.3 \times S]\%（m^3）$

$Lw = [11.6 \times 576 + 34.8 \times (120 - 0) + 4.3 \times 0] = 10.860（公噸）$

$Lv = [8.9 \times 576 + 26.7 \times (120 - 0) + 3.3 \times 0] = 8.33（m^3）$

另一算法

$PV = nRT$〔V為體積（L）、R為理想氣體常數$0.082\dfrac{L \times atm}{K \times mol}$〕

$1atm \times V = 1mole \times 0.082 \times 298$

$V = 24.4L$

$\dfrac{696 \times 32 \times 6.5}{58} \times \dfrac{100}{23} = 10.852$公噸

$\dfrac{696 \times 24.4 \times 6.5}{58} \times \dfrac{100}{21} = 9.063m^3$

15. 物質於常溫常壓下有固態、液態及氣態等物理三態的差異，請說明影響可燃性固體、液體及氣體燃燒難易或燃燒效果之因素。（104年3等特考）

解：

　　由粒子間距離來決定物質固液氣之三種狀態，粒子之間距離大小以固體＜液體＜氣體。又粒子間作用力大小以固體＞液體＞氣體，密度大小以固體＞液體＞氣體。因此，固體與液體均不能壓縮，僅有氣體可進行壓縮，這是因為氣體分子間距離很大，分子間引力很小，故氣體具有高壓縮性、高熱膨脹率極高擴散性。

　　以熱傳導係數而言，氣體最低、液體次之、固體最高，氣體不易熱傳（熱損失），以致其所需發火能量當然最低。因此，火災危險度或燃燒速率而言，可燃性氣體＞液體＞固體，因氣體是不需再分解，已準備好燃燒，僅要有發火源即可瞬間快速燃燒。

16. 若空氣中之氧氣含量為20%：

    (1) 請寫出丙烯（C_3H_6）燃燒之化學平衡式？

    (2) 請計算其當量濃度（stoichiometric concentration）？

    (3) 請計算其爆炸上下限（lower explosive limit and upper explosive limit）？

    (4) 請計算其限氧濃度（limiting oxygen concentration）？（105年設備士）

解：

(1) $C_3H_6 + 9/2 O_2 \rightarrow 3CO_2 + 3H_2O$

(2) 當量濃度 $= \dfrac{1}{1+4.8n}$（或 $\dfrac{1}{1+5n}$）$= \dfrac{1}{1+4.8(9/2)} = 4.4\%$

(3) $0.55 \times$ 當量濃度 $= 2.43\%$（下限）$\dfrac{4.8 \times \sqrt{當量濃度 \times 100}}{100} = 10.07\%$（上限，烯類會有誤差）

(4) 燃燒下限 $\times$ 氧莫耳數 $0.0243 \times 9/2 =$ LOC　　LOC $= 10.9\%$

17. 何謂「理論空氣量」？何謂「燃燒實際空氣量」？已知某種可燃物含有碳（10%）、氫（20%）、硫（10%）、氧（10%），試求該項可燃物10kg完全燃燒時所需之「理論空氣量」重多少？（84年3等特考）

解：

C $= 10kg \times 10\% = 1$

H $= 10kg \times 20\% = 2$

S $= 10kg \times 10\% = 1$

O = 10kg×10% = 1

$Lw = [11.6× C + 34.8× (H − \dfrac{O}{8}) + 4.3×S]（kg）$

$= [11.6×1 + 34.8× (2 − \dfrac{1}{8}) + 4.3×1] = 81.15kg$

第 **3** 章

防火與滅火科學
（Science of Fire Prevention and Control）

　　火焰具有自行傳播之特性。火焰一旦產生，由於擴散作用將自由原子、自由基傳遞到混合氣體中產生連鎖反應，使化學反應加速，進而使火焰前端不斷地向未燃混合氣體中推進。因此，在環境條件配合下火就會不斷地向周圍空間傳播，直到整個反應系統受到燃料或氧氣等條件限制時而中止。在本章，我們將討論控制火災發生之關鍵──發火源，以及各種防滅火之科學原理。

圖3-1　火焰具有自行傳播特性增加滅火難度

第1節　發火源（Sources of Heat Energy）

　　溫度是測量物體間熱流有關的量度，熱則是能量的形式，用來維持或改變物質的溫度。發火源是一種熱能，我們知道熱是提高溫度一種能量的形式，熱也能使物質分子（Molecules）運動加速之一種條件。即物質受熱使分子間運動速率增加，致溫度升高。

　　發火源是各縣市消防局火調課，所要調查火災原因對象。為幫助讀者了解燃料如

何成爲發火源，以能進一步來控制或預防火災發生。在此分出5大類型的熱能，從這些知識了解，在防火（如何防止這些能量引起火災）和滅火（如何最有效地撲滅），是很重要的。

　　·電氣發火源（Electrical）
　　·化學發火源（Chemical）
　　·物理發火源（Physical）
　　·太陽熱源（Solar）
　　·核熱源（Nuclear）

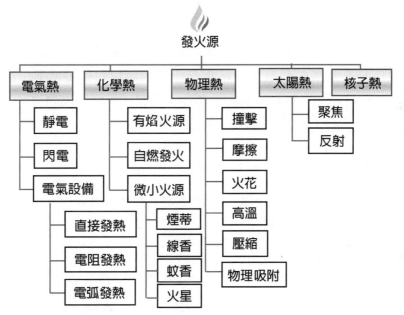

圖3-2　火災爆炸原因之發火源種類（防火防爆，盧守謙與陳永隆著）

一、電氣發火源

　　電氣能量分電氣設備、靜電及閃電造成火災；其中電氣設備在台灣常列爲火災前三名，因電氣熱能可以發生在不同方式，而每一種方式都會產生一定高熱，並有能力引燃可燃性物質。電氣發火源（Electrical Heat Energy）可分爲3類：

　　①發熱裝置（Heat-Producing Devices）
　　②電阻發熱（Resistance Heating）
　　③電弧發熱（Arcing）

1. 發熱裝置（Heat-Producing Devices）

發熱裝置是造成電氣設備周遭可燃物質受熱起火之原因；係屬一種直接受熱起火，而非電阻或電弧熱量。此類常因使用不當或故障，導致火災發生，如衣服與傳統燈泡接觸、可燃物落入電氣設備、發熱設備忘關掉、油炸鍋或電鍋溫度控制裝置失敗、電暖器等發熱裝置不當使用等。

2. 電阻發熱（Resistance Heating）

電阻發熱是熱量透過電流在一導體上所造成著火，如短路、電路過載、電氣設備過載、連接不良、高電阻錯誤、中性線未接等現象，這些常造成電氣火災之原因；延伸閱讀見第11章第2節探討。

3. 電弧發熱（Heat From Arcing）

電弧發熱是發生在電流的流動被中斷，和電力在電路中的開口或間隙產生跳躍現象。電弧溫度是非常高，甚至可能熔化導線體；此類如高壓電弧、分離電弧（串聯）、積污導電（並聯）、電弧跨越碳化路徑、火花（平行、高電流）及靜電（粉塵或可燃氣起火）；延伸閱讀見第11章第2節探討。

二、化學發火源

化學性熱能包括明火、微小火源、自燃發火（含準自燃發火及混合發火），是一種化學反應所致火災爆炸之結果。

1. 有焰火源（Flame）

有焰火源即明火，依內政部消防署近5年來統計，依其高低人為縱火、爐火烹調、燃燒金紙（祭祖等）、施工不慎（燒焊火炬）、燈燭、自殺放火、玩火、烤火及其他如燃燒精油、燃燒垃圾等。其中人為縱火有時使用易燃液體加速劑，在室內火災能快速進入最盛期，往往造成人命死亡；而燒焊等施工不慎常造成工業上火災，因超高溫作業（2200～3500℃），極易造成周遭及下方可燃物質引燃火災。

2. 微小火源（Small Fire Source）

微小火源是無焰之燃燒，如菸蒂、線香、蚊香、燃燒火星等化學性火源，而有一些火花係屬物理性火源。微小火源著火危險性往往取決於環境條件，在蓄熱大於散熱產生溫升情況，進而悶燒達到熱裂解及分解出可燃性氣體，且有足夠量，始能著火。一般，焊接或熔接之掉落高溫火星幾乎能引燃一般可燃物，其他微小火源能使棉製品或沙發等纖維類，產生悶燒而引燃；但紙張方面則較難以引燃，因其熱量容易傳導散

熱，必須視微小火源大小及環境條件配合，始有可能引燃。而微小火源對汽油可能較難以引燃，但亦有案例顯示，這必須在特定條件，如汽油蒸氣量多且微火源較大或是掉落菸蒂，始有可能使其引燃。

3.自燃發火（Spontaneous Heating）

自燃發火是有機物質沒受到外部熱，而是本身所產生熱量起火。自燃發火大多是通風不良環境，所產生熱量不能分散掉，其熱是屬較低等級（Low Grade）化學分解所生熱量。如油抹布，將其揉成一個球狀，扔在某一通風不良之角落地面，生成熱難以散失，致最後持續蓄熱致自燃情況。這如裝鐵屑（Iron Filings）貨艙，其能在密閉空間內進行氧化而生成熱量，因其熱量不易消散；又如煤炭堆、含亞麻仁油、沾油漆紙張等氧化發熱至引起火災，在全球各地案例不勝枚舉。有關自燃之延伸閱讀見第12章第1節探討。

三、物理發火源

物理發火源（Physical-Heat Energy）係屬於機械能轉化為熱能的一種現象，如撞擊、摩擦、機械火花、壓縮（Compression）及物理吸附等。撞擊及摩擦熱是由彼此運動的2個表面體所產生熱量或形成火花，這些熱能使易燃性氣體或蒸氣，發生火災或爆炸現象。即撞擊熱如槍支彈殼內火藥在扣板機下撞擊熱擊發。摩擦方面如打火機以手動摩擦起火。在壓縮熱方面，如柴油引擎僅汽缸內混合氣壓縮溫度升高，不必使用火星塞之理，又如自行車輪胎以打氣筒打氣，持續打氣使筒內壓力升高而發熱。物理吸附是一種放熱反應，如矽膠或活性碳吸附發火之物理性現象。而高溫熱傳上，係高溫固體如火爐、熱水器、蒸汽管或壁爐等，長期熱傳導致木材低溫起火現象。

圖3-3　海上波浪劇烈晃動貨物摩擦致船艙起火

四、太陽熱源

太陽熱能（Solar Heat Energy）是光能轉化爲熱能，來自太陽電磁波輻射形式所傳輸能源。典型的太陽能是相當均勻地分布在地球表面，本身並不會引起火災。然而，當太陽能集中在一特定區域或點，如透過放大鏡作用，能聚焦能量使可燃性物質起火。在日本曾有火燒車案例文獻，在露天停車場上於車內儀表板上置一保特瓶水，近中午時分太陽光透過車內擋風玻璃後，太陽光波形成較高能量之短波長，在封閉車內呈現溫室效應，如此短波長穿透圓柱體保特瓶，形成焦距作用（Focus），導致火燒車事件。

圖3-4　太陽能能透過放大鏡作用使可燃物質起火

五、核熱源

核能（Nuclear Heat Energy）較少成爲火災爆炸原因，因其少及使用非常嚴謹。基本上，核子是當原子進行分裂之裂變（Fission）或合併融合（Fusion）時生成熱能。在受控環境，原子裂變過程可用來加熱，以驅動蒸汽渦輪機產生電力。

例1　根據分子動能和溫度的關係，當溫度上升時，分子的運動速率會變快。請問溫度由25°C上升至35°C時，求分子運動速率變化量？

解：

$$\frac{1}{2}mv^2 \propto T, \ \frac{V_2}{V_1} = \sqrt{\frac{T_2}{T_1}} = \sqrt{\frac{(273+35)}{(273+25)}} = \sqrt{\frac{308}{298}} = 1.02$$

當粒子的的溫度由25℃上升至35℃，運動速率增加約2%

例2　試說明發火源的種類？（90年設備士、102年4等一般特考）

解： 見本節內容所述。

第2節　防火塗料（Fire Resistive Coating）

防火塗料（Fire Resistive Coating），是塗覆在物件（如木材、牆體、鋼材等）表面，利用材料的不燃性、低導熱性或的吸熱性，於平時形成一般性保護，火災時能阻止火焰的傳播、降低燃燒的阻燃與防焰作用。

一、分類

依防火形式可分爲膨脹型和非膨脹型，後者成本高且防火效果遠不如前者。依分散體可分溶劑型（油性）和水溶型（水性），防火性能上前者優於後者，但在環保與健康上使後者爲目前主要發展趨勢。依厚度可分厚塗型（7～45mm）、薄塗型（3～7mm）與超薄型（＜3mm）三種，厚塗型與薄塗型是水性，而超薄型有油性與水性；此三種在遭遇高溫時所形成的耐火隔熱層密度、強度、隔熱性能等均有不同，在耐火極限從半小時至3小時不等。

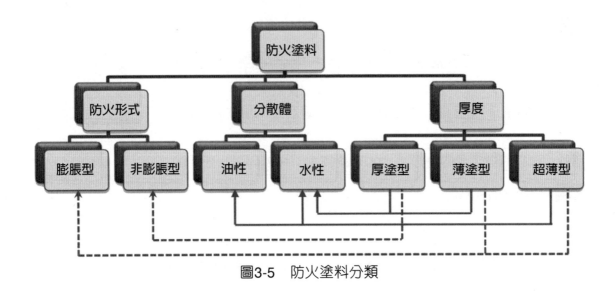

圖3-5　防火塗料分類

1.鋼結構防火塗料

鋼結構防火塗料多以磷–碳–氮為阻燃體系，採用熱固性樹脂（如環氧樹脂）與熱塑性樹脂（如醛、酮樹脂）等作為成膜物質，而樹脂中含有鹵素、羥基、羧基、氨基等耐火性。

當鋼結構建築遭遇高溫時，在表面形成耐火隔熱保護層，避免鋼結構直接受火焰灼燒，在一定程度上減緩鋼結構升溫。

(1) 厚型鋼結構防火塗料，為非膨脹型，多為蛭石水泥系、礦纖維水泥系、氯氧化鎂水泥系及水玻璃系等無機體系。在防火機制具有輕質、不燃性、低導熱性，多採用噴塗，塗層較厚，粒狀表面。

(2) 薄型與超薄型鋼結構防火塗料，均為膨脹型，成分含聚醋酸乙烯酯、聚丙烯酸酯、氨基樹脂、丙烯酸樹脂等。塗料含有炭化劑、發泡劑（三聚氰胺等）、酸化催化炭劑等耐火體系作用。

2.飾面防火塗料

主要使用於木質結構、易燃材料、牆面或室內裝修等表面塗刷。

(1) 膨脹型防火塗料：分水性與油性，前者使用合成高分子乳如丙烯酸脂、氯丁、醋酸乙烯酯，也有採用無機鹽如矽酸鈉或矽酸鉀等，但水性塗料防潮性較差，會脫落，適合於乾燥場所；後者為有機溶劑附著性較佳，遇高溫能膨脹炭化，如丙烯酸樹脂類、醇酸樹脂類、環氧樹脂類、聚氨脂類等高分子樹脂。

(2) 非膨脹型防火塗料：遇高溫時形成釉狀保護層，隔絕氧氣及輻射熱回饋，使用三氧化二銻、矽氧化銻、硼酸鹽等成分，分難燃性與不燃性，前者即自身難燃兼具滅火性，包括高分子乳液性（聚醋酸乙烯等）難燃及含阻燃劑塗料。後者為無機質塗料，耐熱性良好，延滯火災熱量傳遞。

二、防火機制

在膨脹耐火體系於火災時形成重疊炭薄膜層，比原有塗膜厚幾十倍海綿蜂窩狀炭化層，該層熱傳導係數小且厚度大，從熱力學角度這必將消耗大量內能使溫度減低。隨著火勢增大，炭層將被燒蝕掉，但有無數層炭層，加上炭層中無機氧化物，這種燒蝕剝離過程是需要時間的，產生耐火隔熱很大作用。又有些塗料本身具有難燃性或受火時形成一種釉狀物質覆蓋在基材上，產生隔絕火焰作用。

1.吸熱作用

在火焰作用下防火塗層發生熔融蒸發、膨脹等物理變化，以及高聚合物分解、降解等化學變化，此兩種變化均吸收大量熱。如無機阻燃劑，使用氫氧化鋁或氫氧化鎂等，現受到廣泛使用，其在高溫下分解反應，能吸收大量熱能，達到阻燃效果。

2.稀釋作用

在火場中分解出不燃惰性氣體如二氧化碳、氯化氫、溴化氫、水蒸氣等，能稀釋可燃氣體，減緩火勢的發展。

3.抑制連鎖作用

鹵素阻燃劑是應用比較廣泛的阻燃劑，在防火塗料中也有應用，鹵素阻燃劑在高溫下發生分解，釋出自由基並與火焰中鏈反應活性物質自由基等反應，使游離自由基濃度降低，從而減緩或終止燃燒的鏈式反應，達到阻燃的目的。

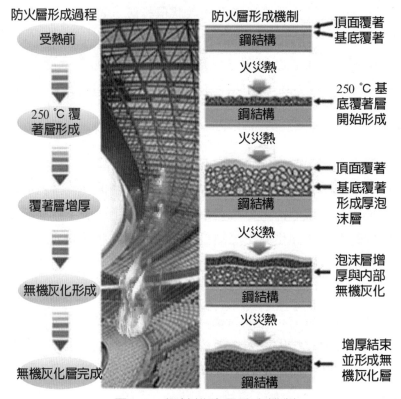

圖3-6　鋼結構塗層防火機制

例1 有關防火塗料敘述，下列何者錯誤？（109年消防設備士）

(A)火災時阻止火焰的傳播

(B)防火形式可分為膨脹型與非膨脹型

(C)塗覆在物件表面，利用材料的低導熱性與放熱性形成一般性保護

(D)可分為溶劑性與水溶性兩類

解：(C)

塗覆在物件表面，利用材料的低導熱性與吸熱性形成一般性保護。

例2 防火塗料應用於消防安全方面，能達到能阻止火焰的傳播、降低燃燒的阻燃與防焰作用。請問防火塗料之分類與防火機制各為何？（25分）（107年消防設備師）

解：見本節說明。

第3節　火四面體（Fire Tetrahedron）

　　由於大多數可燃物質燃燒是在蒸氣或氣體狀態下進行的。所以，火災燃燒有2種基本燃燒模式：火焰燃燒（Flaming）和無火焰之悶燒（Smoldering）。教育學家以前曾使用火三角（Fire Triangle）來代表悶燒的燃燒模式，直到被證明除了燃料、熱量和氧化劑（氧氣）共同存在外，於火焰燃燒還有另一因素涉及，即不受抑制化學鏈反應，因而發展出火四面體（Fire Tetrahedron）。

　　基本上，無火焰燃燒以火三角來表示，應是合理的；但對於有明火燃燒，在燃燒過程中存在未受抑制的分解物（游離基）作為介質以形成鏈式反應。因此，在此四個必要元素使其取出任一個，燃燒就無法持續發生。

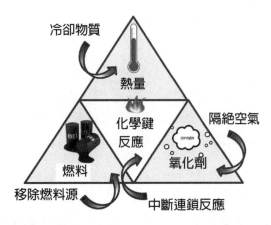

圖3-7　火四面體：燃料、熱量、氧化劑與化學鏈反應

　　基本上，可燃物在燃燒前會裂解為簡單的分子，分子中共價鍵在外界因素（如光、熱）影響下，裂解成化學活性非常強的原子或原子團—此為游離基，如氫原子、氧原子及羥基等。由於游離基是一種高度活潑的化學形態，能與其他的游離基及分子產生反應，而使燃燒持續下去，形成燃燒鏈式反應現象。

一、燃料／可燃物

　　什麼是燃料（Fuel）？在地球上燃料大致包括如次：

A. 氫類

B. 碳類（如煤、木炭）

C. 含有大量的碳和氫化合物（即碳氫化合物）

D. 碳水化合物（Carbohydrates）

E. 其他有機化合物

F. 硫化物（Sulfur）

易燃程度排序，則A > C > D > B > F

上述硫化物雖然可燃，燃燒時呈藍色火焰，有惡臭並產生SO_2，遇水產生H_2SO_3（亞硫酸）。由於硫化物會產生酸性氣體（當其與水結合，如酸雨），所以很少被視為一種生活中燃料。

$$S + O_2 = SO_2 \rightarrow SO_2 + H_2O = H_2SO_3$$

燃料三種型態

固體：如布、紙、木材、塑膠等

液體：如汽油、酒精、油漆等

氣體：如瓦斯、乙炔氣、一氧化碳等

　　誠如本書之前所述，可燃物係指常態下能被氧化物質，起燃時所需活化能使可燃物分子被活化後，始能與氧氣反應。但氧化熱小物質因不易維持活化能量，此如添加抑制劑使物質所需活化能提高如防焰物品。因此，燃燒物質所產生熱量是取決於物質氧化熱本身，可分耐燃一級（不燃性）、耐燃二級及耐燃三級之分。

二、助燃物或氧化劑

　　氧氣（Oxygen）存在於地球表面上，空氣中氧氣含量約1/5（21%，相當於210,000 ppm），其他將近4/5為氮氣，及微少部分之二氧化碳等。就目前所知，在整個太陽系各行星中，就唯獨地球有氧氣而已，在金星（Venus）空氣大多為二氧化碳以及一些氮氣，而火星（Mars）亦是如此，根本就沒有氧氣。而地球上人類、爬蟲類、鳥類或魚類等動物在消耗氧氣，而植物行光合作用在製造氧氣；假使地球上植物逐漸稀少，所有動物將因消耗氧氣而趨於滅亡。

圖3-8　地球、金星與火星之空氣組成分

在助燃物方面，如鎂帶能在二氧化碳中燃燒，此時二氧化碳即為助燃物。此外，有一些燃料燃燒不需外在氧氣，因本身含有氧化劑如化學式中有-oxy或-xo字根，又如有機過氧化物（Organic Peroxide），有時我們能透過其化學特性來識別這些燃料屬性。

就火而言，火對氧氣需求非常迫切，假使氧氣濃度降到15%以下時，火勢會趨於萎縮熄滅；這是火之致命弱點，所以針對氧氣是最快滅火方法，如油鍋起火時蓋鍋蓋或是覆蓋溼布使其缺氧熄滅，比其他撒鹽巴或撒菜葉使其降低熱量都來得滅火快。

因此，燃燒（Combustion）是定義為快速氧化的過程中所導致起火，但地球上物質氧化並不總是迅速。如前所述其可能是非常緩慢的，或者它可能是瞬間的。這兩種極端都不會產生火焰，如氧化極慢如生鏽，而瞬間氧化如一個子彈殼體內的火藥被板機撞擊點燃時，所發生爆炸現象。

氧化過程的速度會決定釋放熱量的速率和反應的暴發力。在氧化劑（Oxidizer）存在下可加速燃料，從緩慢燃燒現象發展到快速之爆炸情況，有時這種規模很小，而不是很明顯。

表3-1　常見氧化劑　　　　　　　　　　　　　　（IFSTA, 2010）

溴酸鹽（Bromates）	溴（Bromine）
氯酸鹽（Chlorates）	氯（Chlorine）
氟（Fluorine）	碘值（Lodine）
硝酸鹽（Nitrates）	硝酸（Nitric Acid）
亞硝酸鹽（Nitrites）	高氯酸鹽（Perchlorates）
高錳酸鹽（Permanganates）	過氧化物（Peroxides）

　　氧氣對瓦斯燃燒很重要，在通風不足情況易造成一氧化碳中毒，如丁烷爐在充足氧氣燃燒時，會產生二氧化碳和水蒸汽：

$$2C_4H_{10} + 13O_2 \rightarrow 8CO_2 + 10H_2O$$

　　假使通風不良致供氧不足，則會產生水蒸汽和碳（C）或轉成一氧化碳（CO）。

$$2C_4H_{10} + 5O_2 \rightarrow 8C + 10H_2O$$

　　NFPA定義富氧空氣（OEA）環境，為一大氧壓下空氣中氧濃度大於23.5%。因氧氣比空氣重，易積聚於低窪區域如坑、溝渠或地下空間。當管內液氧漏出，此種低溫氧會比空氣重三倍。而氧氣又易與大多數物質產生反應，使物質所需起火能量降低，而燃燒迅速更高溫（如氧乙炔燒焊），甚至形成爆炸。

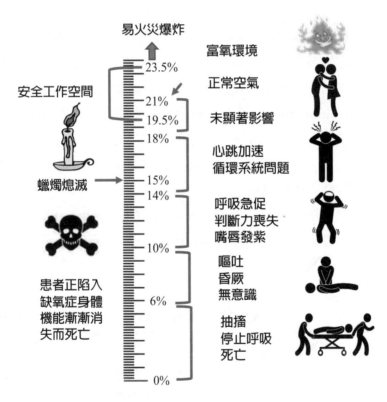

圖3-9　氧氣濃度對人體影響

　　在不同壓力下不同氧濃度，燃燒速率產生重大變化，燃燒速率與氧濃度、壓力皆成正相關，如圖3-10所示。NFPA 53指出，在純氧中之最小著火能量約與壓力平方成反比。對於某些液體與氣體，在純氧中之最小點火能量數值約低於空氣中的100倍。

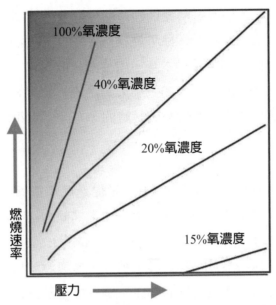

圖3-10　不同壓力下燃燒速率隨著不同氧濃度變化（NFPA 53, 2010）

此外，高濃度氧易與油脂產生劇烈氧化，氧化過程會伴隨著發熱，致出現燃燒現象，如使用油類或潤滑脂來擦拭氧氣設備等危險動作。

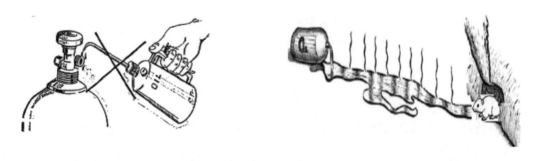

圖3-11　（左）從不以油脂潤滑氧氣瓶；（右）氧氣瓶洩漏往低窪處沉積（NFPA, 1986）

三、熱能

地球上能形成火災之熱量是以各種形式存在，如物理上熱能如摩擦、機械能（撞擊、壓縮等）；化學上熱能如爐火、菸蒂等；電氣上熱能（電氣、閃電、靜電等）；太陽能等。古代人類以鑽木取火，其中熱量是採取鑽木摩擦產生熱量方式。

單就熱量於一固體和液體形態，能自我維持燃燒反應，大多是取決於輻射回饋

（Radiative Feedback）：即輻射熱提供固體熱分解或液體揮發，持續產生可燃性蒸汽之能源。即火勢是要衰退或成長，除可燃物外，主要仍取決於其所產生的熱量。一個正熱平衡時，熱量回饋返回至燃料本身。如果熱量散失比其產生熱速度快，則會形成一個負熱平衡。在化學熱能方面，如微小火源之電焊燒焊等火星有較高熱量使物質起火所需時間短，而其他微小火源皆需較長時間，有時需數小時之久。

四、化學連鎖反應

　　燃燒過程中氫鍵（H）、氫氧鍵（OH）是促進燃燒繼續之主要因素。即化學鏈反應是一種系列反應，由每個單獨個別反應添加到其餘的結果延續。雖然科學家們只能部分地理解在燃燒化學連鎖反應（Chemical Chain Reaction）會發生什麼，但並不知道，受熱的燃料所揮發出蒸汽物質與氧結合，參與燃燒反應之複雜理化機制。一旦火災發生時，它只能繼續產生足夠的熱能，導致燃料蒸汽持續發展。自我維持化學反應及快速增長火勢，能使用隔離方法，在船舶使用關閉艙口與艙門，使火勢缺氧難以氧化反應。

　　如 $H_2 + Cl_2 \rightarrow 2HCl$：

$$Cl_2 + M \rightarrow 2Cl + M \quad (1)$$
$$Cl + H_2 \rightarrow HCl + H \quad (2)$$
$$H + Cl_2 \rightarrow HCl + Cl \quad (3)$$
$$\cdots\cdots\cdots\cdots$$
$$2Cl + M \rightarrow Cl_2 + M \quad (4)$$

　　在反應(1)中，靠熱或化學作用產生活性組分——氯原子，隨之在反應(2)、(3)中活性組分與反應物分子作用而交替重複產生新的活性組分——氯原子和氫原子，使反應能持續不斷地循環進行下去，直到活性組分消失，此即鏈式反應。此種反應機制可分三階段：

1. 鏈觸動階段：反應開始需要外界輸入一定能量，如撞擊、光照或加熱等，使反應物分子斷裂活化反應，產生自由基的過程，如反應(1)。
2. 鏈傳遞階段：上述作用產生新的鏈和新的飽和分子的反應，如反應(2)、(3)；意即游離基反應的同時又產生更多的游離基，使燃燒持續甚至擴大。
3. 鏈終止階段：游離基相撞失去能量或者所有物質反應盡了，沒有新游離基產生而使反應鏈斷裂，反應結束成了穩定性物質，如反應(4)。

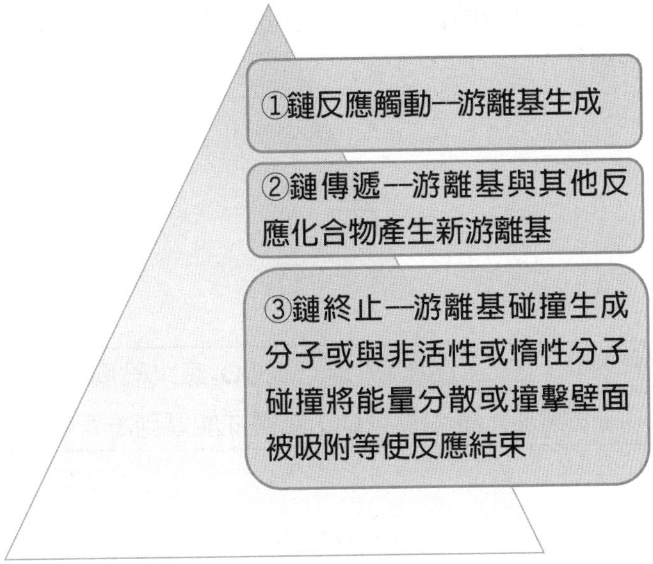

①鏈反應觸動—游離基生成
②鏈傳遞—游離基與其他反應化合物產生新游離基
③鏈終止—游離基碰撞生成分子或與非活性或惰性分子碰撞將能量分散或撞擊壁面被吸附等使反應結束

圖3-12　連鎖反應機制三過程

滅火中破壞燃燒的連鎖反應，如氟、氯、溴、碘等鹵化烷類之滅火劑。

$$H\alpha + Z^{-} \rightarrow HZ + \alpha^{-}$$

$$OH^{-} + HZ \rightarrow H_2O + Z^{-}$$

上述Hα是含有氫原子的可燃物質，Z是鹵族元素，Z^{-}奪取燃燒物中的H^{+}形成HZ，然後與燃燒物中的OH中和分離出Z，如此循環作用而抑制連鎖反應。因其會奪取H^{+}和OH^{-}所以對於燃燒現象具有負觸媒效果，而抑制燃燒進行。

此外，本節可燃物質燃燒整個過程，進一步整理如圖3-13所示。

火勢繼續燃燒
足夠熱量能氧化並繼續成長
燃燒反應生成可見光與熱量
釋出氧化生成物（菸）
自由基快速氧化
可燃物熱量大於起火溫度
AND
氧氣
可燃物
AND
熱量

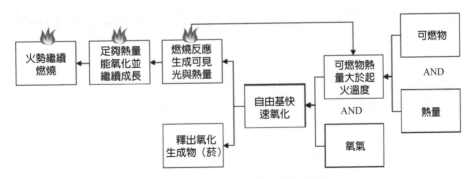

圖3-13　可燃物質燃燒過程

例1　假設空氣體積為V，其中氧占0.21V，至少需加入多少體積之不燃性氣體，燃燒作用將無法持續？

解：

$$\frac{0.21V}{(V+x)} = \frac{15}{100}$$

$$x = 0.4V$$

例2　假設空氣體積為V，在設計全區放射方式CO_2滅火設備，設定滅火濃度值氧氣需至12.5%，請問需加入多少體積CO_2氣體才能達到設定值？

解：

$$\frac{0.21V}{(V+x)} = \frac{12.5}{100}$$

$$x = 0.68V$$

例3　根據NFPA的定義，下列哪一項（選項均為體積百分比）屬於富氧環境（OEA）？

(A) 0.5大氣壓下，氧為40%　　(B) 0.8大氣壓下，氧為25%

(C) 1.5大氣壓下，氧為16%　　(D) 3.0大氣壓下，氧為6%

解：

(C) 從理想氣體求解 $PV = nRT$　　$1 \times 0.235 > P \times V$

第4節　火三角應用（Application Fire Triangle Theory）

　　本節係進階課程，一般課程可略過本節。

　　本節在此以火三角應用於工業上及日常生活中，來作探討使讀者更易於了解火三角之眞諦。

　　首先以打火機爲例，火三角熱量是打火石以手轉動摩擦方式產生、可燃物是液化瓦斯、氧氣在空氣中。

　　以汽車爲例，火三角如下述：

1. 可燃物大多是汽（柴）油，但汽（柴）油是液體必須由化油器或噴霧嘴，將汽油轉成氣體，以發揮最佳燃燒效益。

2. 汽車氧氣來源是空氣濾清器，以過濾較乾淨空氣中氧氣濃度。

3. 汽油引擎點火之熱量，是以電池供應電源至火星塞，形成高壓火花方式來產生。

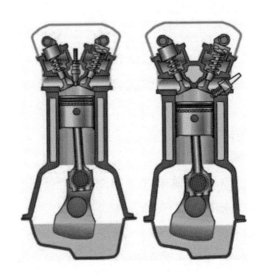

圖3-14　柴油引擎（左）與汽油引擎（右）運作原理

　　而柴油引擎中點火並無火星塞，熱量是以絕熱壓縮產生的；依理想氣體定律，汽缸活塞運動初始壓力和溫度增加，缸內混合氣產生高壓縮比（16～37：1），氣缸內溫度隨著高壓自然上升至500℃，遠大於柴油起燃溫度而自動點火，產生動力。

　　工業上許多三要素熱能往往以電能來轉換，一般電氣能量是相當高，僅次於核能，比常見化學能及物理能還要高。如瓦斯熱水器為例，火三角熱量是電能轉熱能，需藉由電氣產生電氣火花、可燃物是液化或天然瓦斯、氧氣在空氣中。

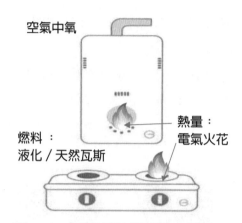

圖3-15 瓦斯燃燒機具火三角應用

又以槍枝子彈發射爲例：

1. 可燃物是彈殼之火藥。

2. 氧氣則存在於空氣中，另火藥中含氧化物得自行燃燒。

3. 熱量則是以扣板機之撞擊方式來產生。

但撞擊必須大面積撞才有足夠物理熱，爲防啞彈情況，以彈殼底端設計底火，使板機一扣引發高能量，確保能擊發子彈射出。

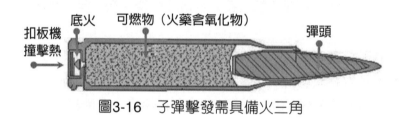

圖3-16 子彈擊發需具備火三角

第5節　滅火原理（Fire-Fighting Basic Theory）

產業上防火防爆主要是控制發火源（熱量）如危險物品場所，使用防爆電氣設施，消除潛在發火源；而一般建築物防火安全，重點也是發火源，即用火用電。在滅火方法，則較多元，只要使其四缺一，無論哪一個皆可，火就能熄滅。亦即，滅火能透過四種方法：降低溫度（冷卻法）、隔離或關閉燃料（移除法）、稀釋氧氣（窒息

法）或抑制連鎖反應（抑制法）。在上述四種滅火原理，最重要與應用最多是冷卻法與隔離法。單純窒息法或化學抑制法，因受自然條件或本身限制，除非是密閉空間之全區應用，否則火勢較大時，難以滅火，一般用於初期火災較多。

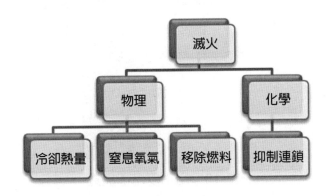

圖3-17　滅火方法有物理法與化學法

以消防安全設備而言，水系滅火設備係使用冷卻法，如自動撒水設備、水霧（細水霧）設備及室內（外）消防栓；使用窒息法有消防砂、CO_2滅火設備、泡沫設備、惰性氣體如IG-541, IG-01, IG-55, IG-100；使用抑制法有乾粉設備、鹵化烷如海龍滅火設備及大多數海龍替代品（FM-200, NAFS-Ⅲ, CEA-410, FE-13等）。

一、冷卻熱量（Temperature Reduction）

滅火最常用的方法之一就是使用水進行冷卻，這也是目前各國消防隊最常使用滅火方法，以消防車裝載水（有3000L水箱車及8000～12000L水庫車）或是街道室外消防栓。滅火原理是水遇熱轉化成水蒸汽，帶走高熱；以1公升水可吸收2500kJ熱量，對A類火災滅火能力相當佳。但油類火災，因水比重大於油，沉入油層下，不但無法窒息滅火並使油產生流動延燒。在實驗觀察油池火災噴水時，當水滴接觸到油面時會有所謂「爆濺（Flare-up）」現象，產生瞬間的激化作用，因而增加油類蒸發速度；當水滴撞擊高溫且具有高沸點液體時，產生激烈蒸發現象形成球狀火焰。

1. 阻燃劑有些是利用燃燒過程中吸收熱量，達到阻燃效果，如氫氧化鋁阻燃劑在300℃能產生分解反應，並吸收相當熱量。

$$2Al(OH)_3 \rightarrow Al_2O_3 + 3H_2O - 1.97J/g$$

2. 火災溫度的降低取決於水流大小與應用方式，當射水時以噴霧形式，能涵蓋

更多的表面積，得到最佳吸熱效果。

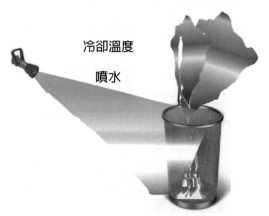

圖3-18　用水以冷卻熱量

二、隔離燃料（Fuel Removal）

　　火災與燃燒不同之一，即火災需要一定火載量，因此，將燃燒物質與未燃之燃料予以隔離，即是一種滅火方法。

1. 將著火物質鄰近可燃物移走，如機車棚某一機車著火，移開左右邊機車，使其無法向左右邊機車排進行延燒；或森林大火砍掉火勢前方一排樹並移除，即開闢防火線來控制火災；或山林田野火災使用以火攻火，以小火燒除大火前雜草，燒除大火燃料源。

2. 將正在燃燒物體移至空曠處，如船舶某一堆可燃物體燃燒，將其移至海上；或衣服著火，將衣服脫掉移除。

3. 將正在燃燒物體分成小堆，使火勢減弱，並個別撲滅，如紙堆、垃圾堆或煤炭堆深層火災，使用挖土機進行挖掘，並切割成小堆狀再行滅火。

4. 設置防液體、防火區劃、防火間距，將流動燃料局限，避免火勢規模擴大。

5. 關閉燃料源，如流動液體或氣體燃料火災，關閉閥門停止供應。

6. 有些阻燃劑如磷酸銨、氯化銨或酸碳銨是利用燃燒過程中產生CO_2、HCl、H_2O等不燃性，使燃料熱分解可燃性氣體被稀釋，達到阻燃之效果。

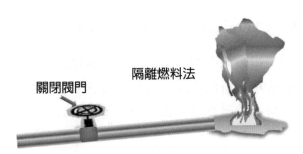

圖3-19　關閉閥門以隔離燃料源

三、稀釋氧氣（Oxygen Exclusion）

　　將空氣中氧氣濃度降至15%，火就難以持續；得知火對氧氣需求度比人類還迫切。因此，以缺氧是較快的滅火方法。但稀釋或窒息氧氣方法是不適用於自我氧化（Self-Oxidizing）之化學類或金屬類（D類）火災。

1. 油鍋起火以鍋蓋、電視機起火以棉被覆蓋或是當身體衣服起火了，在地上滾幾圈即可將火熄滅；但要注意，這種滅火方法是要完全窒息，不能有任一縫隙。

2. 船艙火災採用關閉艙房門及艙口，或建築物小房間火災也是關門關窗戶，使內部燃燒氧濃度自行降低。

3. 全區式惰性（Flooding）氣體或二氧化碳滅火系統釋放或泡沫滅火，達到窒息火勢之作用。

4. 防火塗料或有些阻燃劑，如磷酸酯，是利用較高溫度下生成硬質覆蓋層或分解泡沫狀物質，覆蓋表面，達到防火及阻燃之效果。

圖3-20　稀釋或隔絕氧氣之窒息法

四、抑制連鎖反應（Chemical Flame Inhibition）

以化學抑制作用需使用滅火藥劑，滅火中遊離基結合，破壞或阻礙連鎖反應。化學抑制滅火劑對氣體和液體燃料滅火是有效的，因其要有火焰燃燒才有連鎖反應。使用於固體類火災，因其冷卻效果有限，滅火後高溫會形成復燃現象，但對悶燒火災則是無法徹底撲滅。

1. 乾粉或鹵化烷捕捉自由基，使活化分子惰化，抑制連鎖反應。

2. 鹵系阻燃劑利用燃燒過程中釋放鹵（HBr）與HO自由基反應生成H_2O，使自由基減少，達到阻劑作用。

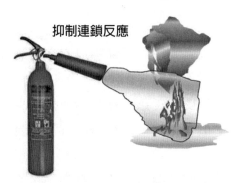

圖3-21　乾粉滅火器抑制連鎖反應

> **例1**　何謂「燃燒四面體」？試由「燃燒四面體」探討滅火之方法為何？（25分）（107年消防備士）

解：

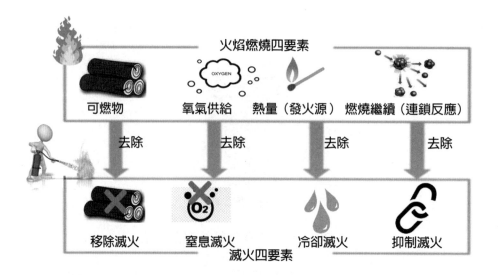

第6節　惰化防爆機制（Inerting Explosion Prevention）

本節係進階課程，一般課程可略過本節。

可燃氣體／氧氣混合物可以透過降低氧氣濃度，或加入惰性成分，來達到防火防爆。圖3-22為一定溫度和壓力之可燃氣體、惰性氣體和氧氣混合物之典型燃燒／爆炸範圍圖，參考以下爆炸範圍圖能容易地來解釋此二種方法；圖中顯示點DABE直線條表示正常空氣成分（按體積計79%N_2和21%O_2）和可燃氣體的混合物。可燃氣體和空氣的給定混合物，其是否能點燃是由該直線上的點來決定。點A表示該混合物的燃燒／爆炸上限，點B表示燃燒／爆炸下限。

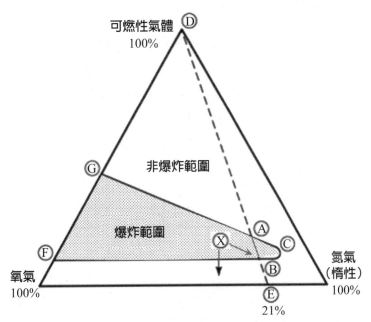

圖3-22　典型爆炸範圍概念圖（NFPA 69, 2010）

在爆炸範圍即FBCAGF界定的區域內任何點（圖中網點），此能被點燃產生爆炸。該區域外的任何點表示混合物是無法被點燃的。圖中C點表示燃燒所需氧氣最小濃度（LOC），超出LOC就無法點燃。圖中三角形的左側是表示單獨的氧氣和可燃氣體（即不含空氣中氮）的混合物。而圖中三角形的右側，則表示單獨的氮氣和可燃氣體（即沒有氧氣）的任何混合物。

一、降低氧氣濃度

圖中X點表示易燃氣體、氧氣和氮氣所形成混合氣體內任一值,其位於爆炸範圍內。如果要改變混合氣體組成,以使其位於爆炸範圍外,可以使用方法之一,就是降低氧氣濃度。隨著氧氣濃度降低,氮氣濃度增加,如X點朝向惰性氣體(100%)方向移動。

二、降低可燃氣體濃度

圖中X點在爆炸範圍內,能透過降低可燃混合氣體的濃度;即X點往下遠離可燃氣體(100%)方向移動,並使其降到爆炸下限值(圖中FBC)以下。

三、添加惰性氣體濃度

於可燃性氣體和氧氣混合物中添加惰性氣體,來影響爆炸範圍上下限值和LOC值。圖3-23中闡釋於25℃,1atm環境下惰性氣體對甲烷爆炸範圍之典型影響。圖中顯示氮氣(N_2)比氦氣(He)有效,水蒸汽(H_2O)又比氮氣(N_2)有效,二氧化碳(CO_2)又比水蒸汽(H_2O)、氦氣(He)有效。在圖中最有效防火防爆為溴基(MeBr),再者四氯化碳(CCl_4),再依序為二氧化碳(CO_2)> 水蒸汽(H_2O)> 氮氣(N_2)> 氦氣(He)。

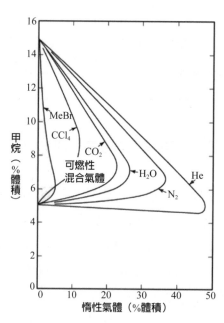

圖3-23　甲烷、惰性氣體與空氣混合物之爆炸範圍(Coward *et al.*, 1995)

四、壓力和溫度影響。

壓力和溫度對爆炸範圍值產生顯著影響。壓力增加會導致爆炸上限值增加（圖中G→G'→G"）和LOC值降低（圖中C、C'、C"）；但爆炸下限值則輕微的下降（圖中F→F'→F"），壓力對爆炸下限影響不如上限的明顯。在溫度方面，溫度升高對爆炸範圍值，如同壓力影響一樣。但壓力或溫度變化對防火防爆產生的確切影響，在每一化學混合氣體是不太一致的。

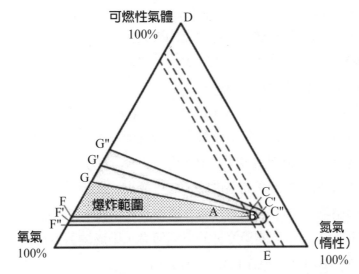

圖3-24　壓力對爆炸範圍值之影響（NFPA 69, 2010）

第7節　歷屆考題精解

一、選擇題

(B)　1. 下列含氧物質，何者為可燃物？

(A) CO_2　(B) CO　(C) MgO　(D) Al_2O_3

(D)　2. 火災燃燒現象需有四項要素同時具備方能持續存在，其中涉及燃燒物質「自由基」者為何？

(A) 可燃物　(B) 助燃物　(C) 熱能　(D) 連鎖反應

(D) 3. 下列何者不屬於微火源？

(A) 香菸　(B) 火花　(C) 火星　(D) 打火機

(D) 4. 以水當作滅火劑，係利用水吸熱膨脹的原理來進行滅火。請問水分子變成水蒸汽時體積膨脹多少倍？

(A) 1000　(B) 1200　(C) 1400　(D) 1700

(D) 5. 下列何者為可燃物？

(A) 氧化鋁（Al_2O_3）　　(B) 氯氣（Cl_2）

(C) 氦氣（He）　　　　(D) 二氧化硫（SO_2）[註1]

(C) 6. 氧乙炔焰為以下哪一種工業上常見的著火源？

(A) 熱輻射　(B) 自然發火　(C) 裸火　(D) 電器火花

(C) 7. 燃燒四要素中何者涉及「自由基」：

(A) 助燃物　(B) 可燃物　(C) 連鎖反應　(D) 熱能

(B) 8. 下列何種火災以窒息作用可達最佳的滅火效果？

(A) 普通火災　(B) 油類火災　(C) 電氣火災　(D) 金屬火災

(C) 9. 氣體本身受到壓縮，增高溫度時，亦可發火，此稱為：

(A) 高溫壓縮　(B) 閃火壓縮　(C) 斷熱壓縮　(D) 加溫壓縮

(B) 10. 一般燃燒時空氣中氧的濃度低於下列何者，則燃燒甚難持續？

(A) 21%　(B) 15%　(C) 17%　(D) 19%

(D) 11. 燃燒四要素除了燃料、氧氣、熱能外，另一要素為：

(A) 放熱反應　(B) 吸熱反應　(C) 中和反應　(D) 連鎖反應

(B) 12. 下列何者不屬於「微火源」？

(A) 點燃的線香　(B) 電熨斗　(C) 熔接產生之火花　(D) 點燃的香煙

(A) 13. 廚房油鍋起火，下列何項動作是錯誤的？

(A) 趕緊以大量水澆灌降溫　(B) 關閉瓦斯開關

(C) 以溼布覆蓋　　　　　　(D) 打電話通知消防隊

(B) 14. 在密閉空間注入不燃性氣體，造成氧氣之濃度降低，進而使燃燒無法持續而滅火，此方法屬下列何種滅火方法？

(A) 冷卻法　(B) 窒息法　(C) 移除法　(D) 抑制法

註：在日本此方法為稀釋法，而窒息法常指泡沫來覆蓋液體。

註1　二氧化硫是難燃

（ C ）15. 下列何種物質具不燃性？

　　　　(A) 硫化氫（H_2S）　　　　(B) 苯（C_6H_6）

　　　　(C) 四氯化碳（CCl_4）　　(D) 丙烷（C_3H_8）

（ A ）16. 下列何種火災以窒息作用可達最佳之滅火效果？

　　　　(A) 油類火災　　(B) 普通火災　　(C) 電氣火災　　(D) 金屬火災

（ A ）17. 凡不能與氧化合之物質均非可燃物，例如：氦（He）、氖（Ne）、氬（Ar）等氣體。但氮（N_2）可與氧化合，亦被視為非可燃物，是因為其反應過程具何者因素？

　　　　(A) 吸熱反應　　(B) 閃火點太高　　(C) 無法產生連鎖反應　　(D) 熱傳導度過低

（ C ）18. 下列何者，不屬於發火源種類中的「微火源」？

　　　　(A) 香菸　　(B) 煙囪之火星　　(C) 火柴燃燒　　(D) 電氣熔接之火花

（ A ）19. 假設空氣中氧容積為20%，則在一密閉空間（體積為V）內加入不燃性氣體體積多少時，氧濃度會成為12.5%？[註2]

　　　　(A) 0.6V　　(B) 1.0V　　(C) 1.5V　　(D) 2.4V

（ D ）20. 對含等量甲烷分別添加不活潑性氣體氮（N_2）、氦（He）、氬（Ar）等三種，在相同濃度及氣壓條件下，其所需最小發火能量分別為a、b、c，則a、b、c 的大小關係為何？[註3]

　　　　(A) a < b < c　　(B) a = b = c　　(C) a > b > c　　(D) b > a > c

（ D ）21. 燃燒四要素中，除了可燃物（Fuel）、氧氣（Oxygen）、連鎖反應（Chain reaction），尚有：

　　　　(A) 閃火點　　(B) 活化能　　(C) 分解熱　　(D) 熱能

（ A ）22. 不能與氧化合之物質均非可燃物，但氮氣可與氧化合，亦被視為非可燃物，是因為其反應過程中具有下列何種因素？

　　　　(A) 吸熱反應　　(B) 比熱太低　　(C) 燃燒熱太高　　(D) 熱慣性太低

（ D ）23. 氣體本身受到壓縮，增高溫度時，亦可發火，此稱為：

　　　　(A) 無焰壓縮　　(B) 高溫壓縮　　(C) 常溫壓縮　　(D) 斷熱壓縮

（ B ）24. 空氣中之成分，就體積而言，何者含量最多？

　　　　(A) 氧　　(B) 氮　　(C) 碳　　(D) 以上皆非

註2　$\dfrac{0.20V}{(V+X)}$ = 氧濃度，X = 0.6V

註3　氦熱傳導度最高。

（C）25. 空氣中氧含量與燃燒之敘述，下列何者正確？
(A) 通常空氣中氧含量約為其容積之23%　(B) 空氣中氧濃度低於體積之18%時，燃燒甚難持續　(C) 在密閉空間中若注入不燃性氣體，氧氣的濃度會降低　(D) 氫氣只能在氧氣中燃燒，無法在氯氣中燃燒

（D）26. 在密閉空間注入不燃性氣體，降低氧氣濃度，使燃燒過程無法持續而終至熄滅，屬於下列何種滅火方法？
(A) 冷卻法　(B) 移除法　(C) 抑制法　(D) 窒息法

（C）27. 燃燒物質進行持續的燃燒過程需要最低氧氣濃度為多少%？
(A) 8%　(B) 12%　(C) 15%　(D) 20%

（D）28. 液態水經由吸熱後蒸發為水蒸汽，體積膨脹比為多少？
(A) 1：460　(B) 1：970　(C) 1：1320　(D) 1：1700

（B）29. 易燃性氣體本身受到壓縮後溫度會有升高的狀況發生，可能會導致火災的發生，此現象稱為？
(A) 高溫壓縮　(B) 斷熱壓縮　(C) 等溫壓縮　(D) 等熵壓縮

（C）30. 根據NFPA的定義，下列哪一項（選項均為體積百分比）屬於富氧環境（OEA）？
(A) 0.5大氣壓下，氧為40%　(B) 0.8大氣壓下，氧為25%
(C) 1.5大氣壓下，氧為16%　(D) 3.0大氣壓下，氧為6%

（C）31. 一般可燃物燃燒之所需最低氧氣濃度為多少%？
(A) 10%　(B) 12%　(C) 15%　(D) 18%

（B）32. 下列之化學反應方程式：$H_2S + Cl_2 \rightarrow 2HCl + S +$ 熱能，此一反應為燃燒反應，其中何者為此燃燒反應之助燃物？
(A) H_2S　(B) Cl_2　(C) HCl　(D) S

（D）33. 銅鎳合金所產生機械火花的溫度約可達幾度？
(A) 300℃　(B) 600℃　(C) 900℃　(D) 1083℃

（D）34. 鋼鐵製品所產生機械火花的溫度約可達幾度？
(A) 800℃　(B) 1000℃　(C) 1200℃　(D) 1400℃

（B）35. 下列何者，不屬於發火源種類中的「微火源」？
(A) 香煙　(B) 火柴燃燒　(C) 煙囪之火星　(D) 電氣熔接之火花

（D）36. 在送驗的火災現場殘跡中無法檢出易燃性液體的成分，可以說明該火災的原因是何因素？

(A) 是縱火因素　　(B) 是人為因素

(C) 不是縱火因素　(D) 可能不是縱火也可能是縱火

二、問答題

1. 在一定條件下，物質才會燃燒與熄滅，試簡要說明燃燒正四面體（四要素）與滅火方法的關係。（85年設備士）（95-1年設備士）

解：

　　火四面體包括傳統火三角（燃料、熱量和氧化劑）及第四維之不受抑制化學鏈（Chemical Chain）之連鎖反應。只要在四個組成部分取出任何一個，火就不會發生；熱量為冷卻法、氧氣為窒息法、燃料為移除法及連鎖反應為抑制法。

2. 何謂「燃燒四面體」？試由「燃燒四面體」討論滅火之策略與方法？（100年4等一般特考）

解：

(一) 燃料、氧氣、熱量與連鎖反應。

(二) 滅火之策略與方法

　　1.燃料為移除法，如林林火災砍掉幾排樹並移除；又整排機車遭到縱火，於起火時移除其左右機車，使其無法連續燃燒。

　　2.氧氣為窒息法，油鍋起火蓋鍋蓋。

　　3.熱量為冷卻法，如消防水箱車內是裝載水，進行火災之熱量冷卻滅火。

　　4.連鎖反應，如台灣普遍使用之乾粉手提滅火器，在初期火災使用抑制法滅火。

3. 請分別依燃燒之四要素所採之滅火方法為何？並列舉其滅火藥劑、消防安全設備為何？（97-1年設備師）

解：

(一) 燃料為除移法。

(二) 氧氣為窒息法；主要如泡沫滅火設備、二氧化碳滅火設備、IG-541、IG-100、IG-55、IG-01。

(三) 熱量為冷卻法；主要如撒水設備、室內（外）消防栓、水霧及細水霧滅火設

備。

(四) 連鎖反應為抑制法；主要如乾粉滅火設備、FM-200、PFC-410(CEA-410)、NAFS-Ⅲ、FE-13。

4. 試從燃燒四面體理論，說明撲滅擴散火焰所可採取的措施有哪些？（**90年3等特考**）

解：

(一) 擴散燃燒通常指氣體類燃燒，氣體燃燒能直接與空氣中氧結合，不需像固體、液體類經分解、昇華、液化、蒸發過程，擴散燃燒指可燃氣體從容器管口或洩漏口噴出，在噴出處與空氣中氧分子邊擴散邊燃燒，是一種穩定燃燒。

(二) 可針對燃料進行移除法，也就是進行緊急遮斷閥門方式，切忌用水柱將火焰弄熄，因燃料洩出後將空氣中氧預先混合，再遇火源將形成混合燃燒（即化學性爆炸）。此外，可用水霧冷卻法進行降溫方式，待其燃料自行燒盡為止。

第**4**章

固體類火災
（Solid Fires）

　　液體需先蒸發爲氣相，同樣固體也需經過類似相變過程，對於前者，蒸發過程是物質不發生組成變化的相變過程，蒸發時氣相與液相之間，存在局部熱力學平衡，同時吸收熱量。類似的，固態釋放氣體的過程也需要吸收熱量，但卻發生了熱分解。除少數能夠昇華以外，固體燃料無法保持其最初的基本組成；如木材和紙熱分解爲多孔碳質、焦油與氣體。

　　固體可燃物質是建築物火災中最常見之燃燒形態，本章將探討固體燃燒特性、影響因素以及一些典型固體類燃燒特性等，並納入纖維紡織類與塑膠橡膠類，這些國內常發生於火災之燃料行爲。

第1節　固體理化性（Solid Physical and Chemical Properties）

　　固體物質基本特性，爲每分子均被其他粒子所吸引，結合相當緊密，能產生振動而幾乎不能移動，使固體具有一定剛性及硬度之幾何形狀。所以，固體不能像液體或氣體類之自由擴散或流動。當固體物質受熱增加時，粒子動能增加，使粒子振動幅度加大，固體剛度與硬度因而降低，最後會有較大動能的分子掙脫，而離開原本位置自由地移動，此爲固體熔化成液體的現象。如果持續加熱增加粒子動能，某些具有足夠能量快速運動粒子，脫離進入空氣中，此就是液體汽化成氣體之現象。

　　基本上，由粒子間距離來決定物質固液氣之三種狀態，在距離大小以固體 < 液體 < 氣體，粒子間距離改變會發生物理變化，而粒子間排列方式改變則發生化學變化。又粒子間作用力大小以固體 > 液體 > 氣體，密度大小以固體 > 液體 > 氣體。因此，固體與液體均不能壓縮，僅有氣體可進行壓縮[註1]，這是因爲氣體分子間距離很大，分子間引力小，故氣體具有高壓縮性、高熱膨脹性與高擴散性。

　　在熔點方面，也稱液化點爲大氣壓下由固態轉爲液態過程中固液共存狀態的溫度，是一種吸熱過程。熔點與所受壓力成正相關，即壓力愈大熔點愈高。不過，與沸點不同，沸點受壓力影響較小，因固態轉變爲液態過程中，物質體積幾乎不變化。以火場而言，一些物質受高溫在多少時間內熔化爲液態，如圖4-1所示。

[註1]　氣體壓縮時，僅縮減分子間之距離，而未縮小分子自身之體積。

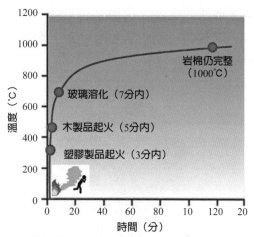

圖4-1 火場溫度物質熔化或起火時間（Paroc Group Finland, 2016）

而一小部分固體是具有閃火點，依公共危險物品暨可燃性高壓氣體管理辦法，指出易燃性固體指固態酒精或一大氣壓下閃火點未達40℃之固體。當加熱時，固態變液態釋放出易燃蒸氣如硫磺、萘丸、黏貼蠟（Paste Waxes）或抛光劑（Polishes）等。

第2節 固體燃燒形態（Solid Type of Combustion）

固體可分2大類：柔軟材料（Flexible Materials，如紡織品、襯墊等）與結構硬材料（Structural Materials，如鋼材、塑膠等）。可燃固體熱裂解溫度一般要比液體蒸發潛熱大，最小起火能量遠比液體與氣體大。無論燃料是否為液相或固相，皆需被轉換為氣相形態，以便與氧氣結合燃燒。唯一例外，是表面燃燒。

一、分解燃燒

大多數固體可燃物係屬分解燃燒型態，固體受熱時先失去水分，再起熱裂解與分解而產生可燃氣體，於燃燒最後往往僅剩炭質固體，形成無焰之表面燃燒，及殘留無機之灰燼物質。在固體可燃物具較大分子結構，如木材、紙、布、熱固性塑膠、合成塑膠、纖維等，或高沸點之物質受熱後不發生整體相變，而是熱分解出可燃氣體擴散而產生有焰燃燒。絕大多數高分子材料都是可燃的，受熱後熔化，產生熔滴形成分子斷裂，由大分子裂解成小分子，裂解中不斷釋出H_2、CH_4、CO等可燃性氣體。

　　粉塵爆炸現象乃粒子表面所生之氧化反應，由於發火源使粒子表面受到加熱分解出可燃氣體，因空氣是良好絕熱體，使粒子不生熱傳（熱損失），與空氣中氧形成預混合可燃物質，引起化學性爆炸反應傳播。

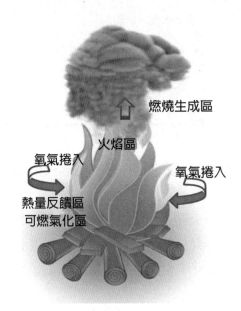

燃燒生成區

火焰區

氧氣捲入

氧氣捲入

熱量反饋區
可燃氣化區

圖4-2　可燃物質分解燃燒之結構

二、表面燃燒

　　可燃性固體受熱後不發生分解和相變，也不熔化及不氧化之燃燒形態，僅在其接觸空氣表面，可燃物（固相）直接吸附氧（氣相）產生氧化反應熱，燃燒區域形成高溫熾熱2個相態（氣固相），不生火焰非均一系反應，燃燒速度緩慢，燃燒完後仍保留原狀，如結構穩定、熔點較高之木炭、焦炭、鐵絲、鋁箔等。

　　這種可燃物質由熱分解結果產生無定形碳化物，在固體面與空氣接觸處形成吸附氧氣之碳素化合燃燒區，蒸氣壓非常小，或者難以發生熱分（裂）解，不能發生蒸發燃燒或分解燃燒，遇氧時呈熾熱狀態之無焰燃燒（非均一系燃燒）現象[註2]。燃燒僅維持在表面，不生分解燃燒亦不熔化或蒸發成液體而保持原狀，也沒有進行鏈式反應，因表面燃燒乃藉氧氣或含氧氣體接觸固體碳元素之表面與其化合，只見無焰之火光，而不生火焰現象。因此，可燃性金屬燃燒乃金屬在大塊之情形下極不易燃，但為

註2　黃伯全，火災工學概要，中央警察大學消防系。

粉末、鑽屑、鋸屑之情形下，則因熱傳小，受熱時溫度較易升高，且與空氣氧接觸面大，而易於氧化反應燃燒。

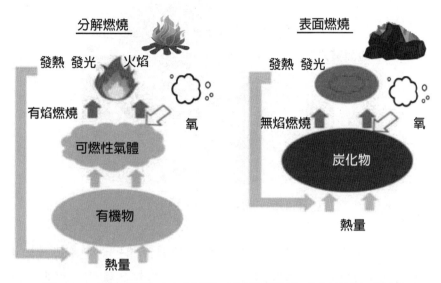

圖4-3　分解燃燒（木材等）與表面燃燒（木炭等）機制

三、自己燃燒

一些可燃性固體之分子內含有相當氧，不需外界氧供應，如大多數火藥、公共危險物品第5類如賽璐珞、硝化棉、硝化甘油（$C_3H_5N_3O_9$）或固體推進劑如人造衛星打入無氧之外太空，靠本身氧維持旺盛燃燒等，此種反應速度快，燃燒速度較迅速，甚至有爆炸性燃燒如黑火藥（硝、硫、炭比例10：1：3）、爆炸物等。

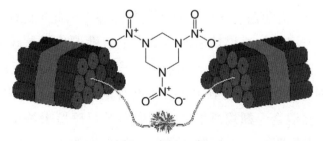

圖4-4　火藥含大量氧不需外部氧之自己燃燒現象

四、蒸發燃燒

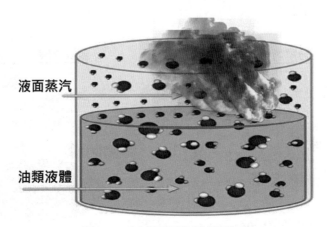

液面蒸汽

油類液體

圖4-5　油類蒸發燃燒形式

　　蒸發燃燒主要是液體類燃燒特性，因液體燃燒非液體，而是液面蒸汽蒸發燃燒。僅有少數熔點較低固體類，受熱後熔融液化蒸發成蒸氣如蠟燭、瀝青、熱塑性塑膠等，或是直接昇華蒸氣擴散而燃燒過程，如萘（$C_{10}H_8$）、樟腦或公共危險物品第2類硫磺等固體。在蠟燭燃燒過程，可觀察穩定3個明顯區域，即固態區（受熱熔化蒸發之物理變化）、液態區（液化蒸發之化學成分仍未改變）及氣態區（蒸氣擴散與空氣中氧邊混合邊燃燒之化學變化），此種火焰大小取決於固體熔化及液體氣化速度，而熔化與氣化速度則取決於固體及液體從火焰區所吸收到熱量多寡。

　　蠟燭蒸發燃燒呈現一種擴散火焰，首先蠟燭（固體）受熱熔化的燭油（液體）形成小液池，從液池被吸入到中央之燈芯（Wick），再轉換成氣體形態，與周遭空氣接觸形成擴散火焰（Diffusion Flames），這是日常中一個常見的例子。上述蠟燭火焰熱量反饋至蠟燭本身，產生融化，但不足以使其蒸發。因此，此燭油需透過燈芯（虹吸作用）移動至上方溫度較高燃燒區域。基本上，蠟燭係屬長碳鏈（Long Carbon Chain），燃燒前先分解到簡易成分，再將燃料分子輸送到燃燒反應區（Combustion Zone），此為燃料分子與周圍空氣中氧分子進行混合區域，這個轉移過程為擴散，使更多氣體分子相互混合。蠟燭燃燒氧氣和燃料於反應層繼續擴散過程，出現連續擴散火焰。因此，火焰明亮之可見部分是來自發光煤煙粒子（Soot Particles）所產生的熱輻射。在反應區中氧化產生碳氧化合物如二氧化碳和一氧化碳等，伴隨著水蒸汽和熱量。在蠟燭燃燒內部火焰部分，其中充滿了燃料分子，形成過濃燃料氣體（Fuel-Rich），而火焰燃燒區發生在其外圍處，其中燃料和氧已邊擴散邊燃燒現象。

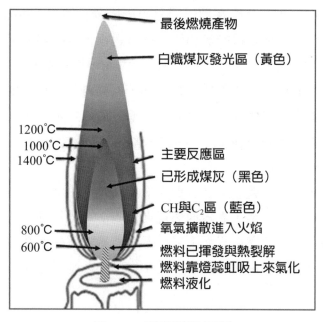

圖4-6　蠟燭燃燒原理

五、悶燒

悶燒僅固體類特有燃燒形態，常發生於質地鬆軟、多孔、纖維狀或堆疊等有機物質，發生在供氧不足、溫度低、溼度環境條件下或是由微小火源在，於成捆堆放的棉、麻、紙張、煤堆、木屑、雜草堆、溼木材或沙發、床鋪等，假使通風條件改變或可燃物水分已蒸發，悶燒與有焰燃燒間會發生相互轉化現象。一般可分三個明顯區域：即受熱之熱裂解區、無焰燃燒區及燃燒後之殘炭區（如圖4-7）。

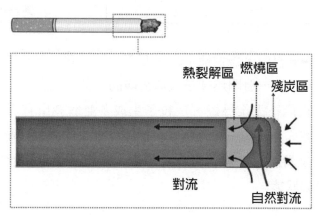

圖4-7　香菸之悶燒傳播區域（British American Tobacco, 2014）

　　當可燃物質只有一小部分能在燃燒過程中形成多孔性炭（Porous Char），這能形成悶燒狀態。悶燒是一種獨特的無焰燃燒緩慢過程，與有焰燃燒相當不同。悶燒和火焰燃燒之間根本區別是在悶燒發生在固體的表面，而不能成氣相態。當物質形成悶燒，發生在燃料表面現象，所釋放出來的熱，僅維持其本身燃燒，燃燒程度通常較不完全，有些熱量能滲入熱傳到多孔燃料的內部，而由物質分解一些顆粒、纖維或細胞結構，形成聚集體（Aggregates）；這些扮演內部較深層保溫（Thermal Insulation）而減少熱損失之作用。

　　與表面燃燒比較，二者皆發生在表面與氧接觸，產生氧化反應，都是無焰燃燒；二者區別在悶燒中有分解反應，而表面燃燒則僅表面氧化反應。悶燒中炭是在外界空氣抵達之悶燒區域，其位於燃料表面上或內部，並產生堅硬多孔性之炭結構。悶燒以一種蠕動遲緩方式（Creeping Fashion）約0.1mm/s之速度在進行，悶燒區溫度能高達453～871℃。

表4-1　悶燒與表面燃燒相異點

燃燒形態	悶燒	表面燃燒
相同點	燃燒速度慢 在固體表面與空氣界面氧化反應，均為無焰燃燒	
相異點	有分解反應	無分解反應
	發生於表面或內部	僅發生於表面
	由內部往表面燃燒	由表面往內部燃燒
	常發生在火勢初期階段	發生在火勢衰退熄滅階段
	供氧不足、溫度較低	供氧可能充足、溫度較高
	能轉變有焰燃燒	無法轉變有焰

　　在固體熱分解的過程中，假使能形成多量焦炭時，較易維持悶燒之反應。儘管悶燒時僅產生微弱燃燒特性，但悶燒卻是人命危險的，其理如次：

1. 悶燒比有焰更能不完全燃燒，炭粒子生成多並散發出有毒氣體，使燃料轉換成更多的有害成分（如一氧化碳），而留下大量的固體殘餘物；
2. 釋放出氣體是易燃的，需要更少的熱源，能稍後在氣相狀態自行點燃，而過渡到有焰燃燒狀態。

例

1. 固體燃燒之種類有那五種？請分述之。（25分）（97-1年設備師）

2. 請問固體類燃燒中有「有焰燃燒」與「悶燒」現象，請問此二種現象燃燒機制差異性？又「悶燒」與「表面燃燒」皆為無焰燃燒，請問二者之燃燒機制有何異同？（25分）（107年消防備師）

解：見本節所述。

第3節 固體燃燒速度影響因素（Factors Affecting Solid Combustion Rate）

一、內在因素

1.熱慣性（Thermal Inertia）

起火時間（Ignition Time）主要取決於可燃物之熱慣性（$\sqrt{k\rho c}$）（W^2s/m^4K^2），這是物質一種屬性，即熱傳導係數k（W/m×K）、密度ρ（kg/m^3）、比熱（J/kg×K），熱慣性為三者之乘積平方根。假使物質$\sqrt{k\rho c}$愈高，需更多的能量才能被點燃，反之$\sqrt{k\rho c}$愈低愈不易傳熱，使內部易於達到點燃。於防火工程中將物質之熱慣性，視為防火材料之選用指標。延伸閱讀見第1章第5節。

2.最小氧濃度（LOC, Limiting Oxygen Concentration）

最小氧濃度（LOC）為燃燒所需最小氧的極限濃度，若低於此氧濃度則無法進行燃燒，以氧的體積百分比為單位表示。

$$LOC = \frac{O_2}{N_2 + O_2} \times 100\%$$

不同物質隨著其化學組成差異而LOC亦有不同。有機過氧化物或硝化物等分子已有活性氧，能降低最小起火能量，不需外界氧供給，也能產生激烈爆炸，如硝化物或有機過氧化物。在中國大陸文獻指出，LOC > 50%為不燃材料、LOC於27～50%為難燃材料，LOC < 27%為可燃材料。物質LOC愈大，該物質燃燒性能愈差，其燃燒速度愈慢；當加入阻燃劑或防火劑使其LOC升高，達到阻燃或防火之作用。延伸閱讀見第2章第3節探討。

二、外在因素

1. 狀態：火焰蔓延速度主要是向上的，向下火焰蔓延速度是較慢的，由於這樣的事實，即物質表面受熱是不以相同方式在進行；如直立向上燃燒速度是最快的；如窗簾、布幕、廣告板或帆布等垂直性物品，一旦起火會迅速延燒，因此，這些可燃物質必須具防焰處理。

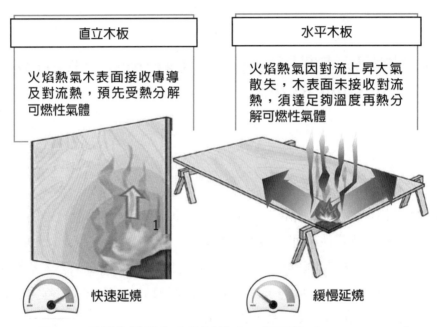

圖4-8　可燃物狀態為火勢延燒之一種函數（IFSTA, 2013）

2. 質量：如紙張塑膠等材質不同，而量係火載量為單位面積之可燃物重量（kg/cm^2），火載量大，因燃燒之輻射能相互回饋強，使熱釋放率增強大，使燃燒速率加快。

3. 含水量：含水量愈高，吸熱量愈大，會耗掉大量燃燒熱能，使燃燒速度減慢。當含水分達到極限值以上時，可燃物將無法被點燃。

4. 阻燃劑：可燃性固體添加阻燃劑，燃燒速度會明顯減緩。

5. 受熱量：受熱量愈大起火較易，延燒也相對快。

6. 通風程度：通風會增加固體物質燃燒所需氧氣供給速度，大多數燃燒速度與風速成正相關；但風速大於可燃物質熱裂解速度，會扮演散熱冷卻及稀釋熱裂解可燃氣體濃度之作用，反而使燃燒減緩。

7. 形狀：

(1) 表面形狀（Surface Geometry）：位於室內角落火焰具2個燃燒表面（牆壁），從而增加蔓延速度之間互動。角落角度愈小有較快火焰蔓延。這是由於熱量被困在角落進行能量回饋，而較小空氣量被吸入熱火羽流內，所產生冷卻作用。

(2) 表面積與體積比（Surface to Mass Ratio）：表面積與體積比（比表面積）即燃料表面積與燃料體積之比率，當燃料形狀更小和更細碎，比表面積將增大，所需起火能量亦低，燃燒性也大幅增加。

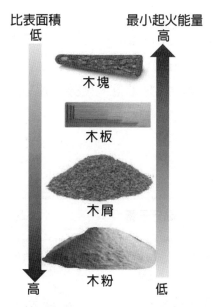

圖4-9 可燃物質之比表面積與起火能量高低關係（IFSTA, 2013）

(3) 排列高低與排列密度：燃料排列愈高，上方燃料較易接受下方火焰，產生預燃效應，如同可燃物垂直燃燒一樣。而排列密度主要是與空氣中氧接觸程度，如同上揭之比表面積一樣。

第4節　木材類燃燒（**Burning of Wood-Based Products**）

　　木材具有重量輕、持久的和彈性的性質，建築傢俱經常布置了木材製品，如纖維板、天花板、貼面板、膠合板和木板等。由於木材燃燒過程中沒有熔化現象，同時木材熱傳導係數小，又具多孔性能，燃燒時能從表面及內部方式來進行分解燃燒。

一、木材理化性

1.化學成分

(1)特性（Nature）

　　木材化學組成包括纖維素（Cellulose）、半纖維素（Hemicellulose）、木質素（Lignin）、萃取成分（Extractives）及灰分（Ash）。如以分子量來區別，纖維素、半纖維素及木質素是屬於高分子量，熱分解速率以半纖維素 > 木質素 > 纖維素。低分子量的物質則包括萃取成分與灰分。

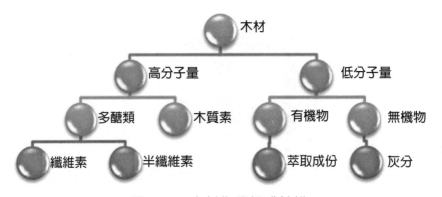

圖4-10　木材化學組成結構

　　木材中碳約50%、氫約6%、氧約42%，另含0.1%氮和1%以下之礦物質灰分，但其不含有其他燃料中常有的硫，此區別於其他大多數的固體燃料。

(2)含水量（Moisture Content）

　　木材和纖維素都是易吸溼物，在大氣相對溼度與材料平衡含水量（EMC）有關，二者具有函數關係。

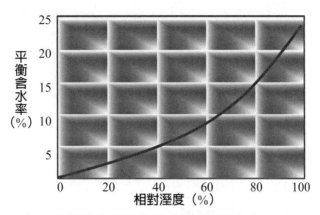

圖4-11　大氣相對溼度與平衡含水率關係圖（DeHann, 2007）

建築木材經過乾燥後水分含量仍有9%，但用於傢俱木材則乾燥到7%以下。在木材中含水率是烘箱乾燥重量百分比來做計算，公式如次：

$$含水率 = \frac{原來重量 - 烘乾重量}{烘乾重量}$$

2.木材之物理屬性（Physical Nature of Wood）

(1)物理形式（Physical Form）

小片木材使用相對小的熱源，即能引燃，而較重之原木塊（Logs）則能耐火（Resist Ignition）相當長時間才能引燃，這是本章上一節所述，木材顆粒尺寸減小，比表面積（Surface Area to Volume）會增大，如此與空氣中氧接觸面積就多，而空氣又是不良熱傳體而易於蓄熱，故易於起燃之條件；這也就是燒柴時，需砍成小柴片再燒之理。

(2)熱傳導係數（k, Thermal Conductivity）

木材是一種不良熱傳導體，鋼與鋁熱傳導係數比木材分別高350倍與1000倍。木材熱傳導係數取決於木紋取向軸（Grain Orientation Axis）、含水率與密度（比重）。縱向木紋（Grain）受熱時，因木質纖維與營養運輸導管與加熱方向一致，含水量大30%，能先行預燃使熱分解氣體易於沿著木紋方向釋放擴散，縱向熱傳導係數比橫向大2～3倍。

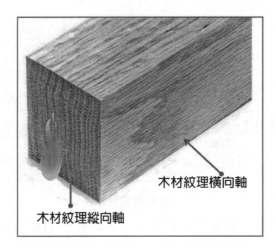

木材紋理橫向軸

木材紋理縱向軸

圖4-12　木材紋理縱向熱傳導係數比橫向小2倍而易於燃燒（NFPA Fire Potection Hankbook, 1997）

　　當木材暴露於火災熱，木材的絕熱（Insulating）性質減慢了木材內部核心（Core）溫度上升，且木材表面能形成碳化層（Char Layer），這提高了木材絕熱作用，並防止空氣中氧氣滲入到內部燃燒區域，這說明林火後有些樹木仍能存活因素之一。

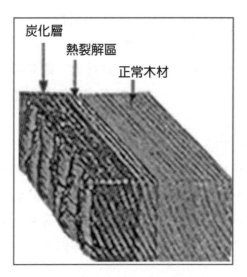

炭化層

熱裂解區

正常木材

圖4-13　木材受高溫後外表形成炭化層（University of Manchester, 2015）

二、木材起火（Ignition of Wood and Wood Products）

1.起火階段

木材熱裂解（Pyrolysis）是其纖維素和相關化合物之一種複雜熱分解（Thermal Decomposition）過程。通常，先受高溫熱裂解後再產生分解可燃氣體和蒸氣，釋放到空氣中與氧混合。當這些可燃氣體和蒸氣以足夠速率產生時，通常能出現火焰燃燒現象。

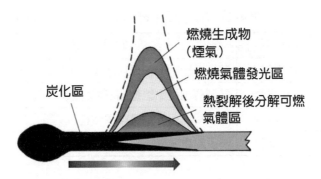

圖4-14 火柴棒受熱裂解起火燃燒過程（International Biochar Initiative, 2015）

有關木材熱解反應，於第一階段產生揮發性氣體、焦油與焦炭，其中焦油又發生第二階段熱解反應，生成揮發性氣體與焦炭；如次。

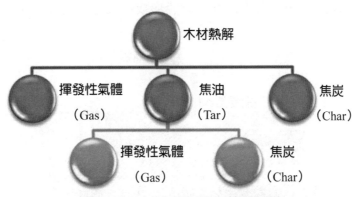

圖4-15 木材二階段之熱解反應

木材起火燃燒能分4個階段，如下：

第一階段當溫度到200℃時，釋放出水蒸汽，半纖維素熱裂解出不燃生成物如 H_2O、CO_2，是一吸熱狀態。

　　第二階段在200～280℃，大部分水已釋放，纖維素熱裂解出可燃生成物如一氧化碳，但所產生的量是相對小的。這個階段與第一階段一樣，仍然是吸熱狀態。

　　第三階段在280～500℃，木質素是最後熱解組分，高溫分解出可燃氣體，此階段反應最為激度，是木材起火過程的關鍵階段，為放熱反應。

　　第四階段在溫度500℃以上，木質部氣化，揮發1～4個烴類可燃氣體，纖維素中的碳分解更小的炭（Charcoal）殘餘物。

表4-2　木材起火燃燒階段　　（Beall and Eichner, 1970）

階段	溫度（℃）	木材部位	熱裂解產物	反應
一	～200	半纖維素	熱裂解出不燃氣體如水蒸汽、二氧化碳與醋酸	吸熱反應
二	200～280	纖維素	熱裂解出可燃氣體如一氧化碳	吸熱反應
三	280~500	木質素	熱裂解出可燃氣體與煤微粒	放熱反應
四	500～	木質部	皆已氧化，形成殘餘炭	放熱反應

　2.低溫起火現象

　　木材在長期受熱環境如如蒸氣管、神明桌、電燈底木桌面或熱水器附近木材，物理上逐漸乾燥成多孔狀（氧氣得以深入），具斷熱效果，產生保溫性；另在木材含樹脂，尤其是軟木，在其受熱氧化分解，化學上氧化熱在物理上保溫性，使其蓄熱不散形成高溫，即使未達到260℃引火溫度，就能形成低溫起火之危險現象。

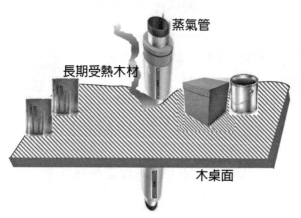

圖4-16　船上蒸氣管與長期接觸木材，成多孔性低溫起火危險

三、木材燃燒

1.燃燒速率（Rate of Combustion）

大多數固體火災於成長期階段，火勢遵循t^2曲線。木材燃燒速率是顯著受到可燃物之物理形式、空氣供給量、水分含量因素之主要影響。通常木材於熱通量10kW/m^2上即會被引燃。

在木材燃燒炭化深度，被炭化之木材具有導電性，而焦炭層則具相當隔熱效果。這使得木材建築結構構件在火災期間，仍能保留一定強度。依日本學者濱田稔之實驗研究，處於無外在氣流且定溫加熱環境下的木材，在加熱時間與炭化深度（x）有如下關係式：

$$x = 1.0\left(\frac{Q}{100} - 2.5\right)\sqrt{t}$$

x為炭化深度（mm）；Q為加熱溫度（℃）；t為加熱時間（min）

2.燃燒熱

建築和傢俱材料燃燒熱是防火安全一個重要的考量因子，表4-3顯示了各種木製品之燃燒熱比較值。假使以塑膠傢俱來更換木製傢俱，火災燃燒熱將會增加。

表4-3　木材燃燒熱比較值

物質（Substance）	熱值（Heating Value）kJ/kg
橡樹鋸末（Oak Wood Sawdust）	19755
刨花Wood Shavings	19185
樹皮（樅樹）Wood Bark（Fir）	51376
報紙（Newspaper）	18366
塑膠（Plastic） 石油（Petroleum Coke）	35750 36751
瀝青（Asphalt）	39910
棉籽油（Cottonseed Oil）	39775

（NFPA Fire Protection Hankbook Sixteenth Edition, 1986）

3.木材受熱強度

木材作為建築用材，一旦發生火災時，其受熱後強度衰減比例是遠低於金屬類如鋁、鐵等。

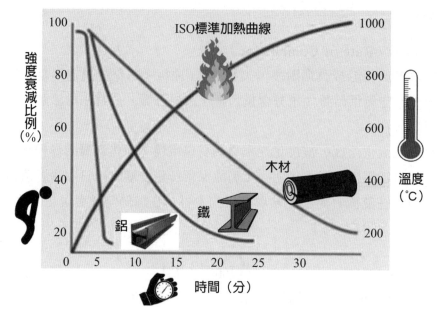

圖4-17 木材與金屬受熱強度衰減

例1 依日本學者濱田的實驗研究，處於無外在氣流且定溫加熱環境下的氣乾材，當
加熱時間加倍時，其炭化深度將變為幾倍？

(A) 2^{-1} (B) 2 (C) $2^{-1/2}$ (D) $2^{1/2}$

解：(D)

例2 依據濱田稔之實驗研究，一定溫度無氣流中加熱之氣乾松木，加熱20分鐘碳化
深度為20mm，若加熱40分鐘，碳化深度約為若干？

(A) 22mm (B) 28mm (C) 40mm (D) 80mm

解：(B)

例3 試以木材為對象，說明木材之主要成分？引發木材發火之危險溫度及其發火過
程？（25分）（107年消防三等特考）

解：木材化學組成包括纖維素、半纖維素、木質素、萃取成分及灰分。如以分子量來
區別，纖維素、半纖維素及木質素是屬於高分子量，熱分解速率以半纖維素 > 木
質素 > 纖維素。低分子量的物質則包括萃取成分與灰份。木材中碳約50%、氫約
6%、氧約42%和1%以下之礦物質灰分，但其不含有其他燃料中常有的硫，此區

別於其他大多數的固體燃料。

木材熱裂解是纖維素一種複雜熱分解過程。通常，先受高溫熱裂解後再產生分解可燃氣體和蒸氣，與空氣中氧混合。當這些可燃氣體以足夠速率產生時，通常會出現火焰現象。

階段	溫度（°C）	木材部位	熱裂解產物	反應
一	～200	半纖維素	熱裂解出不燃氣體如水蒸氣、二氧化碳與醋酸	吸熱
二	260	纖維素	熱裂解出可燃氣體如一氧化碳	吸熱
三	260～490	木質素	熱裂解出可燃氣體與煤微粒	放熱
四	490～	木質部	皆已氣化，形成殘餘炭	放熱

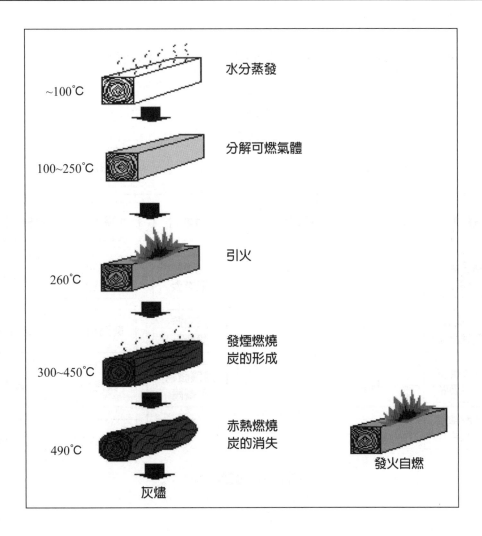

第5節　纖維紡織類燃燒（**Fires of Fibers and Textiles**）

　　本節係固體燃燒之進階課程，一般課程（四等消防或消防設備士等）可略過本節。

　　纖維可燃屬性結合紡織產品普及性，這解釋了建築物燃燒特性，及所造成人命傷亡之火災問題。在美國對重大傷亡火災分析，指出纖維紡織類產品為建築物火災中提供起火燃料，占40%多，且其燃燒熱及發煙量大，所造成死亡人數比其他物質還要多。纖維紡織類是分解燃燒形態，即高溫熔融熱分解可燃性氣體而起火現象，並釋出具毒性煙量。

一、纖維（Fibers）類型

　　纖維是所有紡織品基本組成分，由連續或不連續細絲組成的物質，分類如下：

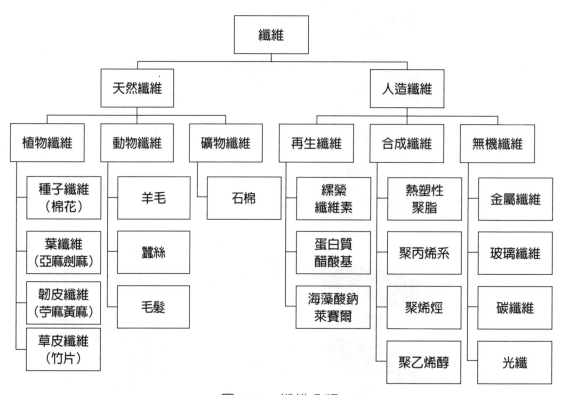

圖4-18　纖維分類

二、纖維燃燒特性

紡織品防焰處理，經過正常洗滌和乾洗可能降低其阻燃性。於下表是基於小火的測試，而在火災強度時，防焰物質仍與紡織品一樣易於燃燒。

表4-4 常見紡織纖維類產品燃燒屬性（℃）（NFPA, 1986）

纖維物質	分解溫度	熔化溫度	起火溫度	火焰溫度	燃燒行為	終端產品
A.天然纖維 纖維素 棉花、黃麻、亞麻	310	-	225～400	850	炭化、燃燒、悶燒	服裝、傢俱、毛巾
蛋白質 羊毛、羊絨、駱駝毛	230	-	590	940	炭化、膨脹、比纖維素較不易燃燒	服裝、毛毯、地毯
B.人造纖維 醋酸基（Acetate）	300	260	440～545	940	熔化與燃燒	服裝、內衣、傢俱
丙烯酸（Acrylic）	300	-	460～565	850	炭化、膨脹、燃燒	毛毯、起絨織物
尼龍（Nylon）	315～420	235	450～570	870	熔化、燃燒	服裝、內衣、繩索
烯烴 聚丙烯	400	165	500～575	840	熔化、燃燒	針織衣服、地毯
聚酯纖維	380	275	450～560	710	熔化、燃燒	服裝、內衣、地毯
人造絲（Rayon） 縲縈（Viscose）	290	-	420	850	炭化、燃燒	服裝、內衣、傢俱
聚氨酯彈性纖維 （Spandex）	335	245	415	-	熔化、燃燒	服裝內襯

基本上，紡織類燃燒機制在固體受高熱環下，先氧化反應發熱來蒸發水分，進行熱裂解成可燃氣體、非可燃氣體、炭粒及一些液體，液體可能揮發成可燃氣體或冷凝成炭粒或水分，之後燃燒產生熱與光（如圖4-19）。

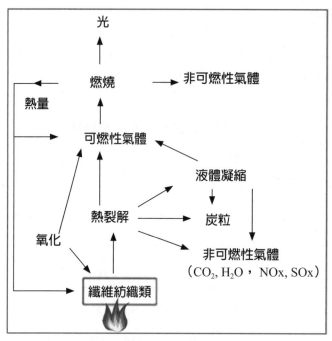

圖4-19　纖維紡織類燃燒機制

三、防焰處理（Flame-Retardant Treatments）

一般防焰處理之耐火效果如下：

A. 受熱時產生不燃性氣體，使燃燒表面隔絕氧氣。
B. 防焰劑產生吸熱化學反應，分解形成基團（Radicals）或分子，干擾火焰之連鎖反應。
C. 防焰劑的化學性吸熱分解。
D. 上述化學分解形成非揮發性炭或液體，減少可接觸織物的氧氣量與熱量。
E. 形成微細顆粒，改變燃燒反應。

有些防焰劑可能具有皮膚刺激或致癌物質，加上處理費用過於昂貴，這種使防焰劑難以廣泛應用。但必須強調的是，紡織品作防焰處理時如棉織物，經過防焰處理，通常降低棉之炭化（Charring）溫度，其抵抗菸蒂等微小火源起火性，反而是下降了。

第6節　塑膠橡膠類燃燒（Fires of Plastic and Rubber）

本節係固體燃燒之進階課程，一般課程可略過本節。

塑膠橡膠類已普遍使用於日常生活中，在國內火災時此類常佔有相當比例燃料量，為了解此類燃燒特性，本書特納入專節但限於篇幅僅作基本探討。

一、燃燒過程

塑膠類可依加熱後是否軟化分為2類，分別是熱塑性及熱固性塑膠。熱塑性塑膠在加熱後其成分不會有化學變化，因此可以反覆的模塑，如聚乙烯、聚丙烯、聚苯乙烯和聚氯乙烯。而熱固性塑料只能熔化成型一次，是一種不可逆的化學反應，當受熱固化定型之後，就無法再重新加熱成型，如聚酯類、酚醛塑膠、脲醛塑膠等。

大多數塑膠橡膠類絕緣性與耐腐蝕性佳，但耐熱性差，受熱先產生軟化熔融之黏稠膠物，至200℃以上時，膠塑類大分子鍵將斷裂，而橡膠類需達400℃以上，二者熱分解成相對較小分子質量及可燃性氣體，濃度與空氣混合達到燃燒下限時，進而著火，即使沒有明火，也會發生自燃現象，隨著會進入穩定燃燒階段，有小部分在表面上形成一焦炭薄殼層。

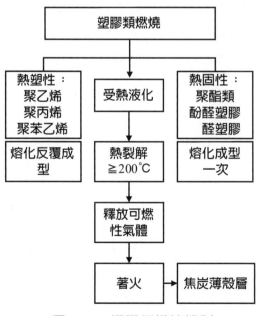

圖4-20　塑膠類燃燒機制

二、燃燒特性

塑膠類燃燒滅火如同木材或其他一般可燃物滅火方法一樣。

1. 發煙量大

此類在熱分解過程中可釋放出多重碳氫化合物，在高溫中能聚合芳香族或多環高分子，進而縮聚成炭粒子，而形成大量濃煙混合物。

2. 燃燒速度快

此類大多數具備熱值高、比熱容小，熱傳導係數小，使之成為燃燒速度快之特性。

3. 燃燒產物毒性大

此類除了生成一般二氧化碳及一氧化碳氣體外，還可生成氯化氫、氰化氫或二氧化硫等一系列有毒氣體，其生成量比一般木材多數倍，對火災中人命安全構成相當威脅。

4. 熱釋放量大

大多數組成較單純，雜質含量較低，熱值比木材或煤都大，燃燒時釋放出熱量高。圖4-21中顯示聚乙烯（PE）熱釋放量最大（6.5kW/g），其是日常生活中最常用的高分子材料之一，大量用於製造塑膠袋。而聚丙烯（PP）熱釋放量次之（5.5kW/g），其是一種半結晶的熱塑性塑膠。作為文具或各種類型的可重複使用如食品容器用塑膠等。聚苯乙烯熱釋放量（5.2kW/g），其單體為苯乙烯是無色透明的熱塑性塑膠，發泡聚苯乙烯俗稱保麗龍或拋棄式塑膠餐具等。

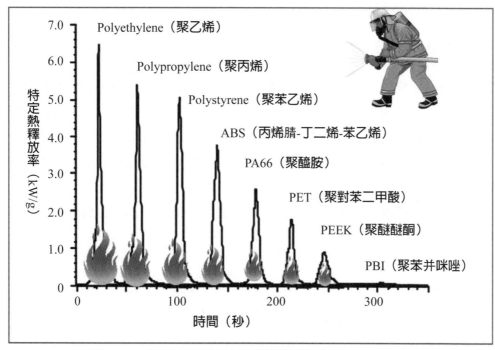

圖4-21　塑膠橡膠類特定熱釋放率（Lyon, 2002）

第7節　金屬類燃燒（**Burning of Metals**）

本節係固體燃燒之進階課程，一般課程可略過本節。

元素週期表中的元素約有75個以上為金屬，而所有的金屬都是可燃物，只是依溫度而定，除了水銀是液體外，常溫常壓下所有金屬都是固體。金屬具有自由電子，表現出良好的導電性、導熱性，同時金屬熔點都比較高。有些金屬如鈣、鉿（Hafnium）、鋰、鎂、鈈（Plutonium）、鉀、鈉、釷（Thorium）、鈦、鋅、鋯等，由於其細薄部分、細碎顆粒或熔融狀態時易於起火，所以稱做可燃性金屬；在此注意是鋰、鈉等熔融態金屬，在二氧化碳中也會激烈燃燒。但當這些金屬在大塊之固體形式時，仍是難以起火的。

某些金屬如鋁、鐵與鋼，在正常情況下並非可燃物，但如是細碎顆粒，接觸到其他燃燒中物質時，則能起火並燃燒，如細鋼絲就會起火。有幾種金屬如鈾、釷、鈈燃燒會發出輻射，如α射線、β射線、γ射線粒子，使滅火更複雜化，同時還產生健康及

污染問題。

一、金屬燃燒特性

金屬熱值大，燃燒溫度顯著高於一般可燃物燃燒溫度。大多數金屬燃燒遇到水會使氫氣釋出形成爆炸現象。有些熾熱之金屬會在二氧化碳、氮或蒸氣中繼續燃燒，此使金屬火災之屬性，含蓋範圍相當廣。鈦燃燒時生成很少之煙霧，而鋰燃燒時煙霧卻相當多而濃厚。有些被水溼潤過潮溼金屬粉末，如鋯燃燒時猛度程度接近爆炸，但同樣粉末被油浸溼了，燃燒時卻寂靜無聲。鈉燃燒時產生熔化且流動，鈣卻不是。有些金屬如鈾長期置於潮溼空氣下，使增加其燃燒傾向，但如長期置於乾燥空氣下金屬，卻使其更難以起火。

而金屬燃燒形態，如次：

1.表面燃燒

如鋁、鐵或鈦等高熔點金屬，產生無焰燃燒現象。

2.蒸發燃燒

如鈉、鉀、鎂或鈣等低熔點活潑金屬，受熱熔化後形成液體蒸發，生成大量氧化物之白煙，並產生有焰燃燒現象。

滅火方面，涉及傳統滅火行動所不常見的技術，因大多數金屬火災射水，會使化學反應加劇，不但不能降溫，反使火源溫度更高，甚至爆炸；因水會使之引起放熱反應，釋出易燃性氫氣，且水中氧會使燃燒加速。因此，金屬火災需以抑制燃燒的連鎖反應來撲滅；在金屬化學元素週期表分類如圖4-22。

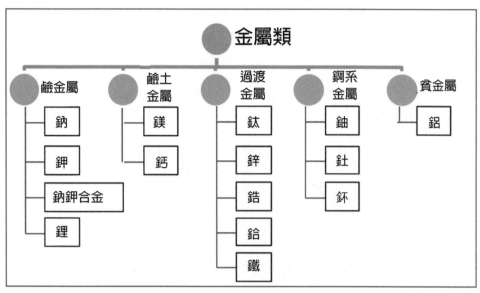

圖4-22　金屬火災之化學元素週期分類

例　金屬燃燒熱極大，如鐵粒（原子量55.8、比容積0.127$\frac{mL}{g}$）在氧氣中進行表面燃燒，耗氧量大，請求1g鐵之燃燒熱及維持燃燒耗氧量？（註：$Fe + \frac{3}{4}O_2 \rightarrow \frac{1}{2}Fe_2O_3 + 97.6\frac{kcal}{mol}$）

解：

1g鐵燃燒熱$\frac{97.6}{55.8} = 1.74\frac{kcal}{g} = 7.27\frac{kJ}{g}$

1g鐵燃燒耗氧量$\frac{3}{4} \times \frac{22.4}{55.8} = 0.3\frac{L}{g}$

維持燃燒需氧量0.3（$\frac{L}{g}$）÷ 0.127（$\frac{mL}{g}$）＝ 2360倍（NTP體積）

二、鹼金屬

鹼金屬（鈉、鉀、鈉鉀合金與鋰）係屬公共危險物品第3類禁水性物質，鹼金屬放入水中會產生爆炸，此分2階段：首先，金屬和水反應產生氫氣。此反應主要在水下進行，因此不產生火焰。接下來，第一階段反應產生的熱量，通常會點燃新產生的氫氣，使其在空氣中爆炸性燃燒。這一氫氣爆炸可在水面上產生可見的火焰。如水與鈉和鉀反應會劇度，生成熱量可使金屬熔化，使金屬表面積增大，與水又進一步反應，並放出氫氣產生爆裂現象。

$$2Na + 2H_2O \rightarrow 2NaOH + H_2 + 88.2kcal$$
$$2K + 2H_2O \rightarrow 2KOH + H_2 + 92.8kcal$$

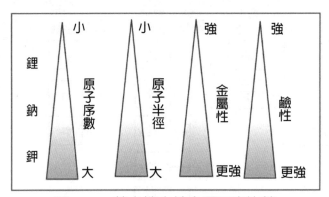

圖4-23 禁水性之鹼金屬元素比較

　　滅火時使用特殊乾粉，而乾砂、乾燥氯化鈉、乾蘇打粉，也都是有效滅火。把上述弄成細碎物覆蓋在火焰上，使金屬逐漸冷卻至起火溫度之下。

表4-5 鹼金屬元素燃燒屬性

鹼金屬	熔點	沸點	密度（g/cm³）	火焰顏色
鋰	180℃	1342℃	0.53	紅色
鈉	97℃	883℃	0.96	橙黃色
鉀	63℃	759℃	0.89	紫色

三、鹼土金屬

　　鹼土金屬（鎂與鈣）為公共危險物品第3類禁水性物質，都是活潑金屬，可以製成許多合金如鎂鋁合金。這2個元素在地殼形成的礦物，如白雲石、石灰石和方解石等。在鎂合金中鎂金屬所產生火焰高度一般低於30cm，但火焰溫度可高達1371℃。鎂燃燒時熔化形成熔融鎂的坑洞（Puddles），其遇到水時能呈現氫氣爆炸之危險。

$$Mg + 2H_2O \rightarrow Mg(OH)_2 + H_2$$

表4-6　金屬熔點、沸點與起火溫度

純金屬	溫度（℃）		
	熔點	沸點	固體金屬起火
鋁（Aluminum）	660	2452	1000[AB]
鉿（Hafnium）	2222	5399	-
鈣（Calcium）	842	1441	704
鐵（Iron）	1535	3000	930[A]
鈽（Plutonium）	640	3316	600
鋰（Lithium）	186	1336	180
鎂（Magnesium）	650	1110	623
鋇（Barium）	725	1140	175
鉀（Potassium）	62	760	69[AB]
鈉（Sodium）	98	880	115
鍶（Strontium）	774	1150	720[A]
釷（Thorium）	1845	4500	500[A]
鈾（Uranium）	1132	3816	3816[A]
鈦（Titanium）	1727	3260	1593
鋅（Zinc）	419	907	900[A]
鋯（Zirconium）	1830	3577	1400[A]

A 氧氣中起火
B 在潮溼空氣中能自燃起火
（Fire Protection Handbook, 1997）

四、過渡金屬

大多數過渡金屬都是以氧化物、硫化物等形式，存在於地殼中，只有金、銀等可以穩定存在。

1.鈦

鈦之尺寸和形狀，會決定其起火容易性。極薄的切屑，用一根火柴就能點燃，相對少量鈦屑起火時，粗粒水沫是有效來撲滅火勢之一種安全手段。

2.鋅

鋅板、鋅鑄件或其他大塊形式的鋅，因難於起火而不會造成嚴重的火災。但一

且起火，大塊將猛度燃燒。鋅粉塵在空氣中於599℃時起火，燃燒時會產生相當多煙氣。

3.鐵

鋼鐵於正常情況為不燃燒金屬，一般不認為是可燃物，大塊形式（結構鋼、鑄鐵塊等）於普通火災是不會燃燒的。細鋼絲絨在遇到極高溫如電焊時會起火。鋼結構受火災溫度影響之強度示意圖如圖4-24。

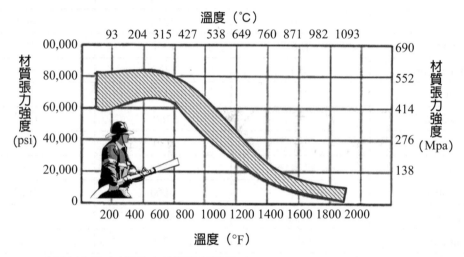

圖4-24　鋼結構受火災溫度影響示意圖（Fire Protection Handbook, 1997）

五、貧金屬

鋁於正常情況為不燃燒金屬，熔點658～660℃、沸點2450℃，通常具有相當高之起火溫度，以致於鋁燃燒在大多數火災中不是一個問題因素。然而，鋁能在其他物質燃燒時，呈現相當猛度；特別是，鋁接觸到鎂燃燒時易於起火，二者界面處並結成合金化。鋁熔融溫度低，許多飛機起火歸因於含易燃液體之薄鋁合金液壓管路，出事造成的。在壓力下，電線短路產生高溫電弧將鋁管熔化，釋出油類易燃液體。而鋁合金是建築中會採用典型材料，有時會替代鐵、鋼或銅，圖4-25顯示一般溫度升高時，鋁合金的強度示意圖。

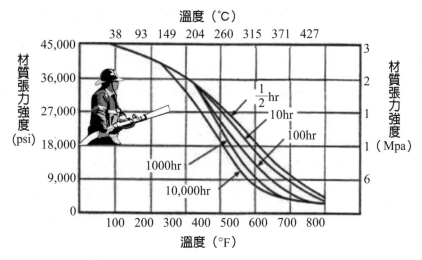

圖4-25　鋁合金材質強度與溫度關係（Fire Protection Handbook, 1997）

第8節　歷屆考題精解

一、選擇題

(A)　1. 固體火焰延燒（flame spread）最快之方式為下列何者？

　　　　(A) 向上火焰延燒　(B) 向下火焰延燒

　　　　(C) 水平火焰延燒　(D) 斜面火焰延燒

(D)　2. 粉狀木炭比塊狀木炭容易燃燒之原因，下列敘述何者有誤？

　　　　(A) 粉狀木炭熱傳導度較低　　(B) 塊狀木炭接觸空氣量較小

　　　　(C) 粉狀木炭氧化熱較易蓄積　(D) 塊狀木炭燃燒熱較小

(C)　3. 可燃性固體之燃燒，下列何者有誤？

　　　　(A) 燃燒時之溫度受質與量決定　(B) 粉末形狀較薄片易燃

　　　　(C) 豎立狀態比平鋪狀態難燃　　(D) 加熱緩慢者不易著火

(A)　4. 老舊木造建築物社區，某棟建築高10m，設其延燒係數為0.04，則依日本木構造建築物火災溫度曲線，其與鄰棟建築物理論上的防火距離應維持多少？註3

　　　　(A) 15.8m　(B) 13.8m　(C) 12.8m　(D) 11.8m

註3　建築高度h ＝ 延燒係數p×防火距離d^2，d ＝ $(h/p)^{1/2}$，d ＝ 15.8

(D) 5. 依日本學者秋田一雄的研究結果，木材種類與發火溫度之關係不大，通常其表面溫度約達多少度，即可滿足發火之條件？
(A) 120℃　(B) 260℃　(C) 350℃　(D) 490℃

(D) 6. 依日本學者濱田的實驗研究，處於無外在氣流且定溫加熱環境下的氣乾材，當加熱時間加倍時，其炭化深度將變為幾倍？[註4]
(A) 2^{-1}　(B) 2　(C) $2^{-1/2}$　(D) $2^{1/2}$

(C) 7. 當木材受熱而分解時，溫度愈高，分解速度愈快，一般常稱木材的「危險溫度」約為多少度？　(A) 100℃　(B) 150℃　(C) 260℃　(D) 350℃

(C) 8. 木材之熱分解受高溫而加速反應。當溫度達到多少時，可燃性氣體將會迅速析出，因此被稱為「危險溫度」？
(A) 150℃　(B) 180℃　(C) 260℃　(D) 340℃

(B) 9. 已知木造倉庫高6公尺，如延燒係數為0.15，依木造建築物火災溫度標準曲線，其鄰棟建築物之理論安全距離應在多少公尺以上？
(A) 5.4　(B) 6.3　(C) 9　(D) 12.1

(C) 10. 有關可燃性固體與燃燒的關係，下列何者錯誤？
(A) 在未燃燒前，與不燃性固體相同，是抵抗體　(B) 物質著火難易及所產生之氣體、燃燒溫度等會受固體之質與量影響　(C) 切割極細薄的物質，甚至是粉末會因容易傳導而不易增溫　(D) 若給氧量不足，則容易產生燜燒狀態

(B) 11. 木材因長期低溫加（受）熱，導致未達260℃即引火燃燒，此一現象稱之為「木材之低溫著火」，由經驗得知，易造成木材低溫著火的危險處所，下列何者敘述不正確？
(A) 煙囪等貫穿之屋頂　　　　　(B) 木材堆置場
(C) 三溫暖室暖爐等熱源之周圍　(D) 乾燥室內蒸氣管接觸之部分

(C) 12. 木材的化學成分中，燃燒時形成焦炭比率最多的是：
(A) 纖維素　(B) 半纖維素　(C) 木質素　(D) 膠質

(D) 13. 一般以多少度作為木材起火之「引火溫度」：
(A) 120℃　(B) 180℃　(C) 220℃　(D) 260℃

(C) 14. 木材的熱分解，溫度愈高，速度愈快，一般而言，木材的「危險溫度」為多少度？　(A) 60℃　(B) 160℃　(C) 260℃　(D) 360℃

[註4] 炭化深度 $x = 1.0\left(\dfrac{Q}{100} - 2.5\right)\sqrt{t}$，Q為加熱溫度，t為加熱時間。

(A) 15. 欲使混合氣體發火，而使用加熱之固體者，必須該固體之表面溫度達到一定溫度以上，此特定之溫度之名稱爲何？

(A) 發火點　(B) 閃燃點　(C) 引火點　(D) 以上皆是

(D) 16. 下列關於固體可燃物之燃燒型態類別區分何者正確？

(A) 木材爲表面燃燒　　　(B) 金屬粉爲自己燃燒

(C) 賽璐珞爲分解燃燒　(D) 硫黃爲蒸發燃燒

(A) 17. 某些物質如賽璐珞（Celluloid）起熱分解後，除會產生可燃性氣體外，同時亦會產生氧，此類物質不需空氣之氧助燃，只依賴分子之氧即可燃燒，此種燃燒稱爲：

(A) 自己燃燒　(B) 分解燃燒　(C) 蒸發燃燒　(D) 表面燃燒

二、問答題

1. 請說明影響火災燃燒的五個物理因子及每個因子如何影響燃燒變化？（100年設備士）

解：

　　本題語義未明確，如指火災應受室內外之環境絕對影響。如在室內火災時，主要顯著影響有通風開口（氧氣）與高低（排煙能力）、空間邊界層屬性（保存熱）、空間大小等。如在室外火災時，主要是燃料含水率、風及地形坡度等。

　　在物理上主要受1狀態、2質量、3受熱量、4通風程度、5形狀：表面形狀、表面積與體積比、排列高低與排列密度；詳細說明見本章第3節。

第5章

液體類火災
（Liquid Fires）

　　液體與氣體燃燒，只有一點不同是液體燃料需先蒸發為氣體狀態。液體中的分子在其本身之間自由運動，但不會像氣體中分子的運動方式那樣，有相互分離的傾向。液體分子很容易作相對移動，因此適應容器的形狀。液體與氣體之間也沒有明確的界線。液體由其溫度上升或其壓力下降時可變成氣體，反之亦同。物質可以固、液或氣態中的任何一種狀態存在，取決於溫度和壓力條件。

　　本章將探討液體燃燒特性、影響因素、液體相容性、引火性等，並納入液災火災量化以及防火防爆方法，以使讀者具備某種程度之液體類火災專業素養。

第1節　液體燃燒屬性（Liquid Combustion Properties）

　　工業上利用液體不可壓縮性製成液壓裝置，亦即在密閉液體所施壓力，必均勻地傳遞到液體內任一部分及其器壁上，且大小不變；與可燃固體相比，可燃液體組成較為簡單。假使易燃液體起火，一些安全設計如儲槽通風孔使爆炸可能性最小化，及防

止火焰竄入儲槽內部之滅陷器（Flame Arrestors）。大量儲存易燃液體的儲存與分隔規定，也盡可能減少額外易燃液體加入，並與火接觸的可能性。可燃液體之蒸氣和可燃氣體，二者顯示相似之燃燒特性；在碳氫類燃燒通常橘色火焰並濃厚黑煙，醇類燃燒通常透明藍色火焰且不生煙霧。某些萜類（Terpenes）和醚類（Ethers）燃燒時，液體表面伴有明顯的沸騰狀，使火災是難以撲滅。多種混合液體的燃燒速率往往是先快後慢。例如原油、汽油、煤油、重油以及其他石油產品燃燒時，先蒸發出來的主要是低沸點的成分，故此時燃燒速率快，而隨著燃燒的持續，液體中高沸點的成分含量相對增加，蒸發速率降低，燃燒速率會逐漸減慢。

圖5-1　儲槽通風孔使爆炸可能性最小化

控制易燃液體火災強度是由燃料揮發性（Fuel Volatility）與燃燒時熱釋放率所決定。因此，重油與焦油可能難以點燃，可是一旦起火，卻是非常容易燃燒，而難以滅火。火焰所產生的熱量，一部分輻射回到燃料表面，使更多的燃料氣化。就大多數普通有機液體來說，所給定物質氣化所需的熱量，只要百分比很小的燃燒熱就足夠了。而液體基本燃燒屬性如次：

一、蒸氣壓

液面上總有一定量的蒸氣存在，此蒸氣的多少與液體溫度成正相關。任何物質

都有揮發／蒸發成氣態的**趨勢**[註1]，其氣態也同樣具有凝聚爲液態或固態的**趨勢**。由於液體的分子始終處於運動狀態（運動量大小取決於液體的溫度），分子從液體的自由表面逸出至其上部空間，並保持在上部氣態空間，另一些分子由於無規則運動與液體碰撞，而被重新捕獲至原液態空間，此稱蒸氣壓（Vapor Pressure）。較高蒸氣壓的物質通常具有較大揮發性；延伸閱讀本章第3節。如此亦顯示液體係不直接參與燃燒，而係其蒸氣。

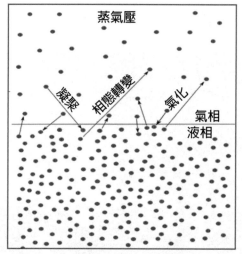

圖5-2　蒸氣壓爲物質氣相與液相達到平衡壓力（HellTchi, 2013）

　　從液體逸出分子的速率，與分子再回入液體的速率相等，在平衡點由逸出蒸氣所生的壓力稱爲蒸氣壓（$kg/m \cdot s^2$或kPa）。蒸氣壓也就是飽和蒸氣壓，爲物質的氣相與液相達到平衡狀態時壓力，其爲溫度之函數。以水爲例，水之蒸氣壓（P）如次：

$$P = \exp\left(20.386 - \frac{5132}{T}\right)$$

其中

P = 蒸氣壓（mmHg）

[註1]　蒸發與沸騰之區別：

類別	汽化速度	汽化溫度	汽化位置
蒸發	緩慢	任何點	液體表面
沸騰	劇烈	特定點（沸點）	液體表面與內部同時汽化

T = 溫度（K）

因此，水沸點100℃為一標準大氣壓等於760mmHg，其關係曲線如圖5-3所示。

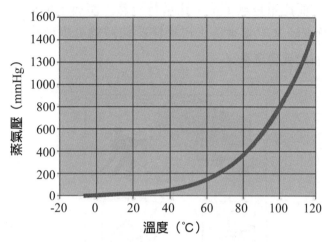

圖5-3 水之蒸氣壓與溫度關係式（Ytrottier, 2006）

二、狀態

液體燃料具有流動的物理性，此與室內火災煙流一樣流動性，使內部人員陷於危險性。當液體洩漏會依物理狀態流動積聚在低窪地區；而室內火災煙流卻相反地，往室上高處流動，尤其透過樓梯間快速往上流動，使上層樓人員陷於危險環境。

圖5-4 液體流動會往低窪處

三、密度

密度（Density）是物質分子如何緊密地擠在一起之程度，較密物質是較重的。而密度是有單位的，而比重是無單位，比重是液體重體與水重量之比值。大多數易燃液體比重小於1，此意味著，當滅火人員進行此類液體火災搶救，水會沉到其底部，或隨著流動的水使油類火勢延伸。

圖5-5　液體與水之比重關係

四、水溶性

液體燃料油漆稀釋劑、丙酮或醇類等極性溶劑，能溶解於水。如果使用大量的水，醇等極性溶劑能予以稀釋至不會燃燒程度。而烴類液體（非極性溶劑）是不溶於水，這就是為什麼水不能洗掉手上油類之道理。必須使用肥皂與水一起使用，以溶解該油狀物。

五、蒸氣比重

蒸氣比重（Vapor /Air Proportion）是指在平衡溫度和壓力下，液體蒸發產生的蒸氣／空氣混合氣的重量，與同體積空氣重量之比值。設P為一大氣壓（760 mmHg），p為物質蒸氣壓，s為純蒸氣比重。

$$蒸氣比重 = \frac{ps}{P} + \frac{P-p}{P}$$

式中$\frac{ps}{P}$是蒸氣對蒸氣／空氣混合氣比重所扮演的作用；$\frac{P-p}{P}$是空氣所扮演的作用。

六、熱值

同固體與氣體一樣，由燃燒反應生成熱量，會回饋到本身及周遭。因此，物質燃燒熱值（Burning Calorific Value）愈大者，易使溫度上升而趨於擴大燃燒之可能。

圖5-6　碳氫類液體火災高熱值（筆者美國TCC訓練）

七、導電性

導電性小易於靜電累積，而增加引起火花放電機會，產生較高火災爆炸風險。

八、比熱

比熱為物質每1公克提高1℃所需熱量。比熱愈小者，所需熱量愈小，溫度上升愈快，較具引火之的風險。

九、閃火點、著火點與發火點

1.閃火點（Flash Point）

閃火點是液體（或固體）蒸發成氣體，與空氣形成混合後，在外部熱源情況下，能產生一閃即逝的最低溫度，此為決定液體危險性之物理上重要指標，也就是燃燒下限，因其液體蒸發速率小於其燃燒速率，故於閃火後無法維持燃燒現象。閃火點低於大氣溫度之液體，會隨時在表面上形成可燃混合氣體。假使液體一旦起火後，閃火點對液體燃燒已不具多大意義。測定閃火點的方法可分開口杯與閉杯；每種油品應選用開口杯或閉杯，視其蒸發性決定，一般蒸發性較大的石油製品多測閉杯，因測定開口杯閃火點時，油品受熱後形成的蒸氣向周圍空氣擴散，使測得閃火點偏高。對重質油

因其蒸發性小，則可採開口杯測定。

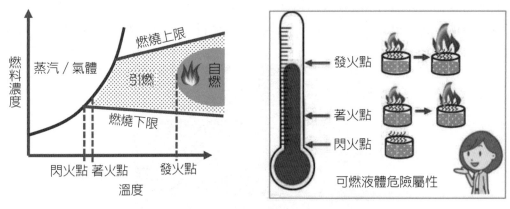

圖5-7　液體閃火點、著火點及發火點位置結構

(1) 依閃火點高低作分類

根據閃火點測定，制訂了危險物品分類系統，依NFPA 30指出液體閃火點高於37.8℃為可燃液體，低於37.8℃且其蒸氣壓不超過40 psi者為易燃性液體。

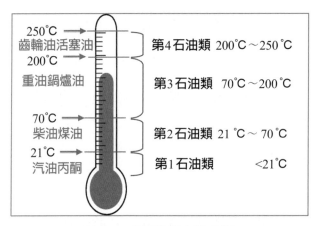

圖5-8　臺灣石油類分級

(2) 依分子結構

① 分子量增加閃火點升高。

② 沸點增加閃火點升高。

③ 密度增加閃火點升高。

④ 蒸氣壓增加閃火點降低。

(3)影響閃火點環境因素

①壓力：閃火點溫度會隨著壓力增加而提高，隨著壓力減少而降低。

②氧濃度：閃火點溫度受著氧濃度很大之影響。

③溫度：液體溫度愈高其蒸氣壓也會愈大。

④其他：氣流、起火源大小等。

2.著火點（Fire Point）

液體蒸發成氣體在外部熱源情況下，能點燃並達到持續燃燒的最低溫度。著火點通常比閃火點高出幾度，閃火點100℃以下之物質其著火點與閃火點之差異較小，甚至相同。一般燃料，支持燃燒所要求的最小蒸發速率，約為4（g/m²）/sec。

3.發火點（Auto-ignition Point）

液體蒸發成氣體，在沒有任何外部熱源情況下，能自行起火並維持的最低溫度。

表5-1　閃火點（Flash Point）與著火點（Fire Point）異同

項目	閃火點（引火點）	著火點（燃點）
定義	由外來火源直接供給熱能，至某一液相溫度時出現液面上閃火現象。此時溫度稱為引火點或閃火點。	由外來火源直接供給熱能，至某一液相溫度時出現液面上閃火且持續燃燒現象。此時溫度稱為著火點或燃點。
物質	液體及相當少之固體	固體、液體、氣體
速度	蒸發速度＜燃燒速度	蒸發速度＞燃燒速度
發生時溫度	較低	稍高
相同點	1. 需蒸發出一定可燃性蒸氣量。 2. 與空氣中氧混合比例在燃燒範圍內。 3. 需達到一定溫度。	

表5-2　閃火點（Flash Point）與發火點（Auto-ignition Point）異同

項目	閃火點（引火點）	發火點（自燃點）
定義	由外來火源供給熱能，至某一液相溫度時出現液面上閃火現象。	不受外來火源供給熱能，本身反應發熱至某一特定高溫時，出現自燃發火，並持續燃燒現象。
物質	液體及相當少之固體	固體、液體、氣體
速度	蒸發速度＜燃燒速度	蒸發速度＞燃燒速度
發生時溫度	較低	較高

項目	閃火點（引火點）	發火點（自燃點）
起火源	直接	間接或本身發熱
外在熱源	需外在熱源	已不需外在熱源
火災危險	1. 引火為外來火源，明顯較能採取預防。 2. 需作密閉儲存。 3. 需控制儲存溫度與壓力，以免引火危險。	1. 因無外來熱源，因此不易防範。 2. 需控制儲存溫度與壓力，且通風良好以免自燃危險。
相同點	1. 需有一定可燃性氣體或蒸氣量。 2. 與空氣中氧混合比例在燃燒範圍內。 3. 需達到一定溫度。	

十、液體流速與靜電

在灌裝油類液體時，常因靜電引起火災及爆炸問題；延伸閱讀請見第11章第3節靜電一節說明。

例1 水於100°C時，請問其蒸氣壓為多少？

解：

$$P = \exp\left(20.386 - \frac{5132}{T}\right) = \exp\left(20.386 - \frac{5132}{(273+100)}\right) = 759.62 \text{（mmHg）}$$

例2 設某易燃液體純蒸氣比重為2，在38°C蒸氣壓為1/10大氣壓，求此液體在38°C及其蒸氣／空氣混合氣之密度（蒸氣比重）？

解：

$$蒸氣比重 = \frac{ps}{p} + \frac{P-p}{P} = \frac{(76)(2)}{760} + \frac{(760-76)}{760} = 0.2 + 0.9 = 1.1$$

例3 無鉛汽油電導率為45 pS/m（依NFPA77查表），以60mm管徑進入一容器槽體水平對角線長度為0.6m，求最大流速值應為多少以下（m/s）？

解：

$$V \times D = 0.25\sqrt{\sigma \times L}$$

$$0.06V = 0.25\sqrt{45 \times 0.6}$$

$$V = 21.7 \text{m/s}$$

例4 若乙醇之沸點為78℃、比重為0.8，試問其液體變為氣體之理論膨脹比為多少？

解：

$$\text{乙醇（}C_2H_5OH\text{）液態體積} = \frac{\text{質量}}{\text{密度}} = \frac{46 \, g}{0.8} = 57.5 \text{（mL）}$$

氣態（1mole）體積：$PV = nRT$，$1 \times V = (1mole) \times 0.082 \times (273 + 78)$，V = 28.78L = 28780ml

$$\frac{\text{氣態}}{\text{液態}} = \frac{28780}{57.5} = 500.5 \text{（倍）}$$

例5

1. 何謂發火點（或著火點）？何謂引火點？（90年設備士）（96-1年設備士）
2. flash point和fire point的中文名稱分別為何？（10分）從定義上來看，上述兩者有何不同？（15分）（106年設備士）

解： 在日本文獻皆顯示發火點與著火點是完全不同的，國內卻把此混淆，請見本節內容所述。

例6 閃火點的測試方法有那兩種？那一種方法所測得的數值較高？為什麼？（25分）（106年消防3等特考）

解： 閃火點意指相當於1大氣壓下，閃火的最低溫度，即燃燒下限，在此溫度及指定的試驗條件下，可將試樣的蒸氣予以點燃。

測定閃火點的方法可粗分為開口杯與閉口杯兩種方式。每種油品應選用開口杯或閉口杯，應視其閃火點蒸發性高低來決定。

閉口杯：一般閃火點低之蒸發性較大的石油製品，多採閉口杯測定。

開口杯：對閃火點高之重質油而言，由於蒸發性小，則能以開口杯來測定閃火點。

在測定開口杯閃火點時，因油品受熱後形成的蒸氣向周圍空氣擴散開，使測得閃火點值，會造成偏高情況。

第2節　液體燃燒形態（Combustion of Liquid Type）

一、蒸發燃燒

　　液體油類燃燒後所產生之熱釋放率，能迅速地達到穩定狀態。因液體類燃燒形態為蒸發燃燒，其燃燒非液體本身在燃燒，液體火焰並不是緊貼在液面上，而是液面上方空間位置，也是液體蒸氣壓所生之蒸氣在燒，此種火焰大小取決於液體蒸發速度，而蒸發速度則取決於本身蒸氣壓及液體從火焰區所吸收到熱量多少。固體方面，熔點較低固體類，受熱後熔融液化，蒸發成蒸氣而燃燒，如萘丸、硫磺、瀝青、石蠟等固體，則先熔融液化，形成蒸發燃燒形態。

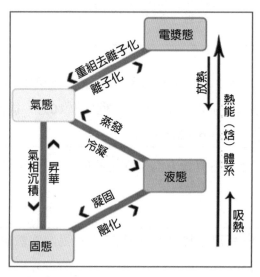

圖5-9　物質相態轉變過程與熱量關係（Flanker Penubag, 2008）

　　液體物質若於開口容器內發生火災時（液體表面積小），較易處理，但若容器破裂時（液體表面積大），而導致大面積燃燒；所以需有防液堤之設置。液體燃燒時需先於液體表面蒸發成可燃氣體（為液體蒸氣壓之函數）再接觸火源後引燃。

圖5-10 油槽需有防液堤以免擴大面積燃燒

　　由於液體燃燒實際上是在氣相中（Vapor Phase）發生的，所以，液體具高蒸氣壓或高揮發性是最危險的。液體蒸氣壓大小主要取決於液體分子間之引力，分子間引力大之液體會有相當低之蒸氣壓，因需要高能量才能使分子自液相逃離成氣態，如水分子間引力較乙醚強，而使得水之蒸氣壓較乙醚低。基本上，大分子量之分子其電子愈多，可極性化就愈大。因此，大分子量物質通常具有很低之蒸氣壓。而蒸氣壓與溫度成正相關。

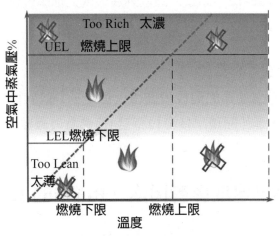

圖5-11 液體蒸氣壓與溫度成正相關

二、火球燃燒

1. 易燃性液體油槽外洩，大量蒸發燃燒成為火球火災。

2. 可燃液化氣體外洩，開始急速汽化，在開放區域形成蒸氣雲，一旦起火所產生火球。

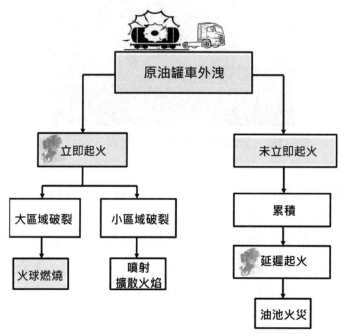

圖5-12 油類大區域外洩形成火球燃燒例

三、臨界燃燒現象

在盛有不同類型重質油類的開放頂儲槽火災中，3種特殊現象 —— 沸溢、濺溢和冒泡溢，應特別注意；延伸閱讀請參第12章第4節沸溢與濺溢現象。

第3節　液體燃燒速度影響因素（Burning Rate of Liquid）

本節係液體燃燒之進階課程，一般課程（四等消防或消防設備士等）可略過本節。

一、內在因素

1.蒸氣壓（Vapor Pressure）

每一可燃液體具有其獨特的蒸氣壓，這是液體溫度的函數。隨著溫度的升高，蒸汽壓力增加，導致在可燃液體表面區域，蒸發可燃蒸氣之濃度增加。在易燃液體混合

中，若2種液體完全相溶則較低於彼此蒸氣壓。

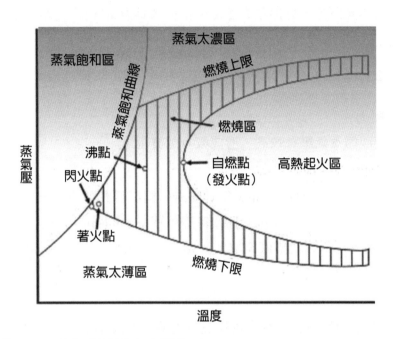

圖5-13 蒸氣壓是溫度之函數（WHA International, Inc 2015）

2.蒸發速率（Evaporation Rate）

蒸發速率是在一定溫度和壓力下液體蒸發到蒸汽狀態之速率。液體燃燒速率取決於其蒸發速率。

3.燃燒速率（Burning Rates of Liquids）

可燃液體的燃燒速率，有點類似於火焰傳播的速率。在汽油、輕質和重質餾分油類，火災時起初輕質餾分燃燒較為迅速，而重質餾分燃燒速度會接近於煤油。汽油燃燒速率為150～300mm/hour之深度，而煤油則為130～200mm/hour之深度。

4.汽化潛熱（Latent Heat of Vaporization）

汽化潛熱是一大氣壓下一克液體轉化成蒸氣所吸收的熱量（BTU/lb或cal/g）。汽化潛熱愈小，則液體愈易汽化，危險性愈大。

5.燃燒下限

燃燒下限愈小引火危險性愈大。

6.最小起火能量

最小起火能量愈小引火危險性愈大。

7.沸點

沸點爲液體蒸氣壓等於外部壓力溫度。由於沸點愈低，閃火點亦低，引火危險性愈大。

二、外在因素

1.溫度和壓力

在較高溫度液體蒸氣壓會較高，形成較多蒸發量。

2.容器表面積

Hottel學者以油槽直徑D > 1m火災實驗時，幅射爲熱傳主要方式。Hiroshi以油槽直徑5m時燃燒速率2.4mm/min，10m時燃燒速率2.64mm/min，20m時燃燒速率3.15mm/min。燃燒速率隨油槽直徑增加，會有一最大值，之後會以穩定燃燒速率進行燃燒。

3.風速

風速能加快氧供應，並使燃燒產物及時送走。Cecilia學者以油槽直徑0.3m火災實驗時，風速爲0.5m/s時爲1.8mm/min，風速爲0.8m/s時爲1.4mm/min，風速爲1.4m/s時爲1.0mm/min。從此一實驗，燃燒速率隨風力增加在0.5～0.7m/s時有一最大值。

第4節　液體起火能量（Energy Required for Ignition of Vapors）

一、火焰

火焰（Flames）是能量很大一種明確的起火源。

二、火花（電氣、靜電和摩擦）

電氣火花能量是高於火焰溫度，通常能引燃液體蒸氣。然而，摩擦火花不一定能引燃，因摩擦火花的持續時間短，不足以加熱液體蒸氣至其起火點，欲引燃需具足夠的持續時間或強度。

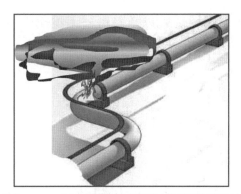

圖5-14　液體管路洩漏易因靜電起火

三、熱表面

熱表面（Hot Surfaces）有足夠大和高熱，就能成為一起火源。熱表面愈小則熱能需愈高熱才能引燃混合氣。可燃液體與熱表面接觸必有足夠長的時間，以形成一定蒸氣混合濃度。如高揮發性液體，撒到高溫1093℃電熱板上就能起火。但撒在戶外的排氣管，即使其溫度高於液體起火溫度，混合氣也很少會引燃。

四、絕熱壓縮

絕熱壓縮（Adiabatic Compression）在氣壓上升時，這時氣體溫度也會上升。自行車打氣時，因氣體壓力上升足夠快到可視為絕熱過程，因而溫度上升。另一方面，在氣壓下降時，氣體溫度也會下降；如給輪胎放氣，可以明顯感覺到放出氣體比較涼，這因氣體壓力下降，溫度下降。

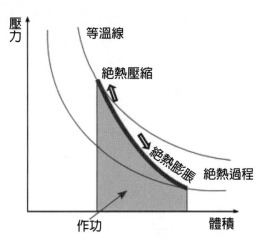

圖5-15　壓縮時壓力增加溫度也增加作功使體積減小（Adiabatic process, 2015）

假設在理想氣體狀態，體積爲V_0以斷熱壓縮，壓縮比爲$\dfrac{V_0}{V}$至V時，壓力由P_0至P時，溫度則自T_0升高至T時，形成以下公式：

$$\frac{P}{P_0} = \left(\frac{V_0}{V}\right)^r$$

$$\frac{T}{T_0} = \left(\frac{V_0}{V}\right)^{r-1}$$

式中$r = \dfrac{\text{定壓比熱}}{\text{定容比熱}}$，則其間關係亦爲

$$\left(\frac{T}{T_0}\right)^r = \left(\frac{P_0}{P}\right)^{1-r}$$

在處理易燃液體時，要防止液體混有微小氣泡或防止液體較大高度落下，可能會氣泡絕熱壓縮成爲發火源事故。

以下以汽油與幾個典型氣體起火能量進行比較。

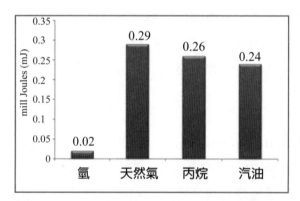

圖5-16　汽油與可燃氣體最小起火能量比較（Babrauskas, 1998）

例1　斷熱壓縮是發火源之一，假設斷熱壓縮前之體積爲V_0、壓力爲P_0，溫度爲T_0，斷熱壓縮後之體積爲V、壓力爲P、溫度爲T，r＝恆壓比熱／恆容比熱，下列公式何者錯誤？

(A) $(T/T_0)^r = (P_0/P)^{1-r}$　　(B) $(P/P_0) = (V_0/V)^r$　　(C) $(T/T_0) = (V_0/V)^{r-1}$　　(D) $(T/T_0) = (P_0/P)^{1-r}$

解：(D)

例2 一斷熱壓縮狀態，開始壓縮時的壓力為1atm，溫度為20℃，空氣比熱比為1.4，壓縮後壓力為25 atm，求壓縮比 $\dfrac{V_0}{V}$ 多少？

解：

$$\frac{P}{P_0}=\left(\frac{V_0}{V}\right)^{r}\rightarrow\frac{25}{1}=\left(\frac{V_0}{V}\right)^{1.4}\rightarrow\frac{V_0}{V}=9.8$$

例3 汽油引擎於節氣門全開時運行，開始壓縮時的壓力為50kPa，溫度為60℃，該引擎的壓縮比為9.5：1，空氣之定容比熱為0.821kJ/kg-K，比熱比為1.4，求斷熱壓縮後壓力及溫度各為多少？

解：

(1) $\dfrac{P}{98}=(9.5)^{1.4}$ →P = 2291kPa（22.6atm）

(2) $\dfrac{T}{60+273}=(9.5)^{1.4-1}$→T = 819K（546℃）

例4 柴油引擎點火未使用火星塞，係以斷熱壓縮方式，最初壓力為1 atm，溫度為20℃，該引擎的壓縮比為13.5：1，空氣比熱比為1.4，求斷熱壓縮後壓力及溫度各為多少？

解：

(1) $\dfrac{P}{1}=(13.5)^{1.4}$ →P = 38.2atm

(2) $\dfrac{T}{20+273}=(13.5)^{1.4-1}$→T = 830K（557℃）

例5 氣體在絕熱環境下壓縮，其溫度會急速上升（絕熱壓縮為火源的一種），壓縮後的溫度T_2與壓縮前的溫度T_1間的關係如下：

$T_2=T_1\left(\dfrac{P_2}{P_1}\right)^{\frac{\gamma-1}{\gamma}}$ ，其中 $\gamma=\dfrac{C_p}{C_v}$

若某一氣體於定壓下的熱容量Cp為29.1 J/mol．K，定容下的熱容量Cv為20.8 J/mol．K，該氣體於15℃下由1 atm 分別壓縮至50 atm，溫度為多少℃？（25分）（106年消防設備士）

解：

$$\gamma = \frac{29.1}{20.8} = 1.4$$

$$T_2 = 288\left(\frac{50}{1}\right)^{\frac{1.4-1}{1.4}} = 880.7(\text{K}) = 607.7°\text{C}$$

第5節　引火性與高閃火點（Volatile Liquid and High Flash Point）

一、引火性液體

指閃火點在100°C以下之引火性液體。

1.燃燒特性上

(1) 易引火

(2) 易積靜電。

(3) 多數蒸氣有毒。

(4) 富於流動性，火焰傳播快。

(5) 閃火點低，故與著火點接近，易著火爆炸。

(6) 蒸氣比重大於1，滯留低窪區著火危險。

(7) 液體比重小於1，浮於水面液體表面積擴大。

(8) 有一部分非常低燃點，儲存處理不當有發火可能。

(9) 若接觸布料纖維，表面積變大，即使溫度低於閃火點仍易引火。

2.火災預防上

(1) 密封作業。

(2) 存放在陰涼處

(3) 為防靜電需接地。

(4) 使用防爆電氣設備。

(5) 容器內保有必要空間體積（氣化膨脹）。

(6) 避免接近火焰、火花及過熱等。

(7) 注意溫度增加，蒸氣上升危險。

(8) 處理時蒸氣具足夠通風或抽除至戶外。

(9) 蒸氣滯留區不使用易生火花如機械設備。

二、高閃火點液體

指閃火點在100℃以上之第四類公共危險物品。

1. 流動性慢。

2. 較黏稠具低揮發性。

3. 重質油類燃燒，具難以著火，一旦著火即難以撲滅。

4. 重質油槽燃燒，具沸溢、濺溢或冒泡溢危險現象。

5. 閃火點低於250℃，儲存處理製造需遵照公共危險物品法規。

---

1. 請問何謂「引火性液體」？另請敘述引火點在100℃以下之引火性液體具有哪些特性？（**99**年設備師）

2. 何謂液體之引火與發火？引火性液體與高閃火點液體各有何特性？試詳述之。（**101**年4等一般特考）

解： 見本節內容所述。

第6節 液體火災計算（Liquid Fire Quantification）

本節係液體燃燒之進階課程，一般課程（四等消防或消防設備士等）可略過本節。

燃燒時所產生的煙粒為輻射熱之主要熱源；液體燃料之熱釋放率（Heat Release Rate, HRR）表示式

$$HRR = \chi \times m \times \Delta H_c \times A$$

HRR：熱釋放率、χ：燃燒效率（$0 < \chi < 1$）、m：燃料質量損失率（g/m^2s）、ΔH_c：燃燒熱（kJ/g）、A：液體表面積（m^2）。

而NFPA指出，可燃液體火災的能量釋放速率，是每單位面積的能量釋放率於液體暴露表面積的之一種函數，可以表示

$$Q = q \times A$$

Q為可燃液體火災之最大總能量釋放率（kJ/sec or kW）

q為液體單位面積能量釋放速率（kJ/sec · m^2 or kW/m^2）

A為可燃液體表面積（m^2）

每單位面積的能量釋放速率是可燃液體之燃料類型、洩漏面積，和洩漏深度（Spill Depth）的一種函數。

圖5-17　液體火災高能量釋放率（筆者美國TCC訓練）

在油池火災方面，油池燃燒時間可以依燃燒、火勢大小和燃燒熱之燃料總質量來計算。

$$t_f = \frac{M \times \Delta H_c}{Q}$$

t_f為燃燒持續時間（sec）

M為燃燒之質量（kg）

ΔH_c燃燒熱（kJ/kg）

Q為可燃液體火災之最大總能量釋放率（kJ/sec或kW）

例1　有一變壓器漏油在局限區域成5m^2表面積，此油池總質量為50kg，燃燒熱為40000kJ/kg。如果點燃估計從變壓器油的最大能量釋放速率和火災持續時間為多少？如果變壓器油是連續洩漏在未受限混凝土表面，形成5m^2表面積，而忽略任何液體擴散時間，請估算其能量釋放速率和火災延續時間是多少？（Fire Protection Handbook, 2008）

解：

$$Q = q \times A = 1790 \times 5 = 8950kW$$

$$t_f = \frac{50 \times 40000}{8950} = 223\,sec$$

$$Q = q \times A = 360 \times 5 = 1800\,kW$$

$$t_f = \frac{50 \times 40000}{1800} = 1110\,sec$$

第7節　液體防火防爆方法（Prevention Methods for Liquid Fires/Explosion）

本節係進階課程，一般課程可略過本節。

防止液體火災和爆炸的措施，可根據下列火三要素中一種以上的技術或原理。

一、氧氣面

1. 惰性化：密閉容器充塡惰性氣體。
2. 眞空化：排出空氣使其無法氧化反應。

二、熱源面

1. 移位：周遭有顯著起火源，無法排除時進行移位作業。
2. 消除：消除潛在起火源。
3. 防爆設施：如防爆電氣備等防爆設計。

三、燃料面

1. 抽除：有可燃蒸氣之虞，應抽風排出之戶外一定高度。
2. 通風：為防止易燃蒸氣累積，通風是非常重要的。雖然自然通風有其優點，但不如機械通風效率來得有效。
3. 密閉容器：作業過程中易生中毒和火災事故，不宜使用敞口容器。
4. 開放空間作業：蒸餾塔和泵等裝備，應放置在開放處以減少蒸氣逸出累積。
5. 不燃性液體取代：如果可以，以不易燃或高閃火點體取代較危險的溶劑。

例1　可燃液體在配管輸送中，常因靜電等問題發生火災或爆炸，為防火防爆請問方法有哪些？

解：

移位
消除
防爆設施

抽除
通風
密閉容器
開放空間作業
不燃性體取代

熱源

燃料

氧氣

惰性化
真空化

第8節　歷屆考題精解

一、選擇題

(C)　1. 閃火點（flash point）、可燃界線（flammability limits）及其相關性之敘述，下列何者錯誤？
(A) 閃火點為進行液體燃料火災風險分類之參數　(B) 可燃蒸氣量過多或過少均有可能無法燃燒　(C) 閃火點對應可燃上限（upper flammability limit）
(D) 爆燃現象（backdraft）與可燃上限有關

(D)　2. 可燃性液體的閃火點指的是當液體表面蒸氣與空氣的混合相達燃燒下限時的：　(A) 氣相濃度　(B) 氣相溫度　(C) 液相濃度　(D) 液相溫度

(C)　3. 當液溫上升至液體蒸氣量達到燃燒下限時，給予必要之熱能使之開始燃燒，此時液體之溫度稱為：
(A) 燃燒點（burning point）　(B) 發火點
(C) 引火點（flash point）　(D) 火燄點（fire point）

(A) 4. 下列物質何者之蒸氣比重最小？

(A) NH_3 (B) CO (C) HCN (D) C_6H_6

(A) 5. 有一可燃性液體，其閃火點下之飽和蒸氣壓爲38mmHg，試求其燃燒下限？

（一大氣壓之飽和蒸氣壓爲760mmHg）

(A) 5% (B) 10% (C) 15% (D) 20%

(A) 6. 著火點溫度（fire point）應比閃火點溫度（flash point）爲：

(A) 高 (B) 低 (C) 一樣 (D) 無法判定

(D) 7. 不同閃火點之液體混合時，其閃火點會比原先純物質之閃火點：

(A) 高 (B) 低 (C) 一樣 (D) 無法判定

(A) 8. 當可燃性液體表面之蒸氣濃度達燃燒下限時，火源靠近其液體表面會使其產生閃火之最低液體溫度稱爲：

(A) 閃火點（flash point） (B) 著火點（fire point） (C) 沸點 (D) 熔點

(C) 9. 下列有關甲苯的敘述，何者不正確？

(A) 無色透明液體，燃燒時產生濃煙 (B) 流速超過3m/s，有產生和積聚靜電危險 (C) 滅火時，以水爲主，泡沫爲輔 (D) 就毒性而言，屬於神經毒

(B) 10. 下列有關液體燃燒的敘述，何者不正確？

(A) 多種混合液體的燃燒速率往往是先快後慢 (B) 純液體的液溫達閃火點時，其液面上方的蒸氣濃度接近化學理論濃度 (C) 結構單一的液體在燃燒過程中，其速率基本上趨於等速 (D) 燃燒速率取決於液體的蒸發速率

(D) 11. 有關液體燃料燃燒速率（burning rate）尺度效應之敘述，下列何者正確？

(A) 與尺度無關 (B) 尺度在10cm以內時，隨尺度增加而增加 (C) 尺度在10～100cm時，隨尺度增加而減少 (D) 尺度在100cm以上時，不隨尺度改變

(B) 12. 油池（液體）火災之放射熱，與下列何項因素無關？

(A) 火焰之溫度與距 (B) 防油堤之高度

(C) 火焰之形狀與高度 (D) 燃燒速度

(D) 13. 引火點在100℃以下的物質，下列敘述何者不正確？

(A) 有良好流動性 (B) 引火點與燃燒點極爲接近 (C) 若滲入多孔質的布料中，極容易引火 (D) 處於流動狀態者較處於靜止狀態者更容易著火

(D) 14. 可燃性液體液面上方的蒸氣濃度接近燃燒下限時，其液體溫度達：

(A) 燃燒點 (B) 火焰點 (C) 著火點 (D) 閃火點

(C) 15. 下列何種液體最易燃？

(A) 沙拉油　(B) 柴油　(C) 汽油　(D) 潤滑油

(D) 16. 高度危險工作場所係指液體之閃火點低於攝氏：

(A) 30度　(B) 40度　(C) 50度　(D) 60度

(B) 17. NFPA30定義之易燃性液體為閃火點低於：

(A) 30℃　(B) 37.8℃　(C) 60℃　(D) 65℃

(C) 18. 有關汽油的性質與火災危險性，下列敘述何者為非？

(A) 比重0.7～0.9　　　　(B) 揮發性高

(C) 閃火點為攝氏40度　(D) 為電之不良導體

(B) 19. 通常臨界熱通量（critical heat flux）愈大則物質愈：

(A) 易點燃　(B) 不易點燃　(C) 無影響　(D) 無法判定

(A) 20. 一般在計算油池火災（pool fire）中的熱釋放率Q_c方程式為何？（m″為單位面積的質量消耗率；ΔH_c為可燃物單位質量的燃燒熱能；A_f為燃料表面積）

(A) $Q_c = m'' \times A_f \times \Delta H_c$　(B) $Q_c = m'' \times A_f \times \Delta H_c^{1/2}$　(C) $Q_c = m'' \times A_f^2/\Delta H_c$

(D) $Q_c = m'' \times A_f^{1/2}/\Delta H_c$

第 **6** 章

氣體類火災
（Gas Fires）

　　以熱傳導係數而言，氣體最低、液體次之、固體最高，氣體不易熱傳（熱損失），以致其所需發火能量當然最低。因此，火災危險度或燃燒速率而言，可燃性氣體 > 液體 > 固體，因氣體不需再分解，已準備好燃燒，僅要有發火源即可瞬間快速反應。爲了能夠了解氣體火災動力學，本章納入氣體燃燒一系列相關探討，能提供讀者對氣體火災具有某種程度之專業知素。

表6-1　物質三態之火災危險度迥異

物質狀態	固體	液體	氣體
熱傳導	高	中	低
燃燒速度	慢	中	快
起火能量	高	中	低
火災危險	低	中	高

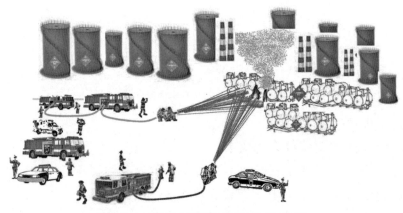

圖6-1　可燃氣體災害爆炸危險性

第1節　氣體理化性（Phy-chemical of Gas）

　　與可燃固體、液體相比，可燃氣體組成最爲簡單，大多爲多種分子碳氫化合物之組合。氣體本身無形狀亦無體積，而液體無形狀但有一定體積，而固體則具有形狀和體積。氣體是由恆定運動（Constant Motion）的極微小粒子所組成的，這種運動影響氣體的性質和行爲，如溫度愈高分子運動則愈迅速。

表6-2　物質三態之物理狀態

物質狀態	形狀	體積
氣體	×	×
液體	×	✓
固體	✓	✓

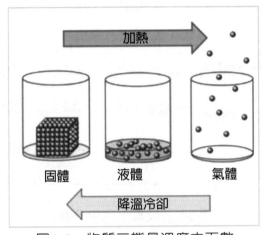

圖6-2　物質三態是溫度之函數

一、化學性

依NFPA指出，可燃氣體在空氣中燃燒與可燃液體蒸氣在空氣中燃燒的方式，是相同的，但閃火點是可燃液體一種常見危險用語，對可燃氣體則無實際用語。閃火點是一種溫度衡量標準，在此溫度是低於標準沸點。可燃氣體通常是高於其標準沸點的溫度下存在，即使當氣體處於液態時也是如此。

在烷系碳氫化合物如甲烷（CH_4）、乙烷（C_2H_6）、丙烷（C_3H_8）、丁烷（C_4H_{10}）等，分子式皆屬於C_nH_{2n+2}型。而烯系碳氫化合物如乙烯（C_2H_4）、丙烯（C_3H_6）、丁烯（C_4H_8）等，其分子式皆屬於C_nH_{2n}型。在常溫下，$C_1 \sim C_4$烷類為氣態、$C_5 \sim C_{17}$烷類為液態、C_{18}以上烷類為固態。烷類化學性質極安定，分子量愈大，分散力愈大，所以沸點也就愈高。在烷類熔點，大致上隨分子量增大而增加；含碳數愈多，莫耳燃燒熱則愈大。

在烷類、烯類、炔類三者同為烴類物性相似。

1. 完全燃燒後產生二氧化碳和水並放出大量熱，燃燒效果：炔 > 烯 > 烷。

2. 密度均小於1

3. 均不溶於水，但溶於極性低有機溶劑如：醚、氯仿及非極性之苯

4. 熔點與沸點隨碳原子數增加而增加

5. 性質活潑，易起加成與聚合反應

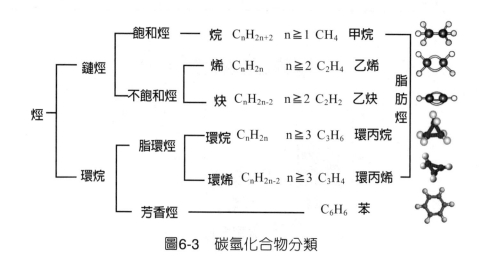

圖6-3　碳氫化合物分類

二、物理性

氣體本身比液體或固體輕，能區別出氣體是在液態還是氣態，這對防火和滅火措施是重要的。火災期間氣體受熱膨脹，使容器中壓力增加，容器受高溫喪失強度而破裂。基本上，高溫對壓縮氣體和液化氣體，略有不同的影響[註1]。

1. 壓縮氣體（Compressed Gas）

壓縮氣體（完全處於氣態）如氫氣、氧氣、氮氣或天然氣等，受高溫產生膨脹，並遵行氣體行為規律。

(1) 波以耳定律（Boyle's Law）

波以耳定律指出，溫度不變下一定質量氣體所占體積（V, m^3）與絕對壓力（P, kPa）成反比

$$PV = Constant$$

[註1] 高壓氣體分為壓縮氣體、溶解氣體及液化氣體；其中溶解氣體如乙炔氣，在容器內注入丙酮溶劑，再把氣體以高壓灌入成溶解氣體，若單獨將乙炔氣壓縮，則產生分解爆炸。

$$P_1 \times V_1 = P_2 \times V_2$$

(2) 查爾斯定律（Charles' Law）

查爾斯定律指出，壓力不變下一定質量氣體所占體積（V, m^3）與絕對溫度（T, K）成正比。

$$\frac{V}{T} = \text{Constant}$$

因此，溫度、壓力和體積之間的關係：

$$\frac{T_1}{T_2} = \frac{P_1 \times V_1}{P_2 \times V_2}$$

例1　計算甲烷82%，乙烷15%，丙烷3%之混合氣在空氣中之爆炸下限（甲烷爆炸下限為5%，乙烷爆炸下限為3%，丙烷爆炸下限為2.1%）？

解：

依勒沙特列（Le Chatelier）定律，混合氣體燃燒上下限計算

$$\text{混合氣體燃燒上限} M_U = \frac{1}{\dfrac{S_1}{U_1} + \dfrac{S_2}{U_2} + \dfrac{S_3}{U_3} \cdots} \times 100\%$$

$$\text{混合氣體燃燒下限} M_D = \frac{1}{\dfrac{S_1}{D_1} + \dfrac{S_2}{D_2} + \dfrac{S_3}{D_3} \cdots} \times 100\% = \frac{1}{\dfrac{82}{5.0} + \dfrac{15}{3.0} + \dfrac{3}{2.1}} \times 100\% = 4.4\%$$

例2　如下表某混合可燃性氣體由乙烷、環氧乙烷，異丁烷等3種可燃性氣體組成，請：

(1) 試計算每一可燃性氣體的危險性指標，並依危險性自高至低排列？

(2) 試計算此一混合氣體在空氣中之爆炸上限與爆炸下限？

物質	爆炸界限（%）	百分比
乙烷	3.0～12.4	5%
環氧乙烷	3.6～100	75%
異丁烷	1.8～8.4	20%

解：

可燃氣體危險指標 =（爆炸上限濃度 − 爆炸下限濃度）÷爆炸下限濃度

乙烷 = (12.4 − 3.0) ÷ 3.0 = 3.13

環氧乙烷 = (100 − 3.6) ÷ 3.6 = 26.78

異丁烷 = (8.4 − 1.8) ÷ 1.8 = 3.67

危險性自高至低排列為環氧乙烷 > 異丁烷 > 乙烷

依勒沙特列（Le Chatelier）定律，混合氣體燃燒上下限計算

$$混合氣體燃燒上限 M_U = \frac{1}{\frac{S_1}{U_1} + \frac{S_2}{U_2} + \frac{S_3}{U_3} \cdots} \times 100\% = \frac{1}{\frac{5}{12.4} + \frac{75}{100} + \frac{20}{8.4}} \times 100\% = 28.3\%$$

$$混合氣體燃燒下限 M_D = \frac{1}{\frac{S_1}{D_1} + \frac{S_2}{D_2} + \frac{S_3}{D_3} \cdots} \times 100\% = \frac{1}{\frac{5}{3.0} + \frac{75}{3.6} + \frac{20}{1.8}} \times 100\% = 2.9\%$$

例3 依據Jone's理論，可燃性物質之爆炸下限（LEL）為其理論混合比例值Cst之0.55倍，亦即LEL = 0.55Cst，請估算（詳列計算過程）丙烷（C_3H_8），苯乙烯（C_8H_8）及乙醇（C_2H_5OH）之爆炸下限為何？

解：

(1) 丙烷之LEL

$$C_3H_8 + 5O_2 \rightarrow 3CO_2 + 4H_2O$$

$$LEL = \frac{0.55}{1 + 4.8n} \text{（n為氧莫耳數）} = \frac{0.55}{1 + 4.8(5)} = 2.2\%$$

(2) 乙醇之LEL

$$C_2H_5OH + 3O_2 \rightarrow 2CO_2 + 3H_2O$$

$$LEL = \frac{0.55}{1 + 4.8n} = \frac{0.55}{1 + 4.8(3)} = 3.57\%$$

(3) 苯乙烯之LEL

$$C_8H_8 + 10O_2 \rightarrow 8CO_2 + 4H_2O$$

$$LEL = \frac{0.55}{1 + 4.8n} = \frac{0.55}{1 + 4.8(10)} = 1.1\%$$

例4 某液化石油之組成為乙烷10%（C_2H_6, LEL = 3%, UEL = 12.5%）；丙烷50%（C_3H_8, LEL = 2.2%, UEL = 9.5%）；丁烷40%（C_4H_{10}, LEL = 1.8%, UEL = 8.4%），請依勒沙特列（Le Chatelier）定律估算此液化石油氣之爆炸上限與爆炸下限？

解：

依Le Chatelier定律混合氣體燃燒上下限計算

$$混合氣體燃燒上限 M_U = \frac{1}{\frac{S_1}{U_1}+\frac{S_2}{U_2}+\frac{S_3}{U_3}\cdots} \times 100\% = \frac{1}{\frac{10}{12.5}+\frac{50}{9.5}+\frac{40}{8.4}} \times 100\% = 9.24\%$$

$$混合氣體燃燒下限 M_D = \frac{1}{\frac{S_1}{D_1}+\frac{S_2}{D_2}+\frac{S_3}{D_3}\cdots} \times 100\% = \frac{1}{\frac{10}{3.0}+\frac{50}{2.2}+\frac{40}{1.8}} \times 100\% = 2.07\%$$

例5 假設某一天然氣壓力儲槽內容積為600m³、最高灌裝壓力為1.2MPa，則此儲槽可儲存之數量為多少m³？

解：

依公共危險物品暨可燃性高壓氣體管理辦法第63條。

壓縮氣體儲槽儲存能力（Q, m³），其計算式如下：

$$Q = (10P + 1) \times V_1$$

P：儲存設備之溫度在35℃（乙炔氣為15℃）時之最高灌裝壓力值（MPa）。

V_1：儲存設備之內容積值（m³）。

因此，$Q = (10 \times 1.2 + 1) \times 600 = 7800$（m³）

2.液化氣體（Liquefied Gas）

　　液化氣體如丙烷、丁烷、丙烯、丁烯、二氧化碳（非可燃性）等氣體，也包括低溫氣體，其比壓縮氣體有較複雜行為。假使液體膨脹導致容器中充滿液體（原來的氣相冷凝），則會有嚴重壓力增高現象。在少量的熱就可導致壓力大量地上升。由於這種原因，需十分注意，液體會升溫與環境溫度成比例。因此，充填容器時，決不可超過其容納量，需留出一定氣體空間。

　　在液化氣體充填密度，比重大物質能較多充填量（因液體膨脹微小），大容器比小容器可充填更多數量，因其從大氣溫度或日光照射吸收熱量要花費較長時間。又地面下容器可充填得較多，因環境溫度相對恆定。

　　在人工合成之液化石油氣方面，丙烷（C_3H_8）氣體密度為44g÷22.4L = 1.96（g/L）；而丁烷C_4H_{10}氣體密度為58g÷22.4 = 2.59（g/L）；丙烷氣體比重（與空氣質量比）為44g÷28.9g = 1.52，丁烷氣體比重為58g÷28.9g = 2.0。丙烷液體比重於

15℃時為0.51，而丁烷為0.58，1公升液化丙烷重量約0.5公斤，而1公升液化丁烷重量約0.6公斤。

壓縮和液化氣體是利用物質濃度大小，因此壓縮或液化氣體容器意味著有潛在很大的能量釋放。一旦事故時就釋放出這些能量，通常壓縮氣體是容器成碎片迅速方式釋放至周圍環境中，明顯特點是飛射碎片；而液化氣體是容器因膨脹破裂釋放出相當大氣體量，較沒有飛射碎片。

例1 假設某一低溫液化天然氣儲槽內容積為1.2×10^6 L、液化比重0.3，此儲槽可儲存之數量為多少kg？

解：

依公共危險物品暨可燃性高壓氣體管理辦法第63條，液化氣體儲槽儲存能力（W, kg），$W = C_1 \times w \times V_2$

C_1：0.9，低溫儲槽內容積可儲存液化氣體部分容積比值。

w：常用溫度時液化氣體之比重值（kg/L）。

V_2：儲存設備之內容積值（L）。

因此，$W = 0.9 \times 0.3 \times 1.2 \times 10^6 = 3.24 \times 10^5$（kg）

例2 丙烷槽車翻覆火災，受熱造成槽車破裂時，高壓之液化丙烷氣化造成蒸氣爆炸，其膨脹倍數約為幾倍？（液化丙烷之比重為0.58、沸點為−45℃）

解：

$$液態\ V_1 = \frac{M}{D} = \frac{44}{0.58} = 75.86 \text{ mL}$$

$$氣態\ V_2 = \frac{nRT}{P} = \frac{1 \times \left(0.082\frac{L \times atm}{K \times mol}\right) \times (273 - 45)}{1} = 18.696 \text{ L}$$

$$\frac{V_2}{V_1} = \frac{18.696 \times 1000 \text{ mL}}{75.86 \text{ mL}} = 246$$

例3 一20kg液化丙烷鋼瓶，請問液化丙烷體積，鋼瓶內有多少空容積？（液化丙烷20℃之比重為0.58、充填比2.35）

解：

$$\frac{體積(L)}{20(kg)} = 2.35 \quad 則鋼瓶內容積 = 47L$$

充填量20kg，比重爲0.58，$V = \frac{M}{D} = \frac{20}{0.58} = 34.5L$，此爲鋼瓶內容積$\frac{34.5}{47} =$ 73%，而鋼瓶內未裝塡有27%是空容積。

第2節　氣體危險性（Fire Hazards of Gases）

因可燃氣體不需再分解，已準備好燃燒，危險度可表示如次：

$$可燃氣體危險度 = \frac{爆炸上限 - 爆炸下限}{爆炸下限}$$

危險度值愈大愈危險。

在氣體爆炸能量方面（W, Joul），由速度（v, m/s）與質量（m, kg）之關係得出：

$$W = 1/2 \times m \times v^2$$

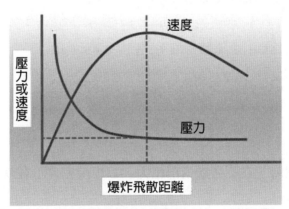

圖6-4　氣體爆炸能量（爆炸，コロナ社發行）

表6-3　易燃氣體之燃燒屬性

氣體類別	燃燒熱（MJ/m³）	燃燒下限（%）	燃燒上限（%）	比重	燃燒1m³氣體所需空氣量（m³）	起火溫度（℃）
天然氣	37.6～39.9	4.7	15.0	0.59～0.61	10.2	482～632
丙烷	93.7	2.15	9.6	1.52	24.0	493～604
丁烷	122.9	1.9	8.5	2.0	31.0	482～538

氣體類別	燃燒熱 (MJ/m³)	燃燒下限 (%)	燃燒上限 (%)	比重	燃燒1m³氣體所需空氣量 (m³)	起火溫度 (℃)
乙炔	208.1	2.5	81.0	0.91	11.9	305
氫氣	12.1	4.0	75.0	0.07	2.4	500
一氧化碳	11.7	12.5	74.0	0.97	2.4	609
乙烯	59.6	2.7	36.0	0.98	14.3	490

（NFPA 1986, Fire Protection Handbook）

　　大多數易燃氣體／空氣混合物中，約90%是空氣，其餘才是易燃氣體。此外，依Graham擴散定律指出，氣體擴散速度（r）與密度（d）或分子量平方根成反比

$$\frac{r_1}{r_2} = \sqrt{\frac{d_2}{d_1}}$$

例1　求25℃及1atm之環境，天然瓦斯與液化瓦斯之洩漏時，在不考慮內部壓力，依Graham擴散定律指出何者氣體擴散速率較快，差值為何？

解：

25℃時，$V = \frac{nRT}{P} = \frac{1mol \times 0.082\frac{L \times atm}{K \times mol} \times 298K}{1atm} = 24.4$ L

天然瓦斯主要成為CH_4之氣體密度 $\frac{16g}{24.4L} = 0.66$（g/L）

液化瓦斯主要成為C_3H_8之氣體密度 $\frac{44g}{24.4L} = 1.80$（g/L）

$$\frac{r_{甲烷}}{r_{丙烷}} = \sqrt{\frac{d_{丙烷}}{d_{甲烷}}} = \sqrt{\frac{1.8}{0.66}} = 1.65$$

因此，一旦洩漏時，在不考慮內部壓力，以甲烷密度低較快，相差1.65倍。

例2　在初期火災65℃及1atm之環境，作為滅火劑之CO_2與FM-200之釋放時，在不考慮管內壓力，依Graham擴散定律指出何者氣體擴散速率較快，差值為何？

解：

65℃時，$V = \frac{nRT}{P} = \frac{1mol \times 0.082\frac{L \times atm}{K \times mol} \times 338K}{1atm} = 27.7L$

CO_2之氣體密度 $\frac{44g}{27.7L} = 1.59$（g/L）

FM-200（CF_3CHFCF_3）之氣體密度$\dfrac{170g}{27.7L}$ = 6.14（g/L）

$$\frac{r_{CO2}}{r_{FM-200}} = \sqrt{\frac{d_{FM-200}}{d_{CO2}}} = \sqrt{\frac{6.14}{1.59}} = 1.97$$

因此，一旦洩漏時，在不考慮管內壓力，以CO_2密度低較快，相差1.97倍。

| 例3 | 下列氣體甲烷、乙烷、丙烷及丁烷，其危險度大小排序為何？ |

解：

$$甲烷 = \frac{15-5}{5} = 2$$

$$乙烷 = \frac{12.5-3}{3} = 3.2$$

$$丙烷 = \frac{9.5-2.2}{2.2} = 3.3$$

$$丁烷 = \frac{8.5-1.9}{1.9} = 3.5$$

危險度大小　丁烷 > 丙烷 > 乙烷 > 甲烷

第3節　氣體燃燒形態（Gas Combustion Form）

氣體燃燒能直接與空氣中氧結合，不需像固體、液體類經分解、昇華、液化、蒸發過程；如氫、乙炔或瓦斯等可燃氣體與空氣接觸直接燃燒。而火是火焰紊流系統，以氣體燃燒火焰，僅擴散及預混合（混合）燃燒二種，混合燃燒即所謂化學性爆炸，其不在一般火災燃燒形式作探討。

一、預混合燃燒（Premixed Flames）

預混合是起火前燃料和空氣已混合，且混合濃度在燃燒範圍內，活化能是相對低的。一定規模之預混合或混合燃燒即屬化學性爆炸現象；而化學性爆炸必須有一起火源。在一些情況，氣體能在無起火源情況會引爆，這稱為自動起火（Auto-Ignite）。如建築物火災熱煙氣流之氣態質量（Mass）是預混合狀態，且處在可燃性範圍，一旦燃燒時會形成危險之預混合火焰型態，如閃燃即是。

預混合燃燒速度勢必較擴散火焰快速，因此預混火焰產生較少的煙與生成氣體。

試想一下，油類容器底部常存有殘餘體，環境溫度是高於該油類閃火點，這意味著，容器已存在可燃氣體，假使點燃火柴棒掉落在容器內，將會產生小型爆炸現象；這常發生在空的油管或油箱，進行動火燒焊時所發生爆炸，這是一種預混合火焰情況。

二、擴散燃燒（Diffusion Flames）

擴散火焰是起火前燃料和空氣是不相混合，在氣化燃料與空氣相遇時發生。透過分子擴散（Molecular Diffusion）方式，是一相對緩慢的過程，其燃燒速率由氣化燃料分子擴散，與氧氣接觸至燃燒區之物理作用所控制；火焰僅發生於兩種氣體交界處，此火焰是較穩定的。只有先有預混合火焰存在下才能產生擴散火焰，靠近冷壁面擴散火焰區域，很可能存在過渡性預混合火焰；即使在紊流擴散火焰中，也必然存在不同狀態之預混合火焰。

擴散火焰通常是黃色的，這是燃燒中煤灰（Soot）形成。擴散火焰之燃料分子與層流或紊流之氧氣混合，這分別產生了層流和紊流擴散火焰，而紊流有助於加速氧氣混合過程。

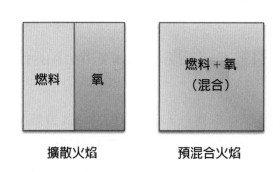

圖6-5　擴散火焰與預混合火焰之區別

表6-4　預混合與擴散燃燒異同

項目	預混合火焰（混合燃燒）	擴散火焰（擴散燃燒）
相異點	燃料與氧混合後遇火源起火	已有火源，燃料才與氧混合邊擴散邊燃燒
	不穩定燃燒	穩定燃燒
	燃燒速率相當快	燃燒速率相對慢
	火焰發生於混合範圍處	火焰僅發生於二種氣體交界處
	起火能量低，燃燒煙少	起火能量高，燃燒煙多

項目	預混合火焰（混合燃燒）	擴散火焰（擴散燃燒）
	較少不完全燃燒	較多不完全燃燒
	偏藍色火焰	偏黃色火焰
	先有預混合火焰存在，才能有擴散火焰	
相同點	都需要火三要素（氧氣、熱量、燃料）	

1. 試舉二種燃料例子說明「擴散燃燒」與「混合燃燒」之異同點？（93年設備士）
2. 請說明預混合火焰與擴散火焰（102年消防行政與消防技術升等考）

解：見本節內容所述。

第4節　氣體燃燒速度影響因素（Factors Affecting Gas Burning Speed）

一、混合濃度（Fuel-Air Ratio）

爆炸混合物濃度接近下限（LEL）情況時，爆炸後不傾向於產生火災，因幾乎所有燃料用於爆轟性傳播過程中耗燼。爆炸混合物濃度接近上限（UEL）情況時，爆炸後傾向於產生火災，因豐富燃料混合物，由這些剩餘燃料的延遲燃燒，而產生爆炸後火災。最強爆炸是發生在稍高於化學計量濃度，其能產生最有效的燃燒，能得出最高火焰速度與最大壓力。圖6-6中顯示氣體或蒸氣爆炸最低點，僅低於閃火點溫度幾度而已。

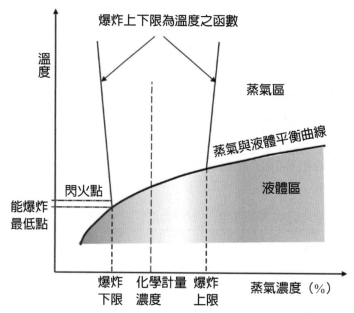

圖6-6 氣體（蒸氣）燃料／空氣混合比例影響結構（Chaineaux *et al.*, 2009）

二、氣體／蒸氣密度

比空氣重之氣體／蒸氣（蒸汽密度大於1.0），產生洩漏時向下移動，隨著時間在低窪區域會得到更高濃度，並發展爲化學計量濃度。空氣輕氣體如天然氣，則會上升並流動到上部區域，較不具危險。

三、紊流（Turbulence）

紊流會增加火焰速度，即使是燃燒下限（LFL），亦能產生較大威力。於密閉容器爆炸，遇到障礙物如欄柱、機械設備或牆壁隔板形成紊流，會加快火焰速度增加破壞效果。

四、密閉空間（Nature of Confining Space）

在較小型容器體積內會有較快壓力上升速率，並且有較猛烈之爆炸。依波以耳定律指出壓力與體積二者成反比，即體積小壓力大效應。

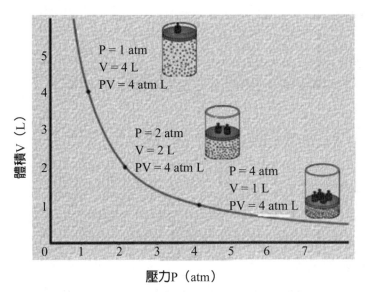

圖6-7 波以耳定律之體積與壓力關係

五、起火源位置和大小（Location and Magnitue of Ignition Source）

起火源發生在中心處，壓力上升速率將是最高的。起火源愈靠近壁面，會先行熱傳至壁面冷卻。起火源如電氣火花具有能集中能量效果，或有較大起火源（如雷管或爆炸裝置）能顯著增加壓力發展速度。

六、通風孔（Venting）

容器通風口數目、大小和位置，能決定爆炸威力；假使是爆轟（Detonations），會形成非常快速爆轟壓力前鋒，以致任何排氣口無法即時釋放，通風孔排氣效果將微乎其微。

第5節　氣體爆炸特性（Gas Explosion）

本節係進階課程，一般課程可略過本節。

一、氣體爆炸屬性

1.化學性爆炸

可燃氣體與空氣混合後，遇起火源後產生瞬間燃燒，並帶有壓力波之爆炸現象。

2.物理性爆炸

(1) 高壓設備管道設施內部質變，所導致爆炸。

(2) 設備管道設施受熱輻射或傳導等外部高溫，造成內部氣體膨脹，超過設施耐壓極限所導致爆炸。

(3) 設施氣體口擴散燃燒，噴出火焰由紅變白、聲響由小變尖銳或槽體出現顫抖等危險前兆，所導致槽體耐壓不足之物理性爆炸。

3.物理化學交互爆炸

儲槽區爆炸有時先化學性爆炸，其產生高壓高溫引起槽體物理性爆炸，然後再擴大化學性爆炸。

二、氣體化學爆炸條件

氣體化學性起爆條件如圖6-8所示。

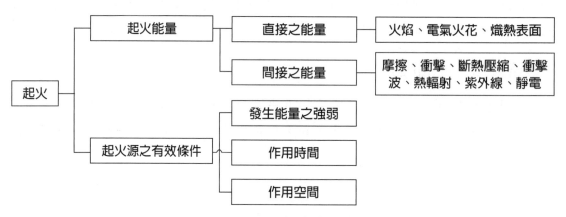

圖6-8　起爆條件（東京消防廳警防部）

三、氣體化學爆炸階段與過程

1.階段如次

(1) 洩漏需達一定量──第一階段

(2) 與空氣中氧形成可燃混合氣體濃度 —— 第二階段

(3) 起火（爆炸） —— 第三階段

2.過程與防爆措施如次

(1)起爆（Initiation）

形成與氧可燃混合氣體濃度，在起火源給予活化能，先產生激烈化學反應；此階段防爆措施，如起火源抑制或移除、燃料如密封或通風措施、氧氣充填不可燃氣體等。

(2)成長（Growth）

由引爆所產生熱能，連鎖鄰近未反應部分，使其持續自我成長過程，先形成正壓後再形成負壓現象；此階段可採取抑制爆炸損害措施，如驟熄、排料或隔離等。

(3)安定燃燒（Stable Combustion）

燃燒安定快速至能量消耗完畢；此階段就採取防護措施，如結構弱頂設計或防爆牆等。

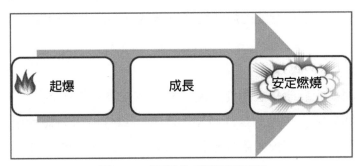

圖6-9　氣體化學爆炸過程

四、開放與密閉空間氣體爆炸

1.開放空間（戶外爆炸）

(1) 開放空間混合氣體起火爆炸，產生壓力波強度相對較弱。

(2) 若氣體洩漏涵蓋範圍廣，則爆炸損害就成了相當問題。

　　① 火球之熱輻射強度。

　　② 壓力波之強度。

　　③ 有無衝擊波。

(3) 假使衝擊波傳遞速度較音速快，產生不連續的壓力隆起，但此時將空氣壓出

之活塞動作，若不是非常高速，衝擊波將變成壓縮波消失。

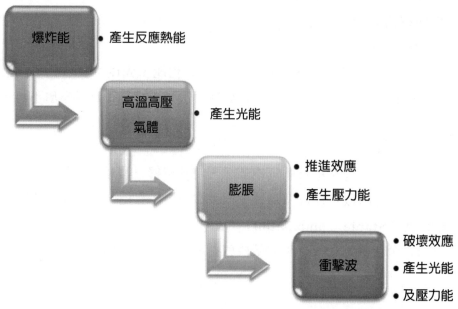

圖6-10　自由空間內爆炸能量之轉換（東京消防廳警防部）

2.密閉空間（室內爆炸）

(1) 密閉空間混合氣體起火爆炸，產生壓力波強度相對較強。

(2) 密閉空間如開口會影響爆炸時壓力上升，爆炸時因氣體膨脹產生之壓力，導致窗戶等結構強度較弱部分破損，氣體排出致壓力會減弱。

3.狹長密閉空間爆炸

(1) 大管線或通道等狹長密閉空間爆炸時，壓力會增加至爆轟現象。

(2) 2014年7月高雄地下4吋丙烯管壁由外向內腐蝕並日漸減薄，無法負荷輸送管內壓力而破損，致運送中液態丙烯外洩，引起狹長密閉空間雙向爆炸事故。

第6節　歷屆考題精解

一、選擇題

（B）　1. 在常溫常壓下甲烷、乙炔、丙烷、丁烷當中，氣體比重較空氣小者共有幾種？　　(A) 1　(B) 2　(C) 3　(D) 4

(D)　2. 下列哪一種高壓氣體，隨著壓力增加其爆炸界限變窄？

　　　　(A) 甲烷　(B) 乙烷　(C) 乙烯　(D) 一氧化碳

(B)　3. 有關擴散燃燒（Diffusive burning）的說明，下列何者錯誤？

　　　　(A) 擴散燃燒產生之火焰屬於發焰燃燒　(B) 爆炸反應屬於擴散燃燒

　　　　(C) 重力會影響擴散燃燒火焰之形狀　　(D) 因不完全燃燒而會產生煤煙粒子

(B)　4. 都市瓦斯、氫及乙炔等氣體由管口擴散至外界與周圍空氣混合而燃燒之現象

　　　　為何？　　　(A) 混合燃燒　(B) 擴散燃燒　(C) 放電燃燒　(D) 以上皆是

(B)　5. 下列有關預混合火焰燃燒速度的敘述，何者正確？

　　　　(A) 組成複雜的氣體，燃燒速度較快　(B) 氣體的濃度稍高於化學理論濃度

　　　　時，燃燒速度最大　(C) 可燃混合氣體的初始溫度愈低，燃燒速度愈快

　　　　(D) 管路直徑愈大，火焰傳播的速度愈小

(A)　6. 下列哪一個可燃性氣體最危險？

　　　　(A) 燃燒界限4.0～75%　(B) 燃燒界限16～25%

　　　　(C) 燃燒界限5.3～14%　(D) 燃燒界限7.3～36%

(C)　7. 下列哪一種氣體，其高壓下的爆炸範圍會隨著壓力增加而變窄？

　　　　(A) 甲烷　(B) 丙烷　(C) 一氧化碳　(D) 乙烯

(A)　8. 下列有關國內液化石油氣（LPG）的敘述，何者有誤？

　　　　(A) 乙烷為主要成分　　　　(B) 丙烷約占70%

　　　　(C) 丁烷也是組成分之一　(D) 比重約為空氣1.5倍

(B)　9. 下列可燃性氣體之比重何者與空氣相近？

　　　　(A) 氨　(B) 一氧化碳　(C) 甲烷　(D) 丁烷

(A)　10. 氯氣大量洩漏，於進入災區應著何級防護衣？

　　　　(A) A級　(B) B級　(C) C級　(D) D級

(A)　11. 液化天然氣（LNG）的主要成分為下列何者？

　　　　(A) 甲烷　(B) 乙烷　(C) 丙烷　(D) 丁烷

(A)　12. 加壓下列何者氣體，會發生聚（重）合反應而有爆炸的危險？

　　　　(A) 乙炔　(B) 液化石油氣　(C) 甲烷　(D) 氧氣

(C)　13. 液化石油氣儲槽附近起火燃燒一時無法撲滅時，為防止槽體發生BLEVE現

　　　　象，採取的救災策略何者正確？

　　　　(A) 強力直線水柱灌水降溫　(B) 人車全部撤出火場讓火勢自生自滅

　　　　(C) 火源附近設固定式撒水設備降低槽體溫度　(D) 設防液堤

(A) 14. 下列何者為液化天然氣（LNG）之主要成分？

(A) 甲烷　(B) 乙烷　(C) 丙烷　(D) 丁烷

(A) 15. 有關天然氣與液化石油氣特性之比較，下列何者錯誤？

(A) 天然氣的主成分為丙烷，液化石油氣的主成分為甲烷　(B) 天然氣的比重較空氣輕，液化石油氣的比重較空氣重　(C) 天然氣與液化石油氣皆有發生火災及爆炸危險　(D) 對天然氣與液化石油氣危害的最佳預防對策，是防止儲槽及管路氣體洩漏

(A) 16. 氫氣之最小著火能量約為多少mJ？

(A) 0.02　(B) 0.25　(C) 10　(D) 100

(A) 17. 氨、苯、氫與空氣混合後之最小點火能量分別為a、b與c，下列何者正確？

(A) a > b > c　(B) c > b > a　(C) b > c > a　(D) b > a > c

(B) 18. 可燃性高壓氣體從管線洩漏引發之燃燒，屬於何種燃燒？

(A) 混合燃燒　(B) 擴散燃燒　(C) 蒸發燃燒　(D)分解燃燒

(D) 19. 可燃性氣體對燃燒的影響，除本身燃燒性外，其火焰擴展時，容易朝空間容積大的方向流動，此因素稱為：

(A) 加熱速度　(B) 熱傳速度　(C) 溫度差　(D) 氣積差

(C) 20. 鋁粉甲的顆粒尺寸為A，其粉塵發火溫度為B，鋁粉乙的顆粒尺寸為a，其粉塵發火溫度為b。下列選項何者為是？

(A) A為29μm，B為攝氏560度，a < 10μm，b為攝氏710度　(B) A為29μm，B為攝氏710度，a < 10μm，b為攝氏710度　(C) A為29μm，B為攝氏710度，a < 10μm，b為攝氏560度　(D) A為29μm，B為攝氏710度，a為29μm，b為攝氏560度

(C) 21. 下列關於粉塵爆炸的敘述何者正確？

(A) 最小發火能量約為1～10mJ　　　　(B) 壓力增高，最小發火能量變大
(C) 鋁鎂合金的粉塵，在CO_2中亦可發火　(D) 比表面積愈小，愈易發火

(C) 22. 下列關於粉塵爆炸之最小發火能量的敘述何者正確？

(A) 較可燃性氣體約小10^2～10^3倍　(B) 粒子越小最小發火能量變大　(C) 在氧氣中最小發火能量較在空氣中為小　(D) 大氣中水分含量愈高最小發火能量愈小

(C) 23. 碳化氫發火能量高低之順序為：

(A) 烷 < 烯 < 炔　(B) 炔 < 烷 < 烯　(C) 炔 < 烯 < 烷　(D) 烯 < 烷 < 炔

（ A ）24. 下列各類物質，依消防安全觀點何者最危險？（106年一般消防四等）

(A) 物質：燃燒下限4%，燃燒上限75%，最低點火能量0.01mJ（毫焦耳）

(B) 物質：燃燒下限5.3%，燃燒上限14%，最低點火能量0.04mJ（毫焦耳）

(C) 物質：燃燒下限16%，燃燒上限36%，最低點火能量0.10mJ（毫焦耳）

(D) 物質：燃燒下限7.3%，燃燒上限36%，最低點火能量0.70mJ（毫焦耳）

(A) A物質　(B) B物質　(C) C物質　(D) D物質

解：最低點火能量愈低愈危險，燃燒上下限之燃燒範圍愈大愈危險。

（ D ）25. 下列有關燃燒上下限之敘述，何者錯誤？（108年消防設備士）

(A) 當可燃物濃度高於燃燒上限，即使給予點火能量亦無法使其燃燒

(B) 燃燒下限愈低，可燃物愈危險

(C) 可燃性氣體與空氣之混合氣中加入不燃性氣體，會使其燃燒上限下降

(D) 可燃性氣體混合後，其燃燒下限為混合前各氣體中燃燒下限最低者

解：可燃性氣體混合後，其燃燒下限為混合前各氣體中燃燒下限之比例平衡

（ C ）26. 下列何種高壓氣體最危險？（109年一般消防四等）

(A) 爆炸範圍1.6%～10%　　(B) 爆炸範圍1.8%～8.5%

(C) 爆炸範圍2.5%～80.5%　(D) 爆炸範圍10.7%～17.4%

解：危險度 $= \dfrac{燃燒上限 - 燃燒下限}{燃燒下限}$，其中最大為 $\dfrac{80.25 - 2.5}{2.5}$

（ A ）27. 下列那一個可燃性氣體產生火災爆炸之風險最低？（107年消防設備士）

(A) 燃燒界限16%～25%　(B) 燃燒界限7.3%～36%　(C) 燃燒界限5.3%～18%

(D) 燃燒界限4.0%～75%

解：危險度 $= \dfrac{燃燒上限 - 燃燒下限}{燃燒下限}$，A 最低 $\left(\dfrac{25 - 16}{16}\right)$

（ A ）28. 燃燒範圍是研判物質物性之重要因素，今有某液化石油氣，其成分為丙烷（C_3H_8）40%燃燒範圍為2.4%~9.5%、丁烷（C_4H_{10}）60%燃燒範圍為1.8%~8.4%，試求該液化石油氣之燃燒下限為何？（106年消防設備士）

(A) 2%　(B) 4%　(C) 8.81%　(D) 17.62%

解：$\dfrac{1}{\dfrac{百分比1}{下限1} + \dfrac{百分比2}{下限2}} = \dfrac{1}{\dfrac{40}{2.4} + \dfrac{60}{1.8}} = \dfrac{1}{50} = 0.02$

二、問答題

1.　目前臺灣地區使用瓦斯之種類，液化石油氣常見於一般的桶裝瓦斯，其主要成分為丙烷與丁烷。天然氣主要成分則為甲烷。試就液化石油氣與天然氣二者燃燒總熱值（kJ/m³）、著火上下限（%）、比重（空氣 ＝ 1）與燃燒1立方公尺需要空氣量等四種項目比較並說明液化石油氣與天然氣不同之特性？（105年消防設備師）

解：

(一) 依NFPA指出

氣體類別	燃燒熱（MJ/m³）	燃燒下限（空氣中容積）	燃燒上限（空氣中容積）	比重	燃燒1m³氣體所需空氣量（m³）
天然氣	37.6-39.9	4.7	15.0	0.59-0.61	10.2
丙烷	89-93.7	2.15	9.6	1.52	24.0

根據Burgess-Wheeler定理，烷類之燃燒下限×燃燒熱 ＝ 1059

一、天然氣5.19×燃燒熱 ＝ 1059　所以燃燒熱204.05 kcal/mol ＝ 38.1 MJ/m³[註2]

二、丙烷2.2×燃燒熱 ＝ 1059　燃燒熱481.36kcal/mol ＝ 89.9MJ/m³

(二) 著火上下限（%）

$$CH_4 + 2O_2 \rightarrow CO_2 + 2H_2O$$

$$C_3H_8 + 5O_2 \rightarrow 3CO_2 + 4H_2O$$

天然氣下限 $= \dfrac{0.55}{1+4.8(2)} = 5.19\%$，天然氣上限 $= \dfrac{4.8 \times \sqrt{\dfrac{1}{1+4.8(2)}} \times 100}{100} = 14.7\%$

丙烷上限 $= \dfrac{0.55}{1+4.8(5)} = 2.2\%$，丙烷上限 $= \dfrac{4.8 \times \sqrt{\dfrac{1}{1+4.8(5)}} \times 100}{100} = 9.6\%$

(三) 比重

天然氣比重0.59～0.61，1.52

[註2]　204.05kcal/mol（13270kcal/kg）＝ 853.75kJ/mol ＝ 38.1MJ/m³（1cal ＝ 4.184J, 0℃時1mol ＝ 0.0224m³）

(四) 燃燒1立方公尺需要空氣量

1立方公尺甲烷完全燃燒時需2立方公尺氧氣。

$$2 \times \frac{100}{21} = 9.52 \text{ m}^3$$

1立方公尺丙烷完全燃燒需5立方公尺氧氣。

$$5 \times \frac{100}{21} = 23.8 \text{ m}^3$$

2. 瓦斯氣爆為國內都市常發生之災害，試說明常用瓦斯種類及其化學組成、特性等，並說明瓦斯戶外爆炸及室內爆炸危險之差異及其災害預防對策。（103年設備師）

解：

(一) 同第1題解答。

(二) 瓦斯戶外爆炸及室內爆炸危險之差異

1. 開放空間（戶外爆炸）

(1) 開放空間混合氣體起火爆炸，產生壓力波強度相對較弱。

(2) 若氣體洩漏涵蓋範圍廣，則爆炸損害就成了相當問題。

(3) 假使衝擊波傳遞速度較音速快，產生不連續的壓力隆起，但此時將空氣壓出之活塞動作，若不是非常高速，衝擊波將變成壓縮波消失。

2. 密閉空間（室內爆炸）

(1) 密閉空間混合氣體起火爆炸，產生壓力波強度相對較強。

(2) 密閉空間如開口會影響爆炸時壓力上昇，爆炸時因氣體膨脹產生之壓力，導致窗戶等結構強度較弱部分破損，氣體排出致壓力會減弱。

(三) 災害預防對策

1. 燃料（Fuel）

所有混合物濃度，必在其燃燒範圍內，因此通風或抽氣設備使其在低於爆炸下限。

2. 氧氣（Oxygen）

使用惰性氣體予以稀釋或噴灑水霧。

3. 熱源

移除與限制所有區域內之熱源存在，或增加溼度，如電氣設施使用防爆電

　　氣裝置等。

3. 有關於天然氣及液化石油氣，請說明其主要成分為何？兩者之蒸氣密度大小對起火原因之研判有何意義？兩者各一公斤時，完全燃燒所需之理論空氣量各為多少公斤？（100年3等特考）

解：

(一) 天然氣主成分為甲烷，液化石油氣主成分為丙烷。

(二) 甲烷蒸氣密度為0.55，其比重較空氣小，不會有滯留於低處之危險，因此其較LPG為安全。液化石油氣蒸氣密度為1.52，氣態時之比重約為空氣之1.5倍，較空氣重故洩漏時，會滯留在低下處，容易造成窒息、火災等傷害事故。但其燃燒範圍的下限很低，一旦洩漏出來即成高危險具爆炸性之混合氣體，且會沿地面廣泛地擴散開來，引火之危險性較汽油還大。

(三) 天然氣 $\dfrac{1000\times32\times2}{16}\times\dfrac{100}{23}=17400$（g） = 17.4公斤理論空氣量（燃燒1公斤甲烷需2公斤純氧）

液化石油氣 $\dfrac{1000\times32\times5}{44}\times\dfrac{100}{23}=15800$（g） = 15.8公斤理論空氣量（燃燒1公斤丙烷需5公斤純氧）

4. 可燃性氣體除本身之燃燒性外，尚有哪些因素影響燃燒。（94年設備士）

解：

　　混合濃度、氣體／蒸氣密度、紊流、密閉空間、起火源位置和大小、通風孔，說明見本章第4節。

5. 可燃性氣體若與空氣適度混合，很容易引火燃燒，試敘述影響引火之因素。（102
   年3等特考）

解：同上一題

6. 何謂可燃性氣體之危險度？常見烷類之燃燒範圍（以%表示），甲烷（5～15）、
   乙烷（3～12.5）、丙烷（2.2～9.5）、丁烷（1.9～8.5），請依可燃性氣體危險
   度之定義，由大到小排列以上烷類之危險度。（25分）（109年重考107年警察消
   防三等特考）

解：危險度 $= \dfrac{燃燒範圍}{燃燒下限} = \dfrac{燃燒上限 - 燃燒下限}{燃燒下限}$

因燃燒範圍越大越危險，燃燒下限是爆炸之重要危險指標，所以二者參數關係值
越大越危險

甲烷 $= \dfrac{15-5}{5} = 2.0 \rightarrow$ 乙烷 $= \dfrac{12.5-3}{3} = 3.16$

丙烷 $= \dfrac{9.5-2.2}{2.2} = 3.3 \rightarrow$ 丁烷 $= \dfrac{8.5-1.9}{1.9} = 3.5$

所以丁烷危險度最高。

第7章

各類滅火劑
（Various Types of Fire Extinguishing Agent）

　　手提式滅火器在19世紀末研製發展的，一開始滅火器裝有酸性玻璃瓶，當玻璃瓶破裂時，瓶內酸液便流入蘇打溶液中，從而產生具有足夠氣壓的混合物，使滅火劑溶液噴出。而泡沫滅火器於1917年開始，二氧化碳滅火器與泡沫一樣產於第一次大戰期間，到1950年代乾粉滅火器受到世人青睞，並於1957年NFPA 17製定乾粉滅火系統標準。本章以系統式彙編一系列滅火劑，能提供讀者對滅火劑有一大致了解。

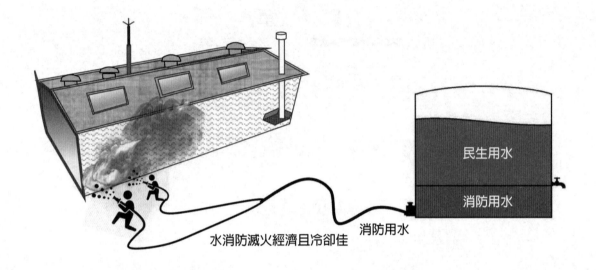

水消防滅火經濟且冷卻佳　　消防用水

第1節　固體滅火劑（Dry Chemical Agents）

　　固體滅火劑主要以乾粉，乾粉為一種化學性滅火藥劑，應用時以手提式滅火器、移動式軟管系統或固定式硬管系統等方式，作為場所火災防護之目的。

一、乾粉藥劑種類

	項目	內容	化學式
第一種乾粉	碳酸氫鈉（$NaHCO_3$）	碳酸氫鈉即小蘇打粉，適用BC類火災，為白色粉末，為增加其流動性與防溼性，會加入一些添加劑。碳酸氫鈉易受熱分解為碳酸鈉、CO_2和水。	$2NaHCO_3 \rightarrow Na_2CO_3 + H_2O + CO_2$ $Na_2CO_3 \rightarrow Na_2O + CO_2$ $Na_2O + H_2O \rightarrow 2NaOH$ $NaOH + H^+ \rightarrow Na + H_2O$ $NaOH + OH^- \rightarrow NaO + H_2O$

項目		內容	化學式
第二種乾粉	碳酸氫鉀（$KHCO_3$）	適用BC類火災，效果會比第一種乾粉佳，為紫色乾粉，受熱分解為碳酸鉀、CO_2與水。本身吸溼性較高，儲藏時應注意防溼。	$2KHCO_3 \rightarrow K_2CO_3 + H_2O + CO_2$（化學式轉變大量吸熱反應）$2KHCO_3 \rightarrow K_2O + H_2O + 2CO_2$ $K_2O + H_2O \rightarrow 2KOH$ $KOH + OH^- \rightarrow KO + H_2O$ $KOH + K^- \rightarrow K_2O + H^+$
第三種乾粉	磷酸二氫銨（$NH_4H_2PO_4$）	適用ABC類火災，為淺粉紅粉末，又稱多效乾粉。磷酸二氫銨受熱後形成磷酸與NH_3，後形成焦磷酸與水，偏磷酸，最後五氧化二磷。與燃燒面產生玻璃狀薄膜，覆蓋隔絕效果，但乾粉冷卻能力不及泡沫或CO_2等，火勢熄滅後注意復燃。	$NH_4H_2PO_4 \rightarrow NH_3 + H_3PO_4$ $2H_3PO_4 \rightarrow H_4P_2O_7 + H_2O$ $H_4P_2O_7 \rightarrow 2HPO_3 + H_2O$ $2HPO_3 \rightarrow P_2O_5 + H_2O$
第四種乾粉	碳酸氫鉀及尿素（$KHCO_3 + H_2NCONH_2$）	適用BC類火災，為偏灰色，美國ICI產品，又稱錳鈉克斯（Monnex）乾粉。在滅火上，除抑制連鎖外，在熱固體燃料面熔化形成隔絕層，達到物理窒息。	$KHCO_3 + H_2NCONH_2 \rightarrow KC_2N_2H_3O_3 + H_2O$

二、乾粉物理特性

　　乾粉滅火劑主要基料是以碳酸氫鈉、碳酸氫鉀、氯化鉀、尿素―碳酸氫鉀和磷酸銨。在這些基料中混入不同的添加劑，可改善儲存、流動和斥水特性。

項目	內容
穩定	乾粉本身是穩定的，但添加劑在較高溫度可能發黏，因此儲存溫度不超過49℃。而不同乾粉如酸性多用途乾粉（銨為基料）與鹼性乾粉（大多數乾粉）混合，會反應出二氧化碳並造成結塊。因此，重新充填時不能把不同乾粉相混合。
無毒性	乾粉是無毒與非致癌，但長期會刺激黏膜與皮膚，假使沾溼會加強這方面的作用。
適當粒徑	最佳粒徑是20～25mm，粗粒乾粉低流動率，需要更大氣動量。而較小顆粒在穿透火焰之前會先行分解或蒸發。

三、乾粉滅火特性

　　針對易燃液體滅火試驗，碳酸氫鉀比碳酸氫鈉乾粉更為有效。同時，磷酸銨的滅火效能是與碳酸氫鈉相等或更好。而氯化鉀的效能與碳酸氫鉀大致相等。而在所有測試乾粉中，以尿素―碳酸氫鉀效能最佳。

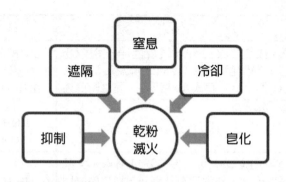

項目		內容
抑制連鎖	斷鏈機制	由乾粉中無機鹽分解物,與燃燒生成自由基,發生化學抑制和副催化作用,其表面能捕獲H^+和OH^-使之結合成水,而破壞鏈鎖反應,有效抑制火焰中H^+、OH^-等自由基濃度,導致燃燒中止。
遮隔	輻射熱遮隔	噴撒乾粉形成乾粉雲霧,產生輻射熱遮隔作用。
窒息	釋放CO_2	釋放CO_2達到窒息作用,而第3種乾粉能分解磷酸銨在燃燒物上留下偏磷酸,產生黏附殘留體。
冷卻	分解吸熱	分解乾粉所需熱能,因而吸收熱量。
皂化[註1]	表面塗層	對於油類產生皂化形成表面塗層,達到覆蓋滅火。

四、乾粉使用局限性

項目		內容
悶燒火災	冷卻有限	用於悶燒火災如深層或捆包儲存區,滅火後會重新復燃。
精密儀器	受熱發黏	乾粉高熱時變得發黏難以清除,不建議在精密機器。
高熱表面	重新復燃	乾粉不能在易燃液面上形成持久惰性氣體層,會重新復燃。
電子產品	絕緣特性	乾粉不應於電子區域,使其無法再使用。
微腐蝕性	物品受損	乾粉略有腐蝕性,滅火後應進行清除。
含氧物質	無穿透性	乾粉不能適用含氧物質之火災。
空氣泡不相容	斥水性	乾粉與大多數空氣泡沫是不相容的。

[註1]　皂化值是1克脂肪皂化反應所消耗氫氧化鉀數量之一種量度(mg)。

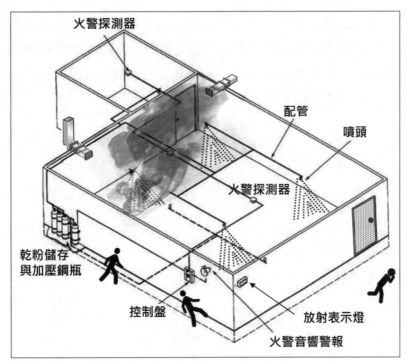

圖7-1　乾粉儲存槽與加壓氣體之組成全區防護

例1 某儲油槽直徑為12m、高9m，若採用加壓式第一種乾粉，所需乾粉藥劑量為1000kg，加壓氣體為氮氣時，其體積為何（35℃，錶壓力150kg/cm²）？加壓用氣體使用氮氣時，在溫度攝氏三十五度，大氣壓力（表壓力）每平方公分零公斤，每一公斤乾粉藥劑需氮氣四十公升。

解：

$W = 40（L/kg）×1000\ kg = 40000L$

依波以耳定律 $\dfrac{P_1 \times V_1}{T_1} = \dfrac{P_2 \times V_2}{T_2}$

P_1：絕對壓力 = 錶壓力(0) + 1.033kgf/cm²

P_2：絕對壓力 = 錶壓力(150) + 1.033kgf/cm²

$$\frac{1.033 \times 40000}{(35+273)} = \frac{(150+1.033) \times V_2}{(35+273)}$$

$$V_2 = 273.5L$$

例2 有一室內停車空間（15m×10m×5m），以全區放射第三種乾粉滅火設備作為火災防護，請問所需乾粉量多少？加壓氣體為氮氣時，其體積為何（35℃，錶壓力150kg/cm²）？第三種乾粉單位藥劑量為0.36kg/m³，加壓用氣體使用氮氣時，每一公斤乾粉藥劑需氮氣四十公升。

解：

$$W = 0.36 kg/m^3 \times 15m \times 10m \times 5m = 270kg$$
$$N_2 = 270kg \times 40 \ L/kg = 10800 \ L$$

依波以耳定律 $P_1 \times V_1 = P_2 \times V_2$

P_1：絕對壓力 = 錶壓力(0)+1.033kgf/cm²

P_2：絕對壓力 = 錶壓力(150)+1.033kgf/cm²

$$1.033 \times 10800 = (150 + 1.033) \times V_2$$
$$V_2 = 73.9 \ L$$

例3

1. 請寫出BC、KBC與ABC等三種乾粉滅火藥劑受熱之化學反應式？（25分）（104年3等特考）
2. 試說明乾粉滅火器之滅火作用？（88年設備士）
3. 試說明乾粉滅火劑對火災種類的適用性，以及其滅火作用為何？（25分）（98-2年設備士）

解： 見本節內容所述。

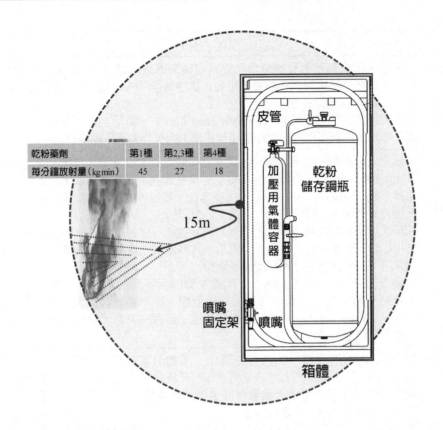

乾粉藥劑	第1種	第2,3種	第4種
每分鐘放射量（kg/min）	45	27	18

第2節 液體滅火劑（Liquid Fire Extinguishing Agent）

一、水

水系統滅火上所產生滅火原理如下

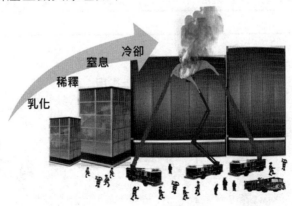

圖7-2 水系統滅火上水所具有滅火作用

項目	內容
冷卻作用	1. 水透過冷卻燃料表面及水分滲入燃料內層來熄滅火勢。水引入到火勢促進熱傳作用，造成燃燒熱損失。當熱損失超過火勢熱獲得（Heat Gain），燃料表面將開始降溫，直到火焰熄滅。 2. 水冷卻而減少輻射熱通量（Radiant Heat Flux），降低燃料熱裂解（Pyrolysis）速率。當水沫吸熱率接近火災總熱釋放速率，則火災會受到壓抑熄滅。
窒息作用	1. 當水施加到火勢形成水蒸氣，能圍繞燃料使空氣中氧氣遭到稀釋，如此窒息作用達到火勢抑制。火災不是水透過蒸氣產生窒息效應，而是冷卻效果使火勢熄滅。在細水霧系統（Water Mist Systems），能作為一種替代撒水系統或某些氣體滅火系統，已證實其能透過冷卻／窒息作用達到滅火目的。 2. 如果燃燒物質表面被冷卻到不能釋放出足夠的可燃氣體，則火將被撲滅。對閃火點37.8℃以下易燃液體，通常不推薦用水作為滅火劑（但重質油槽火災，使用射水或泡沫時，易形成危險之沸溢及濺溢現象）。 3. 當液體閃火點具有高於37.8℃、比重大於1.0且不溶於水情況，水能藉由窒息燃燒中易燃液體。為了最有效地實現此一目標，在水中加發泡劑以形成泡沫-水溶液（Foam-Water Solution）。如果燃燒物能分解產生氧氣，那麼用任何藥劑之窒息作用是不可能達到滅火的。
乳化作用	1. 當2種不能相溶液體一起攪拌，其中一液體分散於另一液體時，即形成乳化液（Emulsion）。這種滅火方法是將水沫射至具黏性（Viscous）易燃液體上；由於液體表面冷卻作用，阻止其蒸氣釋放過程，來達到滅火作用。對於某些黏性液體而言，乳化是阻止蒸氣之繼續釋放。 2. 當水用於有深度的液體時，由於起泡現象可以使燃燒的液體體積膨脹而超愈容器壁流出，如沸溢或濺溢現象。因此通常是將一股相對粗的大水沫，流於液體表面形成乳化作用。滅火時應避免使用直線水柱流（Solid Stream），因其將引起激烈的起泡現象（Violent Frothing）。
稀釋作用	1. 水具有低沸點及高氣化熱，氣化熱為液體受熱後蒸發為氣體所需吸收的熱量。因此，水本身為極性分子，在某些情況下，對付水溶性（Water-Soluble）易燃液體火災可以透過稀釋燃料來滅火。例如，能使水和酒精充分混合，即能以稀釋方法成功地撲滅乙醇（Ethyl）或甲醇（Methyl）火災。 2. 如果是儲槽，則稀釋不是好的滅火方法。因需大量水，同時混合物被加熱到水的沸點時，會從底部產生起泡（Frothing）冒出，使液體溢流出槽外危險。

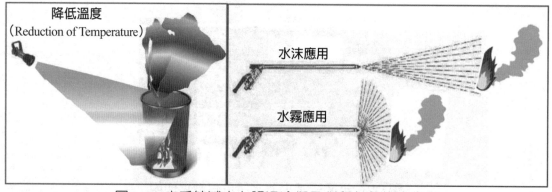

圖7-3　水系統滅火上降溫冷卻及稀釋氧氣窒息作用

水系統滅火上水所具優劣點如下

項目		內容
優點		1. 冷卻效果佳。 2. 經濟取得容易。 3. 汽化大量膨脹性。 4. 流動性，這是優點（滲透性）也是缺點（水損）。
缺點	水損問題	水系統撒水後地面積水，尤地下室火災時，皆有不可避免的水損問題。
	表面張力	對付深層火災時往往不能奏效，但可添加劑來改善。
	導電性	因水具有導電性，消防射水需採取斷電措施。
	地面逕流	危險物品火災時水流攜帶污染物造成環境污染問題。
	摩擦損失	消防水帶或水管愈長，幫浦加壓則有愈大壓力損失。大部分壓力損失，是流動水流中湍流或轉換接頭所產生水分子顆粒之間摩擦的結果。水以層流遞送摩擦損失低，但滅火要求高速流，而產生湍流導致水粒子間摩擦。此在水帶壓力損失約占90%；而流動的水和水帶內部管壁之摩擦，僅占5～10%。

表7-1　消防射水之水柱與水霧差別比較

項目	水柱	水霧
射水距離	遠	近
用水量	大	少
水損	大	少
使用時機	火災成長期及最盛期	火災初期與衰退期
使用場合	高火載量，如工廠或木材火災。	濃煙多，進行某種程度排煙、驅散煙流作用，如地下室或大空間。

圖7-4　建築物火災時消防人員必須考慮水逕流問題

二、細水霧

水霧滅火設備對環境非常正面，有其相當滅火優勢。本節能了解水霧滅火機制、優勢及使用水霧之局限方面。

項目		內容
主要滅火機制	熱移除	區劃空間內釋放水霧能充斥大量水霧粒子，水之蒸發潛熱為539cal/g，能移除火災室高熱，顯著降低高溫，達到冷卻作用。
	稀釋氧氣及可燃蒸汽	水霧遇到火災熱後，蒸發為水蒸汽，大量膨脹表面積效應，氧氣受到排擠作用，使燃燒區域氧氣大為縮減。
	可燃物表面溼潤與降溫	使可燃物表面溼潤，吸收其熱能，使其難以熱裂解及分解，新氣相燃料之生成遭到抑制，火勢難以再成長。
次要滅火機制	降低輻射回饋	大量水霧粒子產生遮蔽及吸收輻射熱，使其難以有熱量反饋。
	流場動態效應	水微粒體積小重量輕，可延長水微粒在空氣中之漂浮時間，並藉由流場動態效應，到達所遮蔽物體內的火源。
優勢	應用廣泛	能有效使用於A類、B類、C類火災及噴射氣體之火災。
	水量需求小	可降低對敏感設備水損問題。細水霧系統水量為45Lpm，而一般撒水頭則需達70～100Lpm。
	成本低	兼具氣體與水滅火藥劑之特性，成本低。
	避免復燃	乾粉或二氧化碳滅火後可能復燃，而水霧較無此之問題。
	易於清潔	冷卻作用及較少清潔時間，允許火災後能短時間恢復使用。
	管徑小	對於空間與重量要求上，具有明顯空間使用之優勢。
	洗滌效果	大量霧化水微粒之吸附效應，將濃煙懸浮微粒物質溶入沉落於地面，產生洗滌濃煙之效果，尤其是減少煙對文物損壞。
使用限制	大空間	對於開放空間或挑高空間，滅火效果會受到限定。
	遮蔽	火焰受到遮蔽，滅火效果會受到限定。
	快速火災	快速成長之火災，火羽流旺盛，細水霧難以達到火焰本身。
	禁水性	不能使用與水產生劇烈反應如D類、矽烷類火災。
	液化氣體	不能使用於低溫之液化氣體。

（避免車輛油污浮水面上造成火勢延伸，地面上應有斜度及排水設備）

圖7-5　水霧滅火設備應用於室內停車空間

---

1. 請說明細水霧滅火系統之滅火原理。（99年設備士）

2. 細水霧（watermist）是目前海龍替代品之一，請說明其滅火原理以及使用時的限制條件。（94年3等特考）

3. 消防工作上常見以「水」作為滅火藥劑，請回答下列與水有關的問題：（89年設備士）

   (一) 水的滅火原理為何？

   (二) 以水作為滅火藥劑有何優點？

   (三) 以水作為滅火藥劑有何缺點？

   (四) 水柱與水霧在滅火效果及使用上有何差別？

解：見本節內容所述。

三、泡沫

了解泡沫為一物理性滅火藥劑，其在火災上所具有哪些特有之滅火機制。

項目		內容
泡沫特性	聚合性	是一種專門配方氣泡聚合體，pH值7～8.5。
	黏稠性	在燃燒液體的表面和垂直的面積上形成黏著性、耐熱性覆蓋層
	膨脹比	泡沫可按發泡膨脹比率[註2]分成三類如次： 表格 膨脹比（Expansion ratio）為泡沫原液之容積（V_1），與空氣混合後完全變為空氣泡後所得氣泡容積（V_2），得 $E = \dfrac{V_2}{V_1}$
	混合比	蛋白質泡沫原液3%或6%；合成界面活性泡沫原液1%或3%；水成膜泡沫原液3%或6%。在泡沫保水性方面，以25%還原時間[註3]為指標，時間愈長保水性愈佳，形成膜愈能保持抗熱性。

項目	澎脹比	應用場所
低膨脹	20：1	易燃與可燃性碳氫火災
中膨脹	20～200：1	三維火災或防液堤火災
高膨脹	200～1000：1	大局限空間如船艙、地下場所火災

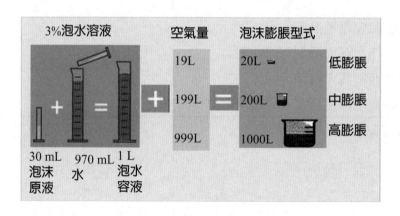

3%泡水溶液　　　空氣量　　泡沫膨脹型式

19L　　　20L　　低膨脹
199L　　　200L　　中膨脹
999L　　　1000L　高膨脹

30 mL 泡沫原液　970 mL 水　1 L 泡水容液

註2 發泡膨脹比指最終的泡沫體積與泡沫溶液原來體積之比，$\dfrac{泡沫原液＋空氣形成泡沫液體積}{泡沫原液體積}$

註3 25%還原時間射出泡沫還原至全部泡沫水溶液量25%止所需之時間。

泡沫滅火原理

項目			內容
滅火原理	溫度	冷卻性	當泡沫受熱破裂，將水轉化為水蒸汽。
		滲透性	沒有轉化為水蒸汽的泡沫溶液，可滲入A類可燃物質
	可燃物	隔絕	物體表面形成覆著層持續一段時間，形成一道隔離層。
		抑制蒸發	於油表面形成乳化層抑制油蒸發為可燃氣體。
	氧氣	窒息	油表面形成乳化層阻隔氧氣供應，產生窒息效果。
		稀釋	泡沫中水受熱轉化為水蒸汽稀釋空氣，降低氧氣濃度。

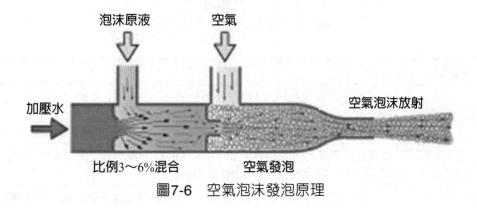

圖7-6　空氣泡沫發泡原理

1.泡沫種類

　　泡沫主要分化學泡和空氣泡（或機械泡），空氣泡是以泡沫水溶液與空氣產生機械混合生成的，為機械泡沫，因其泡沫中所含氣體為空氣，稱為空氣泡沫。現大多為空氣泡沫，並以1%、3%及6%原液比例與空氣混合成泡沫，適合大規模油類火災。

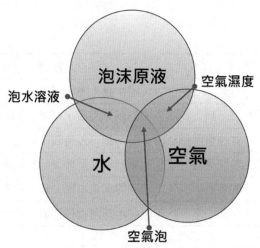

圖7-7　滅火之空氣泡沫組成

項目		內容
化學泡	化學泡被空氣泡取代	化學泡沫以碳酸氫鈉（A鹼性）與硫酸鋁（B酸性）反應細小泡沫，生成膠狀氫氧化鋁及硫酸鈉，泡沫中氣體為二氧化碳。 $6NaHCO_3 + Al_2(SO_4) \rightarrow 3Na_2SO_4 + 2Al(OH)_3 + 6CO_2$
空氣泡	水成膜泡沫（AFFF）	於蛋白質泡沫形成水溶性薄膜，其中AFFF 3%稱輕水泡沫。因含有氟化合成長鏈烴，具界面活性適合飛機燃料事故滅火。
	氟蛋白泡沫（FFA）	蛋白聚合物與有氟化的界面活性劑，可迅速擴散覆蓋燃料面。實例常見於油槽液體下注入方法，及透過泡沫消防槍。
	水成膜氟蛋白泡沫（FFFP）	薄膜的氟化界面活性劑快速展開分布，形成自行閉合薄膜，使用水沫裝置但產生的泡沫流掉很快，防止復燃作用有限。
	蛋白泡沫	透過天然蛋白質化學浸漬進行細菌分解和水解得到。這些原液可產生穩定性優良、耐熱性好。
	高膨脹泡沫	靠送風機形成機械氣泡，透過界面活性發泡劑溼潤濾網，生成20：1～1000：1倍泡沫，常見於全區放射冠泡體積[註4]，如地下室或船艙。
	抑制蒸汽泡沫	抑制未點燃易燃液體蒸氣，泡沫覆蓋時不會攪動燃料，可應用於酸性或鹼性危險物質。
	低溫用泡沫	含低溫抑制劑，環境溫度低至 -29℃環境使用。
	抗醇型泡沫	適用於醇類、稀釋劑、丙酮、丙烯腈、胺等極性溶劑火災，避免破裂消泡，抗醇型泡沫液價格高。
	界面活性泡沫	界面活性劑含有水中溶解之親水基化學物質。

註4　冠泡體積指防護區域自樓地板面至高出防護對象物0.5公尺所圍之體積，$V = L \times W \times (H+0.5)m^3$。

圖7-8　消防人員多以低膨脹泡沫搶救油罐車火災

2.泡沫滅火準則

使用空氣泡沫（Air-Foams）進行滅火時，可分固定式（常見於油槽或室內停車場）、移動式（泡沫消防栓、補助泡沫消防栓）及泡沫射水槍（常見於第4類公共危險物品之之顯著滅火困難場所），應用上基本準則如次：

項目	內容
供應平穩	泡沫供應越平穩滅火就越迅速，所需的滅火劑總量就越低。
供應速率與滅火時間	使用泡沫的成功，取決於供應速率。供應速率是以每分鐘到達燃料表面的泡沫液體積量。如果發泡膨脹倍數為8：1，那麼4.1（L/min）供應速率於每分鐘可提供32.8L/m^{3}體積泡沫量。如果供應速率非常低，使熱和燃料造成泡沫損耗速率大於泡沫供應速率，火災就不能被控制。 滅火所需時間（min） 5 4 3 2 1 0.05 0.1 0.2 0.3 臨界速率　最低建議速率 泡沫供應速率（gpm/ft^2） 圖7-9　泡沫供應速率與滅火所需時間關係[註5]

[註5]　$1\text{gpm/ft}^2 = 40.746\ (\text{L/min})/\text{m}^2$

項目	內容
壓力範圍	所有泡沫產生裝置超過其壓力限度，泡沫體品質將會降低。
不混合	混合泡沫、乾粉等，可能會破壞原有滅火特性。
導電性	泡沫是黏著的，泡沫噴霧比水沫的導電性更大。

3.泡沫局限性

項目	使用局限性
低於沸點	危險性液體在環境溫度和壓力的條件下，必須低於其沸點。
冒泡或濺溢	滅火高溫使泡沫形成蒸汽、空氣和燃料的乳化液（Emulsion）。儲槽火災時泡沫體會產生四倍體積，使燃燒中液體產生冒泡（Frothing）。
非消泡性與高可溶性	所防護的液體中，泡沫必須不具高可溶性（Highly Soluble）。
不與水反應	所防護液體必須不與水起反應。
非立體火災	火災必須是水平表面火。燃料溢出形成三維或壓力下火勢不能用泡沫撲滅，除非對象物有相當高的閃火點。
非氣體或液化之立體火災	如沸點低於室溫者之甲烷、丙烷或丁烷等火災。

1.　試述「空氣泡沫」與「化學泡沫」之不同？（91年設備士）

解：見本節內容所述。

2.　化學泡沫滅火劑係利用$NaHCO_3$與$Al_2(SO_4)_3$在水溶液中相混合，以致引起化學變化產生泡沫，其化學反應式如下：

$aNaHCO_3 + bAl_2(SO_4)_3 \rightarrow cCO_2 + dNa_2SO_4 + 2Al(OH)_3$，求$a + b + c + d = $？

(A) 14　(B) 16　(C) 18　(D) 20

解：(B)

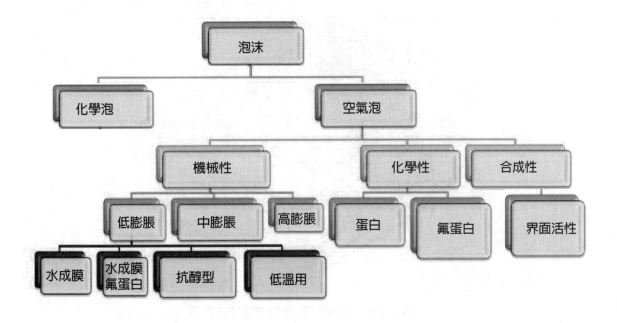

第3節 氣體滅火劑（Gas Fire Extinguishing Agent）

一、CO_2

CO_2用於滅火已有很長的歷史，本身具有許多特性，使其成為一種理想的滅火劑。它不與大多數物質發生反應，且本身能提供壓力。由於CO_2是一種乾淨的氣體，密度為1.96g/L（0℃, 1atm）[註6]，則1kg CO_2體積0.510m³（0℃, 1atm），可滲透並蔓延到火勢區域所有部分。無論CO_2為氣體或為固體乾冰皆不導電，為一種良好的滅火設備。

[註6] CO_2密度於1atm, 0℃為$\frac{44g}{22.4L}$=1.96g/L，於25℃, 1atm為$\frac{44g}{24.5L}$ = 1.80g/L

圖7-10　二氧化碳全區放射方式

1.CO_2滅火劑物理特性

項目		內容
釋放特性	形成氣霧	當迅速減壓時液態CO_2汽化極快，吸熱凝結乾冰。由於低溫，水蒸汽凝結產生額外氣霧，這種氣霧會繼續存在一段時間。
累積靜電	必須接地	CO_2自管口高速噴均不會帶電，但含有粉塵或霧滴時，則帶電。
蒸氣密度	覆蓋窒息	CO_2是空氣密度1.5倍，冷的CO_2有較大密度，能覆著燃燒表面之原因。
生理效應	安全措施	CO_2需靠一定高濃度始滅火，且釋放過程乾冰會使人體凍傷，需有相當安全措施。

2.CO_2物理三態

CO_2為一種物理性滅火機制，密度約$1.98kg/m^3$、分子量44，比重比空氣重1.5倍。

$$CO_2 + H_2O \rightarrow H_2CO_3$$

CO_2於常溫下壓力約$75kg/cm^2$即可液化，於$-78.51℃$時昇華成固態CO_2（乾冰）（圖中C點），在圖中A點時液體和氣體間無明顯界面。

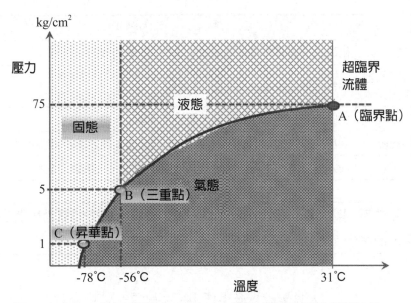

圖7-11　CO_2常溫下壓力75kg/cm²即可液化呈現三態特性

3. CO_2滅火特性

項目		內容
稀釋滅火	降低氧化速率	在任何火災中，熱量是由可燃物快速氧化所產生的。CO_2能大量稀釋空氣中氧氣，氧化發熱減慢。
冷卻滅火	避免復燃	局部應用使用低壓儲存，以液態1磅的CO_2潛熱約120BTU，冷卻效果是較明顯的。

4. CO_2滅火使用局限性

項目		內容
冷卻不佳		CO_2噴射出乾冰粒子不如水一樣，僅具相對低冷卻能力，無法潤溼或進行滲透。
不能維持		覆蓋不能保留其滅火濃度。
釋放時間長	深層火災	深層火災由於較厚燃料質量體能提供一層隔熱，以致減緩熱損失速率，釋放時間需長。
	高溫金屬或悶燒火災	高溫金屬或熾熱含碳素物餘燼時，要完全撲滅，就需更高CO_2濃度和更長的釋放及保留時間。

項目		內容
滅火無效	含氧物質火災	硝酸纖維素等本身含有氧火災，CO_2不是有效的。
	對活性或氫化金屬火災	活性和氫化金屬火災能使CO_2分解。
安全考量	人員空間	全區放射必須確保釋放前人員安全疏散。
	低能見度	釋放氣霧大幅降低能見度以及CO_2濃度使人員混淆及逃生困難。
	難以察覺	漏入或流入地下等空間，人員覺察不到窒息性氣體存在。

例1 在一密閉空間釋放CO_2量$0.75kg/m^3$，請問釋放後該空間氧濃度為多少？CO_2理論濃度為多少？滅火濃度為多少？

解：

$$（註：火災學計算必須使用K氏溫度，即℃ + 273）$$

$$PV = nRT \rightarrow 1 \times V = \frac{1000g}{44g} \times 0.082 \times 288K（註 1kg, 15℃）$$

$$V = 536L = 0.536m^3（1kg, 15℃）$$

$$0.75kg/m^3 \times 0.536m^3/kg = 0.402$$

$$\frac{0.21V}{(V+x)} = 氧濃度 = \frac{0.21(1)}{(1+0.402)} = 14.98\%$$

$$\frac{x}{V+x} = 滅火理論濃度 = \frac{0.402}{1+0.402} = 28.67\%$$

$$設計濃度 = 理論滅火濃度 + 20\%安全係數$$

$$28.67\% \times 1.2 = 34\%$$

例2 CO_2滅火設備在防護空間單位體積所需之藥劑為$0.9kg/m^3$時，其二氧化碳之濃度為多少？

解：是否還要加安全係數在國內的書本並沒有一致，依照各類場所消防設備設置標準第83條0.9之濃度算是已足夠。如果低於0.75，才有可能考慮加上安全係數；但這並沒有統一之標準。但要注意，依ISO指出設計濃度 = 滅火濃度（extinguishing concentration）+ 安全係數，如題目是寫設計濃度（design concentration）就已含安全係數，如是依設置標準之法定量，也已含安全係數。所以，出題老師在題目時應敘明滅火濃度是理論滅火濃度或是設計滅火濃度；或題目加註英文，以使題意明確。

$$PV = nRT \rightarrow 1大氣壓 \times V = \frac{1000g}{44g} \times 0.082 \times 288K（註 1kg, 15℃）$$

$$V = 536L = 0.536m^3（1kg, 15℃）$$

$$0.9kg/m^3 \times 0.536m^3/kg = 0.48$$

$$\frac{x}{V+x} = 滅火濃度 = \frac{0.48}{1+0.48} = 32.4\%$$

例3　CO_2滅火設備因防護二硫化碳空間，滅火設計濃度查表為**72%**時，此氧氣濃度剩為多少？

解：

$$\frac{x}{(V+x)} = 滅火濃度 = 0.72$$

$$x = 2.57V$$

$$\frac{0.21V}{(V+x)} = 氧濃度 = \frac{0.21V}{(V+2.57V)} = 0.059$$

$$氧濃度為5.9\%$$

二、海龍替代品

　　海龍滅火藥劑在滅火效能上已有諸多優異的表現，但其氟氯碳化物會造成大氣層中的臭氧層破壞，早在1987年全球簽署「蒙特婁公約」限制各國使用，並於1994年起全面禁止生產。

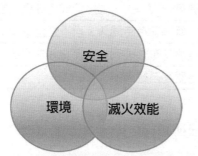

圖7-12　海龍替代滅火藥劑基本考量

　　海龍滅火藥劑氟、氯、溴及碘等物質，在遇到火焰時產生了觸媒作用後，使可燃物中碳氫化合物中氫，與燃燒進行中產生氫氧結合，然而氫氧即是燃燒進行中連鎖反應的關鍵因素，因而抑制燃燒持續進行之作用。

　　海龍藥劑與高溫接觸經分解置換出鹵元素，是屬於劇毒物質，NFPA規定藥劑放射應在10秒內完成。

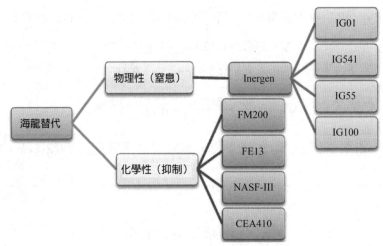

圖7-13　海龍替代滅火藥劑發展主軸

1.海龍替代品考量因素

項目	內容
滅火效能值高	能有效滅火是設備設置之主要目的。
人員安全性高	放射時不生毒性，對於放射後藥劑殘留不生損害性。
破壞臭氧層指數（ODP）溫室效應值（GWP）低	地球臭氧層破壞，太陽紫外線會使人類皮膚危害。
滯留大氣時間（ALT）短	滯留在大氣時間長，藥劑受到紫外線照射分解鹵素原子與臭氧反應，使臭氧分解消失，間接造成地球臭氧層破壞。
滅火藥劑穩定性高	滅火藥劑儲存時間久，且不生化學變化之質變特性。
系統能取代原設備	從經濟考量並達到安全及有效之目的。
易於維修	取得便利且經濟。

2.海龍替代品滅火設備種類

種類	項目	成分或名稱	認可 NFPA	認可 臺灣	內容
惰性氣體	IG-541	N_2 52%、Ar 40%、CO_2 8%	✓	✓	主要使用氮（N_2）及氬（Ar）降低氧濃度。
	IG-01	Ar 99.9%	✓	✓	

種類	項目	成分或名稱	認可		內容
			NFPA	臺灣	
	IG-55	Ar50%、N250%	✓		
	IG-100	N₂100%	✓		
鹵化烷化物	FE-13	HFC-23（三氟甲烷CHF₃）	✓	✓	大多以高壓液化儲存，主要將破壞臭氧層之溴（Br₂）拿掉；藉由切斷火焰之連鎖反應達到滅火目的。
	FE-25	HFC-125（五氟乙烷C₂HF₅）	✓	✓	
	FM-200	HFC-227（七氟丙烷C₃HF₇）	✓	✓	
	FC-3-1-10	CEA (PFC)-410（十氟丁烷C₄F₁₀）	✓	✓	
	FK-5-1-12	NOVEC 1230（全氟化酮）	✓	✓	
	NAFS-Ⅲ	CHClF₂等（氟氯碳化物）	✓	✓	

表7-2　海龍替代滅火藥劑綜合比較

滅火藥劑	Inergen（IG-541）	FM-200（HFC-227）	PFC-410（CEA-410）	NAFS-III	FE-13（HFC-23）	Halon1301
化學式	N_2 52% Ar 40% CO_2 8%	CF_3CHFCF_3	C4F10	HCFC	CHF3	CF_3Br
製造商	Ansul	Great Lakes	3M	NAF	Dupont	
滅火原理	稀釋氧氣	抑制連鎖	抑制連鎖	抑制連鎖	抑制連鎖	抑制連鎖
破壞臭氧指數	0	0	0	0.044	0	16
溫室效應	0.08	0.3～0.6（中）	（高）	0.1（低）	（高）	0.8
大氣滯留時間	-	短31～42年	非常長500年	短7年	長208年	107年
蒸氣壓（77°F）	2205psi高壓系統	66psi低壓系統	42psi低壓系統	199psi低壓系統	686psi高壓系統	241psi
等效替代量	10.5	1.70	1.67	1.09	1.93	1
安全性	安全	安全	安全	安全	安全	不安全
滅火濃度	30%	5.9%	5.9%	7.2%	12%	3.5%
熱分解物	無	HF	HF	HF	HF	HF
儲存狀態	氣態	液態	氣態	氣態	液態	氣態

滅火藥劑	LC50[註8]	NOAEL	LOAEL
Inergen	無毒	43%	52%
FM-200	> 80%	9%	10%
CEA-410	> 80%	40%	> 40%
NAF-S III	64%	10%	> 10%
FE-13	> 65%	50%	> 50%

例1　HFC-227滅火藥劑之分子量為170，滅火濃度為7%，試問於室溫20℃之情形下，每1m³之空間需要多少滅火藥劑量？

解：

$$\frac{x}{(x+V)} = \frac{7}{100}\ （滅火劑氣體體積為x；空氣體積為V）$$
$$x = 0.075V$$
$$PV = nRT \rightarrow 1 \times (0.075 \times 10^3) = \frac{m（g）}{170} \times 0.082\frac{L \times atm}{K \times mol} \times 293K$$
$$m = 530（g）$$

例2　某密閉檔案室其長、寬、高為20m（長）×10m（寬）×3m（高），使用FM-200作為防護氣體，其滅火設計體積濃度為5.9%，室溫為15℃，若氣體比容[註9]為0.1346m³/kg，試計算滅火需要多少藥劑量？

解：

$$FM\text{-}200濃度\% =（FM體積）/（全部氣體體積）\times 100\%$$
$$0.059 = \frac{x}{V+x}$$
$$x = 0.063\ V$$
$$V = 20m \times 10m \times 3m = 600m^3$$
$$FM\ 200體積為600 \times 0.063 = 37.6m^3$$

[註7]　LC50會造成50%實驗生物死亡的濃度。

　　　NOAEL（no observed adverse effect level），為無毒性濃度，藥劑對身體不產生明顯影響之最高濃度。

　　　LOAEL（lowest observed adverse effect level），為毒性最低濃度，藥劑對身體產生明顯影響之最低濃度。

[註8]　比容是體積除以重量，而密度是重量除以體積，二者互為倒數。

FM 200比容或容積比（m³/kg）為0.1346（15℃）

重量（kg）＝體積（m³）／比容（m³/kg）＝ 37.6/0.1346 ＝ 279.3kg（藥劑量）

例3　某場所使用海龍替代品FM-200，若其設計之濃度為10%，試問其放出後該空間之氧氣濃度為多少%？滅火藥劑量單位空間m³需為多少kg？

解：

$$0.1 = \frac{x}{V+x}$$
$$x = 0.111V$$

FM-200體積為1m³×0.111 ＝ 0.111m³

FM-200比容（m³/kg）為0.1346（15℃）

重量（kg）＝體積（m³）/比容（m³/kg）

　　　　　　＝ 0.111/0.1346 ＝ 0.83kg（單位空間藥劑量）

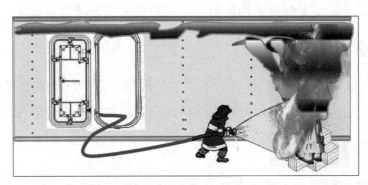

圖7-14　鎂火災必須以大量足夠水進行射水壓制，但不能用水霧

第4節　金屬滅火劑（**Combustible Metal Extinguishing Agents**）

金屬燃燒是摩擦或暴露於外部熱量，受熱到一定程度；或是由於接觸溼氣或與其他物質發生反應而燃燒。大多數可燃金屬的燃燒特性與A類燃料一樣，點燃金屬所需的能量取決於燃料大小；塊狀需要比細碎更多的熱量來點燃。D類燃料一些在點燃之

前會熔化，火焰的進展與我們對A類燃料的預期是相似的，而不是像汽油等B類那樣快速。一旦D類燃料點燃後將與水劇烈反應！大多數金屬燃燒產生非常高的溫度，遠高於A類或B類燃料。

在撲滅金屬火災時，由於與水分反應，不允許使用任何水系滅火劑。 即使以二氧化碳、海龍替代品或其他潔淨滅火劑，其本身相關的少量水分也可能引起不可接受的反應，這會加劇火災。實際上，即使在沒有水分的情況下，海龍等滅火劑也可能與某些金屬發生反應。有些反應可能產生的危險包括有毒蒸氣、氫氣爆炸，甚至危險的放射線等。D類乾粉與一般乾粉使用不同的滅火方法，其不是以抑制連鎖反應來滅火，而是透過燃料和空氣之間形成一定覆蓋層，並熱傳導吸熱來滅火。在應用上，不能使用全區防護，僅能使用局部式或移動式來防護場所。

一、MET-L-X乾粉

MET-L-X乾粉是美國UL認可，主成分為氯化鈉，適用於鎂、鈉、鉀、鈉鉀合金、鈦和鋁粉使用，滅火時以手杓和鏟子裝起乾粉，完全覆蓋金屬。

二、鈉-X乾粉

鈉-X（NA-X）是美國UL認可，不產生分解性，所以不需定期更換藥劑，於加壓之輪架式和固定式滅火器使用，滅火時粉末形成外殼層，來覆蓋住鈉金屬火災。

三、Lith-X乾粉

由石墨與添加劑組成，添加劑使其流動能從滅火器噴出。Lith-X滅火時隔絕空氣，並吸熱以冷卻滅火，適用於鋰、鈉、鎂、鋯與鈉鉀合金火災。

四、TEC乾粉

TEC（Ternary Eutectic Chloride）乾粉是氯化鉀、氯化鈉和氯化鋇的混合，以覆蓋封住燃燒中金屬如鎂、鈾和釷等，隔絕空氣予以撲滅。

五、G1乾粉

G1乾粉是石墨化焦炭添加磷酸酯，石墨具熱導體作用，能吸收熱量降低金屬溫度；緊密石墨也可使火勢窒息，適用於鎂、鈉、鉀、鈦、鋰、鈣、鋯、鉿、釷、鈾、釷、鋁、鋅和鐵等火災，其中釷、鈾、鈹和釷燃燒，應按照撲滅放射性物質採取相關

措施。

六、TMB

TMB是三甲氧基硼烷，50年代由美國海軍開發之易燃液體，滅火時硼與甲醇先燃燒後，產生熔融氧化硼塗殼而覆蓋燃燒金屬，以防止空氣接觸。使用有其危險，現已不再生產使用。

金屬滅火劑延伸閱讀，請參見盧守謙與陳永隆著《防火防爆》一書。

第5節　滅火劑考量成效因素（Considerations of Fire Extinguisher）

本節係進階課程，一般課程可略過本節。

一、滅火劑考量因素

1.滅火效能值

滅火效能值（Extinguisher Ratings）提供滅火器，能控制火災規模之指南。

A類火災滅火效能值等級，基於相對比例從1A至40A；例如一個4A能控制火災比2A滅火器約2倍大。B類滅火效能值等級，基於能控制漏油火災之面積從1B至640B；例如一個10B滅火器能撲滅約$0.9m^2$漏油火災面積。

2.適合類型

選擇滅火器適合該可燃物火災類型，如存放A類燃料商品倉庫，清水型（Water-Type）滅火器比乾粉滅火器更合適。

3.防護屬性

滅火劑提供較快速控制火災，但對設備損害之相對缺點；如乾粉滅火器通常能提供易燃液體火災的最迅速控制，但存在電子設備，乾粉藥劑會留下殘餘物。如裝載碼頭，乾粉藥劑比二氧化碳受風影響較小，有較大防護效果。

4.設置位置

風對任何氣態滅火藥劑之有效性產生影響；如二氧化碳特別難以在有風的條件下使用。食品加工區不當使用乾粉，而使用二氧化碳滅火器就不會污染該地區域的食

品。在一有限空間中使用如海龍替代品分解產物受熱時，也可能對人體具有危險性。

5.藥劑相容性

防護區域中含有甲乙基酮、極性溶劑，一般泡沫劑是不會有效的。

圖7-15　極性溶劑火災使用一般泡沫劑是不會見效的

6.所需藥劑量

NFPA 10將火災猛烈度（Fire Severity）劃分3種等級：即低度、中度和高度。這些等級確定滅火器所需劑量及分配。

(1) 低度危險性如辦公室等；A類可燃物相對較少的，也存在少量B類。

(2) 中度危險性如商店等；A類和B類可燃物數量大於在低度危險性區域。

(3) 高度危險性如倉庫等；A類和B類可燃物數量顯著大於中度危險區域。

7.人員使用能力

滅火器的大小和能力，在未經訓練的操作人員，提供一種安全的假象。撲滅較大的火災，需要較多的訓練。未受過訓練人員可能受到身體或精神的限制，將無法充分發揮滅火器之滅火效能。

8.健康和操作安全考量

CO_2本身不具毒性，如CO_2使用在不通風的區域，其稀釋氧氣供應，會使人員變得無意識，在釋放時冷凝水蒸汽的形成，也可能造成人員迷失方向。乾粉滅火器沒有毒性，但如果釋放而呼吸一段長時間，刺激性可令人不適。磷酸銨是較具刺激性，其次是鉀基乾粉，而碳酸氫鈉則是較少刺激性。乾粉劑是非導電性，會留在電氣接觸點；如果有空調和過濾器會造成堵塞作用。

9. **整體評估**

改善的滅火器成本，選擇的方法是設施評估作爲一整體，而不是單獨的區域。滅火器成本應在滅火器壽命與維修費用進行評估，而不是僅僅根據最初購買價格。實際上火災起始時火勢總是小的，如能立即使用類型合適、數量充足的滅火劑，便不難撲滅。手提式滅火器就是爲此目的而設計的。

二、滅火器成效因素

滅火器是防止火勢失去控制的第一道防線，不管是否已採取其他消防措施，滅火器均應配置。

1. 合適位置
2. 合適類型
3. 及時發現初期火災
4. 有能力人員
5. 分散配置（依法規每步行距離20m一支）

第6節　歷屆考題精解

一、選擇題

(D)　1. 下列哪一種滅火劑，其化學組成含有二氧化碳？

(A) FE-13　(B) FM-200　(C) IG-55　(D) IG-541

(A)　2. 下列哪一種滅火劑，其滅火原理是藉由稀釋氧氣濃度而滅火？

(A) IG-55　(B) FM-200　(C) HFC-125　(D) FE-13

(C)　3. 地下室、倉庫等密閉或半密閉構造物的火災，由於煙及熱氣的關係，一般會使用下列哪一種泡沫？

(A) 化學泡沫　(B) 空氣泡沫　(C) 高膨脹性泡沫　(D) 界面活性劑系泡沫

(B)　4. 下列何者不是金屬火災之滅火藥劑？

(A) 消防砂　(B) 水　(C) 滅火鹽　(D) 特殊乾粉

(B)　5. 滅火器之使用要領含有以下①②③三項，其中分別爲①拉皮管；②拉插梢；③壓把手，請問其順序爲何？

(A) ①②③　(B) ②①③　(C) ③①②　(D) ③②①

（ B ）　6. 下列哪一種滅火劑所含成分之一可以刺激呼吸，故可減低對人員造成的窒息危害？　（A) IG-55　(B) IG-541　(C) Halon 1301　(D) FM-200

（ B ）　7. B-10之滅火器可抑制多少平方公尺之油類火勢？[註9]

　　　　(A) 1　(B) 2　(C) 3　(D) 4

（ A ）　8. 下列滅火劑中，何者使用於金屬火災時，不至於與金屬發生化學反應而產生非預期的衍生物質？

　　　　(A) IG-01　(B) IG-100　(C) IG-55　(D) IG-541

（ A ）　9. 海龍滅火器被禁用之主要原因為破壞下列何者？

　　　　(A) 臭氧層　(B) 紫外線　(C) 紅外線　(D) 輻射線

（ A ）　10. D類火災不可使用何種滅火劑？

　　　　(A) 水　(B) 消防砂　(C) 滅火鹽　(D) 二氧化碳

（ B ）　11. 海龍替代品IG-541滅火劑之主要滅火原理為下列何者？

　　　　(A) 冷卻　(B) 窒息　(C) 抑制連鎖反應　(D) 弄溼阻止擴展

（ A ）　12. 下列有關IG-541（INERGEN）滅火劑之敘述，何者有誤？

　　　　(A) 其滅火作用主要為冷卻法　(B) 其主要成分為氮（52%），氬（40%），二氧化碳（8%）　(C) 導電性低，適用於電器火災　(D) 對臭氧層破壞值（ODP）為零

（ C ）　13. 下列有關二氧化碳（CO_2）滅火劑之敘述，何者有誤？

　　　　(A) 二氧化碳（CO_2）滅火劑滅火後不留痕跡　(B) 二氧化碳（CO_2）滅火作用較氮氣（N_2）為大　(C) 二氧化碳（CO_2）滅火劑特別適用於鈉等金屬火災　(D) 二氧化碳（CO_2）滅火劑氣化時，可以發揮冷卻作用

（ D ）　14. 二氧化碳滅火器之充填比應為多少？[註10]

　　　　(A) 500cm^3/kg以上　(B) 750cm^3/kg以上

　　　　(C) 1000cm^3/kg以上　(D) 1500cm^3/kg以上

[註9]

燃燒表面積（m^2）	0.2	0.4	0.6	0.8	1	1.2	1.6	2	2.4	2.8	3.2	3.6	4
滅火效能值	B-1	B-2	B-3	B-4	B-5	B-6	B-8	B-10	B-12	B-14	B-16	B-18	B-20

[註10]

滅火劑種類	滅火劑重量每1kg之容器容積
二氧化碳	1500cm以上

(B) 15. 下列有關泡沫滅火劑之敘述，何者有誤？

(A) 空氣泡沫滅火劑一般有3%及6%兩種濃度　(B) 界面活性劑系泡沫滅火劑主要由加水分解蛋白、尿鐵素等組成　(C) 耐酒精泡沫滅火劑主要針對酒精類火災使用　(D) 高膨脹泡沫滅火劑，係將1.5～3.0%溶液，與水在混合器中混合，再用送風機經金屬網噴出

(D) 16. 下列何者不為IG-55滅火藥劑（Argonite）之滅火特性？

(A) 稀釋氧濃度至15%以下　(B) 放出時間為60秒

(C) 導電性低　(D) ODP（臭氧破壞值）為零，GWP（溫室效應值）為0.08

(C) 17. 乾粉滅火劑最大的滅火作用為下列何者？

(A) 冷卻作用　(B) 防焰作用　(C) 抑制作用　(D) 稀釋作用

(D) 18. 下列何者不是INERGEN（IG541）滅火劑的主要成分？

(A) 氮氣　(B) 氬氣　(C) 二氧化碳　(D) 氯氣

(D) 19. 20型之滅火器標示B-16顯示其可控制多少平方公尺之油盤面積火災？

(A) 0.1　(B) 1　(C) 2　(D) 3.2

(C) 20. 現行使用甚多之鹵化物滅火藥劑HFC-227ea，就其化學組成為何？

(A) CHF_3　(B) CF_3CF_2　(C) CF_3CHFCF_3　(D) $CF_2CF_2C(O)CF(CF_3)_2$

(B) 21. 下列何種金屬火災固體滅火藥劑之主要成分為氯化鈉？

(A) TEC　(B) Met-L-X　(C) G-I　(D) Lith-X

(C) 22. 下列何者為乾粉滅火劑滅火功能的主要作用？

(A) 冷卻作用　(B) 移除作用　(C) 抑制作用　(D) 防焰作用

(A) 23. 下列何種惰性氣體滅火藥劑，其化學組成不含氮？

(A) IG-01　(B) IG-541　(C) IG-55　(D) IG-100

(D) 24. 下列何者不是滅火藥劑INERGEN（IG541）的主要組成氣體？

(A) 氬　(B) 二氧化碳　(C) 氮　(D) 氦

(A) 25. 下列何者非不燃氣體？　(A) CO　(B) CO_2　(C) N_2　(D) Ar

(A) 26. 下列何種海龍替代品破壞臭氧層之指數最高？

(A) NAF S-III　(B) FM-200　(C) IG-541　(D) HFC-23

(B) 27. 下列何種滅火劑不適用於可燃性液體火災？

(A) 不燃性氣體　(B) 水（柱狀）　(C) 化泡　(D) 碳酸氫鉀乾粉

(D) 28. 以乾粉滅火之方法，主要是利用：

(A) 冷卻法降低溫度　(B) 窒息法阻斷氧氣

（C) 移除法除去可燃物　(D) 抑制連鎖反應

（ B ）29. 下列何者不是滅火藥劑INERGEN（IG541）的主要組成氣體？

　　　(A) 氮　(B) 氦　(C) 氬　(D) 二氧化碳

（ B ）30. 當化學泡沫原料之硫酸鋁與碳酸氫鈉在水溶液中混合而起化學變化時，不會產生下列何種物質？

　　　(A) 二氧化碳　(B) 氫氧化鈉　(C) 氫氧化鋁　(D) 硫酸鈉

（ C ）31. 下列何者不是界面活性劑滅火時的主要作用？

　　　(A) 起泡作用　(B) 乳化作用　(C) 防凍作用　(D) 減低表面張力作用

（ D ）32. 碳酸氫鈉乾粉不適用於下列何種類型的火災？

　　　(A) 電氣火災　　　　　(B) 非水溶性可燃液體火災

　　　(C) 水溶性可燃液體火災　(D) 金屬火災

（ B ）33. 水之蒸發潛熱約為多少cal/g？

　　　(A) 460　(B) 540　(C) 620　(D) 750

（ B ）34. 海龍藥劑被禁用係因為：

　　　(A) 滅火效能差　(B) 破壞臭氧層　(C) 破壞鏈反應　(D) 破壞表層

（ B ）35. 液體滅火劑中，界面活性劑的主要作用敘述，下列何者錯誤？

　　　(A) 減低表面張力作用　(B) 激發氧化作用　(C) 起泡作用　(D) 乳化作用

（ D ）36. 碳酸氫鈉乾粉不適用於何種類型的火災？

　　　(A) 電氣火災　　　　　(B) 非水溶性可燃液體火災

　　　(C) 水溶性可燃液體火災　(D) 金屬火災

（ D ）37. 下列有關二氧化碳滅火劑之敘述何者錯誤？

　　　(A) 滅火後可不留痕跡　　(B) 可加壓液化，降低儲存空間

　　　(C) 適用於電氣設備火災　(D) 可用來撲救金屬鈉火災

（ C ）38. 磷酸二氫銨（$NH_4H_2PO_4$）乾粉滅火藥劑不適用下列何種類型火災？

　　　(A) 木材火災　(B) 電氣火災　(C) 金屬火災　(D) 汽油火災

（ B ）39. 下列海龍滅火劑之替代品中，何者滅火後不會產生對人體有毒害之HF 熱分解物？

　　　(A) NAFS-III　(B) Inergen（IG-541）　(C) FM-200　(D) FE-13（HFC-23）

（ C ）40. 下列何種海龍替代滅火劑，不會有HF熱分解物？

　　　(A) FM-200　(B) FE-13（HFC-23）　(C) Inergen（IG-541）　(D) NAFS-III

（ C ）41. 下列何者非二氧化碳滅火系統的優點？

(A) 滅火後不留痕跡　(B) 具良好的絕緣效果

(C) 有效防止復燃　　(D) 適用於貴重儀器

(B) 42. 下列何種金屬火災固體滅火藥劑之主要成分為石墨？

(A) TEC滅火藥劑　　　(B) Lith-X滅火藥劑

(C) Met-L-X滅火藥劑　(D) CEA-410滅火藥劑

(A) 43. 下列海龍替代滅火藥劑，何者之化學組成為五氟乙烷？

(A) HFC-125　(B) HFC-23　(C) HFC-227ea　(D) FE-13

(D) 44. 液體滅火劑之界面活性劑可減低水的表面張力而達到下列何種功用？

(A) 在油面產生乳化作用　(B) 在油面產生起泡作用

(C) 可遮斷連鎖反應　　　(D) 增強滲透性，可滲透棉花、木材、紙等物

(A) 45. 應用乾粉充作滅火劑在B類火災中使用，主要係利用其哪一種的滅火效能：

(A) 抑制連鎖反應　(B) 隔離　(C) 冷卻　(D) 窒息

(D) 46. 向火焰區噴射鹵化烴的滅火方法主要是控制何種燃燒要素？

(A) 氧氣　(B) 熱能　(C) 可燃物　(D) 連鎖反應

(C) 47. 下列何者最適用於油類火災之滅火以獲較佳之滅火效果？

(A) 水　(B) 不良導體滅火劑　(C) 泡沫　(D) 輕水

(A) 48. 碳酸氫鈉乾粉滅火劑，不適用於下列何種火災？

(A) 金屬火災　　　　　　　　(B) 電氣火災

(C) 非水溶性可燃性液體火災　(D) 水溶性可燃性液體火災

(B) 49. 下列哪一種海龍替代品所需的滅火濃度最高？

(A) FM-200　(B) FE-13　(C) CEA-410　(D) NAF-S-III

(A) 50. 將磷酸鹽或硼酸鹽加入纖維質材料中，受熱燃燒時：

(A) 固體表面將產生較多的焦炭　(B) 火焰中H_2O的比例將減少

(C) 火焰中CO_2的比例將減少　　(D) 燃燒熱將提高

(D) 51. 海龍滅火系統主要是針對燃燒四面體的哪一項來進行抑制或移除？

(A) 氧氣　(B) 熱能　(C) 可燃物化學　(D) 連鎖反應

(B) 52. 有關二氧化碳滅火劑之敘述，下列何者錯誤？

(A) 滅火後不會殘留　(B) 可加壓儲存，但需低溫冷凍才能液化以降低儲存空間　(C) 適用於電氣設備火災　(D) 不適用於鈦金屬火災

(C) 53. 有關滅火劑之滅火原理，下列何者不屬於抑制連鎖反應？

(A) FK-5-1-12　(B) HFC-227ea　(C) IG-01　(D) 海龍1301

（A）54. 有關海龍替代系統評估參數敘述，下列何者正確？

（A）臭氧層破壞值（ODP）：愈低愈好　（B）大氣滯留時間（ALT）：愈長愈好　（C）地球溫室效應（GWP）：愈高愈好　（D）設計濃度值大於NOAEL較佳

（C）55. IG-541滅火劑為海龍滅火藥劑替代品之一，下列何者非為藥劑的組成成分？

（A）氮　（B）氬　（C）氟　（D）二氧化碳

（C）56. 乾粉滅火設備第二種乾粉滅火藥劑主要成分為？

（A）磷酸二氫銨　（B）碳酸氫鈉　（C）碳酸氫鉀　（D）碳酸氫鉀及尿素化合物

（D）57. 有關下列說明，何者不為細水霧滅火系統原理？

（A）兼具冷卻與稀釋作用　（B）無毒性、低水損且兼顧環保　（C）可適用於A、B、C類火災　（D）具有降低表面張力或產生乳化、洗滌、滲透、分離等作用的表面活性藥劑

（A）58. 根據美國NFPA對細水霧定義，水滴粒徑應小於下列何者？[註11]

（A）1000 μm　（B）2000 μm　（C）3000 μm　（D）4000 μm

（B）59. 試計算馬達之揚程5 公尺與流量每分鐘800公升所需之功率大小為何？[註12]

（A）600W　（B）675W　（C）750W　（D）800W

（A）60. 鎂、鈾金屬火災適合以何種乾粉滅火劑進行滅火？

（A）TEC 滅火劑　（B）磷酸二氫氨　（C）碳酸氫鈉　（D）碳酸氫鉀

（D）61. 下列哪一種海龍替代品滅火藥劑，以庚烷燃杯測試時，其滅火濃度最高？

（A）CEA-410　（B）FM-200　（C）NAFS-III　（D）FE-13

（B）62. 有關FM-200之敘述，何者為非？

（A）化學式為CF_3CHFCF_3　　（B）通常以氣體狀態儲存

（C）常用於抑制燃燒的連鎖反應　（D）比重為5.863

二、問答題

1. 二氧化碳之滅火作用主要是靠降低氧濃度，若某一特殊場所體積為10m³，其滅火之氧濃度設定為8%，試問其所需之二氧化碳量為多少公斤？但不考慮火災時之溫

[註11] NFPA 750對細水霧定義，水滴粒徑應在40～1000μm以下。

[註12] L = (0.163×Q×H×K)/E，L：額定馬力（KW），Q：額定出水量（m³/min），H：額定全揚程（m），E：馬達效率（%），K：馬達傳動係數及E：馬達效率未給出。

度提升及二氧化碳放射時之溫度降低，以標準狀態考量即可。（**93年設備師**）

解：

$$\frac{0.21V}{(V+x)} = \frac{8}{100}$$

$$x = 1.625V$$

$$1.625 \times 10m^3 = 16.25m^3 = 16250L$$

以標準狀態考量：1mol氣體分子體積22.4L

$$W = V \times D$$

$$W = \frac{16250}{22.4}mol \times 44（g/mol）= 31920g = 31.92kg$$

2.　100m³的密閉空間內有標準狀態下的空氣，需加入多少CO_2，方可使得CO_2的體積濃度變為20%？（**102年消佐班**）

解：

$$\frac{x}{(x+V)} = 滅火濃度 = 20\%$$

$$x = 0.25V$$

$$0.25 \times 100m^3 = 25m^3 = 25000L$$

以標準狀態考量：1mole氣體分子體積22.4L

$$W = V \times D$$

$$W = \frac{25000}{22.4}mole \times 44(g/mole) = 49107g = 49.1kg$$

3.　現行之海龍替代品其中屬於惰性氣體藥劑者有哪些？請就商品名、通稱、化學組成、滅火原理與設計濃度以畫表說明之。（**101年4等一般特考**）

解：

(一) 惰性氣體使用空氣之四大組成，氮（78%多）、氧（20%）、氬（約1%）、二氧化碳（約0.03%），因氧是助燃性除外，如IG-541（$N_2$52%、Ar40%、$CO_2$8%）、IG-01（Ar100%）、IG-55（Ar50%、$N_2$50%）、IG-100（$N_2$100%）等。釋放後降低防護空間的氧濃度，達到稀釋作用。因藥劑是空氣之組成，無環保問題是此類藥劑之特點。但此類滅火濃度高致儲存

鋼瓶量多、佔空間為其缺點。

(二) 畫表說明

商品名	通稱	化學組成	滅火原理	設計濃度
Argotec	IG-01	Ar 100%	稀釋氧	50%
INEREGN	IG-541	N_2 52%、Ar 40%、CO_2 8%	稀釋氧	37%
Argonite	IG-55	Ar 50%、N_2 50%	稀釋氧	38%
NN-100	IG-100	N_2 100%	稀釋氧	41%

4. 液體滅火劑被廣泛使用來撲滅火災，試簡要說明其種類。（**95-1年設備士**）

解：

　　水如撒水設備、室內（外）消防栓、水霧滅火設備、細水霧滅火設備及泡沫滅火設備。

5. 試簡要說明泡沫滅火劑之滅火原理、種類及滅火特性。（**87年設備士**）（**95年-2設備士**）

解：

(一) 泡沫滅火劑主要滅火原理是窒息作用，以及抑制油類蒸氣之冷卻作用。

(二) 種類：分化學泡與空氣泡沫，但前者已被後者取代，在空氣泡有水成膜泡沫、氟蛋白泡沫、水成膜氟蛋白泡沫、蛋白型空氣泡沫、中膨脹和高膨脹泡沫、抑制蒸氣泡沫、低溫泡沫滅火劑、抗酒精型泡沫液、烴類界面活性劑泡沫液。

(三) 滅火特性是比易燃液體輕，能浮在所有的易燃或可燃液體的上面，形成隔絕空氣、冷卻、連續封閉蒸氣層，來阻止或防止燃燒情況。

6. 何謂界面活性劑？其作用為何？（**85年3等特考**）

解：

(一) 界面活性劑就是分子中同時含有長鏈烷基（如脂肪酸等）之親油基及足以使油性在水中溶解之親水基物質，可以減小表面（界面）張力，而產生溼潤、滲透、乳化等作用。

(二) 界面活性劑主要作用：

減低表面張力，使水微粒化，加溼潤易於滲透性。

乳化作用，乳化面遮蓋油面蒸發。

起泡作用，製成空氣泡。

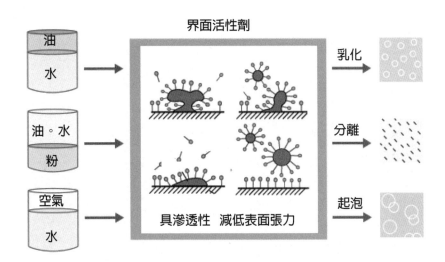

7.　金屬火災無法以一般滅火器進行滅火，必須以D類專用滅火劑，請舉數例D類滅火劑成分及其滅火原理及對象為何？

解：

D類滅火劑		成分	滅火原理	滅火對象
固體乾粉	MET-L-X	氯化鈉	形成外殼層隔絕氧	鎂、鈉、鉀、鈉鉀合金、鈦和鋁粉
	鈉-X	碳酸鈉	形成外殼層隔絕氧	鈉
	Lith – X	石墨添加劑	隔絕氧及吸熱	鋰、鈉、鎂、鋯與鈉鉀合金
	TEC	氯化鉀、氯化鈉和氯化鋇	隔絕氧	鎂、鈾和鈈
	G1	石墨炭添加磷酸酯	隔絕氧及吸熱	鎂、鈉、鉀、鈦、鋰、鈣、鋯、鈦、鈾、鈈、鋅和鐵
液體	TMB	硼與甲醇	形成外殼層隔絕氧	鎂

第二篇 火災特論

第 **8** 章

爆炸科學
(Explosion Science)

從歷史上看，以爆炸（Explosion）為術語是很難準確界定其定義。物理性爆炸是由高壓氣體純物理變化（溫度、壓力及體積）釋壓現象；而化學性爆炸是一種非定常燃燒[註1]，也是一種發焰燃燒中之混合燃燒現象。與火災不同的是，大多的火災必須先分解出可燃氣體或蒸氣，後與氧氣混合再燃燒；而化學性爆炸往往是可燃氣體或蒸氣已與氧氣預先混合，而產生一種極快速燃燒現象，當燃燒變為強烈時，會產生壓力波，又當此等壓力波變為充分強力時，便會形成爆轟（Detonation）現象；因此火災與化學性爆炸，主要是燃燒速度與有無壓力波之形成。為了能夠了解爆炸動力學，本章以系統式彙編寫法，俾使讀者對爆炸科學具有某種程度之專業知識。

每公升水反應表面積

水分子粒徑		滅火設備
1 mm	2 m^3	自動撒水
0.1 mm	20 m^3	水霧設備
0.01 mm	200 m^3	細水霧設備

第1節　爆炸類型（Type of Explosions）

爆炸是一種氣體動力學現象，為一擴大的球形熱量和壓力波前鋒（Pressure Wave Front）發展。爆炸類型依爆炸機制可分2種：機械能（Mechanical）與化學能（Chemical）；依爆炸後效應產生爆坑與否，分爆坑與無爆坑型態。依爆炸物質狀態，區分為固體、液體及氣體爆炸型態。又依爆炸威力，分爆轟及低階爆燃現象。

[註1] 非定常燃燒為燃燒產生之熱量，遠超過逸散之熱量。

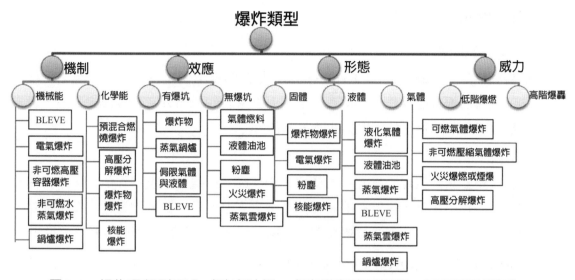

圖8-1　爆炸各類型區分（防火防爆，盧守謙與陳永隆著，五南圖書出版）

　　而不同爆炸型式，有相對爆炸壓力峰值，高階爆炸物的能量釋放時間尺度，是等於炸藥物質的長度除以其爆炸速度。炸藥的爆炸傳播速度約為4900m/sec，因此1ft（0.3m）長的條狀炸藥將以1/16毫秒（ms）極速釋放其能量。而其他高階爆炸物的爆轟速度是在2000～8200m/sec²的範圍內。

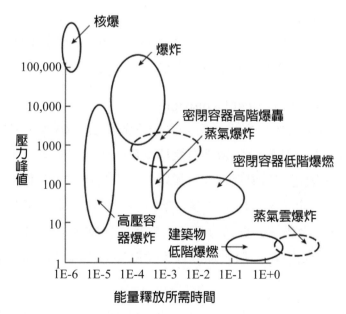

圖8-2　爆炸壓力峰值與能量釋放時間尺度（SFPE Handbook 4th, 2008）

一、爆炸機制

(一)物理能爆炸

機械能爆炸（Mechanical Explosions）是由高壓氣體產生純物理反應之一種爆炸形態，也稱為機械能爆炸。亦即在內部壓力下密封的或部分密封容器的破裂，通常被稱為機械爆炸，即物理能瞬間轉化為機械能。

1.BLEVE

沸騰液體膨脹蒸汽爆炸過程不需任何化學反應，此種物理上爆炸能量，來自沸騰液體和蒸氣的膨脹爆炸。容器內液體在一定壓力下溫度是已高於物質在大氣中沸點，此液體不必然是易燃性，如鍋爐爆炸即是。BLEVE延伸閱讀見本章第3節詳細說明。

2.電氣爆炸（Electrical Explosions）

高電流的電氣事故，能形成一高能量的電弧現象；延伸閱讀見本章第2節。

3.非可燃高壓容器爆炸（Pressure vessel explosion）

高壓容器在壓力過大的情況下，產生容器破裂爆炸如氧氣瓶。

4.水蒸汽爆炸（Steam Explosion）

水蒸發成水蒸汽，體積將比液態增加1700倍，比起一般烷類300倍大；延伸閱讀見本章第3節。

5.鍋爐爆炸（Boiler Explosion）

鍋爐壓力15kg/cm^2，爐內熱水溫度大致在120～200℃，這種100℃以上過熱水，一旦處於大氣壓下則產生急激蒸氣化爆炸現象；延伸閱讀請見本章第3節。

(二)化學能爆炸（Chemical Explosions）

化學能爆炸能量來自於化學反應所產生高壓氣體與放熱性。因放熱性使爆炸反應過程能自行傳播。於災害現場特徵為有燃燒之痕跡，且受害者有大面積燃燒痕跡。化學爆炸燃燒反應，因逐步透過反應物（燃料）進行發展，稱為傳播反應（Propagation Reactions），其能在火焰前鋒分離出燃料的反應區和未反應區。因化學反應過程高速，如1噸木材完全燃燒約需30分鐘，放熱量約16700kJ，而1kgTNT炸藥爆炸釋放熱量4200kJ，但過程僅需不到1秒即完成，反應熱來不及逸出而聚集在爆炸物原有體積，產生巨大功。

圖8-3　可燃性密閉容器爆炸能量來自化學反應所產生高壓氣體

1.預混合燃燒性爆炸（Combustion Explosions）

預混合燃燒性爆炸，分為低階爆燃（Deflagrations）或爆轟（Detonations），這取決於火焰前鋒（Flame Front）通過燃料之傳播速度。預混合燃燒性爆炸常見燃料如下：

(1) 易燃性氣體，如瓦斯爆炸或2014年高雄地下丙烯氣管洩漏爆炸事故。

(2) 可燃液體油池。

油池火災是指開放式油槽造成火災或密閉式貯油槽因事故洩漏形成之防液堤火災，乃至液體燃料流出容器而累積形成的火災。可燃性液體火災因可燃性蒸氣在液面上與空氣混合，一開始產生蒸發預混合燃燒，隨後轉為擴散之蒸氣燃燒型態。

圖8-4　汽油之油池燃燒現象

(3) 粉塵爆炸，如2015年新北市八仙近似塵爆事故；粉塵爆炸見本章第2節。

(4) 區劃空間火災煙層氣相燃燒，如爆燃（Backdraft）；爆燃見第9章第4節。

圖8-5　火災爆燃現象（CFBT-US 2015）

(5) 蒸氣雲爆炸（Vapor Cloud Explosion, VCE）

蒸氣雲爆炸（VCE）是大量可燃氣體雲釋放到大氣中會立即點燃，形成火球現象。

2.高壓分解爆炸

高壓氣體分解爆炸條件，內在原因需是分解性氣體，且分解釋放高熱約在80kJ/mol以上。外在原因需在一定壓力及熱源。這些氣體本身分解提供熱量，而不需外來氧氣，爆炸時不一定有燃燒現象；延伸閱讀見本章第4節。

3.爆炸物爆炸

人造爆炸物區分為：固態、液態及氣態爆藥等，大多為固態爆藥，為一般高爆彈藥所使用；延伸閱讀見本章第2節。

4.核能爆炸（Nuclear Explosions）

核能爆炸是透過物質原子之原子核（Nuclei）形成融合或分裂連鎖反應能量。

表8-1　物理性與化學性爆炸異同

爆炸型式		物理性爆炸	化學性爆炸
相異	燃燒	不燃燒	燃燒
	觸動	壓力	熱量
	發火源（熱量）	不需	必須
	反應	瞬間反應	傳播反應
相同		A局限環境、B氣體急激膨脹、C壓力波	

二、爆炸效應

爆炸效應類型，可分爆炸後地面處產生爆坑及地面處並無產生爆坑跡象。

(一)有爆坑爆炸（Seated Explosions）

爆坑（Seat）定義為最大損壞的起爆坑（Crater），位於爆炸起始點。爆坑現象由於結構性損壞、倒塌以及類似強大破壞，致起爆處可能會受到某種程度結構物之掩蓋；但透過仔細分析通常可檢測到。

圖8-6 爆炸產生一3英尺直徑爆坑（NFPA 921）

有爆坑爆炸現場一般特徵如次：

1. 有爆坑
2. 高壓
3. 壓力上升速率非常迅速
4. 爆轟（Detonations）

再次強調的是，爆炸速度需超過音速如爆轟，才能產生有爆坑之爆炸型態。

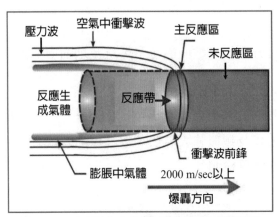

圖8-7　有爆坑之超音速爆轟波結構圖

又爆炸現場有爆坑現象，爆炸燃料可能如次：

1. 固體爆炸物
2. 蒸汽鍋爐和壓力容器
3. 密閉燃料氣體或液體燃料蒸氣（Tightly confined Gases or Liquid Vapors）

(二)無爆坑爆炸（Non-Seated Explosions）

無爆坑爆炸時沒有起爆處之物理證據，由於爆炸時燃料分散或擴散，如氣體（即天然氣、液化石油氣、下水道氣體、工業氣體）或油池液體蒸氣（即汽油蒸汽、漆稀釋劑）或粉塵等，所形成引燃之結果，壓力上升速率是中度的，且是亞音速情況。

會產生無爆坑爆炸之一般燃料，如次：

A. 氣體燃料

B. 粉塵

C. 易燃性油池火災

D. 火災爆燃（Backdraft）

圖8-8　油罐車燃燒可能演變成氣體燃料爆炸情況

此外，影響爆炸敏感度因素如下：

固體爆炸物質可能因不當之撞擊即發火爆炸，影響其敏感度因素如下：[2]

1. 溫度

物質起爆溫度低，爆炸敏感度高。

2. 密度

物質密度高，爆炸敏感度低。

3. 結晶

物質結晶體不同，爆炸敏感度也不同。

4. 雜質

物質有雜質，爆炸敏感度提高。但鬆軟或液態雜質，則敏感度降低。

5. 化學結構與組成

硝基（NO_2）多，爆炸敏感度提高。

第2節　爆炸影響（Effect of Explosions）

本節是爆炸之進階課程，一般課程可略過本節。

爆炸威力影響主要在衝擊波（Blast Pressure Wave Effect）、碎片（Shrapnel）、高熱量（Thermal）以及震波（Seismic）。

---

[2] 陳弘毅、吳鴻生，《火災學》（八版），鼎茂圖書出版公司，2013年3月。

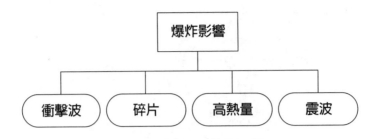

一、衝擊波效應（Blast Pressure Wave Effect）

衝擊波為短波之單一壓力波，是物質爆炸會產生大量膨脹氣體，形成激烈壓力上升，以球面的形式高速向外移動，並捲入空氣所產生壓力前鋒。衝擊波可分3部分組成：

1. 壓力增加至一個峰值，衝擊波只有幾公厘（mm）厚（下圖中①曲線）。
2. 隨著時間成指數衰減（圖中②曲線）。
3. 形成較長持續時間的負壓力波，此壓力是低於初始環境壓力（圖中③曲線）。

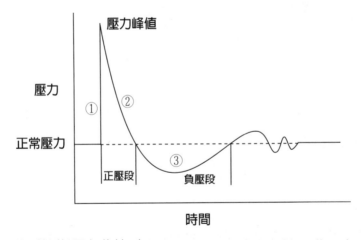

圖8-9　典型爆炸壓力曲線（NFPA Fire Potection Handbook, 1997）

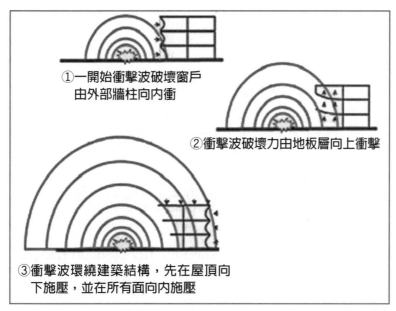

圖8-10　爆炸衝擊波對建築結構破壞之順序（Eve Hinman 2011）

依Robert Zalosh（2008）指出，爆炸威力隨著距離，其爆轟波能量之1/3而遞減。

$$\frac{z}{E^{1/3}} \quad 或 \quad \frac{z}{W_{TNT}^{1/3}}$$

式中

E為爆轟波能量

z為從起爆處之距離

W_{TNT}為相同於TNT爆轟波能量

二、碎片效應（Shrapnel Effect）

在局限爆轟壓力結構下，結構體破裂成碎片拋出至很遠距離。當發射碎片從起爆點向外推進之距離，在很大程度上取決於其初始方向，還有其本身重量和空氣動力之特性。對於拋射體軌跡形式之理想化示意圖。

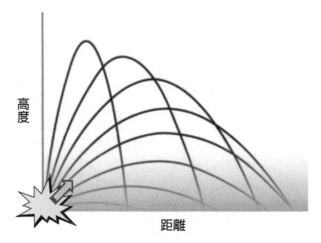

圖8-11　爆炸碎片彈射不同方向曲線（NFPA Fire Potection Handbook, 1997）

三、高熱效應（Thermal Effect）

　　化學性爆炸釋放大量的能量，即高溫燃燒氣體並使環境空氣至高溫狀態。火災或爆炸高熱效應能透過碎片是否經過燒灼而作辨識，如燒灼碎片表示火災於爆炸之前，如殘留玻璃或其他結構碎片黑煙燻跡，顯示火災一段時間後才爆炸，而當相當乾淨玻璃或碎片拋離相當距離時，則顯示爆炸在火災前發生。

四、震波效應（Seismic Effect）

　　由於爆轟壓力波膨脹，產生局部性震波造成額外損害。

1.　何謂爆炸性物質？爆炸性物質特性有那些？（25分）（107年消防備士）

解：爆炸性物質特性：1.爆炸性；2.敏感度高；3.有毒性；4.與酸鹼起化學反應；5.與金屬反應；6.吸溼性

2.　臺中市東海商圈日前發生氣爆，造成4死1傷，起爆戶1樓與地下室樓板全塌陷，相鄰2戶間隔牆全倒塌。臺中市消防局初步研判起火原因為使用桶裝液化石油氣所引起之瓦斯氣爆，請問此類爆炸之爆炸效應有那四種？試說明之。（109年消防三等特考重考）？

解：1.衝擊波效應：爲短波之單一壓力波，是室內可燃性氣體氣體遭點燃，產生大量

膨脹氣體伴隨激烈壓力上升，以球面的形式高速向外移動，並捲入空氣所產生壓力前鋒。

2. 碎片效應：在密閉高壓從較脆弱結構體，裂成碎片拋出至很遠距離。當碎片從起爆點向外推進之距離，很大程度上取決於其方向和空氣動力之特性。

3. 高熱效應：爆炸釋放大量熱能，高溫燃燒氣體使周遭環境易燃物引燃。

4. 震波效應：由於衝擊波膨脹力，瞬間環繞建築結構，由地板層向上衝至屋頂，旋既向下施壓，產生瞬間結構高低差之震波現象，如住戶一開始以爲是地震發生。

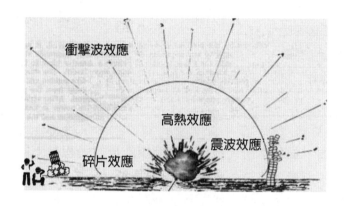

第3節 固體類爆炸（Solid Explosion）

爆炸按物理狀態可分氣相與凝聚相爆炸，後者又分固體與液體。本節先從固體爆炸作探討。

一、粉塵爆炸

粉塵爆炸（Dust Explosion）依NFPA 652定義，懸浮中固體粒徑在0.5mm以下，分散於足夠高的濃度，遇有起火源形成快速燃燒之現象，是一種非點源爆炸。與可燃性氣體爆炸比較，粉塵分子間距離近，質量與能量傳播距離短，在劇烈運動形成高熱能力量較一致，產生的能量大與燃燒時間較長，所以傳播能量與質量造成的破壞及燒毀的程度會較嚴重，這是粉塵中碳氫含量高所致，且會有二次粉塵炸之現象；但粉塵本身有重量必須是懸浮狀，始能空氣中氧形成大表面積接觸反應。

表8-2 粉塵爆炸與可燃氣體爆炸異同點

項目		粉塵爆炸	可燃氣體爆炸
相異點	狀態	固體	氣體
	起火能量	大	小
	空氣中	必須被懸浮	本身洩漏擴散空氣中
	燃燒	較不完全	較完全
	二次爆炸	會	不會
	釋放能量	較大	較小
	燃燒速度	較慢	較快
	燃燒時間	較長	較短
	爆炸上限	未明確（無法均勻濃度分布）	有明確
相同點		三要素（氧氣、熱量與可燃物）	

在金屬粉塵方面，從日本研究指出，粉塵爆炸反應過程是不同於一般氧化行為過程。一般，由氧離子所形成電氣二重層緣（Electric Double Layer），其電勢梯度與粒徑愈大成反比關係。因此，粒子愈小會有愈強氧化反應之傾向。在金屬粒子表面上是不形成氧化膜（Oxide Film），僅會觸及空氣中氧。從這些特點，引起粉塵爆炸的金屬粉末，即使是不燃材料也將變得是能氧化可燃的。

(一)可燃粉塵危險分類

1. 懸浮粉塵：浮游在空氣中粉塵，具有爆炸危險。
2. 沉積粉塵：堆積在物體表面上粉塵，僅具火災危險。

(二)可燃粉塵一般分類

1. 有機物質：農產加工品（糖、飼料、澱粉等）、纖維類（木、紙、棉等）。
2. 合成材料：塑膠類、橡膠類、洗滌劑類、藥品類。
3. 礦粉塵：煤礦、鐵礦、硫磺等。
4. 金屬粉塵：鋁粉、鎂粉等。

(三)可燃粉塵燃燒性分類

1. 易燃粉塵：起火能量小，火焰延燒速度快，如金屬粉、糖粉、奶精粉、橡膠粉等。

2. 可燃粉塵：起火能量較大，火焰延燒速度較慢，如木屑粉、米粉、皮革屑等。

3. 難燃粉塵：起火能量很大，不易延燒，如木炭粉、石墨粉、無煙煤粉等。

(四) 粉塵爆炸影響因子

粉塵爆炸基本上需有火三要素外，仔細畫分可列出因子，如次：

圖8-12　影響粉塵爆炸之因子（防火防爆，盧守謙與陳永隆著，五南圖書出版）

1. 內部條件

(1) 粒子大小（Particle Size）

粉塵物理性，主要是粒子大小；由於燃燒反應在粉塵粒子表面，更小粒子對空氣中氧接觸總表面積大，熱傳導之熱損小，因粒徑愈小其最小起火能量就愈低（下圖）。此外，黃金等傳統意義上是不可燃物質，但黃金形成粉末狀粒子時，因對氧之反應活性大，也會產生劇烈燃燒爆炸現象。

(2) 化學組成（Chemical Composition）

粉塵化學性，主要是化學組成；粒子如含機過氧化物或硝化物等活性氧，能降低最小起火能量；如含灰分愈多，減弱其燃燒爆炸性能，在煤礦場採用撒岩粉，增加灰分來削弱制止爆炸可能性。

(3) 含水率（Moisture Content）

粉塵含水率增加，會增加粉塵密度，加快其沉降速度，且增加最小起火能量。

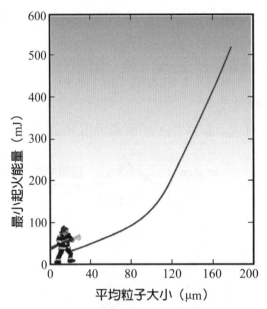

圖8-13　農業粉塵粒徑與最小起火能量關係（U.S. Mine Safety and HealthAdministration）

2.外部條件

(1)混合濃度（Concentration）

任何燃燒爆炸原理一樣，濃度低於爆炸下限值（LEL）無法爆炸。在工業上安全設計值是比爆炸下限值低20%。但是，不像大多數之氣體／蒸氣，一般粉塵濃度是沒有爆炸上限[註3]。主要控制其反應速率不是由最大濃度，而是表面積與體積比或比表面積（Surface Area to Mass Ratio）。因此，類似於氣體／蒸氣，粉塵濃度處於或高於最佳混合比，則會有壓力上升速率與最大壓力值。

(2)懸浮（Turbulence）

粉塵粒子必須是揚起懸浮狀態與空氣中氧接觸，假使是紊流如穀物從高處灌注，能顯著影響粉塵加速爆炸之嚴重度。

(3)空氣溼度（Moisture）

增加溼度使粉塵之起火所需最小能量和起火溫度皆會大幅提高。在水分極限值以上時，懸浮粉塵將無法點燃。但一旦起火，空氣中溼度已沒多大影響。可通過噴水或灑水以增加空氣中相對溼度及不易懸浮。

───────────────

[註3]　粉塵上限，究竟是否存在明確上限是個問題，主要由於實驗困難；從實務觀點，上限這個數據是否有用，是存在疑問的。

(4)溫度與壓力（Temperature and Pressure）

依理想氣體PV = nRT，溫度與壓力成正相關，在溫度或壓力增高時，爆炸上限提高，爆炸範圍增加，爆炸下限降低，致最小起火能量變小。

(5)最小起火能量（Minimum Ignition Energy for Dust）

粉塵比氣體燃料有較高之最小起火能量，一般範圍是在10～40mJ如下表所示；可見粉塵發火能量要比氣體爆炸，還大100倍以上。

表8-3　粉塵或蒸氣／氣體最小起火能量

物質	最小起火能量（mJ）
蒸氣／氣體	
H_2	0.02
CH_4	0.3～0.6
C_2H_2	0.2
C_2H_4	0.5
C_3H_8	0.26～0.5
C_4H_{10}	0.5
汽油蒸氣	0.24～0.5
粉塵	
鋁（6μ）	13
碳	45
咖啡	140
穀粉	128
糖粉	48
肥皂粉	25
紙粉（1400μ）	39
甲基丙烯酸甲酯	13
黃豆粉	330
尼龍（Nylon）||	32
聚乙烯	38

（防火防爆，盧守謙與陳永隆著，五南圖書出版）

依照德國Siemens公司（2010）針對案例統計指出，粉塵最小起火能量約在3～200mJ範圍內，而可燃氣體最小起火能量則較低，範圍在0.013～1.0mJ。而火花現象產生能量，在電焊與燒焊火花能量高達100mJ以上，機器研磨形成束狀火花為10～100mJ，而靜電火花能量則在0.1～1.0mJ。而最小起火能量（焦耳）= 1/2×Q（電容量）×V（伏特）。

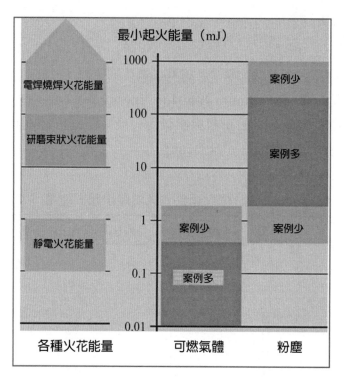

圖8-14 可燃氣體與粉塵爆炸案例之起火能量統計（防火防爆，盧守謙與陳永隆著，五南圖書出版）

(6)局限空間（Nature of Confining Space）

密閉空間屬性如有無通風孔設計等，會影響粉塵爆炸濃度與溫度壓力。

(7)多重反應（Multiple Explosions）

多重反應爆炸是粉塵爆炸的最大特點，爆炸後短時間內爆炸中心區會形成負壓，周圍空氣填補進來，形成所謂迴流區，此與揚起的粉塵再次混合，在第一次爆炸高溫下引起第二次爆炸，而二次粉塵爆炸會比第一次爆炸還嚴重。在粉塵毀滅性爆炸案例，大多數損壞和傷亡是由於二次粉塵爆炸所導致的結果，如圖8-15所示。

(五)粉塵爆炸防制

1.燃料面

(1)減少粉塵飛揚

經常清除濾網、濾布及作業場所粉塵。

(2)防止粉塵堆積

作業廠房設置隔離設置或吸塵裝置，如公共危險物品及可燃氣體管理辦法規定，

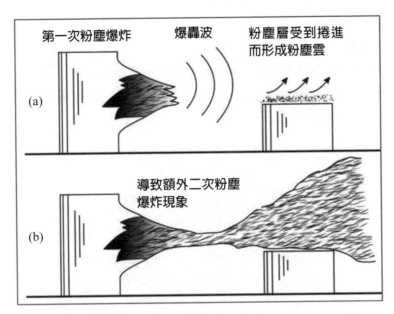

圖8-15　二次粉塵爆炸概念圖示（Eckhoff, 2003）

場所內有積存可燃性粉塵者，應設置將粉塵有效排至屋簷以上或室外距地面4m以上之設備。

(3)限制或監測粉塵濃度

利用通風換氣設備，使粉塵濃度不在爆炸範圍內。

2.氧化面

(1)惰化設計

以氮氣或一氧化碳等惰性取代空間，使氧濃度降低。

(2)噴灑水霧

視作業性質及場所，撒水增加溼度，致最小起火能量提高。

3.熱能面

(1) 增加溼度

(2) 消除或遠離點火源

(3) 移位作業

現場作業存在起火源，進行設備移位作業。

4.減災面

(1)弱頂設計

通過專用管道將壓力釋放到大氣或進行建築空間弱頂設計（屋頂成釋壓口，如公共危險物品及可燃性高壓氣體設置標準暨安全管理辦法：儲存倉庫之屋頂應以輕質金屬板或輕質不燃材料覆蓋等）。

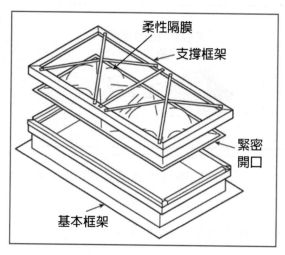

圖8-16　在屋頂設計防爆釋壓口（NFPA68, 2002）

(2)局限爆炸範圍

依空間進行區劃，或設計防爆牆，安裝爆炸氣道或洩爆孔。

(3)轉向隔離

受到爆炸影響之元件，透過防爆結構設計成可轉向、減輕或抑制，進行隔離。

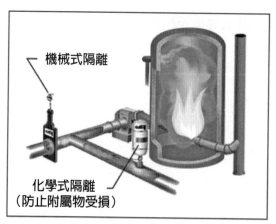

圖8-17　管路使用機械式與化學式隔離法（FIKE Corporation, 2015）

(4)安全距離：作業場所之間保持一定安全距離。

防爆措施延伸閱讀見《防火防爆》一書，（盧守謙與陳永隆著，五南圖書出版）有詳細探討。

二、電氣爆炸（Electrical Explosions）

高電流的電氣事故，能形成一個高能量的電弧現象，而快速蒸發金屬和絕緣材料，造成一個電氣之固體爆炸情況。高能量電弧或電線過負載等，能產生足夠高熱引起瞬間電氣爆裂，周圍氣體快速受到加熱導致機械能爆炸；閃電伴隨打雷，是一種電氣爆炸型式之例子。

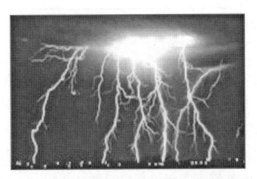

圖8-18 閃電伴隨打雷為一種電氣爆炸型式

三、爆炸物爆炸（Artificial Explosives）

人造爆炸物（炸藥）如氮化鉛、特屈兒（Tetryl）苦味酸、代納邁、硝化纖維、三硝基甲苯（TNT）、硝酸銨（AN）、雷酸銀或硝化甘油（液體）等，可分高階爆炸物和低階爆炸物；前者分解速率為每秒1,000公尺以上如TNT，後者分解速率為每秒1000公尺以下如煙火。一般爆炸性物質於可燃有機物本身可能有毒性，對溫度具敏感性，或能與金屬或酸鹼反應，因化學活性產生分解或氧化時，能形成急劇壓力上升，釋放一定能量，並帶有壓力波之物質。在其特性：毒性、吸溼性、爆炸性、敏感度高、與酸鹼金屬化學反應。

四、核能爆炸（Nuclear Explosions）

核能爆炸是利用撞擊熱能所產生巨大熱量一種高壓，如原子彈、氫彈，於極短的時間內將能量全部釋出來之爆炸。

---

1. 請詳述何謂二次粉塵爆炸？粉塵爆炸之預防對策有哪些？（103年設備士）

2. 何謂粉塵爆炸？作業場所要防止粉塵爆炸，有何對策？（92年消防行政與消防技術升等）

3. 請說明穀倉為什麼有爆炸的可能，並詳述粉塵爆炸之預防對策。（91年設備師）

4. 請說明粉塵爆炸與一般可燃氣體與空氣混合後之爆炸，二者之不同點何在？（100年設備師）

解： 見本節內容所述。

---

5. 請說明粉塵爆炸的條件及過程？並分析2015年八仙樂園派對大量傷病患事件是否為粉塵爆炸？（25分）（108年一般消防四等）

解： 2015年八仙樂園派對粉塵燃燒事故，玉米澱粉及食用色素所製作之色粉引發粉塵燃燒。此次造成15死400多人傷。過程中係環境開放空間陸續有人噴出粉塵顆粒，並揚起在空氣中，遇發火源引燃可燃顆粒。

爆炸必須產生壓力波之現象，這是火災與爆炸之主要區別，但本次現場在非侷限空間無造成顯著壓力波情況，僅能稱之粉塵全面閃火（FLASH FIRE）之一種擴散性火焰燃燒現象。

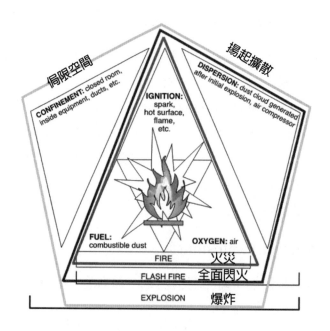

重點複習

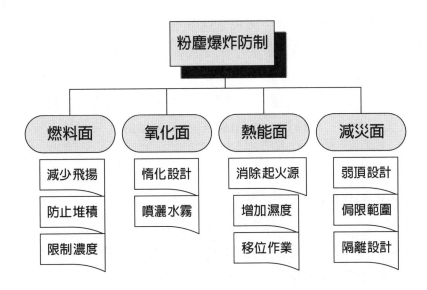

第4節　液體類爆炸（Liquid Explosion）

一、BLEVE現象

BLEVE為沸騰液體膨脹蒸汽爆炸現象（Boiling Liquid Expansion Vapor Explosion, BLEVE），因容器無法維持內部壓力，致內部液體外洩，在非常高溫及低壓下整個體積瞬時沸騰，形成快速膨脹擴張狀態，速度如此快能被歸類為一種爆炸現象。

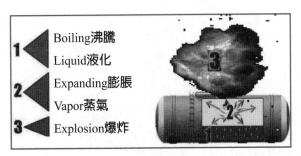

圖8-19　密閉容器液體（可燃性或不可燃性）受到火熱形成破裂BLEVE現象

　　沸點（Boiling Point）是液體之蒸氣壓力到達大氣壓力時之液體溫度，而液體沸點溫度取決於壓力，高壓將產生高沸點溫度，和低壓將產生低沸點溫度。BLEVE發生在不燃性如鍋爐水、液態氮槽、液態氦槽或冷凍劑槽，當液體沸騰變成氣體時，所得氣體體積佔用遠遠比液體更多的空間，使內部大量膨脹蒸氣壓力致容器結構破裂，所產生物理性爆炸。如發生在可燃性如有機溶劑桶、油罐車、LPG槽、LNG槽等，蒸氣壓力使容器破裂後產生第一次爆炸，受高熱接觸到常溫常壓中又大舉膨脹產生可燃性蒸氣雲，衍生二次爆炸（Secondary Explosion），形成了火球現象（Fire Ball）。

BLEVE發生原因及條件如次：

A. 需存在液體

單獨存在蒸氣或氣體是不會發生BLEVE，而要有液體不必是可燃性，如水BLEVE，但不會出現火焰現象。

B. 需存在密閉容器

如果通風孔或安全閥損壞或不適當，產生過大壓力使BLEVE發生。

C. 液體溫度需高於大氣壓下沸點

在液體表面上壓力越高，會要求更高沸騰的溫度。當液體容器是密閉，然後受熱致蒸氣壓增加。增加蒸汽壓力會導致沸點伴隨著升高。

D. 容器結構需失效

容器失敗是發生在蒸氣空間中金屬，因液體是優良熱導體和熱吸收性，但蒸汽則不是。容器失效有可能因金屬疲勞、釋壓閥故障、碰撞機械損傷或腐蝕所引起。

BLEVE發生徵兆如次：

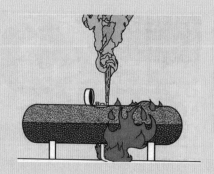

A. 容器金屬外殼出現呼呼聲響（Pinging Sound）

B. 容器變色如櫻桃紅

C. 小金屬片剝落（Flaking）

D. 容器外殼起泡或凸起

E. 容器表面出現蒸汽（Steam）

F. 壓力釋放閥出現刺耳聲音

G. 容器表面出現撕裂跡象（Tear）

BLEVE（或蒸氣雲爆炸）防制與對策如次：

A. 燃料面

　a. 排料

　　容器內燃料抽出輸送至遠方或載離。

　b. 緊急遮斷閥

　　先關閉緊急遮斷閥停止燃料供應。

　c. 洩漏檢知器

　　一洩漏時偵測可能濃度，就先緊急行處理。

B. 熱能面

　a. 斷熱設計

　　容器外部斷熱處理，避免外部熱傳到容器內部。

　b. 固定式撒水或水沫設備

　　於儲槽頂部設冷卻撒水設備降溫。

　c. 遙控式水砲塔

　　大多數BLEVE容器失效是由於金屬過熱，以大水量射水冷卻是一關鍵性作法。

C. 減災面

　a. 過壓洩放裝置

　　洩放裝置動作，能使內部壓力減低也能使液體溫度不致太高，如安全閥、安裝爆炸氣道或洩爆孔。

b.地下槽體設計

　地下槽體局限爆炸範圍。

c.隔離

　設計防爆牆等，局限爆炸範圍或程度。

d.爆炸抑制裝置

　由洩漏檢知器檢知，緊急釋放不燃性氣體或滅火劑。

圖8-20　BLEVE火災高輻熱（筆者美國TCC訓練）

　　此外，從易（可）燃性液體或氣體洩漏後時間經過，遇起火源可能形成油池火災、蒸氣雲／氣體爆炸或BLEVE之事件結構；如圖8-21所示。當儲槽破裂時，內部呈平衡狀態的氣態及液態燃料將因壓力釋放而破壞平衡。常溫高壓的液態乃急遽蒸發為氣體，內容物一面細粒化，一面猛烈撞擊容器。Alghamdie（2013）指出，易燃性液體或氣體如天然氣、LPG洩漏後，瞬間引燃會形成一種擴散性噴流火焰（Jet Flame）；假使儲槽破裂延後數秒才引燃，會形成液體油池或氣／液體火球現象，但在儲槽破裂後再延遲一段較長時間才引燃，則形成更嚴重之蒸氣雲／氣體爆炸如BLEVE現象。

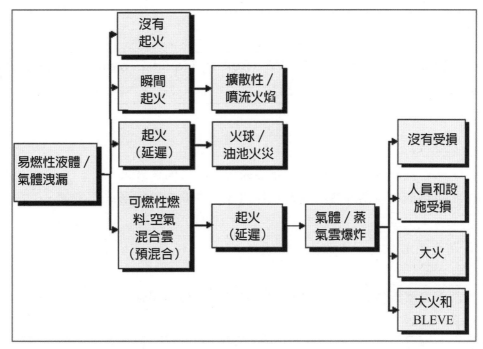

圖8-21 洩漏後時間經過遇起火源可能形成災害事件結構

（防火防爆，盧守謙與陳永隆著，五南圖書出版）

例1

1. 所謂BLEVE係指沸騰狀的液化瓦斯，氣化膨脹而爆炸之現象。請敘述該種爆炸發生的機制。試說明下列相對應之引燃時間對該種爆炸型式的影響及原因：若在儲槽破裂當時瞬間引燃？若在儲槽破裂延後數秒引燃才發生？若在儲槽破裂後引燃時間再延遲一段較長時間才發生？（104年設備師）

2. 液化氣體於儲存或運輸過程中常發生「BLEVE」（Boiling Liquid Expanding Vapor Explosion）現象，請詳述其形成之原因及防制之對策？（86年3等特考）

3. 請說明何謂BLEVE（Boiling Liquid Expanding Vapor Explosion）？並說明其防範之道。（101年消防人員升等考）

4. 請詳述BLEVE（Boiling Liquid Expanding Vapor Explosion）的定義和現象，並請列舉三種可能造成BLEVE的原因說明之。（97年3等特考）

5. 液體燃燒中有所謂BLEVE（Boiling Liquid Expanding Vapor Explosion），試論其反應現象及可能出現該現象之可燃性液體種類。（82年3等特考）

解：見本節內容所述。

例2　何謂火球火災？如何防止BLEVE（Boiling Liquid Expanding Vapor Explosion）的發生？（101年設備師）

解：

(一) 火球火災

1.易燃性液體油槽外洩，大量蒸發燃燒成為火球火災。

2.可燃液化氣體外洩，開始急速汽化，在開放區域形成蒸氣雲，一旦起火所產生火球。

(二) 防止BLEVE：見本節內容所述。

例3　請說明高壓氣體爆炸和BLEVE的定義和現象有何相異之處？（106年消防設備師）

解：

1. 高壓氣體爆炸可分化學性與物理性，以物理性而言，其是由高壓氣體產生純物理反應之一種爆炸形態，也稱為物理性爆炸。亦即在內部壓力下密封的或部分密封容器的破裂，通常被稱為機械爆炸，即物理能瞬間轉化為機械能。

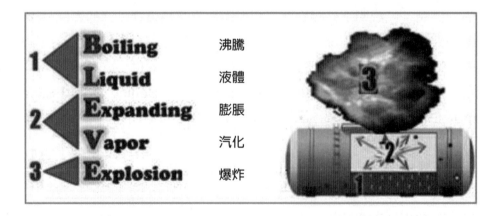

2. BLEVE沸騰液體膨脹蒸汽爆炸過程不需任何化學反應，此種物理上爆炸能量，來自沸騰液體和蒸氣的膨脹爆炸。容器內液體在一定壓力下溫度是已高於物質在大氣中沸點，此液體不必然是易燃性，如鍋爐爆炸即是。

爆炸		高壓氣體爆炸	BLEVE
相異	狀態	氣體	液體
	爆炸機制	主要是高壓	主要是高溫
	爆炸引發	容器內高壓氣體	容器內高溫蒸汽
相同	可燃與否	二者皆不必然是可燃性	
	容器	密閉性	
	容器結構	必須破裂	
	爆炸影響	二者皆產生壓力波，但不一定有火災	

二、蒸氣雲爆炸（VCE）

　　戶外空間形成蒸氣雲爆炸（Vapor Cloud Explosion, VCE），是燃料氣體／蒸汽釋放到大氣中，與空氣混合形成一定濃度蒸氣雲，遇起火源後形成一種非局限空間快速燃燒現象。這種主要特點是產生低階爆燃（Deflagration）或爆轟（Detonation）現象（這情況較少），也稱無壓蒸汽氣體爆炸（Unconfined Vapor Air Explosion）。

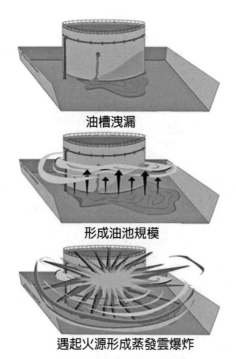

油槽洩漏

形成油池規模

遇起火源形成蒸發雲爆炸

圖8-22　油槽洩漏揮發蒸汽與空氣混合形成蒸氣雲爆炸

基本上，蒸氣雲爆炸一般都發生在加工處理場和易燃液體／氣體之儲存／製程區，或是大型運輸車輛（如鐵路槽車），通常有大量燃料（數百磅）參與反應。如以TNT等量爆炸與蒸氣雲爆炸最大壓力比較（如圖8-23），蒸氣雲爆炸呈現較大面積壓力波，代表其比TNT爆炸有較大總動量，圖中比衝量（Specific Impulse）愈高代表爆炸速率愈快，產生更多的動量。

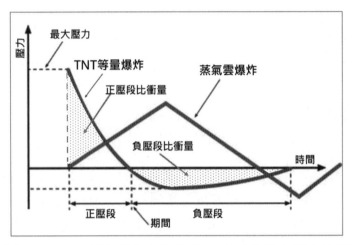

圖8-23　TNT等量爆炸與石化蒸氣雲爆炸最大壓力比較

（防火防爆，盧守謙與陳永隆著）

在碳氫類石化設施為了使蒸氣雲爆炸發生，必須4個條件：

圖8-24　碳氫類石化設施蒸氣雲爆炸發生條件

素流是由特定區域內的局限空間和擁擠石化設施（Congestion）所形成，在所有岸上油氣處理廠有足夠的擁擠石化設施和局限空間，就能產生蒸氣雲爆炸情況。

圖8-25　擁擠石化設施和局限空間會形成蒸氣雲爆炸環境空間

在TNT炸藥之爆炸壓力強度與其炸藥量之1/3次方成正比，而爆炸時爆轟波能量隨著距離1/3次方成反比。

$$\frac{z}{E^{1/3}} \text{ 或 } \frac{z}{W_{TNT}^{1/3}}$$

式中

E為爆轟波能量；z為從起爆處之距離；W_{TNT}為相同於TNT爆轟波能量

圖8-26　運載燃料鐵路槽車出軌大量高壓燃料洩出蒸氣雲爆炸

三、油池火災（Pooled Fires）

油池火災為油池液體起火，形成液體快速蒸發，火焰的輻射和對流熱使液面加熱。這種加熱機制產生的回饋，使更多液體從液面變成蒸氣化。如油槽洩漏後在防液堤內成大面積液體形成預混合可燃氣體層，遇火源後形成一開始油池混合燃燒現象，隨即轉為擴散蒸氣燃燒現象。當油池直徑小於0.1m時，熱傳導主宰著燃燒速率，而

與直徑成反比，但隨著油池直徑變大，火焰向液體的輻射熱主宰著油池液面的下降速率，當直徑遠大於1m時，液面蒸發速率也將趨於一定值。如以火球火災作比較如表8-4所示。

表8-4　油池火災與火球火災異同

項目		油池火災（Pool Fire）	火球火災（Fireball）
相異	火焰類型	起火時為液面上預混合火焰，隨後很快擴散到整個表面層，由擴散之蒸發火焰來維持燃燒之情況。	發生在非常濃厚之燃料層，因燃料層太濃，以致不能發生預混合火焰情況，僅在燃料層邊緣與氧發生預混合火焰。
	燃料蒸氣層	較不濃厚	濃厚
	燃料類型	液體	液體或氣體
	燃燒類型	蒸發燃燒 一開始是先小規模混合燃燒再擴散蒸發燃燒	液體是蒸發燃燒 液化氣體是較大規模先混合燃燒再擴散蒸發燃燒
相同		發生皆需火三要素（燃料、氧與熱量） 一開始二者具有預混合與擴散2種火焰類型同時存在現象	

四、蒸汽爆炸（Steam Explosions）

　　液體在高壓高溫狀態外洩現象，在化學性方面，大量膨脹可燃蒸氣與空氣中氧氣混合至一定濃度範圍，遇有發火源，所形成蒸氣混合燃燒爆炸；在物理性方面，在高壓狀態外洩，過熱液體形成蒸氣狀態，如在極短時間完成，勢必釋放相當能量而出現物理性爆炸現象。

(一)蒸汽爆炸種類

1.熱液體之種類

(1) 過熱液體為水，引發水蒸汽爆炸。

(2) 過熱液體為氯，引發有毒物質爆炸。

(3) 過熱液體為LNG或LPG，引發火球、BLEVE或蒸氣雲爆炸。

2.過熱液體之過程

(1) 傳熱型蒸氣爆炸，如水或氯等。

(2) 失衡型蒸氣爆炸，如LNG或LPG等。

3.可燃與不燃

(1) 不燃蒸氣爆炸，如水等不需發火源，爆炸是由高壓造成如鍋爐或熔融態金屬，爆炸後不會燃燒。

(2) 可燃型蒸氣爆炸，如油罐車或有機溶劑槽等，需有發火源，形成BLEVE或LNG或LPG爆炸燃燒等。

表8-5　蒸氣爆炸與BLEVE異同

項目		蒸氣爆炸	BLEVE
相異點	物質	水、氯、LPG或LNG	LPG或LNG
	過熱過程	傳熱型	失衡型
	發火源	可能不必須，由高壓造成	必須
	火災	可能沒有	有
	爆炸機制	物理性爆炸	先物理性再化學性爆炸
相同點	液體	低沸點液體進入高溫系統之過熱液體，溫度已超過液體沸點，一旦外殼破裂、液體洩漏、壓力降低，過熱液體會突然閃蒸引起爆炸	
	爆炸類型	蒸氣爆炸	

(二)水蒸汽爆炸

水蒸汽爆炸是物理性爆炸，為熔融物體與水相互作用之結果，具很大膨脹倍數能量。假使有熔融金屬物質不慎掉落適量之水中，則將發生水蒸汽急速膨脹1700倍之物理性爆炸，如同蒸氣引擎爆炸或鍋爐爆炸一樣，現場無燃燒痕跡之特徵。

鍋爐爆炸如同爆米花原理，把玉米放進一個密封容器裏加熱，使得玉米處在高溫高壓的狀態下，容器裏的溫度不斷升高，壓力也不斷增大。當溫度達到一定程度，玉米粒裏的大部分水分變成水蒸汽，此時玉米粒內外壓力是平衡的。一旦，蓋子突然打開，玉米粒外部壓力很快減低，因此玉米粒內外壓力差變大，玉米粒內高壓水蒸汽隨之急劇膨脹，瞬時爆開玉米粒之現象。

一般蒸氣鍋爐錶壓力約$15kg/cm^2$，爐內水蒸汽平衡之熱水溫度大致在120～200℃，這種在100℃以上過熱水，一旦處在大氣壓下則會急激化成水蒸汽膨脹，稱為爆炸水。

例1 當鍋爐破裂內部水將激烈蒸發，若水蒸汽溫度為100℃，則1大氣壓下每公斤的水蒸發後體積膨脹多少公升？

解：

$$液態體積 = \frac{質量}{密度} = \frac{18g}{1} = 18(mL)$$

$$氣態（1mole）體積 = \frac{nRT}{P} = \frac{1 \times 0.082\left(\frac{L \times atm}{K \times mol}\right) \times (273 + 100)}{1} = 30.586(L)$$

$$\frac{氣態}{液態} = \frac{30586}{18} = 1699（倍）$$

例2 一大氣壓下1g的水轉換成473℃的水蒸汽，其體積膨脹幾倍？

解：

$$PV = nRT \rightarrow 1 \times V = 1 \times 0.082 \times (473 + 273)$$

$$V = 61.172L = 61172mL$$

$$\frac{61172}{18} = 3398.4倍。$$

由於熔融液體溫度遠超過水沸點，一旦直接接觸形成熱傳遞劇烈作用，而導致水的極速蒸發引起水蒸汽物理爆炸。假使熔融液體不是與水，而是與其沸點低得多的液體接觸，所產生爆炸則稱為蒸氣爆炸現象（Vapor Explosion）。Bankoff等（1983）研究水蒸汽爆炸指出，水蒸汽爆炸還需要液體之間預混合（Premixing）情況，觸發蒸氣膜（Vapor Film）瓦解，以及能形成快速蒸汽區碰撞傳播現象，如圖8-27所示。圖左上方顯示熔融物質碰觸水大量落下，這過程產生預混合現象。圖右上顯示每個熔體被水的沸騰形成水蒸汽膜（Water Vapor Film）所包圍。圖右下顯示蒸氣膜被小熔體射流穿透，因此觸發膜瓦解（Film Collapse）。圖下中間顯示初始液滴裂開許多拋射碎片，並持續相互作用。當拋射碎片被推進到周圍的水分時，快速膨脹區域產生爆炸性水蒸汽（圖左下方）。

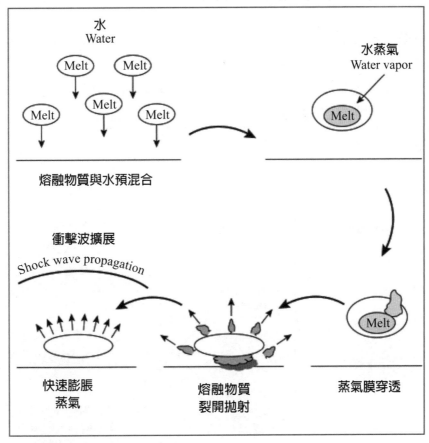

圖8-27　水蒸汽爆炸概念圖（SFPE Handbook 4th, 2008）

(三)蒸汽爆炸防範措施

1. 安全洩壓閥（Safe Relief Valve）

2. 限制或監測可燃濃度（Concentration Monitoring）

3. 限制或監測容器溫度及壓力狀態（T/P Monitoring）

4. 置換可燃物質（Replacing the Combustible Substance）

5. 充填不可燃氣體（Inerting the Apparatus）

6. 使用完全密封系統（Use of Sealed Systems）

7. 通風措施（Ventilation Measures）

　　(1) 自然通風（Natural Ventilation）

　　(2) 人工通風（Artificial Ventilation）

　　(3) 進行抽氣（Extraction at Source）

例

1. 請解釋並比較油池火災（pool fire）與火球火災（fire ball）火災現象之異同：（91年3等特考）
2. 請說明「蒸氣爆炸」的原理與防範之道。（100年消防人員升等考）
3. 試比較水蒸汽爆炸與BLEVE二者之差異：（89年3等特考）

解：見本節內容所述。

重點複習

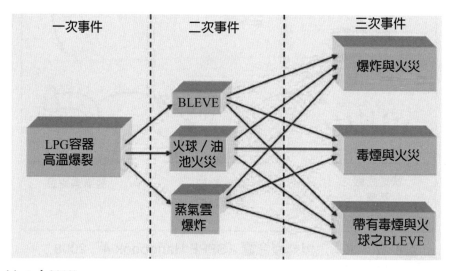

(Farid Kadri *et al*, 2012)

第5節　氣體類爆炸（Gas/Vapor Explosions）

高壓氣體在一定溫度及壓力下，可分為壓縮氣體、溶解氣體及液化氣體。

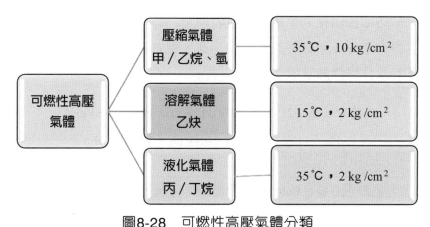

圖8-28 可燃性高壓氣體分類

一、壓縮氣體爆炸（Pressure Vessel Explosion）

高壓容器在壓力過大情況下，會產生容器破裂爆炸現象如氧氣瓶；或是容器內氣體加壓成液態，當容器故障破裂時，壓力會突然地釋放，這可能產生爆炸壓力波。

二、高壓分解爆炸

氣體發生分解爆炸條件，內在原因需是分解性氣體，且分解熱在80kJ/mol以上氣體。外在原因需需一定壓力及發火源。常見的分解性爆炸氣體有：環氧乙烷、聯氨、乙炔、乙烯、氧化氮、丙烯、臭氧、疊氮鉛、雷汞、雷銀、三氯化氮、三碘化氮、三硫化二氮、乙炔銀、乙炔銅等。此類爆炸時不一定發生燃燒反應，爆炸能量是由爆炸物本身分解時產生的。

1.環氧乙烷

環氧乙烷（C_2H_4O）是一種有毒的致癌物質，廣泛用於消毒醫療用品。溶液中環氧乙烷含量大於4%即為易燃液體，於室溫下很容易引燃，液體會累積電荷，氣體會被靜電引燃，氣體密度比空氣重。於火場中受熱會自行聚合導致容器破裂及自行分解，於封閉空間內的氣體或蒸氣引燃導致爆炸。

2.乙炔

乙炔為溶解氣體，在容器內填入多孔性固體再以高壓灌入成溶解於液體（丙酮）儲存，常用於燒焊作業。若單獨將乙炔氣體壓縮，則產生分解爆炸。因此，乙炔在氣瓶內加入丙酮或二甲基醯胺以溶解及稀釋乙炔氣，主要是防止高壓聚合反應生成乙烯基乙炔（C_4H_4）和苯（C_6H_6），壓力超過100kPa發生分解反應爆炸。

在乙炔分解時即放出在其生成時所吸收熱量，分解出固體碳粒及氫氣，如這種分解是在密閉容器內進行，則分解發熱溫度升高，壓力隨之加大而引起容器爆炸。乙炔每克分子燃燒熱及分解發熱量如次：

$$C_2H_2 + \frac{5}{2}O_2 \rightarrow 2CO_2 + H_2O + 312.4\,kcal \text{ 或 （1306 J/mol）}$$

$$C_2H_2 \rightarrow 2C + H_2 + 54.2\,kcal \text{ 或 （226 J/mol）}$$

例1　求每1公升乙炔在0℃、1atm等常溫常壓下分解時之發熱量為多少？

解：

乙炔每克分子燃燒熱及分解發熱量如次：

$$C_2H_2 + \frac{5}{2}O_2 \rightarrow 2CO_2 + H_2O + 312.4\,kcal \text{ 或 （1306 J/mol）}$$

$$C_2H_2 \rightarrow 2C + H_2 + 54.2\,kcal \text{ 或 （226 J/mol）}$$

$$\frac{54.2\,kcal}{22.4\,L} = 2.42\,kcal/L$$

例2　每1公升乙炔在0℃、1atm時單位體積燃燒熱及分解熱，何者熱量較高？

解：

$$當量濃度 = \frac{1}{1 + 4.8n} = \frac{1}{1 + (4.8 \times 2.5)} = 0.077$$

完全燃燒每1L乙炔在0℃、1atm時，發熱量為$\frac{312.4\,kcal}{22.4\,L} \times 0.077 = 1.07\,kcal/L$

$$分解熱 \frac{54.2\,kcal}{22.4\,L} = 2.42\,kcal/L$$

因此，乙炔單位體積發熱量，分解熱遠高於燃燒熱。

三、可燃氣體爆炸（Gas Combustion Explosions）

最常見化學爆炸，是可燃碳氫氣體燃料（Hydrocarbon Fuels）燃燒所造成，為一種混合之非定常燃燒現象[註4]，通常火焰速度為每秒幾十公分左右。依NFPA指出在化學性爆炸時，封閉容器或儲槽體可能要承受約400～750kpa壓力。而一般建築結構能耐受壓力，依NFPA指出僅約3.5～7kpa。

[註4]　非定常燃燒係指燃燒產生之熱量，超遠過逸散之熱量。

　　基本上，當火焰前端通過燃料氣體混合物時，氣體產生膨脹導致壓力增加。依據日產アーク株式會社（1997）等指出，一些可燃氣體爆炸上下限範圍，以及爆炸燃燒最大速度，如表8-6所示。

表8-6　可燃氣體爆炸上下限及燃燒速度最大值

物質名稱	化學式	爆炸範圍（%）	起火溫度（°C）	燃燒速度最大值（cm/s）
一氧化碳	CO	12.5～74	609	43
氫	H_2	4～74	500	291
甲烷	CH_4	5～15	540	37
苯	C_6H_6	1.2～7.8	560	40
甲苯	C_7H_8	1.2～7.1	480	38
二甲苯	$C_6H_4(CH_3)_2$	0.9～6.7	501	34
丙酮	CH_3COCH_3	2.6～12.8	561	50

（日產アーク株式會社1997；化學工業日報社2001；東京化學同人1994）

　　在一些案例如變壓器爆炸，係變壓器浸漬於絕緣油，當開關電弧會使油發生熱分解，產生以氫氣為主之可燃性氣體蓄積，所產生爆炸。又一般容器儲存可燃液化氣體，當容器破裂爆炸（物理）在現場形成大量可燃蒸氣，並迅即與空氣混合形成可爆性混合氣，在擴散中遇明火即形成二次爆炸（化學），常使現場附近變成一片火海，造成重大危害於表8-7為NFPA指出。常見可燃氣體特性。

表8-7　常見可燃氣體之屬性

氣體種類	熱值（MJ/m³）	燃燒下限（%）	燃燒上限（%）	比重	燃燒1m³所需最小空氣量（m³）	起火溫度（°C）
天然瓦斯	37.6～39.9	4.5	14	0.6	9.2	482～632
丙烷	93.7	2.1	9.6	1.5	24.0	493～604
丁烷	122.9	1.9	8.5	2.0	31.0	482～538
乙炔	208.1	2.5	81	0.91	11.9	305
氫	12.1	4	75	0.07	2.4	500
一氧化碳	11.7	12.5	74	0.97	2.4	609
乙烯	59.6	2.7	36	0.98	14.3	490

（NFPA 1986, Fire Protection Handbook Sixteenth Edition）
延伸閱讀請參見盧守謙與陳永隆著《防火防爆》一書，五南圖書出版。

四、火災爆燃或煙爆（Backdraft or Smoke Explosion）

　　爆燃（Backdraft）或煙爆是區劃空間火災在一相對氣密，形成通風控制燃燒型態。由於不完全燃燒，產生高濃度熱空氣懸浮粒子和煙霧、一氧化碳以及其他可燃氣體。這些高溫氣相燃料因通風不足，以致其無法釋出至大氣，又沒有足夠氧氣量來持續燃燒，而在區劃空間內持續累積能量。一旦開口（窗戶／門）被開時外來空氣中氧，使其點燃並燃燒快速產生低階爆燃（Deflagration），壓力小於0.15atm。火災爆燃見第9章第4節之詳細探討。

圖8-29　建築物火災黃褐色濃煙含有大量燃料之危險信號

第6節　容器儲槽爆炸徵兆（Container/Tank Explosion Sign）

一、一般容器槽體

1. 槽體煙流漩渦狀，並帶有相當熱氣。
2. 從槽體壁面漆料變色、射水瞬間蒸發。
3. 火焰發白、變亮，使人產生刺眼感覺。碳粒子在火焰溫度（700-800℃）呈現紅光或黃光，超過1000℃時碳粒子就會發白變亮。
4. 刺耳嘶嘶聲，發出強烈訊息。
5. 槽體因內部壓力升高，形成劇烈抖動。
6. 煙霧濃黑狀態轉變淡化現象。

二、石化工業危險設施

1. 工業廠房反應器、聚合槽、蒸餾塔等設備發出異常響聲。
2. 物料容器、壓力設備扭曲高溫變形。
3. 物料容器、反應塔火焰由紅變白現象。
4. 槽體抖動與其相連之管道基礎相對發出響聲。
5. 安全閥等發出刺耳嘶嘶聲。
6. 現場微爆噪音加大且急促。

第7節　低階爆燃與爆轟（Deflagration and Detention）

根據爆炸所釋放能量速率的壓力大小和擴展速度的快慢，爆炸得分爲低階爆燃（Deflagration）和高階爆轟（Detention）現象。以火災快速燃燒速度，在3m/s以下，壓力不超過0.02atm；低階爆燃擴展速度約在340m/s以下；而爆轟擴展速度則約在340m/s以上（如圖8-30所示）。

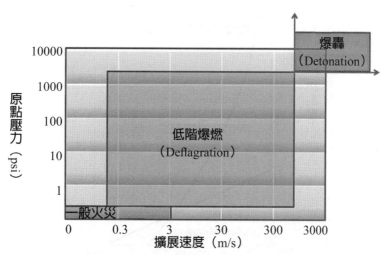

圖8-30　火災燃燒、爆燃與爆轟所形成壓力與擴展速度結構圖（DeHann, 2007）

而爆轟是反應前鋒（薄薄化學反應發光區）藉由一強大波並壓縮前鋒區之未反應物，使其快速上升至其自動起火溫度以上之狀態，這種壓縮發生非常快速，導致一突

然壓力改變或衝擊在反應前鋒區，因而使反應前鋒，與形成衝擊波快速展開至未反應可燃混合物，以一種超音速型態前進著，像活塞一樣擠壓其周圍氣體，形成一種衝擊波型態。

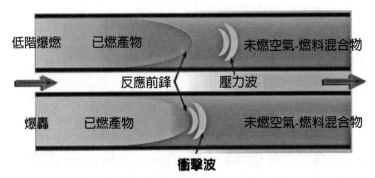

圖8-31　低階爆燃與爆轟之反應前鋒與速度差異

　　低階爆燃是從反應之能量轉變到前端未反應可燃混合物，藉由熱傳導與分子擴散作用；這些過程是相對較慢，造成反應前鋒低於音速進行展開。因此，爆轟與低階爆燃之所形成壓力如圖8-32所示。

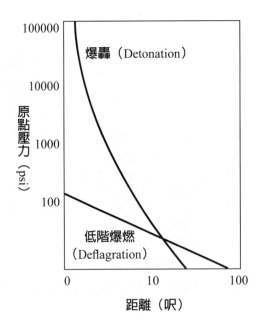

圖8-32　以100磅量爆轟與低階爆燃壓力與距離關係（Burgoyne and Partners, 2003）

在美國化工協會（AICE, 2003）針對低階爆燃與爆轟研究指出，低階爆燃發生期間較長，最大壓力值是1.5atm以下；而爆轟發生時期間較短，最大壓力值是15atm以下，二者壓力值相差10倍（圖8-33）。

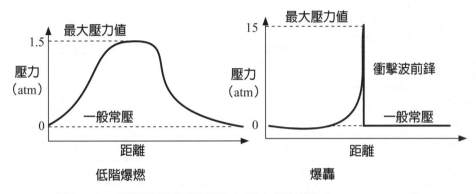

圖8-33 低階爆燃與爆轟最大壓力值比較（Crowl, 2003）

如在管道或某些細長密閉空間中，從一些實例災例及實驗顯示，從較弱點火源情況下，從低階爆燃過渡至爆轟現象，主要取決於以下參數（NFPA, 2008)：

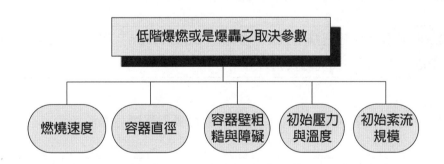

1.混合物反應性（燃燒速度）
混合物反應性愈強，火焰加速到爆轟的速度愈快。

2.儲存容器或管壁粗糙度和障礙
管道內表面愈粗或存在障礙物愈多，轉變到爆轟的過渡時間愈短。

3.儲存容器或管道直徑
儲存容器或管道直徑愈大，轉變到爆轟的過渡時間愈短。

4.初始壓力和溫度
初始溫度和壓力愈高，轉變到爆轟的過渡時間愈短。

5. 初始紊流規模

儲存容器中紊流或初始氣體速度愈大，轉變到爆轟的過渡時間愈短。

而低階爆燃與爆轟之二者差異性，將上述整理如表8-8所示。

表8-8　低階爆燃（Deflagration）和爆轟（Detention）之差異性

性質	低階爆燃	爆轟
爆炸型態	低階	高階
溫度	較低	相當高
最大壓力	1.5atm	15atm
時間	持續較長	持續較短
波速	340m/s以下	340m/s以上
波型	壓力波	爆轟波
前鋒	反應前鋒落後於壓力前鋒	反應前鋒與壓力前鋒並行
延燒來源	熱傳導等質量傳送機制	震波機制
反應物前鋒	亞音速	超音速

（盧守謙與陳永隆著，防火防爆，五南圖書出版）

例1　請說明預混合火焰與擴散火焰；爆轟（Detonation）與爆燃（Explosion）。（102年消防行政與消防技術升等考）

解：

　　預混合火焰與擴散火焰見第6章第3節。而爆轟與爆燃見本節所述。

例2　請說明爆炸之意義？爆炸時依火焰傳播速度，可區分成爆燃（Deflagration）及爆轟（Detonation），兩者有何差異？爆炸性物質對撞擊之敏感度甚高，影響其敏感度之因素有哪些？（103年3等特考）

解：見本章內容所述。

第8節　歷屆考題精解

一、選擇題

(C)　1. 在乙炔氣瓶內加入丙酮以溶解乙炔氣，主要是防止哪一種爆炸？
  (A) 自然發火型爆炸　　(B) 反應失控型爆炸
  (C) 氣體分解爆炸　　　(D) 蒸氣爆炸

(B)　2. 下列哪一個狀態參數的變化是爆炸引起破壞的直接原因？
  (A) 密度　(B) 壓力　(C) 溫度　(D) 速度

(C)　3. 下列哪一種氣體，其高壓下的爆炸範圍會隨著壓力增加而變窄？
  (A) 甲烷　(B) 丙烷　(C) 一氧化碳　(D) 乙烯

(A)　4. 以下哪一個屬於物理性爆炸？
  (A) 突沸　(B) 霧滴爆炸　(C) 可燃性蒸氣爆炸　(D) 開放空間蒸氣雲爆炸

(B)　5. 對於粉塵爆炸之敘述何者為非？
  (A) 粉塵粒子直徑愈小愈易發火　(B) 若空氣中氧濃度降低，爆炸下限濃度亦降低　(C) 通常壓力溫度上升，粉塵的最小發火能量變小　(D) 粉塵濃度愈高，發火溫度愈低

(D)　6. 下列哪一項爆炸性物質，較不受衝擊與摩擦作用而引起爆炸？
  (A) 氮化鉛　(B) 黑色火藥　(C) 硝化甘油　(D) 無煙火藥

(D)　7. 麵粉廠常因爆炸而引起粉塵揚起，進而造成全廠性之毀滅性爆炸，此現象稱為：
  (A) 爆燃（deflagration）　　　(B) 爆轟（detonation）
  (C) 塵爆（dust explosion）　　(D) 二次塵爆（secondary dust explosion）

(D)　8. 工廠使用之乙炔鋼瓶，為防爆炸，常利用下列何者浸泡？
  (A) 氮氣　(B) 氩氣　(C) 氖氣　(D) 丙酮

(B)　9. 有關氣體之分解爆炸，下列敘述何者有誤？
  (A) 在界限壓力之上始可發生　(B) 壓力超過爆炸上限時則不發生
  (C) 一般多發生於高壓下　　　(D) 爆炸時不需要氧氣存在

(A)　10. 氣體燃燒爆炸時之燃燒速度小於音速稱為？
  (A) 爆燃（deflagration）　　　　　(B) 爆轟（detonation）
  (C) 沸騰液體膨脹氣雲爆炸（BLEVE）　(D) 二次爆炸（2nd explosion）

（ C ） 11. TNT炸藥之爆炸壓力強度與其炸藥量之幾次方成正比？

(A) 1/1　(B) 1/2　(C) 1/3　(D) 1/4

（ A ） 12. 下列有關粉塵爆炸之敘述，何者有誤？

(A) 浮游粉塵，粒徑愈大，發火溫度愈低　(B) 粉塵爆炸之燃燒反應係發生於粒子表面　(C) 粉塵雖無法如氣體般均勻分布，但一樣有爆炸界限　(D) 粒徑小之粉體，常利用氣流運送，易生靜電火花引起爆炸，故處理乾燥粉體，必須注意

（ A ） 13. 就某一特定粉塵種類而言，下列何者可提高其最小發火能量？

(A) 加大粉塵粒徑　　　　(B) 提高粉塵濃度
(C) 提高環境氧氣濃度　(D) 升高環境溫度

（ B ） 14. 當氣體爆炸時之燃燒速度大於音速，稱爲何種爆炸？

(A) 爆燃（deflagration）　(B) 爆轟（detonation）
(C) 震波（shock wave）　(D) 凝相爆炸（condensed phase explosion）

（ C ） 15. 下列何者不爲蒸氣爆炸？

(A) 重油的沸溢（Boilover）　(B) 鍋爐破裂
(C) 過氧化氫爆炸　　　　　　(D) 液態瓦斯Bleve現象

（ B ） 16. 蒸氣爆炸是屬於下列何者？

(A) 氣態爆炸　(B) 液態爆炸　(C) 固態爆炸　(D) 混合爆炸

（ D ） 17. 爆炸性物質所需最小起爆能稱爲該物質之敏感度，下列何者會使敏感度提高？

(A) 起爆溫度愈高　(B) 液態雜質　(C) 密度愈大　(D) 硝基愈多

（ A ） 18. 下列物質與水接觸如發生爆炸現象時，何者非屬蒸氣爆炸範疇？

(A) 電石（碳化鈣）　(B) 強酸　(C) 高溫鐵水　(D) 鍋爐破裂

（ B ） 19. 下列有關影響粉塵爆炸因素之敘述，何者正確？

(A) 粒子愈小，最小發火能量愈大　(B) 粒子愈小，發火溫度愈低
(C) 含水分愈多，最小發火能量愈小　(D) 壓力愈大，最小發火能量愈大

（ A ） 20. 下列有關粉塵爆炸之敘述何者正確？

(A) 粉塵濃度愈高發火溫度將降低　(B) 若與可燃性氣體在空氣中共存時其爆炸下限將提高　(C) 粉塵粒子直徑愈大愈易發火　(D) 粉塵與空氣之混合物若壓力與溫度上升時爆炸範圍變窄，危險性降低

（ C ） 21. 液體在極快速情況下受熱汽化爲氣體時，因能量在瞬間內釋放，將會形成爆

炸現象，此狀況稱爲何者？

(A) 聚合爆炸　(B)分解爆炸　(C) 蒸氣爆炸　(D) 反應性失控爆炸

(C) 22. 在乙炔氣瓶內加入丙酮以溶解乙炔氣，主要是防止哪一種爆炸？

(A) 自然發火型爆炸　　(B) 空氣氧化反應爆炸

(C) 氣體分解爆炸　　　(D) 蒸氣爆炸

(D) 23. 下列對於影響粉塵爆炸的因素描述，何者正確？

(A) 含水量愈多愈易爆炸　(B) 灰分含量愈多則愈易爆炸　(C) 粉塵與可燃性氣體共存時，其爆炸下限將上升　(D) 食品類如麵粉、澱粉及穀物等亦爲爆炸性粉塵

(D) 24. 工業廠房於發生火災事故時，產生燃燒速率大於音速的爆炸稱爲：

(A) 突沸（boilover）　　　　　　　(B) 閃燃（flash over）

(C) 液體沸騰膨脹氣體爆炸（BLEVE）　(D) 爆轟（detonation）

(B) 25. 103年高雄地下石化管線丙烯洩漏引發火災爆炸，此類火災爲：

(A) A類火災　(B) B類火災　(C) C類火災　(D) D類火災

(C) 26. 有關爆炸性物質的敏感度特性，下列敘述何者正確？

(A) 起爆溫度愈高者，敏感度愈高　　(B)分子中硝基愈多者，敏感度愈低

(C) 物質之密度愈大者，敏感度愈小　(D) 結晶與敏感度無關

(D) 27. 乙炔爲易發生分解爆炸之物質，頗具危險性，下列有關乙炔之敘述何者錯誤？

(A) 高壓下，乙炔易生聚合反應　(B) 爲防止高壓乙炔分解爆炸，常以其他氣體稀釋，使乙炔濃度降低　(C) 液化乙炔較固體乙炔危險度高　(D) 乙炔最小起爆能量與乙炔之壓力成正比

(C) 28. 有關火災與爆炸之相關性，下列何者錯誤？

(A) 火災可能導致爆炸，爆炸亦可能導致火災　(B) 火災是化學反應

(C) 爆炸全是物理反應　(D) 爆炸之反應速率及危害較火災爲高

(C) 29. 乙烷之爆炸下限約爲多少%？　　(A) 1　(B) 2　(C) 3　(D) 4

(D) 30. 下列何者金屬粉塵不會產生粉塵爆炸之危險？

(A) 鎂　(B) 鈦　(C) 鋁　(D) 鉛

(C) 31. 液體變化爲氣體之速度極爲快速時，因能量之放出在極短時間內形成之爆炸現象，稱爲？　　(A) 粉塵爆炸　(B) 分解爆炸　(C) 蒸氣爆炸　(D) 瓦斯爆炸

(D) 32. 當高溫鍋爐破裂時，鍋爐內的水將洩漏並激烈蒸發，若水蒸汽溫度爲100℃，

試算每公斤的水蒸發後體積將膨脹爲：

(A) 100 L　(B) 500 L　(C) 1000 L　(D) 1700 L

(A) 33. 下列有關粉塵爆炸的敘述，何者正確？

(A) 粒子的直徑愈小，粉塵爆炸的最小發火能量愈低　(B) 固體粒子的水分含量愈多，愈易引起粉塵爆炸　(C) 粉塵的最小發火能量一般比可燃性氣體小　(D) 粉塵若與可燃性氣體在空氣中共存時，其爆炸下限將提高

(C) 34. 液化瓦斯（LPG）與60～70℃的水接觸時所發生的爆炸，屬：

(A)分解爆炸　(B) 化學爆炸　(C) 蒸氣爆炸　(D) 混合爆炸

(D) 35. 下列何者無法引起粉塵爆炸？

(A) 小麥粉　(B) 鋁粉　(C) 胡椒粉　(D) 岩粉

(C) 36. TNT炸藥之爆炸壓力波與距離之幾次方成反比？

(A) 1/1　(B) 1/2　(C) 1/3　(D) 1/4

(A) 37. 爆炸反應係屬下列何種燃燒？

(A) 混合燃燒　(B) 擴散燃燒　(C) 蒸發燃燒　(D)分解燃燒

(A) 38. 下列何種物質不屬於炸藥？

(A) 丙烯醛　(B) 氮化鉛　(C) 雷酸銀　(D) 硝化甘油

(D) 39. 下列何者屬於蒸氣爆炸？

(A) 粉塵爆炸　(B) 過氧化氫爆炸　(C) 氫氣爆炸　(D) 鍋爐爆炸

(B) 40. 當油池內有積水，火災發生時，即可能發生何種現象？

(A) BLEVE　(B) 突沸（揚沸）（boilover）　(C) 爆轟　(D) 閃燃

(C) 41. 引起粉塵爆炸的最小點火能量約爲：

(A) 0.1～1.0mJ　(B) 1.0～10mJ　(C) 10～100mJ　(D) 100～1000mJ

(D) 42. 下列何者非影響粉塵爆炸之因子？

(A) 化學組成　(B) 粒子　(C) 溫度　(D) 最大發火能量

(B) 43. 炸藥在製造、加工及使用過程中，不愼引起之爆炸稱爲：

(A) 氣體分解爆炸　(B) 混合危險爆炸　(C) 混合氣體爆炸　(D) 化合物爆炸

(B) 44. 就爆炸物質的特性，下列何者正確？

(A) 多數爆炸物質不具有毒性　(B) 起爆溫度愈低者，敏感度愈高　(C) 化學組成中硝基愈多，敏感度愈低　(D) T.N.T.（Trinitrotoluene）中混入砂粒後，敏感度降低

(D) 45. 環氧乙烷、聯氨、乙炔、乙烯、氧化氮當中，易產生分解爆炸的物質有幾

種？ (A) 2 (B) 3 (C) 4 (D) 5

（B） 46. 有關粉塵爆炸之敘述，下列何者正確？

(A) 粉塵之最小發火能量一般比可燃性氣體小 (B) 粒子之直徑愈小，粉塵爆炸之最小發火能量愈低 (C) 有機過氧化物之灰分含量愈高，愈易產生粉塵爆炸 (D) 粉塵若與可燃性氣體在空氣中共存時，其爆炸下限會上升

（B） 47. 下列何種物質不屬於炸藥？

(A) 氮化鉛 (B) 溴氯甲烷 (C) 硝化甘油 (D) 雷酸銀

（C） 48. 氣體濃度越接近當量濃度時，則爆轟波胞格尺寸（detonation cell）越：[註5]

(A) 無影響 (B) 大 (C) 小 (D) 無法判定

（B） 49. 當一小爆炸發生時，其壓力波將全廠之粉塵揚起，再被隨後而至之燃燒引爆所引起之全廠性爆炸稱為：

(A) 塵爆 (B) 二次塵爆 (C) 爆轟 (D) 複燃（backdraft）

（B） 50. 一般來說，增加壓力會使爆炸範圍：

(A) 不變 (B) 增大 (C) 縮小 (D) 以上皆非

（B） 51. 爆炸時火燄傳播速率達音速以上稱為：

(A) 爆燃 (B) 爆轟 (C) 音爆 (D) 震波

（D） 52. 以下關於影響爆炸性物質敏感度因素之敘述，何者正確？

(A) 分子中硝基（–NO_2）愈多，敏感度愈低 (B) 起爆溫度愈低，敏感度愈低 (C) 固體雜質可降低炸藥之敏感度 (D) 物質密度愈大，敏感度愈小

（A） 53. 液體汽化為氣體的速度極為快速時，因能量在極短時間內放出，因而形成爆炸現象，稱為：

(A) 蒸氣爆炸 (B)分解爆炸 (C) 瓦斯爆炸 (D) 粉塵爆炸

[註5] 胞格尺寸與當量比的關係呈「U」形曲線關係。

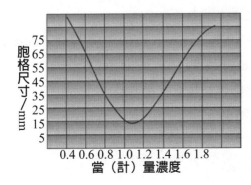

（ A ） 54. 含氣泡的硝化甘油運輸中，易產生爆炸的原因爲：

(A) 氣體斷熱壓縮　　(B) 點火能量小　　(C)分解熱　　(D) 發火溫度低

（ C ） 55. 影響粉塵爆炸的因素，下列何者正確？

(A) 粉塵的化學組成，與爆炸無關　　(B) 處理乾燥粉塵，無需特別注意

(C) 粉塵中含微小粒子愈多者，爆炸可能性愈高　　(D) 無所謂爆炸界限

（ C ） 56. 安全工學上阻止爆炸過程有三種方法，其中最後防止第三過程爲抑制產生之熱、壓力及衝擊效果，稱爲：

(A) 預防　　(B) 撲滅　　(C) 防護　　(D) 排洩

（ D ） 57. 下列關於粉塵爆炸的說明，何者有誤？

(A) 食品類如澱粉、砂糖及小麥粉等亦爲爆炸性粉塵　　(B) 含水量高不易產生粉塵爆炸　　(C) 微小粒子愈多，爆炸可能性愈高　　(D) 粉塵與可燃性氣體共存時，其爆炸下限將上升

（ C ） 58. 影響粉塵爆炸之因素何者正確？

(A) 含水量愈多愈易爆炸　　(B) 灰分含量愈多則愈易爆炸　　(C) 含微小粒子愈多則爆炸可能性愈高　　(D) 若與可燃性氣體在空氣中共存時，爆炸下限將提高

（ D ） 59. 下列何者物質不屬於炸藥？

(A) 雷酸銀　　(B) 氮化鉛　　(C) 硝化甘油　　(D) 溴氯甲烷

（ B ） 60. 通常粉塵之最小點燃能量比氣體之最小點燃能量：

(A) 一樣　　(B) 高　　(C) 低　　(D) 無法判定

（ A ） 61. 粉塵中若含有可燃性氣體會造成爆炸壓力：

(A) 上升　　(B) 下降　　(C) 不變　　(D) 無法判定

（ B ） 62. 亂流會造成氣體爆炸壓力：

(A) 不變　　(B) 增加　　(C) 減小　　(D) 無法判定

（ D ） 63. 一般而言，當發生爆炸時，哪一種之爆炸壓力最小？

(A) 燃爆（deflagration）　　(B) 爆轟（detonation）　　(C) 粉塵爆炸（dust explosion）　　(D) 非局限氣雲爆炸（unconfined vapor cloud explosion）

（ B ） 64. 粉塵中若其氧氣之濃度愈高則其點燃爆炸之最低能量愈：

(A) 高　　(B) 低　　(C) 不變　　(D) 無法判定

（ B ） 65. 下列何種物質之燃燒不會導致BLEVE？

(A) 汽油　　(B) 鋁粉　　(C) LPG　　(D) LNG

（ D ）66. 爆炸時燃燒速率大於音速之爆炸稱為：

(A) 突沸（boilover） (B) 閃燃（flashover）

(C) 液體沸騰膨脹氣體爆炸（BLEVE） (D) 爆轟（detonation）

（ C ）67. 1公斤力（1kgf）相當於多少牛頓？

(A) 1N　(B) 5N　(C) 10N　(D) 20N

（ A ）68. 液體變化為氣體之物理現象中，若變化速度至為急速時，因能量之放出在極短時間內為之，即形成爆炸現象，其名稱為何？

(A) 蒸氣爆炸　(B)分解爆炸　(C) 高壓氣體爆炸　(D) 以上皆是

（ D ）69. 下列有關油池火焰（災）的敘述，何者不正確？

(A) 隨著油池直徑變大，火焰向液體的幅射熱主宰著油池液面的下降速率

(B) 隨著油池直徑變大，液面蒸發速率將趨於一定值

(C) 採用泡沫滅火劑，即能減少向液體的熱傳量，又能阻止液體的蒸發

(D) 如果油池內有積水，火災發生時，即可能發生BLEVE的現象

（ C ）70. 可燃性固體之微粒子浮游於空氣中，遇到火焰或放電火花而產生爆炸之現象者，其名稱為何？

(A)分解爆炸　(B) 高壓氣體爆炸　(C) 粉塵爆炸　(D) 以上皆是

（ A ）71. 下列那一種氣體不會因加壓後發生分解反應而有爆炸的危險？

(A) 乙烷　(B) 乙烯　(C) 乙炔　(D) 環氧乙烷

（ B ）72. 粉塵爆炸與混合氣體爆炸之異同，下列何者正確？

(A) 粉塵爆炸壓力上升速度較氣體爆炸快　(B) 粉塵爆炸最小起爆能量較氣體爆炸高　(C) 粉塵爆炸與氣體爆炸一樣，有明確的爆炸上下限　(D) 粉塵爆炸產生的最大壓力較氣體爆炸大

（ D ）73. 液體變化為氣體的現象中，如變化速度極為快速時，會因在極短的時間內放出能量而形成爆炸，此現象稱為：

(A) 蒸氣雲爆炸　(B) 混合爆炸　(C) 擴散爆炸　(D) 蒸氣爆炸

（ B ）74. 爆炸時火焰傳播速率達音速以上稱為下列何者？

(A) 爆燃　(B) 爆轟　(C) 音爆　(D) 震波

（ D ）75. 下列就粉塵爆炸最小發火能量之描述，何者錯誤？

(A) 溫度升高，最小發火能量變小　(B) 壓力增大，最小發火能量變小

(C) 含氧量愈高，最小發火能量變小　(D) 粒徑愈大，最小發火能量變小

（ D ）76. 汽油燃燒時主要方式為下列何者？

(A) 溶解燃燒　(B)分解燃燒　(C) 液態燃燒　(D) 蒸發燃燒

(B)　77. 下列何者屬於物理性爆炸？

(A) 粉塵爆炸　(B) 水蒸汽爆炸　(C) 液化石油氣爆炸　(D) 可燃性蒸氣爆炸

(D)　78. 乙炔為易發生分解爆炸之物質，頗具危險性，下列有關乙炔之敘述何者錯誤？

(A) 高壓下，乙炔易生聚合反應　(B) 為防止高壓乙炔分解爆炸，常以其他氣體稀釋，使乙炔濃度降低　(C) 液化乙炔較固體乙炔危險度高　(D) 乙炔最小起爆能量與乙炔之壓力成正比

(D)　79. 環氧乙烷、聯氨、乙炔、乙烯、氧化氮當中，易產生分解爆炸的物質有幾種？　　(A) 2　(B) 3　(C) 4　(D) 5

(B)　80. 有關氣體之分解爆炸，下列敘述何者有誤？

(A) 在界限壓力之上始可發生　(B) 壓力超過爆炸上限時則不發生

(C) 一般多發生於高壓下　　　(D) 爆炸時不需要氧氣存在

(D)　81. 乙炔爆炸是屬於下列何種反應？

(A) 聚合反應　(B) 粉塵爆炸　(C) 物理爆炸　(D)分解爆炸

(B)　82. 有關乙炔之敘述，下列何者錯誤？

(A) 化學式為C_2H_2　(B) 高溫、高壓下可聚合形成聚乙烯　(C) 二大氣壓以下壓縮時，亦可能發生分解爆炸　(D) 經二大氣壓以上壓縮時，易分解為碳及氫

(A)　83. 下列選項所列之化學工業經常處理的化合物中，何者不具有發生分解爆炸之可能性？　　(A) 甲烷　(B) 乙炔　(C) 環氧乙烷　(D) 聯氨

二、問答題

1. 各國礦坑曾發生塵煤爆炸及小麥工廠也曾發生粉體爆炸，均可以稱為粉塵爆炸的形式，試問粉塵爆炸的基本定義並說明影響粉塵爆炸之因素以及粉塵爆炸發生難易之測定方法？（104年4等一般特考）

解：

(一) 粉塵定義為粒子直徑是指小於0.5mm以下的可燃粉末，懸浮在空氣中，但不一定封閉空間，分散於足夠高的濃度，遇有起火源形成快速燃燒之現象。

(二) 影響粉塵爆炸之因子，如次：

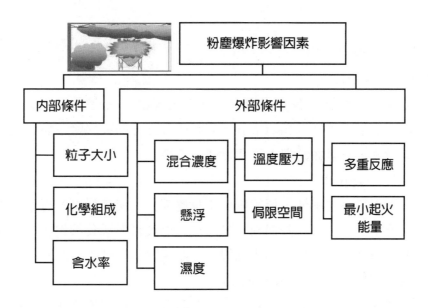

(三) 粉塵爆炸發生難易之測定方法

    1.爆炸可能性（起火靈敏度）

        (1)最小爆炸濃度（Minimum Explosible Concentration, MEC）

        (2)最小含氧濃度（The Limiting Oxidant Concentration, LOC）

        (3)粉塵雲最小起火溫度（MIT Cloud）

        (4)粉塵層最小起火溫度（MIT Layer）

        (5)最小點火能量（MIE）

        (6)靜電體積電阻率（Electrostatic Volume Resistivity）

        (7)帶電性（Electrostatic Chargeability）

        (8)自我加熱性（Self-Heating）

    2.爆炸後果（爆炸嚴重性）

        (1)最大爆炸壓力（Maximum Explosion Pressure）

        (2)最大升壓速率（Maximum Rate of PressureRise）

        (3)低階爆燃指數（Deflagration Index）

2. 化工原料若使用管理不當，易引起爆炸，試說明爆炸的過程與防止之道。（95-1
年設備士）

解：

(一) 爆炸的過程

1. 起爆（Initiation）

　形成與氧可燃混合氣體濃度，在起火源給予活化能，先產生激烈化學反應；此階段可採取預防措施，如起火源面抑制或移除、燃料面如密封或通風措施、氧氣面充填不可燃氣體等措施。

2. 成長（Growth）

　由引爆所產生熱能，連鎖鄰近未反應部分，使其持續進行不需再供給任何熱能情況，自我成長過程，先形成正壓後再形成負壓現象；此階段可採取抑制措施來降低爆炸造成之損害，如驟熄、排料或隔離等措施。

3. 安定燃燒（Stable Combustion）

　燃燒安定快速至能量消耗完畢；此階段就採取防護措施，如結構弱頂設計或防爆牆等措施，以減少爆炸損害。

(二) 防止之道

　為防止爆炸安全工學，有使用PSP策略，即第一個「P」：預防策略（prevention）為防止爆炸發生之第一過程。而第二個過程為「S」抑制作用（suppression）為防止爆炸成長之第二過程。在第三個過程即「P」防護作用（protection）為抑制爆炸所產生之熱、壓力及衝擊效果之第三過程。

3. 靜電造成火災之現象頻繁，其必要最小放電能量稱為「點火最小能量」受哪些因素影響？請以可燃性氣體與粉塵為例說明之。（93年設備士）

解：

(一) 最小起火能量，取決於下列因素：

1. 溫度及壓力
2. 混合濃度
3. 氣體／蒸汽類型或化學組成
4. 溼度

(二) 依照德國Siemens公司（2010）研究指出，粉塵最小起火能量約在3～200mJ範圍內，而可燃氣體最小起火能量則較低，範圍在0.013～1.0mJ。

4. 工業倉儲常有粉塵爆炸的危險性，請說明哪些粉塵最易有爆炸危險？再者，請解釋粉塵爆炸的發生過程，並說明一般測定粉塵是否容易發生爆炸的方法為何？（25分）（98-2年設備師）

解：

(一) 粉塵爆炸發生在各種不同的物質（農業產品），如穀物粉塵和木屑；碳質物質如煤、木炭；化學品；藥如阿司匹林和抗壞血酸（即維生素C）；染料和顏料；金屬如鋁、鎂、鈦等；塑膠製品和樹脂如合成橡膠。

(二) 測定粉塵是否容易發生爆炸的方法同第1題解答。

5. 請說明粉塵爆炸現象中，環境溫度與壓力對爆炸界限之影響關係如何？（90年3等特考）

解：

依理想氣體$PV = nRT$，溫度與壓力成正相關，在溫度或壓力增高時，燃燒上限提高，燃燒／爆炸範圍增加，燃燒／爆炸下限降低致最小起火能量變小。

6. 瓦斯是國內民生用燃源，但使用瓦斯不慎時會造成瓦斯氣爆、火災及一氧化碳中毒等三大災害，請說明：

(1) 常用瓦斯的種類（含名稱、主要成分、基本物性等）；（5分）

(2) 瓦斯氣爆的原因及防範措施；（6分）

(3) 瓦斯火災的原因及防範措施；（6分）

(4) 一氧化碳中毒的原因及防範措施。（8分）（106年一般4等特考）

解：

(1) 常用瓦斯種類：A、液化石油氣主成分為丙烷為主及少量丁烷，比重為空氣之1.5倍，於燃燒上下限：1.8～9.5%。B、天然氣主成分為甲烷為主及少量乙烷，比重為空氣之0.5倍，於燃燒上下限：5～15%。

(2) 瓦斯氣爆為一種混合燃燒型態，原因是可燃性瓦斯洩漏後，與空氣中氧達到爆炸上下限範圍，一遇發火源產生爆炸現象。於防範措施上，首先避免瓦斯洩漏，使用合格之檢驗容器、燃燒用具及輸氣管線，或安裝瓦斯洩漏偵測器等。一旦洩漏，附近如有明火源，應即關閉，禁用任何電氣開關，成立管制區，通報119。

(3)瓦斯火災爲擴散燃燒型態，原因爲煮食不愼使爐具燃燒起來或油鍋起火或排油煙管燃燒，有些是長時間煮食時人離開等。於防範措施上，爐具周圍保持一定防火空間，油管應定期清洗或更換，煮食時切忌離開。

(4)一氧化碳中毒原因，因爐具裝設通風不良，使瓦斯不完全燃燒則生成一氧化碳，一氧化碳與血液中之血紅素結合，阻礙紅血素輸氧功能，產生內因性窒息。於防範措施上，燃氣設施應安裝於通風處所，裝設一氧化碳探測器，燃氣設施應強制排氣及定期檢查維護。

7. 請說明高壓氣體爆炸和BLEVE的定義和現象有何相異之處。（25分）（106年設備師）

解：

(一) 高壓氣體爆炸可分化學性與物理性，以物理性而言，其是由高壓氣體產生純物理反應之一種爆炸形態，也稱爲物理性爆炸。亦即在內部壓力下密封的或部分密封容器的破裂，通常被稱爲機械爆炸，即物理能瞬間轉化爲機械能。

(二) BLEVE沸騰液體膨脹蒸氣爆炸過程不需任何化學反應，此種物理上爆炸能量，來自沸騰液體和蒸氣的膨脹爆炸。容器內液體在一定壓力下溫度是已高於物質在大氣中沸點，此液體不必然是易燃性，如鍋爐爆炸即是。

爆炸		高壓氣體爆炸	BLEVE
相異	狀態	氣體	液體
	爆炸機制	主要是高壓	主要是高溫
	爆炸引發	容器內高壓氣體	容器內高溫蒸氣
相同	可燃與否	二者皆不必然是可燃性	
	容器	密閉性	
	容器結構	必須破裂	
	爆炸影響	二者皆產生壓力波，但不一定有火災	

8. 請說明粉塵爆炸防制方法爲何？

解：

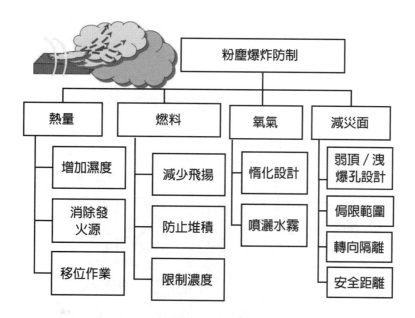

9. 請問一般容器爆炸前兆為何，此對於現場搶救中消防人員之安全是相當重要？

解：

10. 請問石化工業危險設施炸前兆為何，此對於現場搶救中消防人員之安全是相當重要？

解：

11. 爆炸現象BLEVE的英文全名為何？中文名稱為何？試述內含易燃性液體的容器於火場中發生BLEVE的過程？（25分）（108年警察消防三等特考）

解：

　　BLEVE為沸騰液體膨脹蒸氣爆炸現象（Boiling Liquid Expanding Vapor Explosion, BLEVE），是密閉容器受火災熱無法承受內部膨脹壓力，致其破裂處於相對非常低壓環境，導致液態物質整個體積瞬時沸騰之一種爆炸現象。

　　高壓容器出現局部破裂現象，根據理想氣體定律，蒸汽體積必然急劇變大。又液體沸點溫度取決於壓力，高壓將產生高沸點溫度。BLEVE發生在不燃性如鍋爐、液態氮瓶、液態氦瓶，當液體沸騰變成氣體時，所得氣體體積占用遠遠比液體更多的空間，使內部大量膨脹蒸氣壓力致容器結構破裂，所產生物理性爆炸。如發生在可燃性如有機溶劑桶、油罐車、LPG槽、LNG槽等。蒸氣壓力使容器破裂後產生第一次爆炸（物理性），釋出到常溫常壓中又大舉膨脹產生可燃性蒸氣雲，衍生二次爆炸（化學性），形成了火球現象（Fire Ball）。

第 9 章

建築物火災發展

（Development of Building Fire）

　　全世界沒有二場火災是一樣的，一場火災能以許許多多不同的方式進行，但在本章能提供讀者一個大致的了解，在怎樣區劃空間火災發展可能進行方式。基本上，室內火災發展主要影響因子，通常是可燃物質量（燃料）和其在房間之布置，以及開口大小（氧氣）。如果區劃空間是封閉的，則火災強度會受限於氧而逐漸降低，這意味著室內熱煙氣體溫度不會高。在某些情況下，一個開口如窗戶破裂，如此外來氧氣將使火勢產生新的動力。

　　基本上，室內火災的發展是非常複雜的，受到許許多多變量的影響。火災是一動態發展事件，其成長、發展及衰退取決於諸多內在及外在之變量。為了能夠了解區劃空間火災，你需要對能控制火災發展之物理和化學過程，具有某種程度之專業知識。本書在第1、2章包含了這些重要知識的描述，能提供你對火災動力學奠定良好之基礎。此外，本章節次以建築物火災階段發展順序進行編排。

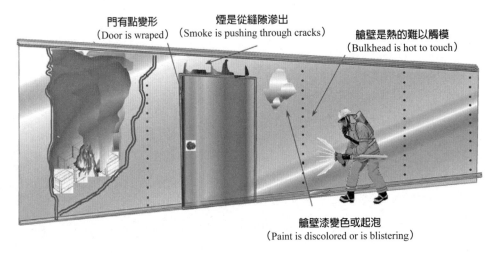

門有點變形
（Door is wraped）
煙是從縫隙滲出
（Smoke is pushing through cracks）
艙壁是熱的難以觸摸
（Bulkhead is hot to touch）
艙壁漆變色或起泡
（Paint is discolored or is blistering）

圖9-1　船艙火災危險徵兆：門縫滲出壓力煙流、門板膨脹、壁面變色及漆面起泡

第1節　初期（Initial Fire）

無論區劃空間是建築物、船舶、隧道、航空器等，皆有可能會經歷以下階段：

1. 起火期（Ignition）
2. 成長期（Growth）

3. 閃燃（Flashover）：視環境條件
4. 最盛期火災（Fully Developed Fire）
5. 衰退期（Decay）

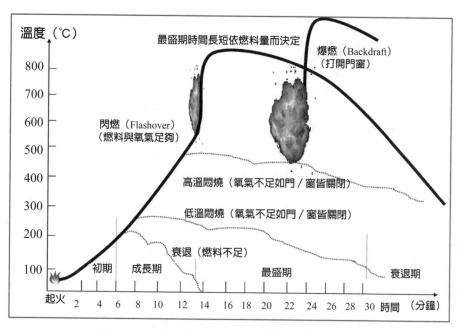

圖9-2　區劃空間火災可能發展時間溫度曲線

　　於上圖顯示了一個區劃空間火災發展，這是未受到人為干擾（滅火）可能曲線。在美國職業安全與健康管理局（OSHA）指出，初期火災是在火災開始階段可被人員進行控制，或由手提式滅火器或小型水管，而不需要防護衣或呼吸裝置等進行滅火。基本上，「所有的火災都是從小開始」，到底是什麼因素使火災進入到成長期？這有2個關鍵因素，起火（Ignition）和火焰蔓延。在圖9-3中顯示火災室時間溫度的發展。火災之開始能以多種方式形成，這取決於室內條件。因此，起火是火災成長曲線的第一部分。

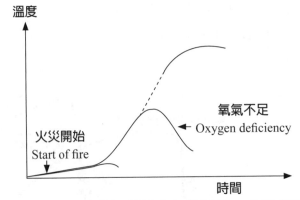

圖9-3　建築物火災一開始有二種結果：成長或衰退

　　談到火災如何開始，形成起火現象可分三個階段如表9-1。

表9-1　區劃空間起火醞釀發展

階段	燃燒生成物	燃燒內容
第一階段	氣體	某種化學或物理變化所導致高溫，使第一起火物僅生成氣體。這個階段能持續數秒到數小時之久，取決於哪一種起火源及燃料之屬性。
第二階段	煙霧	煙霧粒子尺寸在微米範圍內，一開始人類眼睛無法看到。
第三階段	火焰	火焰開始出現，此時溫度和煙霧粒子都可以非常迅速成長增加。但天然氣、酒精及氫氣等，燃燒時並不沒有煙霧，僅有生成熱量和氣體。

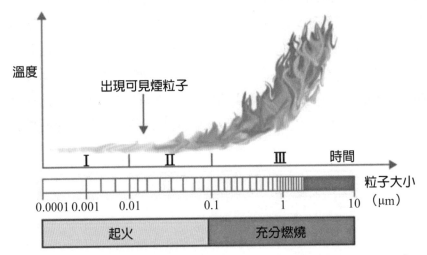

圖9-4　起火醞釀發展結構（Penton Electronics Group, 2011）

　　任何火災一開始皆是燃料控制火災，於此階段發展關鍵，是否有足夠燃料量。大多數情況下，從單一起火物的熱釋放速率，通常不足以閃燃發生，除非是沙發或其他大型傢俱物體。在理論上，初期火災一旦啟動後，火災進展不是成長就是燃料不足而衰退。

　　一些物質如木材或紙類有機聚合物，通常需要釋放出$2g/m^2s$之可燃氣體，才足以引燃。如是塑膠之合成聚合物，因其擁有高能含量，僅約需釋放出$1g/m^2s$之可燃氣體，就足以引燃。基本上，假使熱傳係數愈小、密度（比重）愈小、比熱愈小（溫度愈易變化）或熱膨脹係數愈大條件（保溫材料之熱膨脹係數愈小），則其愈易起火。

　　可燃固體受熱轉換可燃氣體，必須經歷熱裂解（Pyrolysis）過程，熱裂解涉及燃料之分解現象（Decomposing）；假使物質具有低熱慣性（Thermal Inertia，krc），表面能迅速加熱；而高熱慣性物質，則其受熱升溫就緩慢。

圖9-5　船艙火災之初期階段

一、有焰燃燒和悶燒（Flaming Combustion and Smoldering）

　　有焰燃燒情況，固體是以氣體進行燃燒反應；而悶燒情況，僅在氧氣接觸表面或多孔性內部，使其氧化反應能持續，而反應所生熱量保持在內部，產生熱裂解至起火。多孔物質之燒焦殘餘物固體碳層，通常能持續進行悶燒反應。悶燒常見於傢俱軟墊物質如寢具或沙發等，遭到微小火源引燃。悶燒在缺氧環境中，且裂解出可燃氣體被氣流帶走，而使悶燒非常緩慢，這意味會持續很長一段時間，如菸蒂引燃可達4小時之久。

表9-2　有焰燃燒和悶燒異同

項目		有焰燃燒	悶燒
相異	相態氧化	燃料和氧是在處於相同狀態之均相氧化（Homogeneous Oxidation）	燃料和氧是處於不同狀態之多相氧化（Heterogeneous Oxidation）
	反應	2種氣體混合進行燃燒反應	燃料是固體，氧是氣體，進行氧化發熱反應
	火焰	有	無
	連鎖反應	有	無
	燃燒生成物	毒性較少	毒性較多（CO）
相同		皆需火三要素（燃料、氧及熱量）	

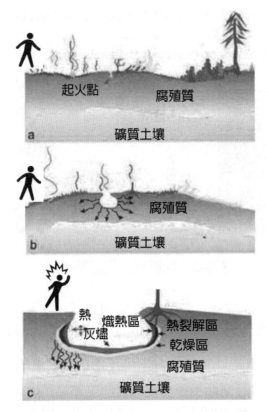

圖9-6　森林地下火悶燒過程示意圖解

二、初始火焰蔓延（Initial Flame Spread）

初始火焰蔓延可看作是一系列連續起火現象。圖9-7顯示垂直面延燒，可分3部

位，底部是由對流主導，透過其熱傳至表面。在中間部位，火焰輻射是主要因素，這是由於火勢的寬度隨著高度而增加。範圍更大火焰，則有更多的熱傳，能透過輻射來進行。在頂端部位，雖未起火現象，但已先行受熱裂解並分解可燃性氣體，很快會形成氣相火焰，這也就是為何垂直性火焰快速燃燒之理。

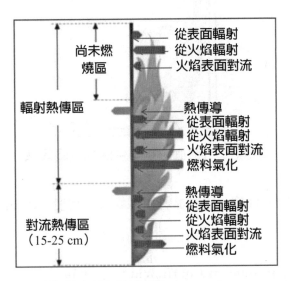

圖9-7　垂直面火焰延伸結構（Lars-Göran, 2001）

在火焰高度，Heskestad提出火焰平均高度（H, m）與火源直徑（D, m）、熱釋放率（Q, kW）成正相關：

$$H = -1.02D + 0.235Q^{2/5}$$

如果火焰靠近牆面，將對火焰下方二側對空氣捲吸產生限制，火焰將加強在垂直壁面上進行擴展及延伸，使得火焰向壁面傾斜，這是下方空氣流只能從火焰流另一側進入之結果。如果是壁面是可燃性，將會更加大火勢蔓延。

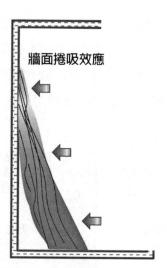

圖9-8　近牆面火焰產生牆面捲吸效應

Budnick等（1997）實驗，位於靠牆面平均火焰高度（H, m）為

$$H = 0.034Q^{2/3}$$

火焰捲入係數（Entrainment Coefficient）為0.034

Q為單位長度之熱釋放率（kW/m）

$H = 0.034Q^{2/3}$

火源
（Fire Source）

圖9-9　靠牆面火焰高度（Budnick *et al.*, 1997）

位於牆角平均火焰高度（H, m）為

$$H = 0.075Q^{3/5}$$

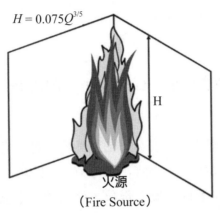

$$H = 0.075Q^{3/5}$$

H

火源
（Fire Source）

圖9-10　牆角處火焰高度（Budnick *et al.,* 1997）

此外，在Alpert and Ward（1963）研究，指出平均火焰高度（H, m）與牆面影響係數（k）與熱釋放率（Q, W）成正相關，如下：

$$H = 0.11(kQ)^{2/5}$$

當燃料附近無牆面時，k=1
當燃料靠近一側牆面時，k=2
當燃料在牆角處時，k=4

上述相對照，顯然火焰高度以牆角處（二側牆面）> 一側牆面 > 無牆面火勢。

例1　根據Heskestad的計算方法，當火源直徑為2m，熱釋放率為1024kW，火焰平均高度約為多少？　　(A) 1.24m　(B) 1.44m　(C) 1.72m　(D) 1.84m

解： (C) $H = -1.02D + 0.235Q^{2/5} = 1.72$

例2　請說明同一火源因位於居室中的角落、牆邊、中央等空間位置不同條件下所生成的火焰行為。（102年消防行政與消防技術升等考）

解：

　　依Alpert等提出，H = 0.11(kQ)^{2/5}，假設Q = 1kW，於燃料附近無牆面時k = 1，H = 0.11m；於燃料靠近牆面時k = 2，則H = 0.15m；燃料在牆角處時k = 4，則H = 0.19m。因此，起火燃料在牆角處將是在無牆面時之1.7倍火焰高度。

第2節　成長期（Growing Phase of Fires）

　　從成長期觀點而言，假使火焰蔓延是在2固體之間，室內熱煙氣流就扮演非常重要的。起火後在燃料持續供應下，燃料上方形成火羽流（Fire Plume），因溫度升高、密度變小，形成受熱氣體向上竄升現象，使周遭冷空氣捲入至火羽流下方，形成室內空間對流情況。火羽流的溫度和速度隨著天花板高度距離，呈現垂直下降，即沿著燃料上方之火羽流與煙流距離增加而遞減現象；這對探測器與自動撒水設備感知啓動時間影響很大。

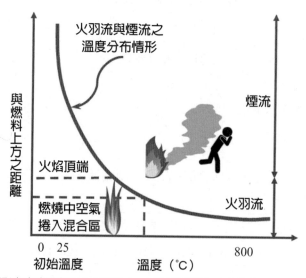

圖9-11　火羽流與煙流沿著燃料上方距離而溫度遞減（DeHann, 2007）

　　火災初期與成長期是類似於室外火災一樣，屬於燃料控制火災型態。不同的是，熱煙氣體上升到達天花板面，然後就水平狀向四周擴散，形成一種半受限重力分層流，為了捲吸下方空氣，成了一連串半漩渦現象，稱天花板噴流（Ceiling Jet），此時天花板材質受到高溫煙氣傳導，進行熱能吸收。

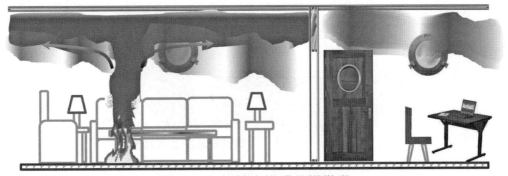

圖9-12　船艙火災成長期階段

　　當遇到天花板阻擋時，便向四周平行移動。如碰到障礙便反彈回來，聚集在空間的上部，完全依照牛頓第三運動定理之作用與反作用。因壁面邊界對流動黏性影響，使得近天花板（樓板）面薄層內，熱煙流速會較低，隨著垂直向下距離天花板增加，其速度會增大至超過一定距離，速度將逐漸降低為零。如果天花板高度低，火源強度大，則天花板噴流水平傳播能相當長距離，這因為噴流對下方空氣捲吸速率較低。

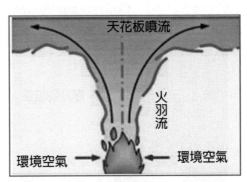

圖9-13　區劃空間火災成長期階段

　　火羽流是一種火焰自然形成熱氣流柱。火羽流屬性取決熱釋放率（Heat Release Rate），由不同生成氣體伴隨火羽流上升累積在天花板面形成正壓區，而在火羽流底部形成負壓區，此使周遭大量較冷空氣是從火焰底部湧入。在火羽流上方部位，由於氣態物質處在不同溫度梯度差而產生密度差及壓力差。

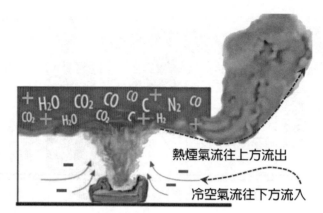

圖9-14　熱煙氣往開口流出，冷空氣捲入火羽流下方（Lars-Göran, 2001）

基本上，火羽流可分3部分，如圖9-15所示：

1. 形成熱煙氣（Plume），其氣流速度和溫度隨著遠離火焰而逐漸降低（圖中Ⓐ）。
2. 形成波動閃耀火勢（Fluctuating Flames）（圖中Ⓑ）。
3. 緊鄰火焰基部伴隨著連續性火焰（Continuous Flame）（圖中Ⓒ）。

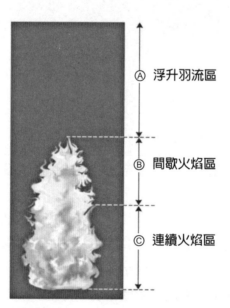

圖9-15　火羽流結構（Lars-Göran Bengtsson, 2001）

　　當可燃固體受熱開始釋放出可燃氣體，這一過程稱為熱裂解（Pyrolysis）現象。可燃物質開始熱裂解時溫度，通常範圍為100～250℃。熱裂解後分解氣體與氧

氣混合及開始燃燒。在熱裂解及分解過程，涉及化學分解（Chemical Decomposition）或物質從複雜化學結構轉換爲簡單構造（Simpler Constituents）；其中在燃料表面上一些氣體不會出現火焰，這些未燃氣體（Unburnt Gases），將伴隨著火羽流並捲入在熱煙氣層內。

　　區劃空間天花板（樓板）位置，其氣體層溫度上升是具最明顯的。所以，火警警報、撒水頭及排煙設備，必須儘量靠近於天花板面位置，以實驗指出，天花板噴流最大溫度與速度是在天花板以下天花板高度之1%位置；假使距離天花板面過遠，就失去其防護人命安全之意義。

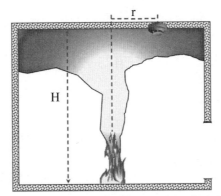

圖9-16　火警感知設備與天花板噴流關係

　　依照美國防火工程協會（SFPE 2002）參考Alpert經驗公式指出，定溫式探測器或感知撒水頭啓動時間之方程式如次：

$$t_{activation} = \frac{RTI}{\sqrt{u_{jet}}} \ln\left(\frac{T_{jet} - T_a}{T_{jet} - T_{actiation}}\right)$$

其中

RTI = 反應時間指數（m-sec）$^{1/2}$

T_{jet} = 天花板噴流溫度（℃）

u_{jet} = 天花板噴流速度（m/sec）

$T_{actiation}$ = 定溫探測器或感知撒水頭啓動溫度（℃）

T_a = 環境初始溫度

計算對流熱釋放率Q_c（kW）

$$Q_c = \chi_c \times Q$$

Q = 火災熱釋放率（kW）

χ_c = 對流熱釋放率係數

計算至火源中心之水平距離（r）或消防設備防護半徑距離（r）對天花板高度（H）之比

$$r/H$$

計算天花板噴流溫度T_{jet}（℃）

$$T_{jet} - T_a = 16.9 \frac{Q^{\frac{2}{3}}}{H^{\frac{3}{5}}} \quad 在r/H \leq 0.18情況$$

$$T_{jet} - T_a = 5.38 \frac{\left(\frac{Q}{r}\right)^{\frac{2}{3}}}{H} \quad 在r/H > 0.18情況$$

計算天花板噴流速度u_{jet}（m/sec）

$$u_{jet} = 0.96\left(\frac{Q}{H}\right)^{\frac{1}{3}} \quad 在r/H < 0.15情況$$

$$u_{jet} = \frac{0.195Q^{1/3}H^{1/2}}{r^{5/6}} \quad 在r/H => 0.15情況$$

計算探測器或感知撒水頭啟動時間$t_{actiation}$（sec）

$$t_{activation} = \frac{RTI}{\sqrt{u_{jet}}}\ln\left(\frac{T_{jet} - T_a}{T_{jet} - T_{actiation}}\right)$$

圖9-17　船艙火災成長期階段即將閃燃發生

　　任何火災都是氧氣、熱量和燃料間，達成一種化學平衡過程，而熱量是燃料與氧氣之函數。在火災初期與成長期有足夠氧，這無視乎火災室開口是否打開。如果火

災發展受到通風（氧）限制，將會以較慢燃料消耗速率進行。在通風控制情況，當開口打開，外來空氣中氧流入與熱煙層流混合，這導致和氧已混合之氣體層，發生快速氣相燃燒事件，如閃燃或滾燃（Roll-over）現象。而滾燃現象出現這種層流燃燒條件，透過天花板面高溫未燃燒氣體進行火焰延伸；此與閃燃不同，滾燃只有天花板（頂板）面熱煙氣滾流似層流燃燒，而不是火災室可燃物都陷入閃火整個燃燒。

表9-3　火災滾燃與閃燃現象異同

項目		滾燃（Rollover）	閃燃（Flashover）
相異點	燃燒	只有天花板面熱煙氣翻滾層流式燃燒	整個區劃空間容積式燃燒
	位置	火災室內與相鄰火災室外	僅火災室內
	階段	成長期或最盛期	成長期接近最盛期
相同點		火三要素（燃料、氧氣與足夠熱量）	

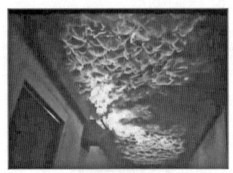

圖9-18　滾流燃燒：未完全燃燒氣體起火頂形成一種滾動燃燒現象

　　熱煙流中如煤塵顆粒（Soot Particles），溫度需達到1000℃時才轉換成熱量。這也解釋了為什麼開口流出黑煙，即使火災室溫度已非常高，一些高碳氫化合物仍存在未燃之黑煙粒子。而穿著消防衣完全著裝下，遇到火災室容積式氣相火焰如閃燃，人體頂多承受幾秒即會威脅生命，這意謂進入火災室有充滿水之水線是何等重要。

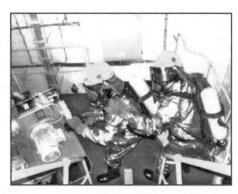

圖9-19 SCBA消防水帶小組進入火災室滅火（臺中港穀物船）

例1 假設室內初始溫度為25℃，後發生泡棉椅火災熱釋放率為500kW，燃料頂端至天花板高度距離3.50m，天花板設置快速反應玻璃球型撒水頭，其防護半徑距離2.50m（如圖），請計算該撒水頭啟動時間？（撒水頭啟動溫度為71℃，室內對流熱傳係數（χc）一般為0.7）

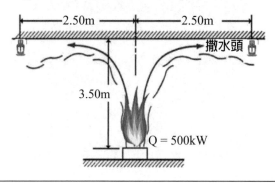

解：

一般撒水頭型式	RTI（m-sec）$^{1/2}$
標準反應玻璃球型	235
標準反應易熔金屬型	130
快速反應玻璃球型	42
快速反應易熔金屬型	34

計算對流熱釋放率Q_c

$$Q_c = \chi_c \times Q = 0.7 \times 500 = 350 kW$$

計算防護半徑距離對天花板高度之比

$$r/H = 2.5/3.5 = 0.71$$

計算天花板熱煙流溫度T_{jet}

$$T_{jet} - T_a = 5.38\frac{\left(\frac{Q}{r}\right)^{\frac{2}{3}}}{H} = 5.38 \times \frac{\left(\frac{500}{2.5}\right)^{\frac{2}{3}}}{3.5} = 52.57（℃）$$

$$T_{jet} = 77.57（℃）$$

計算天花板熱煙流速u_{jet}

$$u_{jet} = \frac{0.195Q^{1/3}H^{1/2}}{r^{5/6}} = \frac{0.195 \times 500^{1/3} \times 3.5^{1/2}}{2.5^{5/6}} = 1.349（m/sec）$$

計算撒水頭啟動時間$t_{activation}$

$$t_{activation} = \frac{RTI}{\sqrt{u_{jet}}}\ln\left(\frac{T_{jet} - T_a}{T_{jet} - T_{actiation}}\right) = 96.17\ 秒$$

例2　請解釋並比較說明閃燃（flashover）與滾燃（rollover or flameover）火災現象之異同：（91年3等特考）

解：見本節內容所述。

例3　某一居室中，天花板高度5公尺，火源熱釋放率800kW，試依Alpert之公式，計算距火源正上方相距3公尺處天花板噴流（Ceiling Jet）之溫度與速度為何？（假設環境溫度為20℃）（100年設備師）

解：

$$r /H = 3/5 = 0.6$$

$$r/H > 0.18\ 情況，T_{jet} - T_a = 5.38\frac{\left(\frac{Q}{r}\right)^{\frac{2}{3}}}{H}$$

$$T_{jet} = 5.38\frac{\left(\frac{800}{3}\right)^{\frac{2}{3}}}{5} + 20 = 64.6（℃）$$

$$r/H > 0.15\ 情況，u_{jet} = \frac{0.195Q^{1/3}H^{1/2}}{r^{5/6}} = \frac{0.195 \times 800^{\frac{1}{3}} \times 5^{\frac{1}{2}}}{3^{\frac{5}{6}}} = 1.62（m/sec）$$

例4　鐵皮屋建築與鋼筋混凝土建築之火災具有顯著差異，其中牆壁材料之熱慣性（Thermal Inertia）的不同是因素之一。請詳述熱慣性為何？熱慣性與消防安全關係如何？此外，在建築物火災於閃燃（Flashover）前，有時會發生一種滾燃（Rollover）之燃燒現象，請問滾燃與閃燃現象之異同為何？（25分）（107年消防設備師）

解：熱慣性見第1章第5節所述；餘見本節所述。

第3節　燃料與通風控制火災（Fuel Control and Ventilation Control in Fire Development）

　　臺灣地區冬季門窗常緊閉情況，室內火災易形成通風控制燃燒型態，但內部人員往外逃生時，會把門打開往往卻沒有關上，促使外來氧氣大量供應燃燒，勢必使燃燒氧化加劇，此時如有未逃出人員，將陷入非常不利火場環境。事實上，火三要素上控制火災發生是熱量，一定火燒起來控制燃燒即由氧氣與燃料來作主要決定，這也就產生火災學上二個名詞：通風控制燃燒與燃料控制燃燒。當消防人員達到火災現場，應儘快確定火災是否仍處在燃料控制（Fuel Controlled）或是通風控制（Ventilation Controlled），如在燃料控制期間，當火災室門窗被打開時，熱釋放率不會增加，不需要關心室內熱煙氣層引燃危險如閃燃或爆燃現象。

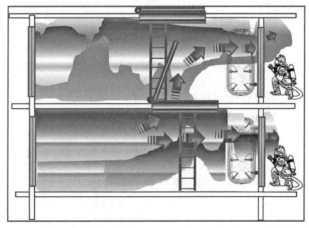

圖9-20　船艙火災濃煙流往水平及上方擴展之通風控制燃燒

　　在區劃空間火災發展是比開放空間要複雜得多。能區別燃料控制燃燒和通風控制燃燒之間，是了解火災行為的關鍵。一般隨著室內火災增長為氧的需求大幅增加，而呈現供氧不足現象，此時火災已成為通風控制階段。當燃料與氧氣供應量足夠使火災的熱釋放速率達到閃燃所需，則發生閃燃現象。因此，閃燃為二者之間轉換階段之一種過渡現象。

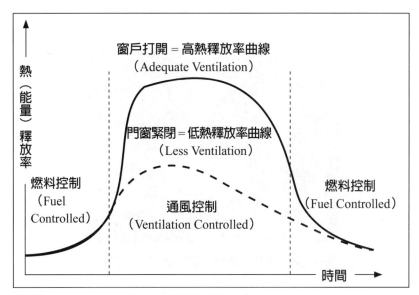

圖9-21　建築物火災生命週期之前後階段為燃料控制，僅中間階段為通風控制（Svensson, 2000）

一、燃料控制

　　火災發生於大空間中，或火災在初期及成長期，區劃空間因本身空間容積有空氣持續供應火焰之燃燒，此階段火焰持續時間之長短受制於燃料屬性（Characteristics）與結構（Configuration），如同室外或露天火災一樣。亦即，燃燒速度與開口通風量較無關。因此，一般於火災初期或成長期，以及最後之衰退期，為燃料控制火災情境。

　　在英國Drysdale（1985）研究指出，當建築物纖維素（木材或木製品）之穩態火災時（Steady Burning Period），加拿大Harmathy（1972, 1978）發現，火災燃燒速率（$\dot{m}$）相依於通風因子（$A \times H^{1/2}$），依實驗得燃料控制燃燒方程式，如次：

$$\frac{\rho \times g^{1/2} \times A \times H^{1/2}}{A_F} > 0.290$$

ρ為空氣密度（kg/m^2）；g為重力加速度（$9.81 m/s^2$）；A為淨開口面積（m^2）
H為淨開口高度（m）；A_F為燃料（床）表面積（m^2）

　　燃料控制燃燒火災，從建築物外在現象之研判，在初期或成長期開口呈現煙流向上浮升，在最盛期或衰退期火災，呈現火焰流向上層伸出，開口中性層比通風控制燃燒較不明顯。

圖9-22　建築物燃料控制燃燒火災現象

二、通風控制

　　通風控制是區劃空間內燃燒所需相對氧氣量已影響其燃燒情形，需經由開口（門或窗）提供空氣量供燃料氧化所需。亦即在火災初期及成長期，因火勢不大，相對所需氧尚不成問題，又燃燒生成CO_2及煙量尚不影響火焰行為，此時通風因子尚未受到限制。一旦火災成長期發展到火焰行為形成跳躍晃動現象，此時已呈現區劃空間內氧氣濃度變低，造成火焰必須尋找氧濃度較高區域作出反應，此種晃動火焰長度拉長而改變燃燒效率，這時已由通風因子來支配火勢燃燒行為與燃料量無關。

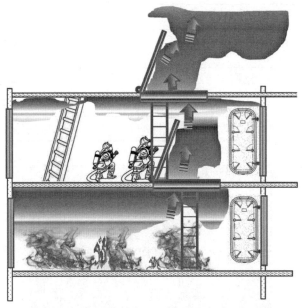

圖9-23　船舶火災易形成通風控制燃燒型態

在英國Drysdale（1985）研究指出，當建築物纖維素（木材或木製品）之穩態火災時，加拿大Harmathy（1972, 1978）發現，火災燃燒速率（ṁ）相依於通風因子（A×H$^{1/2}$），依實驗得到通風控制燃料方程式，如次：

$$\frac{\rho \times g^{1/2} \times A \times H^{1/2}}{A_F} < 0.235$$

此關係式與上式只適用於木材類火災，其並沒有反映內環境熱輻射回饋影響，當用於其他類火災時應加以修正，

通風控制燃燒火災，從建築物外在現象研判觀察到，一般是在成長期及最盛期階段，開口有相當濃煙或濃煙夾雜火焰，如呈現濃黑色伴有壓力喘息狀，因內部已熱不穩定，這是一種危險（閃燃或爆燃）之指標。基本上，通風控制火災開口中性層非常明顯，有時位於開口較低之位置。

表9-4　燃料控制與通風控制火災之異同

型態	燃料控制火災	通風控制火災
外觀	開口煙流自然向上浮升	開口煙流較濃，如有壓力狀表示不穩定
中性層	不明顯	明顯
搶救	較穩定發展	不穩定危險，可能出現閃／爆燃

型態	燃料控制火災	通風控制火災
關係式	$\dfrac{\rho \times g^{1/2} \times A \times H^{1/2}}{A_F} > 0.290$	$\dfrac{\rho \times g^{1/2} \times A \times H^{1/2}}{A_F} < 0.235$
限定因子	燃料	氧氣
空間	室內或室外	室內
火災階段	初期、成長期、最盛期及衰退期	成長期、最盛期

圖9-24　建築物通風控制燃燒火災現象

例1

1. 何謂「通風控制燃燒」（ventilation control fire）？何謂「燃料控制燃燒」（fuel control fire）？並說明其判定之臨界條件為何？（87年3等特考）

2. 試說明在建築物火災中，何謂「通風控制燃燒（Ventilation Controlled）」？（85年、91年設備士）

3. 試說明在建築物火災中，何謂「燃料控制燃燒（Fuel Controlled）」？（95-2年設備士）

4. 何謂「通風控制燃燒」（ventilation control fire）？何謂「燃料控制燃燒」（fuel control fire）？並請依加拿大學者Dr. T. Z. Harmathy之理論說明其判定之臨界條件為何？（99年3等特考）

解：見本節內容所述。

例2 在一般建築物室內火災歷程中，何時為通風控制燃燒？何時為燃料控制燃燒？兩者之間轉換的過程中又有何現象發生？同時請說明以上三者個別的火災特性。（101年設備士）

解：

　　見本節所述。兩者之間轉換的過程中，有時會發生閃燃現象。一般閃燃後火災，大多為通風控制燃燒型態。

> **例3**　耐火建築物火災最盛期之燃燒分類為何？並述計算式與火災外在現象之研判方式？（100年4等一般特考）

解：

(一) 最盛期之燃燒分類

　　　燃料控制燃燒及通風控制燃燒，在臺灣建築物主要為RC，因此最盛期多為通風控制燃燒型態。

(二) 計算式與火災外在現象之研判，見本節內容所述。

第4節　閃燃與爆燃現象（Flashover and Backdraft）

　　閃燃火災現象，人們從近個世紀以來，就已認識且了解其威力。早從1950年代開始日本以火災相關主題進行實驗，1960年英國Thomas是全球第一位以「閃燃」（Flashover）為術語來描述建築物火災成長中快速轉變現象。1968年美國Waterman提出閃燃地面上所需輻射熱通量為20KW/m^2，當時是全球第一位量化閃燃發生標準。爾後各國也相繼開始對閃燃這個主題進行探討；於1975年瑞典二位消防人員死於室內火災急激現象，開始設置貨櫃屋進行一系列火災閃燃實驗[註1]。

　　曾於1991年全球上演「BACKDRAFT」（臺灣譯為「浴火赤子情」）影片將「爆燃」與「閃燃」之用語相混雜一起，把「爆燃」與「閃燃」之術語一樣，致相繼引起各國一陣討論。對於專業之消防人員了解到「閃燃」與「爆燃」差異性與其發生徵兆是相當重要的，二者同是火場上最危險現象且是發生在完全不同之事件。此外，國內書籍將Backdraft定義為複燃，但這應屬於用詞不當，這可歸咎於將爆燃看做單純再一次燃燒部分。事實上，爆燃是具有大量熱焓。

[註1]　曾進財、盧守謙，全球性觀點解析閃燃與爆燃現象（一），消防月刊，內政部消防署，民93年4月。

一、閃燃

閃燃是區劃空間火災處於成長期和最盛期階段之間，一種過渡現象（Transition），而不是一個具體事件（Event）。一旦閃燃發生，區劃空間條件產生非常迅速變化，其中溫度呈現非線性大幅增加，該空間內大量燃料參與燃燒。從諸多文獻定義閃燃，指室內火災發展中受到熱煙層之輻射熱回饋，使室內可燃物質熱分解達到自動引燃，整個火災室陷入燃燒；另一北歐文獻多指向火災室熱煙層流上方可燃氣體（CO, H_2等）引燃，致形成區劃空間全部捲入火勢現象。

(一)閃燃定義

英國Thomas（1981）指出室內火災發展至閃燃所需熱能量，以起火室之能量平衡，提出閃燃發生所需最低能量值方程式：

$$\dot{Q} = 7.8A_T + 378(A \times \sqrt{h})$$

$\dot{Q}$為熱釋放率（Heat Release Rate, kW）

A_T為區劃空間內部所有表面積（不含開口面積）（m^2）

A為區劃空間內所有淨開口面積（m^2）

h為區劃空間內淨開口高度（m）

而NFPA 265也對閃燃作出定義，當區劃空間竄出火焰、地面報紙自動引燃、天花板下溫度達600℃、地板熱通量達20kW/m^2及熱釋放率達1MW等定性定量指標。

(二)閃燃機制

閃燃發生確切的溫度，其範圍483～649℃是廣泛接受使用。這個範圍是相關於CO的起火溫度609℃，而CO是碳氫化合物透過熱分解最常見的氣體之一；當燃燒時有足夠氧氣供應情況下生成CO_2以及H_2O等，在一定火場高溫（649℃）就有可能自行反應轉變成2種新的氣體，過程如次：

$$C + CO_2 \rightarrow 2CO$$
$$C + H_2O \rightarrow CO + H_2$$

上式指出，在高溫熾熱環境下碳（C）所反應的產物是雙倍量的，2倍CO產物是源自於一個CO_2；以及CO與H_2產物是源自於H_2O。這樣地結果出現了大量的CO與H_2氣體，且二者都是高易燃性，這些是造成閃燃與爆燃氣相燃燒之主要燃料源。因此，室內人員如沒在閃燃前逃出，一旦閃燃發生是不太可能存活下來。即使是有消防衣情

況，消防人員在閃燃空間內仍是極端危險的。

圖9-25　打開高溫火災室有潛在危害

　　而天花板下熱煙層起火是火災室溫度狀態，已呈不安定狀態，這是閃燃前之指標。因熱裂解氣體與室內空氣之理想比例形式，在火場上是不存在的，亦即其無法作完全均勻最佳混合，故燃燒反應時往往是氣體層邊緣位置先部分起火，並隨著氣流移動而形成火流忽隱忽現之飛舞現象（Dancing Angels）。

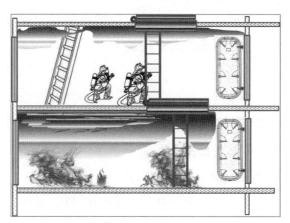

圖9-26　閃燃指標：熱煙層流起火──德國稱為天使之舞現象（Ingo, Germany）

　　民國84年臺中Welcome西餐廳火災，起火點位於一樓樓梯旁櫃台，不久火勢沿著樓梯面地毯之斜坡延燒，而形成空氣動力學之「豪溝效應」（Trench Effect）現象[2]，產

---

[2]　Trench Effect依英國Smith（1990）於英國地下鐵King Cross站大火後，實施一系列傾斜火勢研究，結果發現當傾斜面大於27°時，將大幅增強輻射與對流熱傳效應。而英國火災研

生熱能動力循環重疊效應之高能量狀態，使樓梯上部二樓空間之「閃燃」迅速來臨，現場64人措手不及下命喪火窟。

(三)閃燃影響因素

主要是火勢成長快慢之三要素氧（通風）、燃料、熱量（火源大小），以及區劃空間熱量損益，來決定閃燃發生。

1.火源大小（Fire Size）

室內起火一開始是瓦斯爐火或縱火，火焰較高使火勢成長較快，閃燃發生也可能較快。但如是菸蒂起火，火勢成長至閃燃可能時間會較久。

2.通風屬性（Ventilation）

(1)開口面積（Area of Vents）

開口通風面積太大，使火勢成長熱量易於損失；如果開口通風面積不足，火勢受到抑制，閃燃就難以發生。特別是碳氫類液體在開口通風量小情況下，在其快速燃燒會消耗掉大量氧氣，之後開口通風量無法重新補足燃燒中所耗掉氧氣。尤其火勢成長快，會處在通風控制燃燒環境，開口面積將成為重要影響因子。

(2)開口位置（Location of Vents）

開口位置如愈近於天花板面，會造成火災生成熱煙氣大量排出，室內熱煙層流不易累積，輻射熱回饋少，室內熱量成長會較緩。

3.燃料屬性（Fuel）

(1)燃料表面積（Fuel Surface Area）

火勢本身是一項空氣中氧與燃料完美之比例關係，因此燃料與空氣語氧接觸面積多，較易於氧化燃燒，使火勢成長快。

(2)燃料易燃性（Flammability of Fuel）

燃料愈易燃，火災猛烈度也愈強，如燒木製傢俱與泡棉沙發，後者將使閃燃較快發生。

究站（FRS）也發現，火勢快速蔓延機制是為豪溝效應（Trench Effect）；在近30°角之底部往上延燒，此種火勢效應中熱能被鎖在木製電扶梯之U字溝道內，致高能量電磁波在一區劃內產生相互放射及吸收競合現象（Cross-Radiation）；此種燃燒形成二股火羽流（Fire Plume），一股火羽流順著樓梯之坡度發展，一股則往樓梯直上方發展，二股火流到達頂端併合後往往帶有10m/sec之速度衝出，如此高能量促使「閃燃」來臨。而英國Rasbash對豪溝效應實驗指出，此種熱傳效應中之對流熱達150kw/m^2，遠大於輻射熱傳率。

(3)燃料高度（Fuel Height）

因固體可燃物大多屬於分解燃燒，燃料高度愈高，造成下方火焰使上方未燃物質預先熱分解，火勢得以很快進入氣相燃燒現象，室內燃燒熱大增。

4.空間屬性（Enclosure）

(1)牆壁屬性及厚度（Wall Properties）

英國火災研究中心（FRC）（1985）對房間4.5×4.5×2.7m火災實驗，牆壁分別為磚造、混凝土造及石膏板造，以木製傢俱為火源，觀察閃燃發生時間，結果依序是23.5分、17分與6.8分。Thomas（1979）實驗指出，閃燃發生時間直接與牆壁面熱慣性（krc）之平方根成正比，當熱慣性愈小，牆壁熱傳（熱損）則愈小室內蓄熱相對較快，閃燃就愈快發生。今國內鐵皮屋與混凝土房間火災作比，經筆者實驗指出，鐵皮屋比混凝土火災較愈閃燃發生，主因是後者牆壁相當厚度，擁有較大比熱容，火勢成長熱量大多被牆壁吸收，以致使鐵皮屋火災成長比混凝土牆相對較快。

(2)空間體積

火災室空間體積愈大，會使火勢成長一直處於燃料控制燃燒階段，如同室外火災一樣，相對熱量由輻射與對流向周邊熱傳，熱損大且不易熱回饋，使閃燃發生相對慢。

(3)天花板高度（Ceiling Height）

火勢成長中生成浮升火羽流，會上升至天花板，使天花板煙流蓄積較快，天花板熱煙層與地板熱量，較易輻射能相互回饋效應，如國內一般集合住宅天花板普遍比透天厝低，火災時在一定條件下閃燃較易發生。

二、爆燃

爆燃為發生在區劃空間火災中缺乏通風，火勢處在一段長時間之悶燒期，生成大量未完全燃燒與熱裂解氣體並逐漸累積。由於氧氣的進入，燃燒生成物與氧氣形成一個爆炸性混合氣體，在高溫下熱煙氣整個燃燒非常快速，這種力量獲得來自氣體本身之自行快速膨脹；當氣體隨著溫度膨脹，依查理定律（Charles' Law）將形成空間內巨大壓力，足以產生具有爆炸性結構之大量功（Work），而作功程度可從轟出入內之消防人員，到建築物之牆壁倒塌程度。

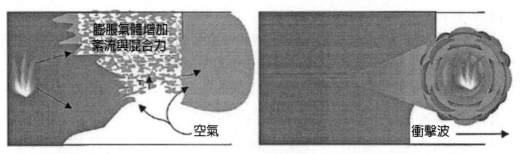

圖9-27　局限空間火災開口打開爆燃形成（Gottuk *et al.,* 1999）

因此，火災爆燃現像是在幾乎密閉空間下火勢發展，因空間氧氣逐漸被消耗而產生過多熱裂解氣體（Excess Pyrolysis），而原先CO_2因高溫而中斷化學鏈，轉變成易燃性CO氣體，後因室溫下降冷縮使空間形成一種微型真空狀態（Slight Vacuum），一旦出現開口時，外面大氣將很快逆流（Back Draft）吸入，再次發生與氧氣混合燃燒，以完成CO轉換成CO_2之還原過程。美國Babrauskas博士指出，爆燃發生時會帶有衝擊波現象，形成「砰」（Bang）之聲響，而閃燃是一種沒有任何聲響之寧靜殺手。

圖9-28　建築物火災開口滲出濃厚煙流潛藏大量能量

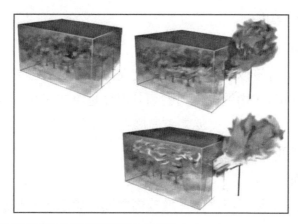

圖9-29 高溫密閉空間門口打開產生爆燃（Lars-Göran Bengtsson, 2001）

三、閃燃與爆燃差異

在閃燃與爆燃實驗方面，比較如次：

(一)在目測之相異性

1.「閃燃」方面

(1) 黑煙的發生量，由天花板著火後（指木造建築物）即急遽地增加，煙逐漸地充滿室內而中性帶（Neutral Plane）降低，從開口處所噴出的黑煙帶有黃色。

①開口處中性帶下面空氣的吸進逐漸變強，可看出煙流噴出有喘息繼續的現象[註3]。

②一旦「閃燃」發生時，由開口處流出的煙急速地變成火焰狀態。

2.「爆燃」方面

(1) 開口部空隙流出的黑煙中帶有黃褐色，有時以間歇性（Push）煙與火焰混雜噴出。

(2) 在開口縫隙周圍噴出的煙中，可看到附著煤渣粒子與焦油等污垢。

(3) 當開口一旦被打開，流出的煙像逆流似被強烈吸入建築物內，且室內的煙成一種渦卷狀態。

(4) 開口部被打開，於數秒至數十秒後噴出火球之現象。

註3 為火災室因正壓狀態，產生熱煙氣鼓動之熱極不穩定現象。

(二)在溫度之相異處

1.「閃燃」方面

(1) 「閃燃」發生前幾秒，室內溫度即使在離地面數十公分的位置，其溫度也都超過150～200℃，由開口流出的煙其溫度也將超過500～600℃。

(2) 一旦「閃燃」發生時，火災室內溫度在中央部分是600～800℃，而地面上溫度也可達到500℃之高。

2.「爆燃」方面

(1) 因高溫燃燒在缺氧環境條件下造成高熱悶燒狀態，有焰燃燒停止，但室內溫度仍相當高並進行可燃物之熱裂解及分解。

(2) 當開口被打開時，室內溫度稍降為400～500℃，一旦發生「爆燃」時，溫度又達到700～800℃之高溫。

(三)在氣體濃度之相異處

1.「閃燃」方面

(1) 在中性帶上方，從室內起火後徐徐變化，假使天花板為可燃性著火後，如此將使中性帶產生急劇變化。

(2) 在「閃燃」發生其氧氣濃度因大量消耗約降至為1%，一氧化碳10～15%，二氧化碳則在20%以上。

2.「爆燃」方面

(1) 在開口部被打開前，於火災室內氧氣濃度約為2～3%、一氧化碳約為15%、二氧化碳約為20%。

(2) 開口部被打開同時，室內氣體濃度產生急劇變化，氧氣濃度超過10%、一氧化碳減少到約5%、二氧化碳則減少到約10%。

(3) 一旦「爆燃」發生後，室內氧氣濃度則急激減少，而一氧化碳與二氧化碳則轉為增加。

(四)在燃燒範圍之相異處

1. 「閃燃」方面：發展中火災，高溫之熱煙可燃氣體與氧氣混合在燃燒範圍之下限時發生。

2. 「爆燃」方面：高溫之熱煙可燃氣因太濃，需藉由氧進入稀釋，使其降至燃燒範圍上限時發生。

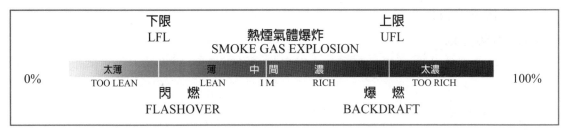

圖9-30　澳洲對閃燃與爆燃之熱煙氣燃燒範圍之觀點

表9-5　閃燃與爆燃異同

項目		閃燃	爆燃
相異	燃燒型態	火勢有足夠氧氣燃燒型態	火勢沒有足夠氧氣悶燒型態
	壓力型態	火災室形成正壓型態	火災室形成負壓型態
	濃渡型態	熱煙層濃度燃燒下限時發生	熱煙層濃度燃燒上限時發生
	觸動型態	火災室上方熱煙層位置觸動起火	空氣入口位置觸動起火
	空間特徵	大量煙與高溫除火災室外，亦形成在隔鄰區劃空間	大量煙與高溫僅形成在火災室
	時間特徵	可能在消防隊到達前就已發生	在消防隊到達後火場作業時發生
	氣相燃料	少，發生威力較小	多，發生威力強大
	發生機制	主要取決於熱量	取決於氧氣
相同		火三要素（氧氣、可燃物與足夠熱量）	

四、閃燃與爆燃發生徵兆

(一)閃燃發生前徵兆

為了消防人員安全，了解徵兆是重要的，由於並不是每場都會感覺到閃燃警告信號，所以必須訓練消防人員觀看與了解閃燃之警告信號。

1.技術性徵兆（NFPA 265）

(1)溫度

火災室上層平均溫度≧600℃。

(2)輻射熱通量

火災室地板面輻射熱通量≧20kW/m²，地板上報紙能自動引燃。

(3)熱釋放率

火災室熱釋放率達到1MW以上，火焰伸出開口外。

2. 非技術性徵兆

(1) 高熱蹲低

假使在完全著裝情況下，在區劃空間所累積的熱量已迫使你不得不蹲低時，如此已迫近閃燃發生。

(2) 滾流燃燒

是否出現滾流燃燒（Rollover），這是火焰沿著天花板下呈現煙層滾流竄燒現象，其出現在閃燃發生前1～2分鐘，假使你已看到它，相信它，趕快作速離動作，但不要期待每次火場都能看到它。

(3) 火舌將觸煙層

在室內空間上部已蓄積充滿深厚濃煙，而地面火舌已碰觸到這濃煙層並開始醞釀往下蔓延。這是相當明顯的，沒有人能與閃燃發生時間作競賽；如此危險狀況最好快速使用大量噴水。

(4) 中性帶急遽降低

開口中性帶急遽降低，從開口處所噴出的黑煙帶有黃褐色。

(5) 噴出喘息

開口處中性帶下面空氣的吸進逐漸變強，煙流噴出有喘息脈動現象。

(6) 煙變火焰

當有閃燃發生時，由開口處流出的煙急速地變成火焰。

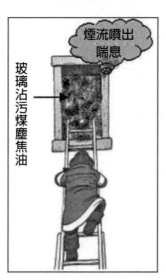

圖9-31　濃煙壓力狀間歇噴出為閃燃或爆燃徵兆

(二)爆燃發生前徵兆

第一線搶救人員有機會目睹到爆燃發生，但不幸地，這也有可能將會是最後一次了，所以必須訓練消防人員觀看與了解爆燃之潛在信號。

消防人員到達現場後，如依開口開放前後之爆燃徵兆如下：

1.開口處開放前

假使室內已蓄積大量可燃氣體，一旦開口被開放後，即有可能噴出急激火焰；而其開放前徵兆如下：

(1) 從建築物裡噴出褐色或帶有點黃色的濃煙。

(2) 從窗戶、門的間隙裡噴出間歇性的煙並夾雜火焰。

(3) 窗戶發出咯嗒咯嗒的聲音，且非常燙手，無法觸摸。

(4) 在煙噴出的部分可以看到焦油與煤渣微小粒子等污垢。

2.開口處開放後

在窗戶與門可看見下列各狀況，火焰即將噴出：

(1) 煙像逆流似地被強烈吸進建築物內，且室內的煙成渦旋狀態。

(2) 間歇性煙流從窗戶噴出，一旦煙流喘息停止，轉為靜靜地流出的狀況。

(3) 室內裡出現了幻影火焰。

(4) 即將發生大量火球噴出現象。

五、閃燃與爆燃防範對策

建築物火災閃燃與爆燃現象，能從建築物本身及消防設備設計來進行防範，如次：

(一)熱量方面

1. 自動滅火設備：如自動撒水設備、水霧滅火設備或泡沫滅火設備等，大量冷卻火災成長熱量。

2. 室內外消防栓：使用消防栓滅火冷卻

3. 小幅打開射水：火災室開口以小幅度打開使瞄子伸入，先進行冷卻射水。

(二)燃料方面

1. 排煙設備：機械排煙使閃（爆）燃之氣相燃料源（CO等）移除至室外。

2. 耐燃裝修：內部裝修符合建築技術規則。

3. 不燃化：內部物品朝向不燃化或使用防焰材質。

4. 火載量限制：內部可燃物儘量減少。

(三)氧氣方面

1. 氧氣稀釋法：消防設備如二氧化碳滅火設備、IG-541等海龍替代滅火設備。

2. 關閉開口：關閉空調及開口，限制火災室氧氣供應，缺氧使火勢發展停滯。

3. 防火區劃：門具有防火時效，而窗戶以鐵絲網玻璃或加厚，確保火災室開口區劃完整性，並限制外來氧氣供應。

例

1. 請就有關定義及發生原因，比較閃燃（Flashover）與複燃（Backdraft）之主要差異性。（25分）（96-1年設備師）

2. 何謂「閃燃」（Flashover）？何謂「回燃」（Backdraft）？請說明此兩者現象之差異及發生之機制。（25分）（91年消防升等考）

3. 試比較閃燃（Flashover）與複燃（Backdraft）二者之差異？（89年3等特考）

4. 何謂閃燃（flashover）？（10分）請說明NFPA265之閃燃定義為何（即閃燃之量化定義）？（15分）（105年設備士）

解：見本節所述。

---

5. 新屋保齡球館發生重大火災案件，造成6名消防人員殉職，也引起廣泛討論閃燃（flashover）、爆燃（backdraft），試從燃燒範圍之觀念，說明何謂閃燃、爆燃？並請說明其有哪些具體徵兆，有助消防人員研判，以便及早因應來避免傷亡？（25分）？（104年消佐班）

解：如下圖，餘見本節所述

（建築物火災閃燃發生徵兆）

（建築物火災爆燃發生徵兆）

---

6. 閃燃與複燃影響消防人員之救災安全至巨，何謂閃燃與複燃？兩者在目測方面有何差別？以消防設備師之角色，採取何種手段較能防範閃燃與複燃之發生？（25分）（102年設備師）

解：見本節說明。

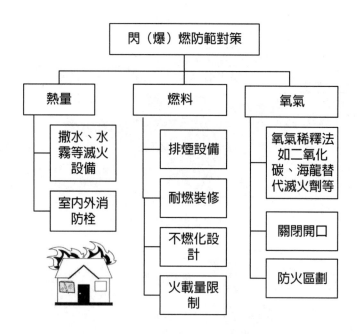

第5節　最盛期與衰退期（Fully Developed and Decay Period）

一、最盛期

建築物火災進入最盛期有時不會經歷閃燃，如有閃燃將使火災室可燃物質全面參與燃燒。在此期間，燃料能釋放出最高熱量，並產生大量未完全燃燒氣體，而形成通風控制狀態。此時，火災發展將取決於開口淨通風面積與數量。

圖9-32　船艙火災最盛期階段

閃燃發生後形成通風控制燃燒型態，這意味著，火災室產生過量的可燃氣體。由於這個原因，火勢將沿熱煙層流越出開口部。最盛期火災能持續很長一段時間，這主要取決於區劃空間內燃料量而定，此時期常見溫度一般在800～950℃範圍。建築結構完整性在這階段高溫扮演很重要之作用。

1.通風因子

在最盛期燃燒速率方面，英國Drysdale（1985）研究指出，當最盛期木材與木製品火災燃燒速率（$\dot{R}$）是相依於通風因子（$A \times \sqrt{H}$），依實驗得到最盛期穩態燃燒速率（$\dot{R}$, kg/min）與淨開口面積（A, m^2）、淨開口高度（H, m）平方根皆成正比，關係式如次：

$$\dot{R} = 5.5 \sim 6.0 \times A \times \sqrt{H}$$

這關係式只適用於最盛期之木材類火災，對其他類型可燃物會有所偏差。

2.溫度因子

火災最盛期溫度因子與火災室溫度曲線成正相關，此溫度因子與氧氣供應之開口部面積（A, m^2）、燃燒產物能流出之開口部高度（H, m）成正相關，而與熱傳至區劃空間邊界層之室內天花板、地板及牆壁全表面積（A_{room}, m^2）成負相關。

$$溫度因子 = \frac{A \times \sqrt{H}}{A_{room}}$$

3.時間因子

最盛期區劃空間火災溫度，在可燃物和氧氣供應下，能保持一定火災強度。在最盛期穩態燃燒情況，建築物木製燃料之火災持續時間（t, min）與室內火載量（W即單位面積可燃物量，kg/m^2）與地板面積（A_F, m^2）成正相關，與燃燒速率（R, kg/min）成反比，關係式如下：

$$t = \frac{W'}{R} = \frac{W}{5.5} \times \frac{A_F}{A\sqrt{H}}$$

其中W'為室內可燃物量（kg），$\frac{A_F}{A\sqrt{H}}$稱為時間持續因子。

例1 某兒童玩具製造工廠內，因可燃物甚多，該建築物為鋼筋混凝土造，若有一個開口面積為12平方公尺、開口高度為1.44公尺居室，當其發生火災而形成通風控制燃燒時，根據P. H. Thomas之研究結果，在此情形下其換算為木材的燃燒速率為多少公斤／分（Kg/min）？

(A) 39.6～43.2　(B) 52.86～57.6　(C) 79.2～86.4　(D) 98.3～151.6

解： (C) $\dot{R} = 5.5 \sim 6.0 \times A_w \times \sqrt{H} = 5.5 \sim 6.0 \times 12 \times \sqrt{1.44} = 79.2 \sim 86.4$

例2 若一建築之開口部面積為2m²，開口部之垂直高度為1m，室內之長寬高各為3m×3m×3m，請問其溫度因子為多少？

(A) 0.037　(B) 0.045　(C) 0.056　(D) 0.068

解： (A) 溫度因子 $= \dfrac{2 \times \sqrt{1}}{3 \times 3 \times 6} = \dfrac{2}{54} = 0.037$

例3 建築物內有500公斤之木材，建築物有一開口為高2公尺且面積為3平方公尺，請問通風控制燃燒下火災會持續約多少分鐘？

(A) 2.5　(B) 15　(C) 21　(D) 36

解： (C) $t = \dfrac{W'}{R} = \dfrac{500}{5.5 \times 3 \times \sqrt{2}} = 21.4$

例4 面積為10m²之居室內有木製家具20kg及布料40kg，其中木材及布料之燃燒熱分別為15、30MJ/kg，其居室之火載量密度（MJ/m²）為何？

(A) 150　(B) 1500　(C) 22.5　(D) 45

解： (A) 火載量燃燒熱 $= \dfrac{20\,kg \times 15\,\dfrac{MJ}{kg} + 40\,kg \times 30\,\dfrac{MJ}{kg}}{10\,m^2} = \dfrac{300\,MJ + 1200\,MJ}{10\,m^2} = 150\,\dfrac{MJ}{m^2}$

例5 所謂火載量（Fire Load）係指單位面積之可燃物量（kg/m²），如有一倉庫長10公尺、寬5公尺、高3公尺，可燃物總重500公斤，則其火載量為何？

(A) 50kg/m²　(B) 25kg/m²　(C) 10kg/m²　(D) 5kg/m²

解： (C) 火載量 $= \dfrac{500\,kg}{10 \times 5\,m^2} = 10\,\dfrac{kg}{m^2}$

建築物最盛期火災為熱釋放率達到最大值後，理論上應出現穩定燃燒狀態，但實際上仍受到某些因素影響：

· 可燃物之數量和類型

· 物質之密度、形狀和排列

· 淨開口空氣量

· 區劃空間尺寸和幾何形狀

· 區劃空間邊界層（天花板、牆壁及地板）結構屬性

　　建築物幾何形狀之開口是最主要火災可能蔓延途徑，而火災蔓延主要是往上蔓延，透過熱對流如出入口、窗戶及對內部門、窗戶、空調、走廊、通道、樓梯間、管道間等煙囪效應，及熱輻射蔓延至周遭。而區劃空間牆壁結構屬性方面，則關係到熱傳導部分，如鐵皮屋或混凝土牆壁（熱容量）就有顯著差異性。

　　在避免開口部噴出火燄向上延燒，可採行策略如：

1.燃料面

(1) 減少火載量。

(2) 減少火災猛烈度如油類、發泡性塑膠使用。

(3) 防焰物品。

(4) 不燃化設計及室內耐燃裝修。

2.氧氣面

(1) 縮小窗口尺寸

(2) 窗戶雙層玻璃及加強玻璃厚度，相當抗壓及抗溫能力，防止破裂。

3.熱能面

(1) 縱形窗設計，因橫形窗易使火焰伸出，在外部壁面形成負壓區，使火焰流熱能緊貼外部壁面。

(2) 增加窗戶垂直間隔之側壁高度。

(3) 窗戶上下緣建造突出物，吸收火焰流熱能。

(4) 防火區劃、防火門窗，使火焰熱能受到阻隔。

(5) 撒水設備或水幕，能顯著大幅控制火災室之熱能。

(6) 鐵絲網玻璃已在危險物品廠房大量使用，增加吸熱表面積，防止火焰外伸。

圖9-33　建築物火災於縱形窗與橫形窗火焰流伸出差異性

4.衰退期

　　由於區劃空間現有燃料已逐漸消耗掉，火災釋放熱開始下降。再次，室內火災型態已轉換為燃料控制燃燒（Fuel Controlled），因火勢燃燒量減少，致區劃空間溫度持續衰退。但是，在區劃空間內仍剩餘大量熾熱深層餘燼，會維持一段高溫相當時間，此時區劃空間之開口不是供氧，而是扮演散熱作用。在這種情況，火勢返回到燃料控制，最後出現深層火勢現象（Deep-seated Fire）以及悶燒火災（Smoldering Fires）；此時，除非有足夠量冷卻水，不然會維持相當長之高溫環境情況，室內一些未燃燒完全物質，仍會高溫裂解出有毒氣體。

圖9-34　建築物火災進入衰退期呈現倒塌深層燃燒現象

1. 試說明耐燃建築物火災，為避免窗戶或開口部噴出火燄造成燒破上層窗戶之玻璃，導致擴大延燒，可採行之防止策略有那些。（25分）（97-2年設備士）

解：

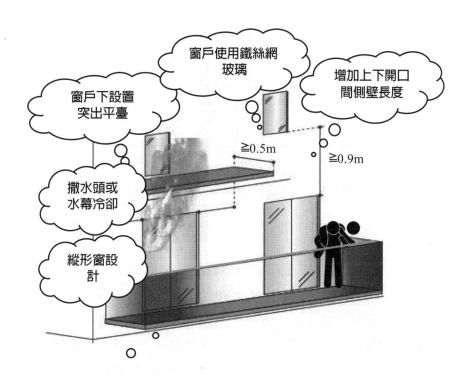

窗戶使用鐵絲網玻璃

增加上下開口間側壁長度

窗戶下設置突出平臺

≧0.5m

≧0.9m

撒水頭或水幕冷卻

縱形窗設計

第6節　火災生命週期與對策（**Fire Life Cycle and Countermeasures**）

本節係建築物火災之進階課程，一般課程可略過本節。

一、火三要素變化

以火三要素來描述一場建築結構火災生命週期。讓我們回到火行為基本知識，在建築物火災各階段三要素（熱量、燃料和氧氣）變化，如此得以探勘火行為之深奧。

1.初期

初期火災發展取決於所涉及的燃料結構和特性，即燃料控制火災。如圖9-35中A

點顯示熱量2%、燃料98%和氧氣99.5%；此階段在室內熱氣體和火羽流從火焰上升並混合房間內較冷的空氣。這種轉移的能量開始增加整體房間溫度。

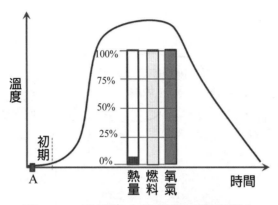

圖9-35　建築物火災初期三要素變化

2.成長期

由於火勢增長，能量釋放的速率透過燃燒熱繼續增加（給予足夠的氧）；如圖9-36中B點顯示熱量30%、燃料90%和氧氣80%。火勢發展至此，此情況會變得較複雜，一般室內熱煙氣體層會成上下兩層：一熱煙氣體層沿著天花而向下延伸，和較低溫氣體層朝向地板面延伸。由於體積和熱煙氣體層溫度升高，形成某種程度壓力。在熱煙氣體層中較高的壓力，會開口向外推出，而外面空氣從開口向內移動。此時這2層的冷熱氣體壓力，在室內開口處形成平衡，產生一中性層。火勢增長，天板下高熱氣體層有時部分會呈現氣相火焰，有時不明顯，受到濃煙層遮掩。

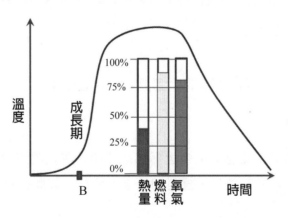

圖9-36　建築物火災成長期三要素變化

3.最盛期

火勢進入充分發展階段，至此能量釋放在火災生命週期是最大的，開口玻璃可能會高溫破裂，但大量燃燒仍通常受限於通風量。未燃燒氣體層積聚在天花板面，造成室內火焰從門或窗口向外燃燒出；如圖9-37中C點顯示熱量55%、燃料70%和氧氣55%。

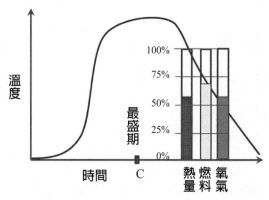

圖9-37 建築物火災最盛期三要素變化

4.衰退期

火勢已到了衰退期，由於可用的燃料持續被消耗，熱釋放率會下降且火勢會返回到燃料受控狀態，燃燒的速率所需可用的氧氣又回到供給足夠情況；如圖9-38中D點顯示熱量35%、燃料23%和氧氣77%，此階段時間在火災生命週期是最久的。

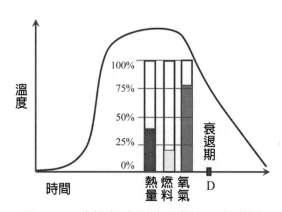

圖9-38 建築物火災衰退期三要素變化

二、火災生成物變化

建築物火災是一場各種可燃物之綜合燃燒現象，燃燒中火災生成物持續變化，如圖9-39建築物火災生成物隨著時間之無次元（Non-Dimensional）曲線。

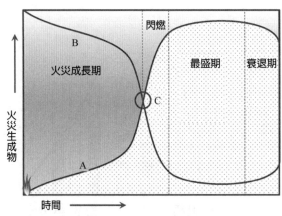

圖9-39 建築物火災生成物無次元曲線

圖9-39中X軸表示時間，Y軸表示建築物火災過程中生成物增加或減少之變化屬性。曲線「A」代表火災過程中下列屬性增加狀況：

A曲線：
· 平均上層溫度
· 平均室溫
· 地板水平輻射通量（Radiant Flux）[註4]
· CO等有毒氣體濃度
· CO/O_2之比例
· 上層熱煙層厚度
· 上層熱煙層厚度的輻射傳熱與對流熱傳之比例
· 總熱釋放率（Heat Release Rate, HRR）
· 火災成長率（HRR /Sec）

[註4] 輻射通量（Radiant Flux）依據NFPA 921定義，指量測輻射傳熱到室內所有物體表面速率，以kW/m^2、$kJ/m^2 \cdot s$或$Btu/ft^2 \cdot s$表示。

　　A曲線是基於一個建築物火災溫度發展近似曲線，從起火初始部分、成長至閃燃發生、室內全面捲入火勢，最後進入火勢衰退階段。而B曲線恰好是A曲線之倒數，代表下列屬性減少的狀態：

B曲線：
・O_2/CO之比例
・下層（煙流）高度（Lower Layer Height）
・下層（煙流）高度／上層（煙流）厚度之比例
・對流熱傳／輻射熱之比率
・中性層（Neutral Plane）高度
・閃燃前人員存活能力（Survivability）

　　圖9-39中C點表示火災過程，室內人員已無法在室內生存之臨界點，閃燃出現屬性：上層平均溫度達到600℃、地板面輻射熱通量達20kw/m²、室內環境溫度急劇竄升、CO和其他有毒氣體增加，O_2相應地減少。

三、煙量與熱量變化

　　以煙量與熱量而言，在一場區劃空間火勢發展動態情境作比較。一開始起火前即有煙量生成，於火勢生成熱量進行放熱，但煙量也逐漸累積，並隨著火勢浮力流產生不穩定態之火羽流（Fire Plume），成放射狀蔓延著天花板面，形成一相對薄天花板噴流，但此時室內已充滿相當多煙量。

　　熱煙流氣體會一直沿著整個天花板面，作混合重新分配，並逐漸合併後累積向下延伸。稍後，熱煙氣體之高溫也回饋至火勢本身。而起火室溫度也再持續緩慢增加，但室內煙氣量已大量累積，此時火勢狀態已轉變成通風控制狀態。一旦有閃燃發生，熱煙層所含燃料氣體，已轉變閃燃火焰燃燒掉，此時室內開口玻璃受到閃燃膨脹壓力及高溫破裂，也使一部分熱煙流向外擴散，室內煙量已大幅瞬間銳減，此時火勢又轉變燃料控制燃燒狀態；直到火勢因燃料供應減少，呈現衰退現象，但因室內仍然保持相當高溫，有些未完全燒燬仍然會釋出一些生成物質，繼續累積在室內空間，如圖所示。

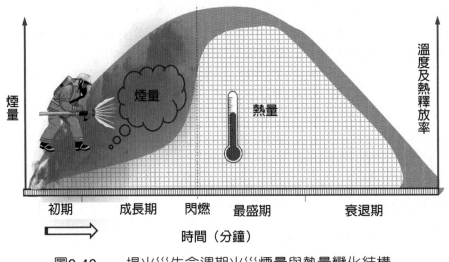

圖9-40　一場火災生命週期火災煙量與熱量變化結構

四、火災熱傳遞演變

　　以一場建築物火災週期，通常熱傳導至單一起火物後，產生一浮力火羽流（Buoyant Fire Plume），透過火羽流開始對流熱傳。熱煙氣體開始累積在天花板下方，並進行橫向擴散，熱煙層繼續累積更厚，包含更多的熱能，輻射熱傳占總熱傳量比例開始增加，而對流熱傳比率則降低。一旦閃燃發生，輻射熱變成火災主要的熱傳機制，而其他相鄰區劃空間，則保持以對流熱傳為主要機制。

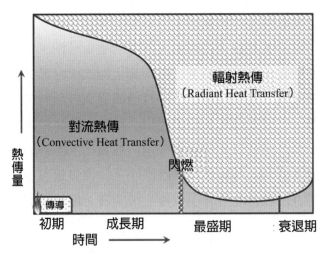

圖9-41　一場建築物火災熱傳遞演變經過（Kenned, 2003）

五、氣相燃燒事件

一場建築物火災在燃料與氧氣供應下，沒有受到人為干擾下，一個完整火災生命週期會有火勢初期（含起火醞釀期）、成長期、最盛期及衰退期，這個發展過程中可能會出現一定規模氣相燃燒現象，如陷燃（Flameover）、煙爆（Smoke Explosion）、爆燃（Backdraft）、滾燃（Rollover）甚至閃燃（Flashover）事件。

基本上，這些現象發生需有其一定氣相燃料源，也是一種能量釋放，這些共同點就是所需燃料源為室內所累積熱煙氣體層，這包含各種燃燒裂解及分解可燃物質如CO、H_2等。這些以威力而言，最低是焰燃（Flameover），為某一區域局部氣相燃燒狀態；而爆燃威力最強，相對地潛藏燃料量是最多的，一般是累積較長時間醞存。

煙爆（Smoke Explosion）是指當在一個房間或其他區劃空間火災氣體層形成起火事件。由於火災氣體層受到輻射加熱，熱煙層已達一定高溫情況下，一旦與外來空氣如透過開口（窗戶／門）混合時，其能點燃並足夠快，而與爆炸相比，係產生較低階危害，很多文獻將煙爆與爆燃（Backdraft）是相同的，如要區別是煙爆較沒有爆燃在整個區劃空間內爆燃現象，煙爆威力比爆燃低得多

滾燃（Rollover）依Ben（2007）指出，當火災室或相鄰空間火災氣體層起火。由於火災氣體受到輻射加熱，熱裂解（Pyrolysis）產物持續上升到天花板，一旦在視覺上看見這層火焰「滾動」越過天花板面，並向外擴散程度之現象。如與「閃燃」相比，最主要區別是滾燃為一種熱煙層流之表面積火焰，而閃燃則是室內空間之容積火焰。

焰燃（Flameover）依NFPA 921指出焰燃為天花板下方熱煙層已在燃燒下限，產生起燃現象。當燃料在一個房間進行燃燒，過熱煤粒、濃煙、氣體和部分燃燒熱解產物上升到室內的頂部。這一層富含燃料氣體，如溫度足夠熱，其中一種或更多成分將達到其自燃溫度，點燃這一燃料層。此現象穿過天花板的氣體層點燃的物理表現，大部分是與滾燃（Rollover）現象是一樣的，如要區別是指其較沒有火焰「滾動」現象。

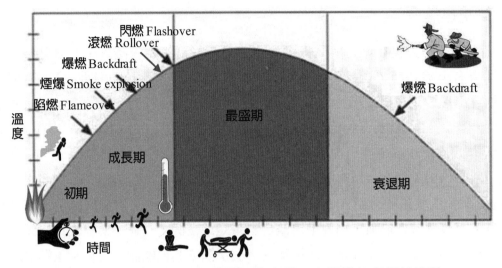

閃燃 Flashover
滾燃 Rollover
爆燃 Backdraft
煙爆 Smoke explosion
陷燃 Flameover

溫度

爆燃 Backdraft

最盛期

成長期

初期

衰退期

時間

圖9-42　一場火災生命週期可能出現一定規模氣相燃燒事件

六、建築物防火安全設計

　　一場建築結構火災生命週期，在使用安全上，於火災初期儘量不燃化，使其不會發生起火，縱使第一起火物形成也不會延燒至第二可燃物；火災成長期階段，儘量以防焰材質或阻燃性（Fire Retardancy）進行使用設計，使火勢縱有可燃物供應但其成長緩慢化，以增加人員初期滅火及避難逃生之時間；一旦火勢進入最盛期達到火災室全面發展，則建築結構需具有防火時效，以抗火性能之防火構造進行安全設計，以保持建築結構不因高溫而崩塌，而防火區劃也能保有完整性，致人員能進行水平空間避難，及垂直空間逃生行為。

　　基本上，防止火災的延燒擴大有滅火、延遲、限制等3種方法。滅火法即使用滅火設備，火災初期進行撲滅壓制如自動撒水頭。延遲法即不燃性及阻燃性，利用內裝不燃化、防焰物品及減少火載量，達到抑制燃燒的手段如防火間隔。至於限制法，即抗火性藉防火區劃來阻止火災擴大至另一空間，如防火時效、防火門（窗）。

　　從建築的觀點，較著重於建築物防火特性，即被動式防護：建築本身之不燃材料、防火區劃設計、防火時效規定、防火設施及避難設施。從消防的觀點，則著重於消防安全設備設置維護，即主動式防護，在火災一發生能立即偵知，使用自動警報通報建築物人員，考量各層空間人員分布特性，避免人數過多或逃生路徑不明延誤逃生時間，在建築物適當處設置標示設備、避難器具、緊急照明設備及排煙設備等，協助

人員判斷逃生路徑，並配合被動式防護措施，以能避難至相對安全區或絕對安全區。

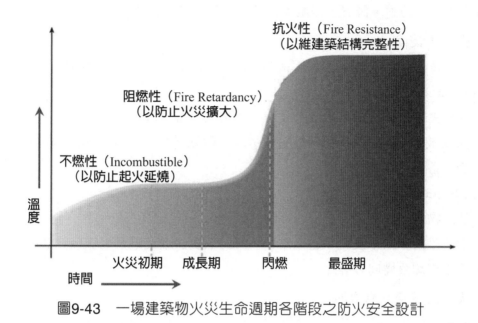

圖9-43　一場建築物火災生命週期各階段之防火安全設計

七、火災各時期防火對策

在火災過程中對人命造成危害之主要因子，主要為火災煙及熱氣。由此，於火災成長過程各時期的防火對策如次：

1.火災初期

可燃物與足夠熱能靠近或接觸，產生氧化熱傳能量流動至起火現象，此時對策如次：

(1)火災預防對策

①防火管理，尤其用火用電管理等。

②不燃化設計及防焰物品之使用。

③限制火載量。

④內裝耐燃化。

⑤使用煙載量低傢俱。

(2)火災通報對策

設置偵煙及偵溫火警探測器，通報火災發生並早期及時因應。

(3)初期滅火對策

採取主動式防護,設置手提滅火器及室內消防栓等滅火設備。

2.火災成長期

火焰成長能在可燃物供應上與時間平方成正比擴大,此時對策如次:

(1)防止延燒對策

①採取主動式防護如自動撒水設備、消防栓、排煙設備。

②採取被動式防護如建築物防火設施,耐燃裝修、防火材料、防煙(火)區劃、蓄煙頂(井)。

(2)避難逃生對策

①建築物避難設施,如室內(特別)安全梯、防火門、陽台等

②消防設備如標示設備、避難器具、緊急照明設備及避難動線暢通化。

③使用排煙設備向外排煙。

3.火災最盛期及衰退期

在燃料與氧氣持續供應下,建築物火災會進入到最盛期,但不一定會經過閃燃現象,如有閃燃出現,室內溫度會成非線性跳躍至800～900℃時,之後進入通風控制燃燒階段,並形成一種近似穩定燃燒之最盛期狀態。近似穩定燃燒時期過後,火載量衰減,燃料質量損失率越緩進入衰退期,火勢又再回到燃料控制燃燒階段,但室內高溫仍可保留一段相當長時間。此時對策如次:

(1) 主動式防護:自動撒水設備及排煙設備、室外消防栓

(2) 被動式防護:建築結構抗火時效、防火區劃。

(3) 消防搶救上必要設備。

(4) 位置:防火距離與防火空地。

(5) 限制火載量與火災猛烈度物品使用。

在防火距離,TUKES(2013)研究指出,一般住宅和辦公室可承受$8kW/m^2$的輻射熱通量強度,但更敏感的建築物如醫院、學校、酒店等必須設計為$1.5kW/m^2$的標準值,以確保內部使用人員能安全避難;如圖9-44所示。

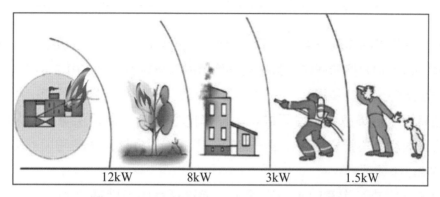

圖9-44 防火距離設計（TUKES, 2013）

此外，防火對策是要防止建築物從點狀起火點擴大到面規模燃燒，以致建築物全面規模燒毀。避難對策係由避難設施及逃生設施二個體系構成，避難設施目的在確保建築物內部人員能安全至另一相對安全區域先行避難，等待消防人員拯救或火勢控制，如防火區劃、安全區劃、排煙室等；逃生設施是在火災發生時，可以確保人員從建築物任何一點到絕對安全地面之間有一逃生通路，藉由良好避難動線設計並保持順暢，如室內安全梯、避難器具等。

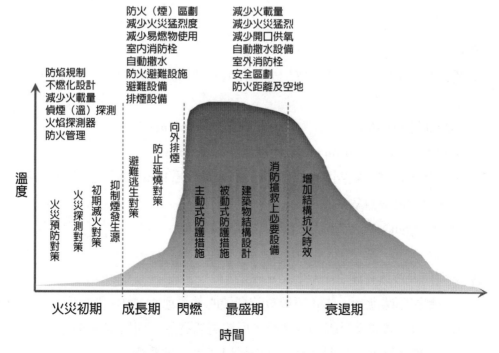

圖9-45 建築物火災不同時期防火目標與火災控制對策

例

1. 試分析建築物內區劃空間中火勢從起火（ignition）、擴大（development）至延燒（spread）的過程中，其主要熱傳遞的演變經過。（90年3等特考）

2. 一般建築物火災成長過程，依室內溫度的變化及火災現象之不同，可細分為哪幾個時期？另外在火災過程中對人命造成危害之主要因子有哪些？由此火災成長過程及其主要危害人命因子來看，概述火災成長過程各時期的防火對策。（97-2年設備師）

3. 請簡述一般建築物室內火災歷程，並描述歷程中各時期之防火目標、火場行為、人類行為、感測（知）、主動式火災控制方法及被動式火災控制方法。（97-2年設備師）

4. 建築物火災可分初期、成長期、最盛期及衰退期等四個階段，在消防安全之對策各如何？請詳述之。（25分）（107年消防設備師）

解： 見本節內容所述。

第7節　歷屆考題精解

一、選擇題

（B） 1. 當發生火災時，在燃燒物質上方將形成一團錐形體的熱氣與煙層，於火災學名詞稱為：

(A) 閃燃（flash over） 　　(B) 火羽流（fire plume）

(C) 爆燃（deflagration） 　　(D) 補氣（makeup air）

（A） 2. 耐火建築物靠外牆開口部的面積（高×寬）為$12m^2$，試問下列哪一項防止火焰向上延燒最有效？

(A) 高 = 6m，寬 = 2m 　(B) 高 = 2m，寬 = 6m

(C) 高 = 3m，寬 = 4m 　(D) 高 = 4m，寬 = 3m

（B） 3. 下列何者敘述有誤？

(A) 側壁距離愈大，防止下層火焰延燒的效果愈大 　(B) 開口率小，閃燃時間較短 　(C) 高樓火災因熱量蓄積，形成高溫高熱，使被困者亦造成灼傷

(D) 高樓建築火災初期常因不完全燃燒產生大量濃煙

（A）　4. 為防止由窗口噴出的火焰向大樓上層延燒，下列措施何者不正確？
　　　　(A) 加大窗戶開口部的面積　　　　(B) 增加上下樓層窗戶間的側壁長度
　　　　(C) 窗戶上下加設向外突出之平臺　(D) 儘量降低屋內火載量

（B）　5. 下列有關火焰與窗形狀關係之敘述，何者有誤？
　　　　(A) 火焰流動軌跡，與（寬度／高度）比值關係密切
　　　　(B) 火焰之流動，取決於窗之寬度與高度較無關係
　　　　(C) （寬度／高度）比值愈大（即窗戶呈橫形），火焰愈貼近牆面內側
　　　　(D) （寬度／高度）比值愈小（即窗戶呈縱形），火焰尾端愈向外側

（C）　6. 有關火災最盛期方程式 $T = W/5.5 \cdot A_F/A_B H^{1/2}$ 之說明，下列何者有誤？
　　　　(A) T為火災持續時間　(B) W為火載量
　　　　(C) A_F為開口部面積　　(D) $A_F/A_B H^{1/2}$為持續時間因子

（B）　7. 下列有關火災溫度之敘述，何者有誤？
　　　　(A) 溫度因子愈大，溫度曲線愈高溫　(B) 火災溫度與室內面積成反比
　　　　(C) 火災溫度與燃燒溫度成正比　　　(D) 溫度因子與開口部面積成正比
　　　　註：本題僅適用建築物火災最盛期

（A）　8. 下列何者不是建築物火災成長曲線中起火期之防火對策？
　　　　(A) 耐燃材料　(B) 防焰物品　(C) 發熱器具　(D) 管制火源

（C）　9. NFPA 80A規定火災時其相鄰建築物含開口之可燃性外牆受到輻射熱危害之要求需低於多少kW/m²？[註5]
　　　　(A) 2.5　(B) 5　(C) 12.5　(D) 20

（A）　10. 依據火災的特性，於穩態燃燒階段，釋熱率與時間之關係為何？
　　　　(A) 時間無關　　　　　　　(B) 與時間一次方成正比
　　　　(C) 與時間二次方成正比　(D) 與時間三次方成正比

（A）　11. 有關閃燃（flashover）現象之敘述，下列何者錯誤？
　　　　(A) 易發生在通風不良的居室，熱容易蓄積　(B) 是成長期發展至全盛期之短時間現象　(C) 熱煙層之熱不穩定是導致閃燃之原因　(D) 火焰竄出門口是觀察指標之一

（B）　12. 有關無塵室火災之敘述，下列何者錯誤？

[註5] NFPA80A: the I value for the combustible materials used is indicated by appropriate tests not to exceed 12.5 kW/m². And there are no openings in the facade of the exposed building.

(A) 具多種易燃性化學物品，易導致火災　(B) 通風換氣系統易引導火災煙氣傳播至探測器，提早火災警報動作　(C) CO_2為無塵室常用的滅火藥劑
(D) 極早型偵煙器（VESDA）可提早偵知火災

(C) 13. 建築火災若受通風影響，通風因子為下列何者？（A為通風口面積、H為通風口高度、W為通風口寬度）

(A) A　(B) AW　(C) $AH^{1/2}$　(D) $AW^{1/2}$

(C) 14. 下列哪一項設施（備），火災時最有可能產生溝渠效應？

(A) 管道間　(B) 樓梯間　(C) 木質電扶梯　(D) 升降機間

(D) 15. 擴散火焰的流體處於加速狀態的區域為：

(A) 燃氣區域　(B) 間歇火焰區域（the intermittent zone）
(C) 浮升羽柱區域（the buoyant plume zone）　(D) 持續火焰區域

(B) 16. 建築物由窗口噴出之火焰，向上層延燒者，下列何種窗形最為危險？

(A) 縱形窗　(B) 橫形窗　(C) 正方形窗　(D) 圓形窗

(B) 17. 建築物火災中，上層天花板的熱會向地面放射出大量幅射熱，促進地面可燃物之燃燒速度，此種現象即為室內空間火災時之何種效果？

(A) 熱傳導減低效果　(B) 幅射能回饋效果
(C) 對流能加強效果　(D) 幅射能損失效果

(B) 18. 研究高樓建築物火災時得知，當室內已達1100℃，而a、b、c三種窗戶的高×寬形狀分別為2m×6.4m、2m×3.4m、2m×2m時，則經由此三種窗戶噴出的火焰流動軌跡與上一層壁面水平距離的大小關係，下列何者正確？

(A) a＞b＞c　(B) c＞b＞a　(C) c＞a＞b　(D) a＝b＝c

(C) 19. 研究火災特性時，所謂的「火載量」（Fire Load）是指：

(A) 總可燃物量（kg）　(B) 單位時間的燃燒量（kg/s）　(C) 單位地板面積的可燃物量（kg/m^2）　(D) 室內單位容積的可燃物量（kg/m^3）

(B) 20. 建築物火災中，下列何者與火災最盛期的持續時間長短無密切的關係？

(A) 可燃物與空氣接觸面積　(B) 火焰悶燒的時間
(C) 密閉空間開口部大小　(D) 可燃物的數量

(D) 21. 反應物反應時之反應熱全部用來加熱產物所得到之最高可能溫度為：

(A) 幅射火焰溫度　(B) 等溫火焰溫度
(C) 對流火焰溫度　(D) 絕熱火焰溫度

(D) 22. 建築物火災時火勢的擴大有時是經由外牆的窗戶向上延燒，下列防止火焰向

上延燒的改善措施何者錯誤：

(A) 窗戶加裝防火玻璃窗　　(B) 窗戶加裝水幕撒水設備

(C) 縮小窗口尺寸　　　　　(D) 降低外牆側壁高度

(C) 23. 在建築物火災中，天花板會向地面放射大量輻射熱，促進地面可燃物之燃燒速度，此種現象即為密閉空間具有之何種現象？

(A) 燃料控制燃燒　　　(B) 煙囪效應

(C) 輻射能回饋效果　　(D) 熱對流回饋效果

(A) 24. 建築火災中下列何者與火災最盛期的持續時間長短無密切之關係？

(A) 火焰悶燒之時間　　　　(B) 可燃物的數量

(C) 可燃物與空氣接觸面積　(D) 密閉空間開口部大小

(B) 25. 建築物火災中，上層天花板受熱會向地面放射出大量輻射熱，促進地面可燃物之燃燒速度，此種現象為室內空間火災時的何種效果？

(A) 自然對流強化效果　　(B) 輻射能回饋效果

(C) 天花板對流效果　　　(D) 傳導熱分解效果

(A) 26. 消防救災人員對於密閉建築物進行救災時，當開啟一新開口後，由於大量外部空氣湧入，導致建築物內部可燃性氣體瞬間燃燒、高溫火燄由開口部急遽竄出，對救災人員產生危害，此種現象稱為：

(A) 複燃（back draft）　　(B) 閃燃（flash over）　　(C) 通風控制燃燒（ventilation controlled）　　(D) 熱輻射效應（thermal radiation effect）

註：back draft翻為複燃是有問題，因其帶有燃燒壓力波，實務上消防單位會講複燃是指火場滅熄後返隊，之後再接獲現場又複燃，必須再度前往之意。

(B) 27. 一個大空間之空氣量充足的火災燃燒係屬於何種燃燒？

(A) 通風控制燃燒　　(B) 燃料控制燃燒　　(C) 初期燃燒　　(D) 閃燃燃燒

(A) 28. 一大型空間之初期火災燃燒通常為？

(A) 燃料控制燃燒　　(B) 通風控制燃燒　　(C) 擴散燃燒　　(D)分解燃燒

(C) 29. 所謂火載量（fire load）係指單位面積的可燃物當量重（kg/m²），如有一倉庫長5公尺，寬10公尺，高2公尺，可燃物之總當量重為500公斤，則其火載量為何（kg/m²）？　　(A) 50　(B) 25　(C) 10　(D) 5

(D) 30. 依據日本學者川越邦雄、關根孝以及英國學者P. H. Thomas等之研究，燃燒速度R值與開口部面積（A）及高度（H）之關係何者正確？

(A) R與A/H成正比　　(B) R與A×H成正比

(C) R與A×H^{2}成正比　(D) R與A×H$^{0.5}$成正比

　　註：本題只能適用通風控制燃燒型態，且其實驗是根據木造建築物。如果火
　　　　場是在燃料控制型態，顯然是有問題的。

（B）31. 下列何者爲火載量（Fire Load）之定義？

(A) 單位體積之可燃物量（kg/m^3）　(B) 單位面積之可燃物量（kg/m^2）

(C) 單位時間之可燃物量（kg/min）　(D) 單位時間之發熱量（kcal/min）

（C）32. 下列何者爲臨界熱通量（critical heat flux）？

(A) 加熱材料之最小熱通量　　(B) 抑制材料加熱之最小熱通量

(C) 點燃材料所需之最小熱通量　(D) 冷卻材料所需之最小熱通量

（A）33. 當火災發生時會形成一圓錐之煙層稱爲：

(A) 火羽（fire plume）　(B) 二次塵爆　(C) 爆轟　(D) 複燃（backdraft）

（A）34. 溫度的表示符號，下列何者有誤？[註6]

(A) °K（Kelvin）　(B) °R（Rankine）　(C) ℃（Celsius）　(D) °F（Fahrenheit）

（A）35. 根據P.H.Thomas的研究，建築物在通風控制燃燒時，所謂燃燒速度R（kg /
min）值，是和開口部之「面積A」與「開口高度H」二者有關，其關係式爲
何？

(A) R = (5.5～6.0)×A×H$^{1/2}$　(B) R = (5.5～6.0)×A$^{1/2}$×H

(C) R = (5.5～6.0)×(AH)$^{1/2}$　(D) R = (5.5～6.0)×A×H^2

（B）36. 通風控制燃燒之熱釋放率與通風口面積A及通風口高度H成何者關係？

(A) A×H　(B) A×H$^{1/2}$　(C) A×H$^{1/3}$　(D) A×H$^{1/4}$

（D）37. 火災時當熱氣的煙層碰到屋頂無處可去，只得往四周噴流出去所形成的煙層
稱：

(A) 突沸（boilover）　　(B) 閃燃（flashover）

(C) 火羽（fire plume）　(D) 天花板噴流（ceiling jet）

（A）38. 一般建築室內火場溫度，在火災成長末期可達：

(A) 800～1000℃　(B) 100～300℃　(C) 400～600℃　(D) 1500～2000℃

　　註：火災成長期與最盛期之明顯界限是閃燃，國內鋼筋混凝土構造火災，閃

註6　蘭金（Rankine）是一個熱力學溫度單位。由英國工程師蘭金在1859年提出，但現在已經不
　　用。Rankine(°R) = (℃ + 273.15)×1.8

燃發生是需有火三要素條件，有時未發生直接進入最盛期，而火災成長末期可達600℃多是合理的，但以國內鋼筋混凝土構造火災(A)答案應是最盛期火災溫度，所以本題答案是具疑義的。

(C) 39. 火災進入最盛期之燃燒可分為通風控制燃燒及燃料控制燃燒兩類，下列有關燃料控制燃燒之敘述何者錯誤？

(A) 燃燒速度由燃料表面積所控制　(B) 燃燒速度與通風量無關　(C) 因室外較暖空氣之大量滲入，使室溫升高，延燒持續時間延長　(D) 容易經由開口向上層延燒

註：本題(B)與(C)都是錯誤的。

(D) 40. 下列何者非NFPA265所定義之閃燃現象？註7

(A) 當上層煙氣溫度達到500-600℃　(B) 火焰燒到出口

(C) 到達地板的熱通量達20kW/m^2　(D) 熱釋放率大於2MW

(B) 41. 一般而言，區劃空間火災肇始時（不考慮爆炸），熱傳形式主要是：

(A) 熱傳導和熱幅射　(B) 熱傳導和熱對流

(C) 熱對流和熱幅射　(D) 熱傳導、熱對流和熱幅射

(A) 42. 下列有關區劃空間閃燃後燃料的燃燒率與通風因子之間關係，何者不正確？

(A) 通風因子較大時，燃燒方式為通風控制燃燒　(B) 火災室內與室外的通風自由時，燃燒方式為燃料表面積控制之燃燒型式　(C) 通風因子可由伯努利方程式推導得出　(D) 通風因子最初由川越邦雄等人按半經驗方式推導出

(B) 43. 有關耐火建築物火災「通風控制燃燒」與「燃料控制燃燒」之特性，下列何者正確？（ρ：空氣密度，g：重力加速度，A：開口部面積，H：開口部高度，A_0：可燃物表面積）

(A) 火災初期燃料數量龐大而通風極差的地方（如地下室）易生燃料控制

NFPA 265: the occurrence of flashover when any two of the following conditionshave been attained:

(a) Heat release rate exceeds 1 MW

(b) Heat flux at the floor exceeds 20 kW/m^2

(c) Average upper layer temperature exceeds 600℃ (1112°F)

(d) Flames exit doorway

(e) A paper target on the floor autoignites

燃燒　(B) 當$\dfrac{\rho g^{\frac{1}{2}} A \sqrt{H}}{A_0} > 0.29$時，係屬燃料控制燃燒　(C) 當$\dfrac{\rho g^{\frac{1}{2}} A \sqrt{H}}{A_0} > 0.29$時，係屬通風控制燃燒　(D) 當$\dfrac{\rho g^{\frac{1}{2}} A \sqrt{H}}{A_0} < 0.235$時，係屬燃料控制燃燒

(D) 44. 居室內可燃物量因燃燒而逐漸減少其重量之速度，謂之燃燒速度（R，單位kg/min）。當居室爲混凝土造時，可以採用國外經驗公式R = 5.5～6.0×A_w×$H^{1/2}$計算燃燒速度，下列敘述何者正確？
(A) A爲居室面積（m^2），H爲天花板高度（m）　(B) A爲居室面積（m^2），H爲開口高度（m）　(C) A爲開口面積（m^2），H爲天花板高度（m）
(D) A爲開口面積（m^2），H爲開口高度（m）
註：本題僅能適用於通風控制燃燒型態，且用於混凝土造，係數應再修正。

(A) 45. 相對而言，下列何者應列爲設計室內火警探測器與撒水頭動作的優先參考資訊？
(A) 天花板噴射流的溫度與速度　(B) 火載量　(C) 燃燒速率　(D) 開口因子

(A) 46. 從以下哪項原理得知天花板20公尺以上不能安裝局限型探測器？
(A) 火羽（fire plume）　(B) 天花板噴流（ceiling jet）
(C) 突沸（boilover）　(D) 閃燃（flash over）

(D) 47. 有關機械排煙口總面積計算公式$\Sigma_A = Q_{unit} \times A_{floor}/3600 V_w$之說明，下列何者有誤？
(A) Σ_A：爲機械排煙口總面積　(B) Q_{unit}：爲分區內單位面積之排煙量
(C) A_{floor}：爲分區內樓地板面積　(D) V_w：爲分區內單位面積之送風量

(D) 48. 建物室內開口部高度完全與垂直區劃高度一致時，當室內溫度Ts = 57℃高於室外溫度T∞ = 27℃，發生煙囪效應；根據質量守恆，流出室外之空氣質量流率m_{out}等於流入室內之空氣質量流率m_{in}，則中性帶高度Z_n與垂直區劃高度H之比值爲何[註8]？〔提示：$m_{out} = \dfrac{2}{3}\alpha B\sqrt{(2g\rho_s|\Delta\rho|(H-Z_n)^3)}$　$m_{in} = \dfrac{2}{3}\alpha B\sqrt{(2g\rho_\infty|\Delta\rho|Z_n^3)}$〕
(A) 0.67　(B) 3　(C) 0.25　(D) 0.5

(D) 49. Zukoski所提出的虛擬點熱源距離估算公式爲$Z_0 = 0.5D - 0.33Z_f$，對於預測火羽流形狀與質量有其重要性。公式中Z_f代表何意？

[註8] $\rho_{in} = \dfrac{353}{T} = 1.07$，$\rho_{out} = \dfrac{353}{T} = 1.18$，$\dfrac{1.07}{1.18} = \left(\dfrac{Z_n}{H-Z_n}\right)^3$，$\dfrac{0.97}{1.97} = \dfrac{Z_n}{H} = 0.46$

(A) 距離天井高度　(B) 火羽流質量　(C) 火源直徑　(D) 平均火焰高度

(A) 50. 紅外線顯像儀器可量測下列何種量值？

(A) 相對溫度　(B) 絕對溫度　(C) 相對溼度　(D) 絕對溼度

(C) 51. 下列何者被用以作為火災時間長短及建築物受熱影響指標？

(A) 隔間材質　(B) 地板面積　(C) 火載量　(D) 火源面積

(D) 52. 火災發生時，火羽流（Fire plume）撞擊上方天花板後會向四周噴流，形成的熱煙層之名稱為下列何者？

(A) 爆轟（Detonation）　　(B) 閃燃（Flashover）

(C) 爆燃（Deflagration）　　(D) 天花板噴流（Ceiling jet）

(B) 53. 以下哪一項非NFPA265所描述之閃燃現象（flashover）？

(A) 熱氣溫度達攝氏500～600度　(B) 到達地面之幅射熱通量達12.6 kW/m²

(C) 地面的紙產生自燃　　　　(D) 火焰到達開口

(C) 54. 比較室內火災的閃燃（flashover）與複燃（backdraft），下列敘述何者正確？

(A) 前者觸發的主因是氧氣　　(B) 後者引發的關鍵機制是幅射熱

(C) 後者發生前一般處於悶燒狀態　(D) 前者一般發生於火災衰退期

(D) 55. 下列有關延長閃燃時間因素之敘述，何者正確？

(A) 使用熱傳導度低之裝潢材料較好　(B) 火源之大小係以可燃物表面積除以室內地板面積之值　(C) 室內裝潢材料儘可能在地面使用難燃且厚度小之材料為佳　(D) 開口率小至1/16以下時，空氣供應不足不易發生閃燃

(D) 56. 有關閃燃（flashover）之敘述，下列何者錯誤？

(A) 發生在建築物火災之成長期　(B) 若發生閃燃則室內人員無法存活

(C) 防火對策上延遲建築物火災到達閃燃時間至為重要　(D) 發生前處於悶燒狀態

(C) 57. 下列有關建築物火災「閃燃」（flash over）現象之敘述，何者有誤？

(A) 「閃燃」（flash over）現象通常發生在建築物火災的成長期　(B) 一旦發生「閃燃」（flash over）現象，該居室中的人即無法生存　(C) 就「閃燃時間」（F.O.T）而言，同種類等面積裝潢材料中，影響最大部位為壁面

(D) 在避難對策上，延遲建築物火災到達「閃燃」階段，至為重要

(D) 58. 室內裝潢材料可影響閃燃發生時間的長短，就裝潢材料位置而言，下列何者影響最大？　　(A) 地板　(B) 牆面　(C) 火源附近　(D) 天花板

(B) 59. 火災發生後至閃燃發生的時間稱為閃燃時間（F.O.T），下列何者不是影響閃

燃時間（F.O.T）的重要因素？

(A) 火源尺寸與位置　(B) 空氣密度

(C) 房間形狀與尺寸　(D) 可燃物的數量，堆積的高度

（ C ）60. 火場中出現複燃（backdraft）現象時，經常造成現場救災的消防人員重大傷亡意外，試問在火場中複燃發生前的密閉空間中，是比較欠缺哪一種燃燒要素：　　(A) 熱能　(B) 一氧化碳　(C) 氧氣　(D) 可燃物

（ B ）61. 局限型火場中發生閃燃之發展時間通常為：

(A) 數秒鐘　(B) 數分鐘　(C) 數小時　(D) 數日

（ D ）62. 影響耐火建築物閃燃因素，下列何者正確？

(A) 室內可燃物之質與量　(B) 內部裝修材料之燃燒性

(C) 居室之保溫性　　　　(D) 以上皆是

（ B ）63. 在一燃料充足且有限開口大小之空間，當發生閃燃後其屬於：

(A) 燃料控制燃燒　(B) 通風控制燃燒　(C) 複燃　(D) 絕熱燃燒

（ B ）64. 火焰由板壁垂直向上竄，當到達天花板後，即改為水平方向急速擴展。不久不但天花板全面引燃，而且整個室內亦瞬時陷入火海之現象稱為：

(A) 突沸（boilover）　　　　　　(B) 閃燃（flashover）

(C) 液體沸騰膨脹氣體爆炸（BLEVE）　(D) 爆燃

（ D ）65. 一個局限空間的火災會因為缺氧而熄滅，當搶救人員打開如門之開口時，會導入空氣與原來之燃料混合後遇空間內之熱點而產生之爆炸稱為：

(A) 塵爆　(B) 二次塵爆　(C) 爆轟　(D) 複燃（backdraft）

（ B ）66. 下列有關區劃空間發生閃燃時的敘述，何者不正確？

(A) 氧氣濃度驟降至零　　　(B) 此時為燃料控制燃燒

(C) 室內溫度可達800℃以上　(D) 一氧化碳的濃度幾乎達最大值

註：閃燃發生為三要素，燃料或通風控制皆有可能，顯示出題老師專業問題。

（ B ）67. 閃燃時間之長短與使用裝潢材料之位置有關，其中同種類等面積之裝潢材料裝修於何處時，影響閃燃時間最大？

(A) 地板面　(B) 天花板面　(C) 牆壁面下部　(D) 牆壁面上部

（ A ）68. 消防人員於耐燃建築救災時，當打開一新開口，造成大量空氣湧入，並使室內可燃性氣體一舉燃燒，火燄由開口噴出，危及消防人員，此種現象稱為：

(A) 複燃（back draft）　(B) 閃燃（flash over）　(C) 燃料控制燃燒（fuel

controlled）　(D) 通風控制燃燒（ventilation controlled）

(D)　69. 關於閃燃之敘述何者有誤？

(A) 地面輻射熱通量達20 kW/m^2　　(B) 閃燃發生時間與內部裝潢材料有關

(C) 閃燃對消防隊員具極大危險性　(D) 閃燃發生後，人員仍可順利避難

(C)　70. 當室內發生火勢強烈的火災時，由於可燃物之熱分解，產生大量的可燃性氣體，蓄積於天花板附近，此種氣體與空氣混合，正好進入燃燒範圍之際，一舉引火形成鉅大之火焰，如同一片火海之狀態。此種現象為何？

(A) 爆燃　(B) 轟燃　(C) 閃燃　(D) 全燃

(A)　71. 建築物房間開口部之尺寸與位置會影響閃燃發生時間，當開口率愈小，閃燃發生時間會如何？

(A) 較長　(B) 較短　(C) 不變　(D) 不一定

(C)　72. 下列有關居室發生閃燃（Flashover）的敘述，何者錯誤？

(A) 火災發生後到達閃燃的時間會受到內部裝修材料防火性能的影響　(B) 發生閃燃時的溫度約在600~1100℃左右　(C) 壓力中性帶會向上移動，熱煙氣由中性帶上方流出，冷空氣則自下方流入　(D) 居室內氧氣濃度急遽下降，一氧化碳及二氧化碳則濃度激增

(C)　73. 區劃空間中，將一可燃物置於下列何處燃燒時，其火源正上方天花板處的溫度最高？　　(A) 樓地板中央　(B) 靠牆壁　(C) 靠牆角　(D) 靠窗戶

(A)　74. 閃燃發生時，火場的氧氣濃度約為多少？

(A) 1%　(B) 5%　(C) 10%　(D) 15%

(D)　75. 下列何者為減少火焰向上層延燒的無效作法？

(A) 在窗戶的上緣建造突出物　(B) 在窗戶的下緣建造突出物

(C) 增加側壁的高度　　　　　(D) 減少側壁的高度

二、問答題

1. 區劃空間火災中，天花板噴射氣流（Ceiling Jet Flow）是計算火警探測器和撒水頭動作之主要媒介，請問該氣流的哪兩項參數是計算探測器和撒水頭動作之基礎？又在穩態火災（Steady-State Fire）中，該兩項參數與哪些因素有關？（101年消防人員升等考）

解：

(一) 熱釋放率、設備防護半徑距離對天花板高度之比

(二) 在此熱釋放率主要與對流熱釋放率有關，主要與燃燒熱、燃料質量損失率等相關。

設備防護半徑距離對天花板高度之比，主要與設備防護間距及天花板高度等相關。

2. 試依據2000年美國學者Dunn提出的理論，說明火場複燃（Back Draft）與閃燃（Flash Over）的差異性為何？（96年消防行政與消防技術升等考）

解：

美國紐約市消防局副局長Dunn於2002年提出：

(一) 在建築物火災，「爆燃」發生頻率是較少的，而「閃燃」則較常發生。

(二) 「爆燃」是一種帶有衝擊波之爆炸性現象，壓力為3～10kPa；而「閃燃」則是一種火勢快速發展現象。

(三) 「爆燃」觸動發生原因是空氣，但「閃燃」並非空氣，而是熱。

(四) 火勢發展階段中，「爆燃」是可能發生在成長期或衰退期，而「閃燃」僅可能發生在成長期。

3. 在一防火區劃空間內，當木材燃料的表面積為20m²，曝露於50kW/m²的輻射熱通量時，木材的熱釋放率為多少（kW）？（假設木材的完全燃燒熱為16MJ/kg，氣化熱為6.0MJ/kg，燃燒效率為80%，另已知單位面積質量流率 = 輻射熱通量 / 氣化熱）若該區劃之室內長寬高分別為長10公尺、寬5公尺、高3公尺，且其開口寬度為1公尺，高度為2公尺，已知重力加速度g = 9.8m/s²，空氣密度ρ = 1.2kg/m³，試問若該區劃發生火災之狀況，其比較容易成為何種燃燒型態？（104年4等一般特考）

解：

(一) $\dot{m} = \dfrac{Q_F - Q_L}{L_v} \times A = \dfrac{50-0}{6} \times 20 = 166.67\text{kW} \times \text{kg/MJ}$

故熱釋放量為HRR $= \propto \times \dot{m} \times \Delta H_C = 80\% \times 166.7 \times 16 = 2133\text{kW}$

(二) 成為何種燃燒型態

$$\frac{\rho \times g^{1/2} \times A \times H^{1/2}}{A_f} = \frac{1.2 \times 9.8^{1/2} \times 2 \times 2^{1/2}}{20} = 0.53$$
$$= 0.53 > 0.290$$

因此，爲燃料控制燃燒。

4. 設有一套房住宅使用混凝土及磚塊所築成，高3.5公尺、寬5.0公尺、縱深9.0公尺，具有火載量（fire load）密度爲42kg/m²，可燃物（以木材爲主）之總表面積爲360m²，該房間具有一扇窗戶寬2.0公尺、高2.0公尺，一道門寬2.0公尺、高3.0公尺。試問：若該套房發生火災時比較容易成爲何種燃燒型態（假設火災發生時門窗均爲開啓狀態）？燃燒速率爲何（kg/min）？可能燃燒持續時間爲多久（min.）？（已知：重力加速度g爲9.81m/s²，空氣密度ρ爲1.22kg/m³，通風控制燃燒係數k1爲5.5，燃料控制燃燒係數k2爲0.36）（95-2年設備師）

解：

面積×高 = 體積，所以　高 $= \dfrac{體積}{面積}$

二個開口體積$=2\times2\times2+2\times3\times3=26$，二個開口面積$=2\times2+2\times3=10$，

所以開口高度$= \dfrac{26}{10} = 2.6$

(一) 成爲何種燃燒型態

$$\frac{\rho \times g^{1/2} \times A_w \times H^{1/2}}{A_f} = \frac{1.2 \times 9.8^{1/2} \times (4+6) \times 2.6^{1/2}}{360}$$
$$= 0.168 < 0.235，爲通風控制燃燒。$$

(二) $\dot{R} = 5.5 \times A_w \times H^{1/2} = 5.5 \times (4+6) \times (2.6)^{1/2} = 88.68 \left(\dfrac{kg}{min}\right)$

(三) $t = \dfrac{W \times A_F}{\dot{R}} = \dfrac{42 \times (5 \times 9)}{88.68} = 21.31(min)$

5. 試說明擴散火焰的結構、其火柱中心軸上熱氣流的速度與溫度隨高度變化的情形，並具體說明在燃料控制燃燒下影響火焰熱釋率的因素。（98-2年設備士）

解：

(一) 擴散火焰的結構、其火柱中心軸上熱氣流的速度與溫度隨高度變化
在火災成長期在火羽流擴散火焰的結構，其火柱中心軸上熱氣流的速度與溫度會隨高度變化的情形。在燃料控制燃燒下影響火焰熱釋率的因素方面，基本上本書在之前所述，火災熱釋放率依NFPA定義爲燃燒所產生熱能之速

率,其是確定可燃物之燃燒行為一個最重要之參數,其為物質燃燒速率與有效燃燒熱之函數。在火焰所釋出之總能量與每單位時間之物體燃燒速率(g/s)及其燃燒熱(ΔHc,kJ/g)有關;由於燃燒通常為不完全燃燒,所以必須考慮燃燒效率($\propto$)。

(二) 燃料控制燃燒下影響火焰熱釋率的因素

在火災條件下,木製品燃料量(Fuel Load)之熱釋放率是取決於輻射通量(Radiant Flux)、水分含量、厚度、方位(Orientation)、燃料背面(Rear Face)邊界條件(熱傳導),及環境空氣中的氧濃度;火災熱釋放率也是時間的函數,當熱釋放處在高峰期(Peak)後會緩慢衰變,直到燃燒停止。如果燃料背後是隔熱的(Insulated),也將會第2個高峰現象。

6. 何謂「抗火性能」(fire resistance)?何謂「抗火時效」(fire endurance)?何謂「相當抗火時效」(equivalent fire endurance)?並試舉例說明之。(95-2年設備師)

解:

(一) 抗火性能(Fire Resistance)

衡量建築構件和結構的一種能力,在火災暴露下能發揮其預期的防火分隔和/或承載之指定功能。這些耐火建築構件和結構是基於標準耐火試驗中,一定抗火等級。以上等級以分和小時作表示,來描述能持續履行時間,當暴露於標準模擬火災事件,所給定建築物構件或結構,能維護之預期耐火功能。

(二) 抗火時效(Fire Endurance)

指衡量牆壁、地板/天花板組裝、或屋頂/天花板組件,將能抵抗一個標準火焰之時間長度。

(三) 試舉例說明

該結構成分,不超過所敘述之之熱傳遞量、火災滲透量或限制量之相關規定。

抗火性能依ISO可分三類:即

1.防焰性,可防止微小火源引燃。

2.耐燃性,不易引燃延燒。

3.耐火性,在高溫下能維持完整性、穩定性及隔熱性之性能。

相當抗火時效(equivalent fire endurance)根據FM 2002定義,指對某些

特定建築材料，雖沒有經過標準一系列抗火時效之驗證過程，來獲得其認證，但其耐火效能已被具有許可權之管轄單位所認可接受。

7. 耐火建築物火災最盛期有所謂「繼續時間因子」，請問其指什麼？若一建築物長寬高為10m×8m×3m，可燃物總重（木材類為主）為500kg，建築物內之開口為寬1.5m、高2m，試問其火災持續時間為多少？（101年4等一般特考）

解：

(一) 在最盛期穩態燃燒情況，建築物木製品火災持續時間（t, min）將依室內火載量（燃料）與開口通風面積（氧氣）而決定。其公式如下：

$$t = \frac{W \times A_F}{\dot{R}} = \frac{W}{5.5} \times \frac{A_F}{A\sqrt{H}}$$

式中W = 單位面積可燃物量（kg/m²）；A_F = 地板面積（m²）

而 $\frac{A_F}{A\sqrt{H}}$ 稱為繼續時間因子。

(二) $\dot{R} = 5.5 \times A \times H^{1/2} = 5.5 \times 3 \times 2^{1/2} = 23.33 \left(\frac{kg}{min} \right)$

$$t = \frac{W \times A_F}{R} = \frac{6.25 \times 80}{23.33} = 21.43 \ (min)$$

8. 某耐火建築物倉庫（如圖）長、寬、高為10m、7m、3.5m。其中可燃物（木材為主）總重2100kg、總表面積200m²。該倉庫有正門開口，高2m、寬1.8m，左右兩牆各開有高1m、寬2m常時開啓之通風開口，已知，重力加速度g = 9.8m/s²，空氣密度ρ = 1.2kg/m³，V.C.fire k = 5.5，F.C.fire k = 0.36，試問若該倉庫發生火災比較容易成為何種燃燒型態？火載量密度為何（kg/m²）？此一火災持續時間（min）為多少？（99年設備師）

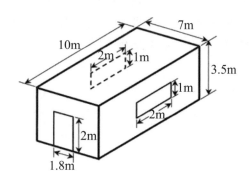

解：

根據「體積÷底面積＝高」

三個開口體積＝$2 \times 1.8 \times 2 + 1 \times 2 \times 1 + 1 \times 2 \times 1 = 11.2$，

三個開口底面積＝$2 \times 1.8 + 1 \times 2 + 1 \times 2 = 7.6$，

所以開口高度＝$\dfrac{11.2}{7.6} = 1.47$

(一) $\dfrac{\rho \times g^{1/2} \times A_w \times H^{1/2}}{A_f} = \dfrac{1.2 \times 9.8^{1/2} \times (2 \times 1.8 + 1 \times 2 + 1 \times 2) \times (1.47)^{1/2}}{200} = 0.173$

$\therefore \dfrac{\rho \times g^{1/2} \times A_w \times H^{1/2}}{A_f} < 0.235$（通風控制燃燒）

(二) 火載量密度為可燃物量／地板面積，$\dfrac{2100kg}{10 \times 7m^2} = 30(kg/m^2)$

(三) $\dot{R} = 5.5 \times A_w \times H^{1/2} = 5.5 \times (2 \times 1.8 + 1 \times 2 + 1 \times 2) \times (1.47)^{1/2} = 50.74\left(\dfrac{kg}{min}\right)$

$t = \dfrac{W'}{R} = \dfrac{2100kg}{50.74\dfrac{kg}{min}} = 41.39(min)$

9. 若一定量之可燃物於室內燃燒時，一部分熱量會化為火焰向窗外噴出，請說明此一燃燒時的熱平衡方程式？另外，說明何謂溫度因子（Temperature factor）？溫度因子與火災溫度曲線的關係為何？（105年消佐班）

解：

(一) 熱平衡方程式

英國Drysdale（1985）研究指出，依能量平衡原則於區劃空間熱釋放率，可依方程式計算出，如次：

$$q_C = q_L + q_w + q_R + q_B$$

q_C ＝ 燃燒所得熱釋放率；q_L ＝ 熱氣體熱傳到冷氣體之熱損失率；q_w ＝ 透過空間邊界層（牆壁、天花板與地板）之熱損失率；q_R ＝ 透過開口輻射之熱損失率；q_B ＝ 透過氣體之熱吸收率

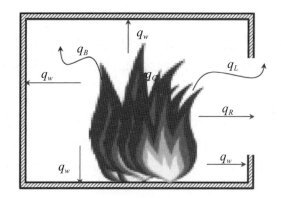

(二) 溫度因子（Temperature factor）

火災溫度隨時間經過而變化，成為火災溫度曲線。溫度因子愈大，溫度曲線呈現高溫；溫度曲線超過1000℃時，溫度因子（Temperature factor）為0.12；溫度因子在0.015時，其溫度曲線在600℃以下。

(三) 溫度因子與火災溫度曲線的關係

溫度因子與開口部及室內全表面積有關。

$$溫度因子 = \frac{A \times \sqrt{H}}{A_{room}}$$

式中A = 開口部面積（m^2）；A_{room} = 室內天花板、地板及牆壁全表面積（m^2）；H = 開口部高度（m）。

10. 現以貨櫃屋作火災試驗，除開口部及地板（以不燃材料舖設）外，其餘牆壁及天花板均以可燃夾板裝修。請根據下列狀況回答相關問題並說明原因。（94年3等特考）

(1) 若上述情況在引燃後會發生閃燃，現將天花板材料換成不燃材料則可能會發生何種現象？

(2) 在引燃後，若將所有開口處封閉是否會產生閃燃？過一段時間再開啟開口部，則可能會發生什麼現象？

(3) 若也以同樣大小的水泥屋作火災試驗，且兩者所有實驗條件相同，例如相同的可燃物量及擺設方式以及相同的開口部大小等。假如兩者都有閃燃發生，何者的閃燃發生時間較長？

解：

(一) 天花板材料換成不燃材料，減少大量輻射熱回饋，但不燃材料仍會將大量燃燒生成熱保存下來，在一定燃料與開口供氧下，仍會發生閃燃，只是發生時間較慢。

(二) 開口封閉，易成通風控制燒型態，最後氧氣勢必不足而成悶燒型態，過一段時間再開啟開口部，如果是已高溫悶燒情況，有可能會發生閃燃或爆燃現象。如果是低溫（300℃以下），可能火勢會復燃，繼續形成有火焰之燃料燃燒型態。

(三) 牆壁之空間邊界層屬性，關係火災生成熱之保存及散逸。假使不考量牆壁厚度，水泥屋之保溫效果比貨櫃屋好，其閃燃會有較早來臨，而貨櫃屋之閃燃發生延遲。

11. 請寫出影響閃燃因素有哪些？

解：

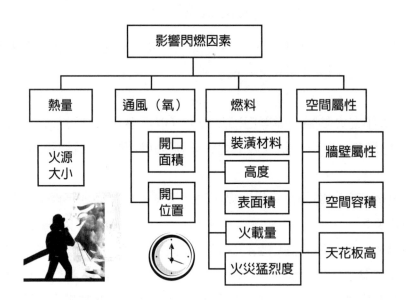

12. 建築物火災中，閃燃（Flashover）與複燃（Backdraft）兩類現象，對於民眾及消防搶救人員危害甚大，請就溫度與氣體濃度兩方面，試分析兩者之差異？（98年消佐班）？

解：

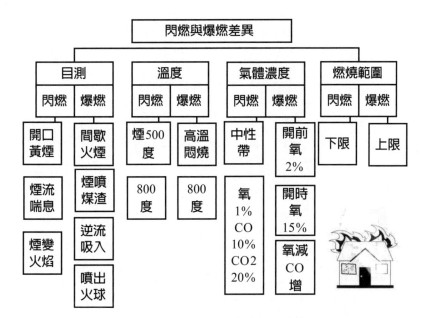

圖9-46 閃燃與爆燃目測與溫度等差異比較

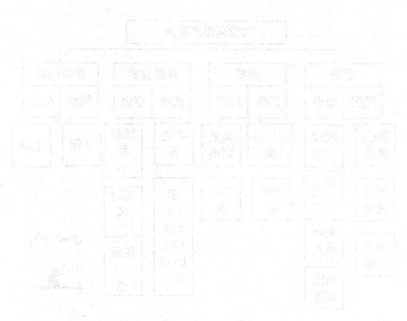

第 **10** 章

火災煙與煙控

　　火災生成物主要取決於燃料種類及其燃燒條件（空氣中氧），而燃料種類主要是碳元素（C）、氫元素（H）和硫元素（S）。當物質燃燒質量損失將依質量守恆原理轉化為熱和光之能量形式。本章將探討火災中大多數人死亡即火災煙，有關煙層能見度、流動及防排煙之煙控措施，俾使讀者對火災煙流與煙控措施，具備相當程度之專業素養。

第1節　火災煙（Fire Smoke）

一、火災煙

　　煙為一種固、液與氣態混合物，NFPA定義煙為物質燃燒後形成之固體懸浮物（灰燼碳粒）、液體微粒子（未燃燒完全焦油液滴）及混合氣體（水蒸汽、二氧化碳、其他有毒氣體）。煙對人的傷害主要在於煙的毒性、溫度與遮蔽性。濃煙粒徑一般為幾微米（μm），是可見光波長之2倍多，對可見光具完全遮蔽作用。

圖10-1　火災煙為一種固、液與氣態混合物

　　燃料分子結構通常主要由C、H和O組成，即CxHyOz；燃料中也可能含有N或Cl，如聚氨酯或聚氯乙烯。含N或Cl燃料，在火中趨於發生不完全燃燒反應，生成

HCN和HCl。在建築物火災初期階段因燃燒物質會有不同生成物，大部分如CO、CO$_2$、SO$_2$、H$_2$O等。可燃物質皆含C（碳），在木製傢俱燃燒時，大量C與O$_2$結合生成CO$_2$，以及少許CO，其中O$_2$在燃燒氧化反應中已消失，使一些自由C陸續釋放在煙粒子內，這就是煙顏色為何形成黑色之原因，隨著煙量生成愈來愈濃，附著在室內內裝與玻璃面等，如窗戶玻璃遭到煙量污染，即可表示室內燃燒已是氧氣不足之狀態。

圖10-2　生產塑膠工廠火災大量黑煙

塑膠材質在燃燒時假使氧氣不足時，大量生成黑煙，此種粒子與白煙之形狀，大小顯著不同，如表10-1所述：

表10-1　黑煙與白煙粒子異同

項目	黑煙	白煙
相異點	不完全燃燒	完全燃燒
	多為不定形碳粒子	多為水蒸汽
	建築物火災成長期	建築物火災初期
	高碳氫化合物燃燒	輕質燃料或含水分多燃料燃燒
	多數球形粒子凝集成為一團	2個以上粒子碰撞成一個粒子而沉降
	較具毒性	較無毒性
相同點	火災生成物煙粒小	

在煙流動方面，主要來自於空間中不同位置的壓力差，根據柏努力定律，有壓力差就會造成空氣的流動。一旦於火災時，壓力差將隨著火災溫度而倍增。燃燒時煙之

生成有2種路徑，其一為熱分解生成物在氣相中未燃燒前被冷卻，凝集而被排出。另一路徑為熱分解物在火焰中生成遊離碳。屬於前者之煙沸點高由分子量大之液體粒子所形成，後者以煤煙為主成分之固體微粒子。

　　由於煙氣中含有固體與液體顆粒，對光有散射與吸收作用，使得只有一部分光能通過煙氣，造成能見度降低，這是煙氣之減光性。英國學者Drysdale（1999）指出視覺或光密度（D, Optical Density）[1]，是相關於能見度，其關係式如次：

$$D = -10\log_{10}\left(\frac{I}{I_0}\right) = \log\left(\frac{I_0}{I}\right)^{10} \quad [dB]$$

$$D = \log\left(\frac{I_0}{I}\right) \quad [Bel]$$

$$\frac{I}{I_0} = 10^{-D} = e^{-KL}$$

D = 光密度（1Bel = 10dB）

I_0 = 無煙時光強度

I = 有煙時光強度

L = 煙層厚度（m）

K = 消光係數（Absorption Coefficient, 1/m）

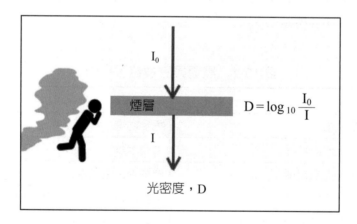

光密度，D

註1　光密度（Optical Density）沒有單位，是一個對數值，是入射光強度與透射光強度比值之對數值，為材料遮光能力的象徵，其使用透光鏡測量，表示被檢測物能吸收掉的光密度。$D_{10\log}$為dB，$D_{\log}$為Bel，1Bel = 10dB

在單位長度光密度D_L（m^{-1}）關係如次：

$$D_L = \frac{D}{L} = \frac{K}{2.3}$$

有煙時遮光率（Percentage Obscuration或Light Obscuration）可成立下列關係，遮光率P_O（%）如次：

$$P_O = \frac{I_0 - I}{I_0} \times 100$$

依此關係，則遮光率P_O（%）與光密度（D）之關係式[註2]

$$D = 2 - \log(100 - P_O) \quad \text{[Bel]}$$

依Drysdale（1999）指出二者關係，如表10-2。

表10-2　遮光率（%）與光密度（dB）之關係式$[D = \log\left(\frac{I_0}{I}\right)^{10}]$

遮光率（P_o，%）	光密度（D, dB）[註3]
10	0.46
50	3
90	10
95	13
99	20

（Drysdale, 1999）

有煙時光強度在大氣中為一線性關係，依Lambert-Beer定律，煙濃度公式，距樓地板高度1.8公尺處，煙霧的濃度以消光係數（K）來表示如次（Drysdale, 1999）：

$$I = I_0 \exp(-KCL)$$

$$\frac{I}{I_0} = 10^{-D_L L}$$

式中C = 大氣煙粒質量濃度，此項可忽略；L = 煙層厚度（m）

[註2] 陳弘毅、吳喨生，「火災學」（八版），鼎茂圖書出版公司，2013 3月。$P_o = 100 - 10^{(2-D)}$

[註3] $D_{10\log}$ [dB] Optical density (10×10-based logarithm), $D_{\log}$ [Bel] Optical density (10-based logarithm), $D_{L,\,10\log}$ [dB/m] Optical density pr. meter (10×10-based logarithm)

其中消光係數關係式如次：

$$K = \frac{1}{L} \log_e \frac{I_0}{I} = \frac{2.303}{L} \log_{10} \frac{I_0}{I}$$

由上列所定煙濃度與煙中能見度之距離，成立下列關係式：

$$K \times S = 能見度係數$$

K = 消光係數
S = 能見度距離（m）

依Klote & James（2002）指出，在火災室能見度係數可分室內有發光性或反光性，如表10-3；在白煙環境中由於光散射較高，減低發光物光線使得能見度會比黑煙還低。NFPA 502指出熟悉環境人員之能見度應在3m以上；而NFPA 101指出逃生路徑上方1.5公尺處之氣體溫度不可超過93℃，達地板之熱通量低於$0.95kW/m^2$才能在避難環境下較安全逃生。

表10-3　能見度係數　　　　（Klote & James, 2002）

室內光源	能見度係數	消防設備
發光性（Illuminated Signs）	8	避難方向指示燈等
反光性（Reflecting Signs）	3	避難指標等

減光係數與煙粒子之半徑，單位體積中煙粒子數目關係，似可成立下式：

$$K = \alpha \pi r^3 N$$

α = 煙粒子之光吸收性；r = 煙粒子之半徑；N = 單位體積中煙粒子之數目

例1　在火場中為何有些濃煙呈黑色，而有些濃煙呈白色？請說明其間之差異何在。

解：見本節內容所述

例2 煙層厚度2m，光束60%強度穿透，請問遮光率、光密度、單位長度光密度及消光係數，以及火場中避難方向指示燈之能見度為何？

解：

遮光率 $P_o = \dfrac{100\% - 60\%}{100\%} \times 100 = 40\%$

光密度 $D = \log\left(\dfrac{100\%}{60\%}\right)^{10} = 2.2(dB)$

單位長度光學密度 $D_L = \dfrac{2.2}{2} = 1.1\left(\dfrac{1}{m}\right)$

消光係數 $= 2.3 \times 1.1 = 2.53$（1/m）

$K \times S = 8$　$S = 8/2.53 = 3.16$ m

例3 厚度5m的煙層，測得有40％的光穿過，則其單位長度光密度約多少（log2=0.3010，log3=0.4771）？

解：

遮光率 $P_o = \dfrac{100\% - 40\%}{100\%} \times 100 = 60\%$

光密度 $= \log\left(\dfrac{100\%}{40\%}\right)^{10} = 3.98$（dB）

單位長度光學密度 $= \dfrac{3.98}{5} = 0.796\left(\dfrac{1}{m}\right)$

例4 光學密度（optical density，D）定義為：$D = \log_{10}\left(\dfrac{I_o}{I}\right)^{10}$，其中$I_o$、$I$分別為原入射光強度（intensity）及距離x時之受光強度，若入射光被遮蔽（obscured）75%時，則D值為何？（已知）

解：

遮光率 $P_o = \dfrac{100\% - 75\%}{100\%} \times 100 = 25\%$

光密度 $D = \log_{10}\left(\dfrac{100\%}{25\%}\right)^{10} = 0.602$（dB）

例5 解出 $D = \log\left(\dfrac{I_o}{I}\right)$、$I = I_0 e^{(-KL)}$、$D = \dfrac{KL}{2.3}$ 彼此關係？

解：

$$I = I_0\,e^{(-KL)}$$

$$\left(\frac{I}{I_0}\right) = e^{(-KL)}\,,\ \left(\frac{I_0}{I}\right) = e^{(KL)}\,,\ \ln\left(\frac{I_0}{I}\right) = KL\,,\ \ln\left(\frac{I_0}{I}\right) = \frac{\log\left(\frac{I_0}{I}\right)}{\log(e)} = KL$$

$$\ln\left(\frac{I_0}{I}\right) = \frac{1}{\log(e)}\log\left(\frac{I_0}{I}\right) = KL\,（因\log(e) = 0.4343）\,,\ \frac{1}{0.4343}\log\left(\frac{I_0}{I}\right) = KL$$

$$2.3\log\left(\frac{I_0}{I}\right) = KL\,,\ \log\left(\frac{I_0}{I}\right) = \frac{KL}{2.3}\,,\ 所以D = \frac{KL}{2.3}$$

例6　解出 $S = \dfrac{I_0 - I}{I_0}\times 100$、$D = \log\left(\dfrac{I_0}{I}\right)$、$D = 2 - \log(100 - S)$ 彼此關係？

解：

$$S = \frac{I_0 - I}{I_0}\times 100$$

$$\frac{S}{100} = \frac{I_0 - I}{I_0} = 1 - \left(\frac{I}{I_0}\right)\,,\ 二邊各減1，\ \frac{S}{100} - 1 = -\left(\frac{I}{I_0}\right)$$

$$二邊各乘-1，\ \frac{I}{I_0} = 1 - \frac{S}{100} = \frac{100 - S}{100}\,,\ \frac{I_0}{I} = \frac{100}{100 - S}\,,\ 二邊各取\log，$$

$$\log\frac{I_0}{I} = \log\frac{100}{100 - S} = \log 100 - \log(100 - S)\,（因\log 100 = \log_{10} 10^2 = 2）$$

$$所以\ D = \log\frac{I_0}{I} = 2 - \log(100 - S)$$

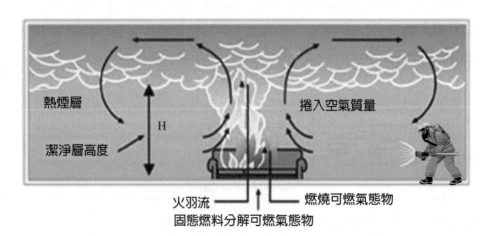

圖10-3　建築物火羽流形成（NFPA Fire Protection Handbook, 1997）

在火災煙流量方面，火羽流高度是從火焰頂端到煙層下界面的高度（圖10-3），當煙層厚度大於火焰實體（Flame Solid Body）高度的2倍時，即可合理使用下面Thomas（Thomas *et al* 1963）公式，來進行估算煙流量。此公式顯示煙流生成率僅與火源上方火羽流的高度有關。而吸入火焰中空氣質量，是成比例於火羽流表面積；因此，發煙生成率表示如次：

$$\dot{M} = 0.096 P q_0 y^{\frac{3}{2}} \left(g \frac{T_0}{T} \right)^{\frac{1}{2}}$$

其中

M = 空氣捲入火羽流質量流率，也是一種煙生成率（kg/s）

P = 火焰周長（m）

q_0 = 環境空氣初始密度（kg/m^3）

y = 從地板面至煙氣層下界面之距離，也就是沒有煙層垂直高度（m）

g = 重力加速度（m/s^2）

T_0 = 大氣之絕對溫度（K）

T = 火羽流之絕對溫度（K）

假使上述條件，依照一般火場條件設定如次：

q_0=1.22（kg/m^3）（在17℃時）

T_0=290K

T=1100K

g=9.81m/s^2

代入上述值，發煙率計算式為

$$\dot{M} = 0.188 P y^{\frac{3}{2}}$$

例1 火災室溫度已達827℃，室外溫度17℃，求火焰周長、從地板面至煙氣層下界面距離之間關係？

解：

$$\dot{M} = 0.096 \times P \times 1.22 \times y^{\frac{3}{2}} \sqrt{9.8 \times \frac{290}{1100}}$$

$$\dot{M} = 0.188 P y^{\frac{3}{2}} \text{（kg/s）}$$

例2 火災室內高度3m，火災規模1m，求發煙量（kg/s）？

解：

$$\dot{M} = 0.188 \times (1 \times 4) \times 3^{\frac{3}{2}}$$
$$= 3.91 \text{（kg/s）}$$

Gross *et al.*（1967）指出，進行火災煙實驗指出，無量綱之光密度（Specific Optical Density, Ds）、單位長度光密度D_L（m^{-1}）、燃料表面積（A）與火災室體積（V）關係，如次：

$$D_s = \frac{D_L \times V}{A}$$

後來，George（1988）又指出，質量光密度（Mass Optical Density, D_m，m^2/g）、單位長度光密度D_L（m^{-1}）、燃料質量損失（ΔM, g）與火災室體積（V, m^3）關係，如次：

$$D_m = \frac{D_L \times V}{\Delta M}$$

然而，火災中煙量下速度，對逃生者具有顯著影響。

$$t = \frac{20A}{P \times \sqrt{g}} \left[\frac{1}{\sqrt{y}} - \frac{1}{\sqrt{h}} \right]$$

式中

t = 煙層下降至y高度所需時間（sec）；A = 樓地板面積（m^2）；g = 9.8m/sec^2

y = 煙層下降至地面之高度（m）；P = 火災周界範圍（m）；h = 天花板高度（m）

例1 已知某棟建築物室內空間形狀為長8m、寬5m、高3m，今有一起小規模火災（1.5m×1.5m）發生在室內某處請試預估當濃煙煙層（Smoke Layer）下降到離地板高度1.5m處需多少時間？

解：

$$t = \frac{20 \times 40}{1.5 \times 4 \times \sqrt{9.8}} \left[\frac{1}{\sqrt{1.5}} - \frac{1}{\sqrt{3}} \right] = 10 \text{ sec}$$

例2　室內邊長25m，高3m，火勢邊長3m，發煙量為5kg/sec，此煙量下降至離地板之高度為多少及所需之時間？

解：

$$M(k/s) = 0.188 \times P \times y^{\frac{3}{2}}$$

$$5 = 0.188 \times (3 \times 4) \times y^{\frac{3}{2}}，y = 1.7m$$

$$t = \frac{20 \times (25 \times 25)}{3 \times 4 \times \sqrt{9.8}}\left[\frac{1}{\sqrt{1.7}} - \frac{1}{\sqrt{3}}\right] = 6.25 \sec$$

例3　室內長10m、寬8m及高3m，一聚乙烯（PVC）燃燒200g，產生質量光密度0.34m²/g，其單位長度光密度D_L、消光係數（K）及火場中避難指標能見度為何？假使可燃物改為一杉木製俱燃燒200 g，產生質量光密度0.28m²/g，其單位長度光密度D_L、消光係數（K）及火場中避難指標能見度為何？

解：

$$0.34 = \frac{D_L \times 240\,m^2}{200\,g} \quad D_L = 0.28（m^{-1}）$$

$$K = 2.3 \times D_L = 0.652（m^{-1}）$$

$$K \times S = 3 \quad S = 4.6（m）（假設不考慮煙對眼睛之刺激性）$$

$$0.28 = \frac{D_L \times 240\,m^2}{200\,g} \quad D_L = 0.233（m^{-1}）$$

$$K = 2.3 \times D_L = 0.537（m^{-1}）$$

$$K \times S = 3 \quad S = 5.59（m）（假設不考慮煙對眼睛之刺激性）$$

例4　在一個長10m、寬8m、高3m之房間內，燃燒400g的聚酯泡綿床墊，假設其D_m = 0.22m²/g，試計算此時火場中發光避難指示燈之能見度為多少？

解：

$$0.22 = \frac{D_L \times 240\,m^2}{400\,g} \quad D_L = 0.37（m^{-1}）$$

$$K = 2.3 \times D_L = 0.84（m^{-1}）$$

$$K \times S = 8 \quad S = 9.49（m）（假設不考慮煙對眼睛之刺激性）$$

例5　室內空間長8m、寬5m、高3m，火勢邊長1.5m，此煙量下降至離地板之高度1.5m處需10秒。若室內空間增建至長10、寬8m，其他不變，則煙量下降至離地板之高度1.5m處需時多少？

解：

依相似定律　$\dfrac{t_1}{t_2} = \dfrac{A_1}{A_2}$

$\dfrac{10}{t_2} = \dfrac{8 \times 5}{10 \times 8}$　　$t_2 = 20\,sec$

二、火災生成物毒性

1.一氧化碳（Carbon Monoxide, CO）

CO是燃燒生成物中，僅次於二氧化碳和水之生成物，其是造成火災人命死亡主因，其是一種內因性窒息死亡。以酚樹脂為例，一氧化碳在300℃時產生3.5%，在800℃時增至16.2%，1200℃時達到24.6%。

CO這種危險氣體極易燃燒，具有寬廣燃燒範圍。事實上，火災室發生氣相熱煙層起火事件，如滾燃、閃燃及爆燃現象，發生主因從大部分文獻顯示，是歸究於一

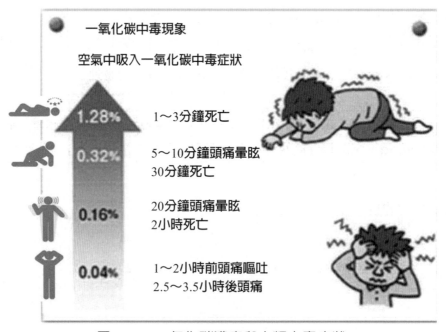

圖10-4　一氧化碳濃度與人類中毒症狀

氧化碳（CO），因其燃點（609℃）也接近閃（爆）燃發生之溫度。CO對建築物人命安全關鍵值為1500ppm，這相當於室內空氣中0.15%體積。當火災室有相當木材製品時，一氧化碳會大量積聚，可達到10～15%濃度體積。NFPA 130指出人員於30分鐘的逃生時間內，環境中之一氧化碳濃度應維持800ppm以下，則可維持起火區域外之逃生路徑與人員可承受之狀態。曝露在一氧化碳環境中，依照Stewart（1973）指出，在一氧化碳濃度、吸入空氣的量與時間，所造成血液中碳氧關係式如次：

$$COHb = (3.317 \times 10^{-5}) \times (CO)^{1.036} \times RMV \times t$$

其中

COHb為血液中碳氧濃度（%）；CO為一氧化碳濃度（ppm）；RMV為每分鐘吸入量（L/min）；t為曝露時間（min）（本計算為進階課程，四等特考及消防設備士得略過）

2.二氧化碳

二氧化碳存在於所有的火災中，人類接觸到二氧化碳會增加呼吸速率和深度，從而導致過度換氣（Hyperventilation）。這個增高呼吸率也會增加其他火災氣體吸入量，而引起頭暈、昏厥和頭痛。所有這些影響會阻礙內部人員從火場避難求生之能力。

火場中閃燃前熱煙層流含大量CO_2與CO，前者是阻燃，後者是易燃；所以閃燃發生時氣相燃燒速度受到一定量CO_2阻礙，使閃燃這種氣相燃燒速度並沒有想像中那麼快。此外，一根蠟燭燃燒現象，圖10-5左尚能自由燃燒之蠟燭火焰，氧氣能從下方大量捲入，以保持一定氧化反應情況；而圖10-5右則生成大量CO_2，並取代氧氣空間，火焰被本身生成物所熄滅之現象。所以，小空間火勢易受其本身燃燒產物影響，以致形成悶燒或自行萎縮。

3.氰化氫（Hydrogen Cyanide, HCN）

氰化氫是火災生成物最毒之氣體；從含氮（N）物質燃燒產生的如羊毛、絲織（Silk）、尼龍（Nylon）和聚氨酯（Polyurethane）時，易產生不完全燃燒，毒性約為一氧化碳的20倍。在Slverman S.H. *et al.*（1988）研究報告指出，如圖10-5計有187名火災受害者，其中144名火災受害者血液中HCN含量在0.65毫克／升以下，送到醫院後能存活下來；但有43名火災受害者血液中HCN含量高達2.15毫克／升，送到醫院後已迴天乏術。可見，HCN含量高達2.15毫克／升是一般致命濃度。

圖10-5 左為自由燃燒蠟燭火焰；右為自已燃燒生成CO_2所熄滅

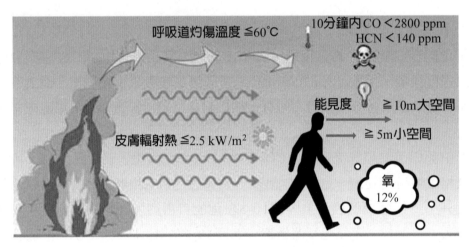

圖10-6 火場中人體可忍受環境準則

4.二氧化氮和其他氮氧化物

二氧化氮（Nitrogen Dioxide, NO_2）和其他氮氧化物，從紡織類（Fabrics）燃燒能產生少量，但黏膠纖維類（Viscose）則能大量產生氮氧化物。二氧化氮會嚴重刺激到人類肺部，並導致立即死亡。其是一種無味氣體，顏色通常是褐色的。火災室之氰化氫和二氧化氮通常會形成在同一時間。

5.氨（Ammonia, NH_3）

一些可燃物如羊毛、絲、尼龍等燃燒時，會產生此種氣體。在建築火災情況，

通常氨濃度是低的。氨在低濃度時，具有典型刺激不適氣味，但其並不會導致人命死亡。氨是無色的，其所產生濃度很少會達到威脅人命之程度。

6.氯化氫（Hydrogen Chloride, HCl）

氯化氫是一種無色氣體，從某些絕緣物質如電纜PVC，以及阻燃劑和氯代丙烯酸類（Chlorinated Acrylics），在其高溫熱裂解過程中所釋放出之氣體。氯化氫是強腐蝕性的，如果火災室已積累區域，內部人員仍未逃出，持續吸入情況可導致人命死亡。

7.燃燒不完全碳烴類（Unburnt Hydrocarbons）

碳烴類是一無色氣體，當燃燒碳氫化合物時，會形成烴化合物產物，其含C和H原子之不同組合，此也有形成純碳化合物（C）通常稱作煤灰（Soot），同時也形成未燃燒的烴類產物。其中，煤灰是由碳顆粒組成，有時合併一些氫類氣體，其在煙氣流中產生黑色條紋（Black Streak）。煤煙是在火災室有通風狀態很易以形成，其是非常困難從碳粒子中予以分離（Extract Energy），假使火災現場壁紙或是牆面粉刷掉落情形，產生煤灰是表示火場溫度是非常高的。

例1　在計算一氧化碳濃度人類失去行動能力，在1400 ppm曝露30分鐘將導致失能狀態。以美國1995年Pittsburgh有3位消防人員死於火場中，其中2位是空氣瓶（SCBA）已沒有空氣，致吸入火場一氧化碳中毒問題，在其血液中所測得平均碳氧血紅蛋白為47%。依美國NIST機構調查指出，該消防人員進入火場估計吸入一氧化碳3600 ppm。從消防人員背SCBA完全著裝行進時，估計每分鐘呼吸量為70公升（McHardy, 1967）。請估計此2位消防人員空氣瓶已沒有空氣，吸入火場約有多久時間達到一氧化碳致死濃度？（Christensen *et al*., 2004）

解：本計算題為進階課程，四等特考及消防設備士得略過

$47\% = (3.317 \times 10^{-5}) \times (3600)^{1.036} \times 70 \times t$

$t = 4.2min$

這結果指出2位消防人員曝露在一氧化碳時間為4.2分鐘。此意謂消防人員在火場中除去臉部面罩，曝露火場內只有幾分鐘就能產生碳氧致死濃度。在此建議如果無法及時退出火場，先不要1次吸完，保留瓶內一些空氣，以間歇性脫開面罩行進脫逃再

呼吸面罩內空氣，而逐漸退出火場，這樣能延長一些額外時間脫困。

第2節　建築物煙層流動（Building Smoke Flow）

當建築物室內發生火災時，若任由火繼續燃燒則將產生更多的可燃氣體，居室內的氣壓將會變得更多。這裡「室內」代表火災時不像室外一樣，其空氣基本供給率、燃燒產物排出率等，將會受到空間邊界限制。建築物火煙氣體之流動，總會從壓力高向壓力低空間；此種壓力高低差異量，決定著流量大小及流動之速度；壓力差異可引起火災氣體和火煙傳播至很長的距離。

基本上，建築物內煙層流動的驅動力及引起煙流動分成2大類：

1. 平時產生壓力差（Normal Pressure Differences）
   (1)溫度差所產生煙囪效應（Stack Effect）。
   (2)自然風力（Wind）。
   (3)空調系統（機械通風和自然通風）（Hvac-System）。
   (4)電梯活塞效應（Elevator Piston Effect）。

2. 火災時產生壓力差
   (1)熱膨脹（Inhibited Thermal Expansion）。
   (2)熱浮力（Thermal Buoyancy Force）。

以上因素是造成熱煙之流動力，其中又可分為自然驅使力及強制驅使力。

表10-4　建築物使用空間內煙流動及蔓延因素

自然對流	1. 煙囪效應 2. 通風面積與位置 3. 自然風力 4. 熱膨脹 5. 熱浮力
強制對流	6. 空調系統 7. 電梯活塞效應

一、室內外溫度差

1.煙囪效應（Stack Effect）

當建築物內部溫度較高時，於樓梯或管道間等垂直通道內，空氣因密度較建築物外界空氣低而具有浮力，使其向上浮升，經由開口流出；而外界空氣由下方開口流入，如此稱為正煙囪效應（Normal Stack Effect）。在建築物設有空調系統，溫度如較外界低，則建築物垂直通道中存在向下流動之氣流，此現象稱之為逆煙囪效應（Reverse Stack Effect），這因素取決於建築物內部空氣與室外空氣的溫度差高低。基本上，依據國內學者黃伯全氏指出，在一幢受正煙囪效應影響的建築物，如果大樓火災發生在中性面以下層，則火場煙氣將大部分竄入各豎井，由於煙氣溫度高強化了浮力作用，當煙氣超過中性面後，將竄出豎井並進入各走廊與室內。如果火災發生在中性面以上層，則煙氣將隨著建築物內部空氣流從建築物外開口流出。若樓層之間的煙氣蔓延可以忽略，則除著火樓層以外的其他樓層均保持相對無煙，直到火場的煙生成量超過煙囪效應流動所能排放的煙量量超過煙囪效應流動所能排放的煙量。逆煙囪效應引起建築物內部空氣流動的情況，對冷卻後煙氣蔓延的影響與正煙囪效應相反，但在煙氣未完全冷卻時，其浮力還會很大，有可能在逆煙囪效應下，煙氣仍可在豎井中往上流動。

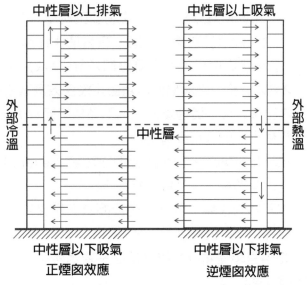

圖10-7　建築物正及逆煙囪效應各層煙氣分布情形

　　亦即在室內空氣通常是比室外空氣溫暖，空氣受熱時產生膨脹會占用了一定空間，並且具有比室外冷空氣較低的密度；此種由於建築物內外空氣的溫度差異，形成氣流間的密度差異，誘導出壓力差異。

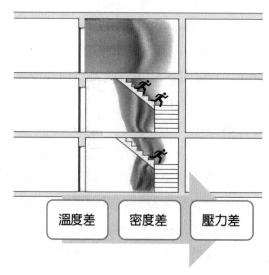

圖10-8　建築物火災煙囪效應形成過程

例

1. 建築物火災發生時，影響煙霧流動與蔓延之主要因素為何？試說明之。

2. 試述何謂建築物正煙囪效應及逆煙囪效應？茲有某棟16層飯店大樓，其第13樓及第4樓客房分別於某年之中元節及元旦假期各發生1次火災，在不考慮消防排煙設備情形下，2次火災產生之濃煙如何藉由正煙囪效應或逆煙囪效應擴散蔓延至其他樓層，試繪出該大樓各層煙氣分布情形並依不同火災分述之。？（103年設備師）（87年設備士、98-1年設備士）

3. 何謂煙囪效應（stack effect）？何謂逆煙囪效應（reverse stack effect）？（90年設備士）（94年設備士）（98-1年設備士）

4. 何謂煙囪效應？建築物火災中，煙之流動及蔓延與煙囪效應有何關聯？（90年設備士）（94年設備士）（98年-1設備士）

5. 火災時，在建築物中引起煙霧流動與蔓延之主要因素為何？試述之。（92年消防行政與消防技術升等）

6. 建築物發生火災時，瞭解煙是如何擴散，對消防工作而言是相當重要的，試說明建築物火災中造成煙層流動的驅動力及引起煙流動的主要因素？（105年4等特考）

7. 某公寓凌晨發生火警，由1樓騎樓機車起火，除燒燬多輛機車外，火勢從樓梯間形成「煙囪效應」向上延燒，樓上住戶逃生困難，造成多人死亡。請說明「煙囪效應」產生原因及對火災煙氣流動的影響。（105年3等特考）

解： 見本節內容所述。

2. 中性層（Neutral Pressure Plane）

壓力差在建築物之開口位置，出現開口頂部和底部形成一中性層（Neutral Pressure Plane），在建築物內部空氣受熱而比外部空氣熱，則空氣會從建築物中性層上方流出，流入則從中性層下方。基本上，當室內溫度愈高，煙囪效應之中性帶向下偏移；上部開口愈大，煙囪效應之中性帶會上移。假使火災發生在中性帶以下之樓層，煙會隨著煙囪效應迅速由垂直通道向上竄升；若火災發生於中性帶以上之樓層，則煙將由建築物該層之開口直接排出起火樓層外。

開口之中性層位於內壓與外壓之相等處，形成一無壓力差層面。中性層位置，當室內燃燒旺盛時中性帶下移；燃燒衰退時則中性帶則上升；上部開口愈大，煙囪效應之中性帶會上移。其可從下述關係式計算得到：

$$\frac{h_{上}}{h_{下}} = \frac{A_{下}^2 \times T_{內}}{A_{上}^2 \times T_{外}}$$

$$\frac{h_{上}}{h_{下}} = \left(\frac{T_{內}}{T_{外}}\right)^{1/3}$$

$$\frac{\rho_{內}}{\rho_{外}} = \frac{T_{外}}{T_{內}}$$

$h_{上}$與$h_{下}$：分別為中性層至上部開口及下部開口間之垂直距離

$A_{上}$與$A_{下}$：分別為上部開口及下部開口之開口面積（Cross-Sectional Areas）

$T_{內}$與$T_{外}$：分別為建築物內部及外部空氣之絕對溫度（Absolute Temperatures）

$\rho_{內}$與$\rho_{外}$：分別為建築物內部及外部空氣之密度

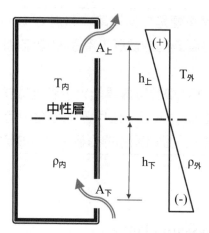

圖10-9　建築物開口中性層

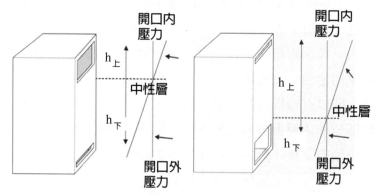

圖10-10　建築物開口大小與中性層位置

而火災室中性層會隨前後二開口開或關而產生較大幅度變化，如圖10-11所示。

在火災室流出空氣質量或體積流量（m_a, m³/sec）方面，取決於室內外流動壓力差（ΔP）、空氣密度（ρ, kg/m³）與開口通風面積（A, m²）等。

$$m_a = C \times \rho \times A \times \sqrt{\frac{2\Delta P}{\rho}}$$

式中C為開口部流量係數為0.7或0.75，取決於幾何形狀及湍流度。

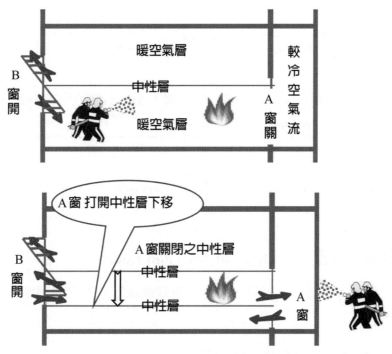

圖10-11 火災室前後開口開或關致中性層位移現象

例1 何謂煙囪效應（Stack Effect）？何謂逆煙囪效應（Reserve Stack Effect)？設某管道間底部及頂部均有開口（底部開口面積為A1，頂部開口面積為A2），在二者大小相等（A1 = A2），且室內外溫差不大，中性帶位於管道間高度之一半時，請問在A1小於A2之情況下，該中性帶會往何方向移動，其理由為何？

解：中性帶往A2移動，見本節內容所述。

例2 某一建築物挑高50m，若其頂部與底部設有空氣流動之開口各為20m²與40m²，火災時若底部之溫度為20℃，頂部為500℃，試問其中性帶距底部多高之位置？

解：

$$\frac{50 - h_2}{h_2} = \frac{40^2 \times (273 + 20)}{20^2 \times (273 + 500)} \quad h_2 = 19.87 \text{（m）}$$

例3 假設關門周圍縫隙的面積為0.05m²，門內外2端壓力差為2.5Pa，開口係數0.75，空氣密度為1.2kg/m³，則空氣體積流量為多少（m³/sec)？

解：

$$m_a = C \times A \times \sqrt{\frac{2\Delta P}{\rho}} = 0.75 \times 0.05 \times \sqrt{\frac{2 \times 2.5}{1.2}} = 0.076 \ m^3/s$$

例4　承上題火災規模擴大，假使同樣條件下壓力差持續增加至75Pa時，則此時空氣體積流量為多少（m³/sec）？

解：

$$m_a = C \times A \times \sqrt{\frac{2\Delta P}{\rho}} = 0.75 \times 0.05 \times \sqrt{\frac{2 \times 75}{1.2}} = 0.419 \ m^3/s$$

二、通風面積與位置（Ventilation Area and Location）

　　通風面積與煙囪效應成正相關，而通風位置越靠近室內空間頂端，室內外溫差能越易於排出。

三、自然風力（Effect of the Wind）

　　火災排煙設計應考慮建築物外在環境風力影響，尤其是沿海地帶或緊鄰山緣地區。垂直表面（壁面）通常在風側產生正壓力（成直角的風），而負壓則位於背風側（Leeward Side）。在背風側負壓大約是在風側壓力之一半；而曝露在屋頂表面上風的壓力是取決於屋頂的角度。超過45°在風側上將形成正壓力，並且在背風側形成一種負壓力狀態。

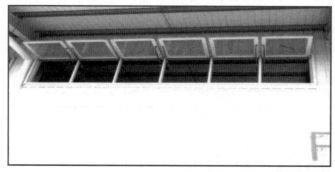

圖10-12　自然排煙窗設計應考慮外在風向與地形地物之影響

在風力之靜壓（Stationary Pressure）作用施加於一棟建築物，能表示為

$$\Delta p = 0.5 \times C_f \times \rho_a \times V^2$$

Δp為風對建築物產生壓力（Pa）

C_f是風壓係數或形狀因子（Form Factor）從1（完全正壓力）到-1（完全負壓力）

ρ_a是外部空氣密度（kg/m³）；V是風速（m/s）。

在建築物火災中，火災室窗戶如打開或破裂，如位於建築物背風面，則外部風產生負壓會將火災煙抽出；如位於迎風面，外部風會驅使火災室煙氣往內部迅速蔓延，如風速較大，則將成為影響火災煙流動之主要因素。

四、熱膨脹（Thermal Expansion）

火災室高溫會使空氣膨脹造成煙流移動，此與熱浮力效應是火災室附近支配煙流的主要驅動力。忽略燃燒物質量條件，流入火場內空氣體積與流出火場外煙流體積，可表示如下：

$$\frac{Q_{out}}{Q_{in}} = \frac{T_{out}}{T_{in}}$$

Q_{out}為流出火場外煙之體積流率（m³/s）；Q_{in}為流入火場內煙之體積流率（m³/s）。

T_{out}為流出火場外煙之絕對溫度（K）；T_{in}為流入火場內煙之絕對溫度（K）。

當火災在一完全封閉室內，隨著空氣受熱和膨脹的結果，將會形成壓力的積聚。目前普遍為科學界所接受的居家用窗玻璃損毀的最小壓力為0.69～3.4kPa之間。在NIST（1990）實驗中，指出閃燃後火災室壓力從0.014kPa提升到0.028kPa，這種壓力不足以使火災室玻璃破裂，而是玻璃內外面溫度差達到70℃造成的。所以，閃燃發生時快速的溫度提昇，會是火災室窗玻璃破裂之主因。

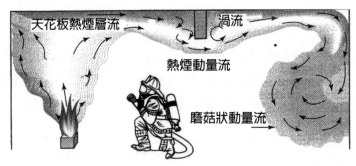

圖10-13 完全室內封閉火災空氣受熱膨脹形成壓力的動量流

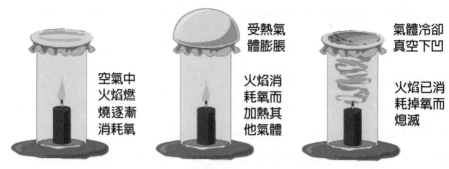

圖10-14　空氣受熱膨脹示意圖

例1　若風壓係數為0.7，當風速為12m/s，且大氣之密度為1.2kg/m³時，試問其產生之風壓為多少？　(A) 54.5Pa　(B) 56.5Pa　(C) 58.5Pa　(D) 60.5Pa

解：(D)

$$\Delta p = 0.5 \times 0.7 \times 1.2 \times 12^2 = 60.48 \text{（Pa）}$$

例2　火場溫度隨燃燒時間而逐漸升高，若忽略燃燒分解過程而產生之質量流率，建築物內部空氣溫度為27℃，起火房間溫度為777℃，流入起火房間之空氣體積流量為1 m³/s，則流出起火房間之熱煙霧體積流量約為若干？

解：

$$\frac{(777+273)}{(27+273)} = \frac{Q_{out}}{1}，所以 Q_{out} = 3.5 m^3/s$$

例3　室內溫度為20℃，火災閃燃後溫度達到950℃，從開口流入空氣體積流率為1.2m³/s，則從開口因熱膨脹流出煙氣體積流率為多少？

解：

$$\frac{1123}{293} = \frac{Q_{out}}{1.2}，所以 Q_{out} = 5.01 \left(\frac{m^3}{s}\right)$$

本例指出火災室體積相對於原來體積膨脹了4倍多。假使火災室門或窗有開啟，則熱膨脹所產生的壓力差自然會達成某種平衡而可以忽略；但對於火災室門窗未打開情況，則熱膨脹所產生的壓力差，在建築設計上是需要作考量的。

例4　某氣體在壓力不變下，假使火災室溫度為20℃，閃燃發生達到800℃，則原來火災室體積為10m³將變為多少m³？

解：

依查理定律（定壓情況）$\dfrac{V_1}{V_2} = \dfrac{T_1}{T_2}$，$\dfrac{10}{V_2} = \dfrac{293}{1073}$，$V_2 = 36.6m^3$

五、熱浮力（Thermal Buoyancy Force）

因火焰上方高溫氣體與冷空氣間密度不同，煙密度高低差，相對產生煙流浮力。亦即當建築物內部燃料燃燒會產生熱氣，這些熱氣體比周遭空氣具較低的密度，並上升形成氣體流，此稱之為熱浮力。

圖10-15　建築物火災熱浮力往上層樓向上空間移動

高溫的煙比周遭溫度高，密度較低而產生浮力，在火場與周圍環境的壓力差，而產生熱浮力。在計算熱浮力方面，壓力差（ΔP, Pa）是指火災室從底部到煙層頂部之壓力差異，為熱浮力之一種結果：

$$\Delta P = (\rho_d - \rho_u)gh$$

其中ρ_d是周圍空氣的密度，ρ_u是熱煙氣體密度，g是重力常數，h是中性層至天花板高度距離（m）。

$$\rho_d = \frac{353}{T_d} \ ; \ \rho_u = \frac{353}{T_u}$$

簡化 $p = 353 \left[\frac{1}{T_d} - \frac{1}{T_u} \right] g h$ 如下：

$$\Delta P = 3460 \times \left(\frac{1}{T_{out}} - \frac{1}{T_{in}} \right) \times h$$

其中ΔP為壓力差（Pa），T_{out}為室外空氣溫度（K），T_{in}為室內火場溫度（K），h為天花板面熱煙層至中性層之高度距離（m）。當煙從火場流出後，會被周圍環境冷卻而降低溫度，因此煙受浮力的影響會隨距離火場愈遠而愈小。只要火災煙氣體比環境空氣具有更高的溫度，較低的密度會向上浮升，這些浮力（Buoyancy Force）會與熱膨脹（Thermal Expansion）作用相結合，導致火煙氣體從高位置之開口（如通氣孔等）被擠壓出至室外。

六、空調系統（Comfort Ventilation）

當建築物火災發生時，空調系統經由回風與送風管，除了將煙由火災區域傳送到非火災區域，間接造成煙的擴散外，空調系統亦會將新鮮空氣送到火災區域，而幫助燃燒。因此，火災發生時，應將空調系統關閉。

> 空調系統一般有2種類型：
> 1. 自然通風（Natural Ventilation）
> 2. 機械通風系統（Mechanical Ventilation Systems）

七、電梯活塞效應

電梯為建築物內部垂直井道間往復作運動，將空氣吸入與排出之活塞現象，而產生相當氣流。當電梯上下移動時，所形成之壓力差，很容易將火災層之煙流吸入電梯間，而將煙層排至非起火樓層。

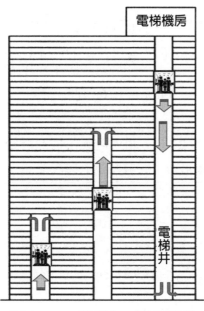

圖10-16　電梯上下活塞效應

例1　國內集合住宅位於高層發生火災，火災室閃燃後最盛期內外溫度為850°C及30°C，中性帶上下開口面積分別為1.5m²及1m²，若二開口中心相距6m，試問中性帶距離開口上端距離及起火室與外界壓力差為何？

解：

$$\frac{h_上}{6 - h_上} = \frac{1^2 \times (273 + 850)}{1.5^2 \times (273 + 30)} \rightarrow h_上 = 3.73(m)$$

$$\Delta P = 3460 \times \left(\frac{1}{(273 + 30)} - \frac{1}{(273 + 850)}\right) \times 3.73 = 31.1(Pa)$$

例2　一高層建物中庭挑高為60m，其頂部與底部均有可供空氣流通之開口分別為36m²及64m²。室內外溫度分別為17°C及27°C，試問在恆定狀態下，流出空氣質量為何？（已知開口係數0.75，空氣在17°C時密度為1.26kg/m³）

解：

此逆煙囪效應，空氣由上方流入建築物內部。

$$\frac{h_1}{h_2} = \frac{64^2 \times (273 + 27)}{36^2 \times (273 + 17)} = 3.27 \ （m）$$

$h_1 + h_2 = 60$　因此，$h_2 = 14.1$（m）

$$\Delta P = 3460 \times \left(\frac{1}{(273+17)} - \frac{1}{(273+27)} \right) \times 14.1 = 5.6 \text{（Pa）}$$

$$m_a = C \times A \times \sqrt{\frac{2\Delta P}{\rho}} = 0.75 \times 64 \times \sqrt{\frac{2 \times 5.6}{1.26}} = 143.1 \text{（m}^3/\text{s）}$$

$$143.1 \times 1.26 = 180.3 \text{kg/s}$$

例3　假設一火災室初始溫度20℃，起火後天花板熱煙層有1m厚，開口部形成中性層，煙層平均溫度為400℃，該層熱壓力差為多少？

解：

$$p = 353 \left[\frac{1}{T_d} - \frac{1}{T_u} \right] g\,h$$

$$\Delta P = 353 \left[\frac{1}{293 \text{（K）}} - \frac{1}{673 \text{（K）}} \right] \times 9.81 \text{（m/sec}^2\text{）} \times 1 \text{（m）} = 6.7 \text{ Pa}$$

例4　在國內普遍存在鐵皮屋如果發生火災，由於中性面以上的高度較大，因此可產生很大壓差。假使環境溫度20℃在成長期火災溫度達500℃時，則中性面以上8公尺高度上的壓差，為多少？

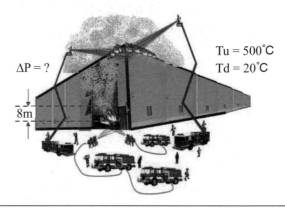

ΔP = ?

Tu = 500℃
Td = 20℃

8m

解：

$$p = 353 \left[\frac{1}{T_d} - \frac{1}{T_u} \right] g\,h$$

$$\Delta P = 353 \left[\frac{1}{293 \text{（K）}} - \frac{1}{773 \text{（K）}} \right] \times 9.81 \text{（m/sec}^2\text{）} \times 8 \text{（m）} = 58.7 \text{ Pa}$$

　　達58.7Pa此值已不是目前排煙設備所能處理的壓差，但現實生活中鐵皮屋並不是無縫，而且窗戶常有打開；因此，火災成長中大部分壓差，自然會從任何開口或縫隙中降壓。

第3節　建築物防煙煙控（Building Fires Smoke Control）

　　煙控目的無非是內部人員在逃生路徑上避難逃生，儘量不受煙阻礙。有分防煙方式與排煙方式。在防煙方面，可使用被動式之自然力防煙區劃（Compartmentation）、浮力之蓄煙法（如蓄煙頂、蓄煙井）及主動式機械力之正壓法（Pressurization）如加壓氣流（Airflow）（主要於隧道、地下空間）、正壓通風（主要於電梯排煙室、樓梯間、區域煙控）。

　　在煙控之排煙方式，使用自然力（靜態）之大體積空間浮力（Buoyancy）排煙（主要於工廠、倉庫或高天花板）及機械力（動態）之負壓排煙之稀釋法（Dilution）與正壓排煙等煙控方法。因此，在實務煙控應用上，以上述之單一或組合方式，來改善或管理建築物火災中煙流條件；其中防煙措施將在本節討論，排煙措施則在下一節作討論。

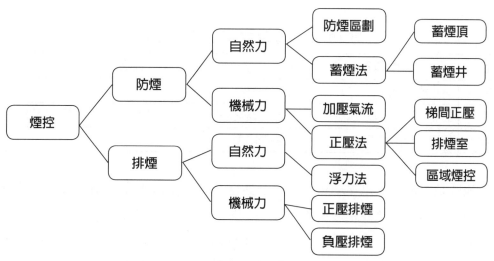

圖10-17　建築物火災煙流之煙控方式

一、防煙方式

(一)自然力（靜態）

　　以自然力煙控不需設置機械硬體設施，不因火災斷電而失去功能。因此，其具可靠度，但會受到外在氣候之不穩定性影響。這種以煙浮力方式可利用上方開口，直接

排出至建築物外，主要方式包括區隔、蓄煙及排煙措施。此開口於平常時可控制開或關，遇有火災時則利用探測器之自動或人工手動，進行開啟。

　　在實務上，自然排煙設計時，配合其他煙控方法，如與防煙垂壁或防煙區規劃等，對煙作更有效的控制。另外，若在進入樓梯間或緊急昇降機前設置排煙室，使火災煙流尚未進入樓梯間，排煙室排煙就使其自然排出，以保持安全梯或緊急昇降機間為無煙狀態，確保內部人員安全逃生。

　　1.防煙／防火區劃（Compartmentation）

　　在建築物中為了防止火災煙流擴散，於樓地板面積較大使用空間，設置適當平面區劃。以具有防火（煙）性質之防煙垂壁及其他煙流阻體（Smoke Barriers），將建築物劃成數區，一旦某區域火災產生煙流，以阻擋煙霧往水平方向擴散，使其限制在某一空間內，再藉由自然力或機械力排煙系統，讓煙流排出，以達到煙控之目的。

　　建築物防火區劃係屬被動式防護，於火災期間能防止火勢蔓延，以維持有效完整保護性。而防煙區劃與防火區劃差異性如表10-5所示。

表10-5　防煙區劃與防火區劃差異

項目	防煙區劃	防火區劃
對象	防止煙流蔓延	防止火勢蔓延
區隔	上部耐燃材質垂壁區隔	以耐燃材質之牆板、樓板、門窗、防煙垂壁形成整體區隔
空間	相通無牆面的區劃	完全密閉區劃

　　防煙區劃原理大致以樓地板面積，並距離排煙口位置來作規劃。我國建築技術規則及各類場所消防安全設備設標準規定，一般建築物防煙區劃面積在500m²（地下建築通道300m²）以內，並設置自不燃性天花板面下垂50cm（地下建築通道80cm）以上之防煙壁，予以區劃分隔，若天花板為非不燃性材質，則防煙垂壁必須自上層樓地板下方開始建造，再穿過天花板下垂至某個高度。於防煙區劃範圍內任一部分至排煙口，水平距離不得超過30m（或45m）。

　　防煙垂壁在實務上可分固定式、電動式（遇到火災發生時與火警探測器連動，再自天花板內下降）或隱藏式（平時防煙垂壁為天花板一部分，遇到火災時，則擺下而成防煙垂壁）；材質大都為鍍鋅鐵皮、鐵絲網玻璃或矽酸鈣板（Calcium Silicate）等不燃材質所製。防煙區劃亦可利用機械的方式產生區隔，以阻礙煙的移動，如防火鐵捲門、撒水幕、電動防煙垂壁等，其中水幕能將火場與逃生空間隔離，以利人員逃生。

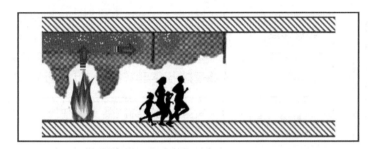

圖10-18　防煙壁予以區劃分隔，以利人員難逃生

例

1. 建築物火災發生時之人命危險，主要是煙等有毒氣體所造成，為防止人命傷亡，可以採取那些防煙對策？（25分）（101年設備師）

解：

---

2. 建築物火災發生時之人命危險，主要是煙等有毒氣體所造成，為防止人命傷亡，可以採取那些防煙對策？（25分）（101年設備師）

3. 試從煙的形成及移動特性談防排煙對策。（25分）（83年3等特考）

4. 在建築物防煙架構中，可分為靜態防火及動態煙控。請針對動態煙控之煙控子系統分別說明其方法和手段。（25分）（104年設備師）

解：本題可依本章第3節之建築物火災煙流之煙控方式或依下表所述。

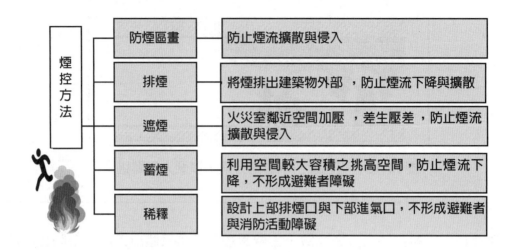

5. 請敘述引起建築物內煙氣流動的六種驅動力量；（10分）並試從防、排煙工程觀點，說明防、排煙可採行的方式。（90年3等特考）

解：見本節所述。

2.蓄煙法（Smoke Storage）

建築物內預留可蓄積煙流之之頂部空間，若煙流過來就讓其滯留於其中，不讓煙流太快沉降於地面人員空間，亦即於挑高建築物利用空間高度容納煙量之蓄煙法。

(1)蓄煙頂

蓄煙頂於建築物內預留可蓄積煙流之頂部空間，不使火災煙流快速沉降威脅使用人；此能配合其他方式，以達到進一步煙控之目的。事實上，蓄煙頂設計理念與防煙垂壁類似，同樣於建築物內火災時有蓄積煙流的空間，以控制煙流擴散，以利於內部人員爭取時間來避難逃生行為。在蓄積頂設計上，可使火災初期逃生路線不受火煙沉降侵襲，如再配合其屋頂自然或機械排煙，將濃煙與熱氣排出（Exhaust），以達到在一穩定火勢情況可靠清晰的高度，以降低火場可能出現閃燃及爆燃之風險（如圖10-19）。

因此，實務上利用大體積空間之浮力，如應用於巨蛋、中庭（Attrium）、體育館、機場大廳、車站、百貨公司、商場或購物中心等大跨距、大空間之建築構造場所。

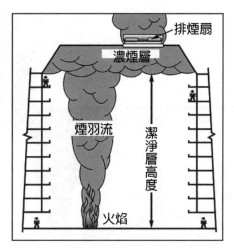

圖10-19　挑高空間排煙扇維持清楚視覺高度（NFPA Fire protection Handbook, 1997）

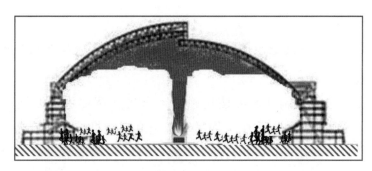

圖10-20　大巨蛋屋頂部能容納火災時大量煙

(2) 蓄煙井

　　一般於安全梯入口前設置蓄煙井，以防火災煙流竄入垂直梯間。當建築物發生火災時，水平煙流沿著天花板往低壓區延伸流動。因此，火災煙流至室內安全梯入口前，設計防煙垂壁阻擋，使煙流入上方蓄煙井，而排至屋外，以求確保安全梯不受煙流干擾，提供人員安全的避難路徑；此種在實務上常見於歐美地下車站或地下街等，利用煙流熱膨脹及浮力效應，配合風管、防煙垂壁等流至方上蓄煙井而排出。

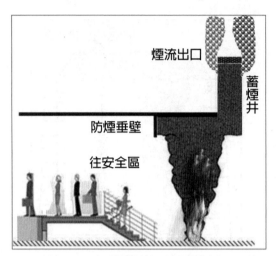

圖10-21 煙流熱膨脹浮力效應及防煙垂壁使煙流至上方蓄煙井

(二)機械方式

以機械方式之煙控系統是較穩定的，但可靠度受到電氣或機械故障之影響。

1.加壓氣流（Airflow）

建築物火災時藉由強制通風如使用風機，產生一個與逃生方向相反的氣流，以阻止火災煙進入人員避難逃生路徑。加壓氣流速度需能抵抗煙層流動，此阻止煙層流動速度為臨界流度（Critical Velocity），設計時氣流速度需大於火災室之熱釋放速度。另一方面，加壓氣流產生空氣的大流量能提供火場中氧氣，因此不可使用於火載量多之場所。此方式在歐美各地廣泛用於無法完全封閉斷面上，如地鐵、鐵路和公路隧道等煙控管理。

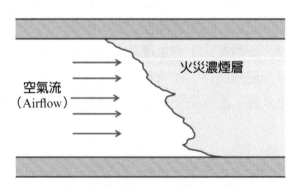

圖10-22 強力大量正壓空氣流，以使火災煙無法侵入防護區域

2.正壓法

正壓的概念常被應用於樓梯間、電梯間煙控及區域煙控系統（Zone Smoke Control），此利用機械風機將空氣流送至避難空間，使該區域空氣壓力大於火災煙蔓延力，以阻止煙流進入。此風機加壓之壓力差需能克服熱膨脹、煙囪效應、煙浮力及外在風力等，但設計時也不可過大的壓力差，會使門無法開啓。依NFPA92指出，設計空氣流速在1.02m/s以下，能防止火災室火羽流偏轉（Plume Deflection）和擾亂煙層界面。NFPA 92建議應維持在煙囪效應或風力可能條件下之最小設計壓力差。

表10-6　火災室壓力差設計最低值（NFPA 92）

建築物型態	天花板高度（尺）	設計壓力差（Pa）
有撒水設備	任何尺寸	17.5
無撒水設備	9	25
無撒水設備	15	35
無撒水設備	21	45

在設計壓力差，應基於以下幾點：

- 煙控區域是否有撒水設備。
- 煙控區域之天花板高度。
- 最大和最小壓力差。

(1)樓梯間

樓梯間加壓系統可分為2種形式：

① 單點送風系統（Single-Injection System）

　　僅在單一位置從樓梯間上方送入空氣流，若送風處樓梯間門是開啓的，使系統失去效果。

② 多點送風系統（Multiple-Injection System）

　　在高樓層在多處將空氣送入樓梯間，以解決單點送風直接排掉問題，但樓梯間送壓過高會造成樓梯間的門不易打開，此時就需洩壓。

在開門所需力(F, N)方面，必須克服門自鎖所需力（F_A）和克服門內外二邊壓力差所需的力（F_P）：

$$F = F_A + F_P = F_A + \frac{K \times W \times A \times \Delta P}{2(W - d)}$$

　　式中，係數K = 1.00，W和A為門之寬度（m）和面積（m²）；ΔP為門兩邊的壓差（Pa）；d為門把手到門邊緣之距離（m）。

　　在各國法規中，樓梯間壓力差規定如次：

① 美國NFPA-92A規定任何梯間壓力差在12.5Pa以上。

② 美國BOCA建築法規定，梯間壓力差不得小於37Pa。而梯間所有門關閉時，壓力差不得大於87Pa。

③ 英國BRI規定梯間壓力差不得小於50Pa。

④ 紐西蘭規定梯間壓力差不得小於50Pa。

⑤ 澳洲規定梯間壓力差不得小於50Pa。

⑥ 中國大陸規定梯間壓力差不得小於50Pa。

⑦ 紐西蘭規定梯間壓力差不得小於50Pa。

(2) 特別安全梯及緊急昇降機間排煙室

　　排煙室設計進風口與排風口，使火災煙流有效排掉，不致進入特別安全梯及緊急昇降機間威脅使用人員，同時也提供消防人員快速安全到達。

　　在排煙室加壓送風量（Pw）與送風口面積（A, m²）、壓力差（ΔP, Pa）關係式：

$$Pw = C \times A \times \sqrt{\Delta P}$$

式中C為送風口係數，一般為0.84

(3) 正負壓區域煙控

　　區域煙控系統（Zoned Smoke Control）達到周邊樓層壓力大於火災區煙氣流動蔓延。此主要防止火災區煙量流至非火災區，造成人員傷害及財物損失。

　　根據區劃煙控的概念，建築物劃分成許多防煙區，每個區劃由牆壁和地板彼此隔開。當火災發生時，對火勢區域進行排煙動作以產生空間負壓，同時將新鮮空氣送入未火勢區域，使尚未著火區域產生正壓；亦即火災區只排煙不供氣，而成負壓區，非火災區則只供氣而不排氣，形成正壓區。

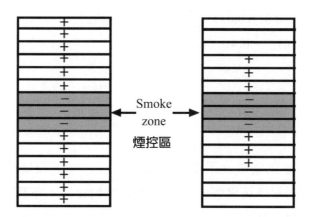

圖10-23　區域煙控各空間正負壓情形（Fire Protection Systems, 2000）

例1　一扇門高2.13m、寬0.91m，其把手安置在靠近邊緣0.076m處，克服門自鎖力所需之力為68N，火災時門內外壓差為75Pa，則需要多少力量才能打開門？

解：

$$F = 68 + \frac{1 \times 0.91 \times (2.13 \times 0.91) \times 75}{2(0.91 - 0.076)} = 147.31 \text{（N）}$$

例2　建築物發生火災時，採用加壓防煙是一種可將煙流阻擋的技術，請說明加壓防煙的設計方式為何？合理的壓差設計範圍在多少Pa？及特別適合的使用場所。（100年設備師）

解：

(一) 機械力防煙上如使用加壓氣流及正壓法如樓梯間、電梯間排煙室、區域煙控。

(二) 合理的壓差設計如各國規定（見本節所述）。

(三) 正壓法如樓梯間、電梯間排煙室、區劃空間區域煙控。

例3　有一15層建物依規定設置特別安全梯，其中樓梯間加壓35Pa，排煙室加壓為25Pa，以防濃煙流向樓梯間，樓梯間各層開口為安全門（流動面積0.01m²），則加壓之送風量多少（m³/s）？

解：

特別安全梯壓力差ΔP為35 − 25＝10（Pa）

每一層送風量Pw = 0.84×0.01×$\sqrt{10}$ = 0.0265（m³/s）

則15層為0.0265×15 = 0.40（m³/s）

二、防煙對策

1.抑制煙源

建築物構造及內容物儘量使用不燃性及耐燃性，這些物質受熱時發煙量相對較少，如防焰規制及內部耐燃裝修等，尤其是垂直性如窗簾、布幕、展示板等，或是火載量大之沙發、大型傢俱等。

2.阻止煙流

建築物使用空間進行防火（煙）區劃，設計防煙垂壁、防火（煙）匣門或蓄煙法（蓄煙頂或蓄煙井）。而內部相鄰門窗皆需關閉，假使門未關會使區劃失敗，致火災煙流擴散至另一區劃，如2012年臺南一場醫院火災導致10多人死亡悲劇，防火門未即時關閉是其中主因之一。

3.向外排煙

排煙法如自然排煙及機機排煙使用正壓排煙或負壓排煙等對策，將火災煙積向外排出。

三、等效流動面積

「等效流動面積」（Equivalent Leakage Area, Ae）為同樣壓差下造成同樣流動的單一開口的面積。在煙控系統管路可以是相互並聯、串聯、或是串並聯相結合之應用，此與電路理論中等效電阻的概念相類似。

在一火災室內產生正壓或加壓空間，設有3個開口面積分別為A_1、A_2，和A_3相互並聯時，其等效流動面積為：

$$Ae = \sum_{i=1}^{n} A_i$$

n為相互並聯開口的個數，即Ae = A_1 + A_2 + A_3 …

假使3個開口面積分別為A_1、A_2和A_3相互串聯時，其等效流動面積為：

$$Ae = \left(\sum_{i=1}^{n} \frac{1}{A_i^2} \right)^{-\frac{1}{2}}$$

即 $Ae = \left(\dfrac{1}{A_1^2} + \dfrac{1}{A_2^2} + \dfrac{1}{A_3^2}\right)^{-\frac{1}{2}}$

假使2個開口面積分別為A_1和A_2相互串聯時，其等效流動面積為：

$$Ae = \dfrac{A_1 A_2}{(A_1^2 + A_2^2)^{\frac{1}{2}}}$$

例1　在煙控設計中，一個加壓空間中存在2個開口面積分別為1/16m²和3/16m²，相互並聯後，再與開口面積為1/3m²串聯，則其等效流動面積為多少？

解：

$Ae = \dfrac{1}{16} + \dfrac{3}{16} = 0.25m^2$

$Ae = \dfrac{A_1 A_2}{(A_1^2 + A_2^2)^{\frac{1}{2}}} = 0.20$（m²）

例2　有兩個開口其面積分別為5m²與8m²，若相互串聯則其等效流動面積為多少 m²？

解：

$Ae = \dfrac{A_1 A_2}{(A_1^2 + A_2^2)^{\frac{1}{2}}} = 4.23$（m²）

例3　已知有一室內空間開口如圖所示，開口面積$A_1 = A_2 = 0.05m^2$，$A_3 = 0.1m^2$，則該空間的等效流動面積約為多少？

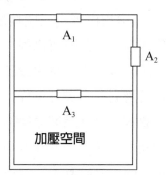

解：

$A_{12} = 0.05 + 0.05 = 0.1m^2$

$Ae = \dfrac{A_{12} A_3}{(A_{12}^2 + A_3^2)^{\frac{1}{2}}} = 0.07$（m²）

第4節 建築物排煙煙控（**Building Fires Smoke Management**）

　　火災生成煙氣可藉由自然力之排煙窗或機械力之負壓排煙，予以部分排出。

一、自然力（靜態）

　　自然排煙（Smoke Vent）係利用火災產生高溫煙氣熱浮力，依靠煙氣本身的物理熱動能，從火災室開口自然向外排煙。因此，沒有建築物火災斷電之顧慮，是一種設備簡單，費用低廉且維護容易一種排煙方式。

圖10-24　自然排煙窗設備最簡單且費用低廉之排煙方式

　　自然排煙以不燃或難燃材質，排煙口可由匣門控制開與關，遇有火災時以自動或人工手動開啟。當火災煙溫度愈高，浮力效應愈強，排煙能力亦愈強。在消防設計上，頂部排煙是基於煙之熱浮效應，最優先考量之設計位置。雖不需機械設施及貫穿建築物內部空間等優點，但卻容易受到風力等外氣條件影響，難以期待穩定性，尤其是當排煙口位於迎風面，煙可能會被自然風壓回建築物內。但當建築物上層空間空氣溫度高時，煙可能難以上升至頂端而至某個高度即水平擴散開。但基本上從熱浮效應之考量，不論如何，均應以建物空間上方設置，為排煙設計考量。

圖10-25　工廠大空間屋頂V型自然排煙口

在大空間排煙法，通常歐美各國工廠及庫房僅會設置自然力之排煙口，而使用人員密度高場所如中庭及傳統購物商場，則會設置機械力之風機。

二、機械力（動態）

機械式煙控系統以強制通風方式，設置風機來得到穩定通風性能。基本上，機械式煙控系統，有上述之正壓法及機械排煙之正壓及負壓法。

1.正壓排煙（Pressurization）

正壓排煙係以送風機將新鮮空氣送入室內產生正壓，使火災煙流無法進入，達到排煙之效果，最常用於正壓樓梯間（Pressurized Stairwells）和區劃煙控區域（Zoned Smoke Control）。

2.負壓稀釋排煙（Dilution）

建築物進行區劃利用排煙機將室內燃燒生成煙由排煙口排出，使防煙區劃空間僅排氣而不供氣，而形成負壓區。國內消防法規煙控方式，係採用此種負壓排煙，利用排煙風機，透過排煙風門與排煙風管將煙流自火災區域抽離至建築物外，產生負壓以稀釋空間煙流濃度。

圖10-26　設置排煙匣門及風管之負壓機械排煙

　　負壓排煙構成，一般有排煙機或送風機、排煙口、送風口等，在安裝與維護上費用相對較高。此種設計有幾點需要注意：

(1)抽孔現象（Plugholing）

　　若負壓排煙量大於煙產生量，此方法將能有效地將煙排除，但需注意當排煙風門下方煙量厚度不足，再加上較大排煙風速時，使得排煙風門所抽取氣體多為煙層下方新鮮空氣，而減少火災煙流排出量，此一情況即稱為抽孔或拉穿現象。抽孔現象除了降低排煙的整體效能外，若是處於通風不良的場所，亦會造成人員所需之氧氣量減少而產生危害。

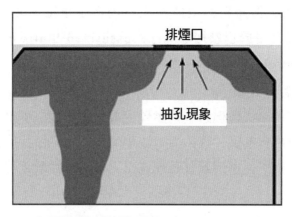

圖10-27　負壓排煙之抽孔現象（John H. Klote, 2016）

(2)多點風門

為防止抽孔現象可設置多點排煙風門將排煙量分散。

(3)梯間真空

因一定規模室內空間較大且空隙多，而梯間空間較小，如只有排煙而沒有進風，易造成梯間真空之負面問題，致需有適當之進風口。

(4)風機延遲啟動

建築物內部空間上方應有適當容積作為蓄積煙之用，風機應等到煙蓄積後才開啟，如此才可避免抽取太多的新鮮空氣。

(5)風門定址

負壓排煙儘量使排煙風門定址化，只開啟火場附近排煙風門，以增強排煙效果。

(6)負壓僅能適用早期

負壓排煙為煙流稀釋作用，保持一個能接受火災煙濃度環境，以利建築物使用人能早期安全逃生。

(7)開口不當打開

有時開口（如門）被打開時，煙流將流入所欲保護之區劃空間，而造成效果有限。

(8)利於消防作業

排煙列為消防人員搶救設備，意將火場生成物包括熱量抽至室外，使閃（爆）燃之氣相燃料源排出；此外，煙霧及毒性氣體繼續排出，也有利於火場勘／調查之迅速進行。

在現實中，煙濃度在整個空間是均勻的，這是不可能的。因浮力作用，使較高濃度會趨向於室內天花板位置。因此，排氣口位於天花板和一個進氣口位於地板附近，能得到最佳效果。在設計上，為防止供給空氣流至排氣口，產生紊亂，應注意至相關位置。

例1 已知某一室內空間尺寸為長10公尺、寬7公尺、高4公尺。如裝設離地面3公尺的封閉式天花板，當發生一起小規模火災（燃燒尺寸1.5公尺×1.5公尺），請說明與比較有、無裝設該天花板對「煙生成率」與「煙層底部下降至距地面1.5公尺高度所需時間」之差異？另請說明機械式排煙系統，排煙口排煙時之拉穿現象（Plugholing）及對人員避難造成之影響？（105年設備師）

解：

$$t = \frac{20A}{P \times \sqrt{g}}\left[\frac{1}{\sqrt{y}} - \frac{1}{\sqrt{h}}\right]$$

(1) 有天花板情況

$$M\,(\,kg/s\,) = 0.188 \times P \times y^{\frac{3}{2}} = 2.1\,(\,kg/s\,)\,煙生成率$$

$$t = \frac{20 \times 70}{1.5 \times 4 \times \sqrt{9.8}}\left[\frac{1}{\sqrt{1.5}} - \frac{1}{\sqrt{3}}\right] = 37.8\,sec$$

(2) 無天花板情況

$$M\,(\,kg/s\,) = 0.188 \times P \times y^{\frac{3}{2}} = 2.1\,(\,kg/s\,)\,煙生成率$$

$$t = \frac{20 \times 70}{1.5 \times 4 \times \sqrt{9.8}}\left[\frac{1}{\sqrt{1.5}} - \frac{1}{\sqrt{4}}\right] = 57.8\,sec$$

(3) 拉穿或抽孔現象（Plugholing），請見本節所述。

第5節　歷屆考題精解

一、選擇題

(C) 1. 若一空間發生火災時，其火災產生之消光係數為$2m^{-1}$，試問其內部發光指標之能見度為多少公尺？ (A) 1 (B) 2 (C) 4 (D) 8

(C) 2. 有關不完全燃燒（incomplete combustion）之敘述，下列何者錯誤？
(A) 產生較多CO (B) 產生較多煙
(C) 產生較多CO_2 (D) 為擴散火焰（diffusion flame）常伴隨的狀態

(B) 3. 一火場之消光係數為$1m^{-1}$，請問反光物體之能見度為多少公尺？
(A) 1 (B) 3 (C) 5 (D) 8

(D) 4. 聚氯乙烯材料燃燒後，主要除產生二氧化碳及水等成分外，亦會產生何種毒性氣體？ (A) 氰化氫 (B) 硫化氫 (C) 氫氟酸 (D) 氯化氫

(B) 5. 已知一室內火場之單位長度光學密度為0.087（m^{-1}），則該場域中避難反光指標之能見度約為若干（m）？
(A) 40 (B) 15 (C) 92 (D) 34

(C) 6. 火災在室內因不完全燃燒產生煙霧，得知室內減光率30%，消光係數為0.356

（m^{-1}），請計算煙層厚度為何？（提示：log7=0.8451）[註4]

(A) 約0.5m　(B) 約2m　(C) 約1m　(D) 約1.5m

(A)　7. 在火場中會因吸入下列何種氣體，導致阻礙紅血球輸氧功能而造成窒息死亡？　　(A) 一氧化碳　(B) 二氧化碳　(C) 氯化氫　(D) 甲醛

(C)　8. 一氧化碳（CO）對人命影響最大，下列敘述何者有誤？

(A) 一氧化碳（CO）會與血液中之血色素結合，造成窒息死亡

(B) 瓦斯熱水器燃燒不完全，容易產生一氧化碳（CO）

(C) 一氧化碳（CO）吸入濃度達0.07%，8小時內尚無感覺

(D) 一氧化碳（CO）吸入濃度達1%，可能一分鐘內即死亡

(C)　9. 若一空間發生火災時，其火災產生之消光係數為$2m^{-1}$，試問其內部發光指標之能見度為多少公尺？[註5]

(A) 1　(B) 2　(C) 4　(D) 8

(A)　10. 在長10m、寬8m、高3m之房間燃燒400g氯丁橡膠，其質量光學密度$D_m = 0.40m^2/g$，此時火場中發光避難指標之能見度為多少m？[註6]

(A) 5.217m　(B) 3.253m　(C) 2.475m　(D) 1.957m

(A)　11. 人類無防護下承受輻射熱之強度約為多少kW/m^2？

(A) 2.5　(B) 5　(C) 7.5　(D) 10

(D)　12. 氣體濃度以ppm表示時，其中m表：

(A) 10^3　(B) 10^4　(C) 10^5　(D) 10^6

(C)　13. 光學密度1dB/m相當於能見度：[註7]

(A) 1m　(B) 5m　(C) 10m　(D) 20m

(A)　14. 若減光率為90%，則其光學密度為：[註8]

[註4]　$D = 2 - \log(100 - P_o) = 2 - \log(100 - 30) = 2 - \log 70 = 2 - (\log 7 + \log 10) = 2 - (0.8451 + 1) = 0.1549$，煙層厚度$L = D \times \dfrac{2.3}{K} = 0.1549 \times \dfrac{2.3}{0.356} = 1.0$

[註5]　$K \times S = 8$，$S = 4$

[註6]　$D_m = \dfrac{D_L \times V}{\Delta M}$，$D_L = 0.67(m^{-1})$，依$D_L = D/L = K/2.3$，$K = 1.53$，又$K \times S = 8$，$S = 5.2173(m)$

[註7]　1.0dB/m = 0.1 OD/m，由Rasbash（1967）指出每公尺光密度（dB/m）與能見度（m）關係，1db/m相當於能見度10m。$visibilty = \dfrac{10db}{OD}$（Danish Institute of Fire and Security Technology）

[註8]　$D = \log\left(\dfrac{I_0}{I}\right)^{10} = \log\left(\dfrac{100}{10}\right)^{10} = 10 \text{ dB}$

(A) 10dB　(B) 20dB　(C) 30dB　(D) 40dB

(D)　15. 吸入煙中之一氧化碳而對生命產生的危害，主要原因為：

(A) 造成中樞神經受損　　　　　　(B) 對細胞產生腐蝕性

(C) 造成氣管、支氣管黏膜細胞損傷　(D) 阻礙血液中紅血球之輸氧功能

(B)　16. 火場中，下列何種燃燒物毒性最大？

(A) CO　(B) HCN　(C) HCHO　(D) HCl

(D)　17. 一氧化碳濃度達多少以上時人類會在1分鐘內死亡？

(A) 10ppm　(B) 100ppm　(C) 1000ppm　(D) 10000ppm

(A)　18. 根據火場能見度（S）與消光係數（K）間之經驗公式，對於反光物體之敘述何者正確？　(A) KS = 3　(B) KS = 5　(C) KS = 8　(D) KS = 10

(A)　19. 長6米，寬4米，高2.5米的房間中燃燒300克之聚氨酯泡綿座墊，其D_m值為0.22m^2/g，試計算火場中反光出口標示燈的能見度？

(A) 1.2米　(B) 2.4米　(C) 3.6米　(D) 4.8米

(D)　20. 關於火災中生成的CO與CO_2對人體的危害情形，下列敘述何者錯誤？

(A) CO_2本身沒有毒性，但過量吸入時，會引起呼吸困難　(B) CO是火災中最常發生的毒氣，且為血液毒　(C) CO常會阻礙紅血球的輸氧功能　(D) 當空間中的CO_2濃度達到1%時，在短時間內就會造成人體窒息死亡

(D)　21. 下列何種有毒氣體會妨礙細胞中氧化酵素的活性，造成細胞呼吸的停止？

(A) CO　(B) HCl　(C) CO_2　(D) HCN

(B)　22. 火場中吸入何種氣體，會阻礙紅血球輸氧功能，造成窒息死亡？

(A) 二氧化碳　(B) 一氧化碳　(C) 氯化氫　(D) 甲醛

(D)　23. 下列有關一氧化碳之敘述何者有誤？

(A) 若燃燒供氧不足時會產生　(B) 吸入後會與血液中之血色素結合，阻礙紅血球輸氧之功能　(C) 為吸入煙而中毒之主要原因　(D) 濃度如果達到室內空氣百分之一時，三十分鐘內不會造成人員死亡

(B)　24. 火傷後出現水泡係屬於幾級火傷？

(A) 一級　(B) 二級　(C) 三級　(D) 四級

(B)　25. 每到冬季，我國常發生沐浴不慎，導致中毒喪生事件，此類中毒事件多為：

(A) 瓦斯中毒　(B) 一氧化碳中毒　(C) 二氧化碳中毒　(D) 硫化氫中毒

(B)　26. 下列何種煙流中所含有毒氣體會妨礙細胞中氧化酵素的活性，造成細胞呼吸停止？　(A) CO　(B) HCN　(C) HCl　(D) CO_2

（ C ） 27. 火場中吸入何種氣體，會阻礙紅血球輸氧功能，造成窒息死亡？

(A) 甲醛　　(B) 氯化氫　　(C) 一氧化碳　　(D) 二氧化碳

（ C ） 28. 火災時，有毒氣體對人命影響最大，當人類吸入下列何種有毒氣體，該氣體容易與血液中之血紅素結合，阻礙紅血球輸氧之功能，造成窒息死亡？

(A) 氰酸　　(B) 氧化氮　　(C) 一氧化碳　　(D) 以上皆非

（ D ） 29. 可燃物因氧氣供應不足，燃燒時產生一氧化碳、煤灰、硫化氫等可燃性成分，以致無法釋放燃料中所有熱量之燃燒。此一現象爲何？

(A) 不發焰燃燒　　(B) 發焰燃燒　　(C) 完全燃燒　　(D) 不完全燃燒

（ D ） 30. 火災煙氣的組成，包括下列哪幾項？　①氣相燃燒產物　②未完全燃燒的液、固相分解物和冷凝物所構成的微小顆　③未燃的可燃蒸氣　④捲吸混入的新鮮空氣　　(A) ①③　　(B) ①②③　　(C) ①③④　　(D) ①②③④

（ C ） 31. 煙中的有毒氣體對人體之影響，下列何者錯誤？

(A) HCN有強烈毒性，會妨礙細胞中氧化酵素之活性　　(B) HCl急性中毒者常呈現氣管、支氣管壞死　　(C) NO_2會阻礙紅血球輸氧之功能　　(D) HCHO具有刺激黏膜及麻醉中樞神經系統之作用

（ B ） 32. 對於反光物體而言，在火場中「煙霧消光係數K」與「火場能見度S」之乘積關係式爲？　　(A) KS = 1　　(B) KS = 3　　(C) KS = 8　　(D) KS = 10

（ D ） 33. 燃燒木材時若因不完全燃燒產生白煙則可能是：

(A) 含有油脂　　(B) 含有顏料　　(C) 火勢過大　　(D) 含有水分

（ C ） 34. 建築物的煙控原理，主要爲利用起火居室與人員避難走道之間空氣的何種物理特性？

(A) 熱慣性不同　　(B) 熱傳導度變化　　(C) 壓力差異　　(D) 輻射回饋效應

（ B ） 35. 建築物火場開口部產生高溫氣流流出與戶外新鮮空氣流入的分界現象，稱爲何者？

(A) 天花板噴流（Ceiling Jet Flow）　　(B) 中性面（Neutral Plane）

(C) 拉穿現象（Plugholing）　　(D) 逆煙囪效應（Reverse Stack Effect）

（ A ） 36. 火災發生時煙流的流動方向，受下列何者影響？

(A) 壓力　　(B) 溫度　　(C) 熱通量　　(D) 荷重

（ B ） 37. 有關大樓排煙室的設置，下列敘述何者有誤？

(A) 一般設置於走廊與樓梯之間　　(B) 目的在阻止煙流進走廊等水平逃生通道

(C) 應具加壓供氣功能　　(D) 應具排煙功能

（A）38. 煙控分析之兩個開口串聯時，其等效流動面積：

(A) 小於其中任何一個開口面積　(B) 大於其中任何一個開口面積

(C) 介於兩開口面積之間　　　　(D) 無法定論

（C）39. 有關高樓逃生設計的原則，下列敘述何者有誤？

(A) 逃生指標應該簡明易懂　(B) 逃生方式以原始而確實的步行為主　(C) 逃生設施應以富機動性的移動式為主，固定式為輔　(D) 逃生路徑宜遵循二方向避難的萬全原則

（D）40. 處於理想煙囪效應下的建築物，各樓層向外之窗戶敞開，若中性帶位於五樓附近，而外部風場影響不計，當七樓發生火警初期：

(A) 建築物內煙流逐漸轉為逆煙囪效應型態　(B) 煙氣快速向七樓以上樓層流竄　(C) 煙氣快速向中性帶附近蔓延　(D) 五樓以下樓層不受煙氣影響

（D）41. 有關建築物火災開口部「中性帶」之敘述，下列何者有誤？

(A) 中性帶上半部，室內熱氣流向外流出　(B) 中性帶下半部，室外冷空氣向室內流入　(C) 中性帶，為建築物火災開口部無壓力差之地帶　(D) 氣體流出或流入燃燒室皆非浮力所造成

（C）42. 下列有關逃生通道設計原則之敘述，何者正確？

(A) 通道路短比路直重要　　　(B) 逃生以使用避難器具為主

(C) 逃生手段最好以步行方式　(D) 避難標示以書寫文字為宜

（C）43. 根據建築技術規則，下列何種材料不屬於耐燃一級材料？

(A) 混凝土　(B) 鋼鐵　(C) 石膏板　(D) 空心磚

（D）44. A與B兩個比鄰且互通之空間，A空間溫度23℃，B空間溫度15℃，在同一基準高度下壓力分別為PA = –0.8Pa，PB = 0.5Pa，請問兩空間壓力相等時之中性帶高度為何？〔提示：氣體狀態式$\rho T \fallingdotseq 353$（kg K/m^3），1Pa = 1（N/m^2），重力加速度g = 9.8（m/sec^2）〕[註9]

(A) 7.21m　(B) 6.43m　(C) 5.12m　(D) 4.02m

（D）45. 下列何者不是防火門應設置之位置？

(A) 室內通往走廊之出入口　(B) 走廊通往樓梯間之出入口　(C) 通往大廳或

[註9]　求密度$\rho A = 353/(23 + 273) = 1.193$

　　　　$\rho B = 353/(15 + 273) = 1.226$

　　　　$\Delta P = (\rho B - \rho A)gh = (0.5 - (-0.8)) = (1.226 - 1.193)9.8 \times h, h = 4.02$

屋外之出入口　(D) 室內通往通風管道之出入口

(D) 46. 假設建築物外部風速為10m/s，風壓係數為0.6，空氣密度為1.0kg/m³，其對迎風面建築物所產生的風壓約為：[註10]

(A) 60Pa　(B) 50Pa　(C) 40Pa　(D) 30Pa

(B) 47. 下列何者為防煙最好的方法？

(A) 關閉防煙門　　(B) 選用發煙性小的建築材料

(C) 使用防火閘門　(D) 設置排煙室

(#) 48. 關於煙囪效應的敘述，下列何者錯誤？

(A) 當室內溫度升高，煙囪效應的中性帶向下偏移　(B) 上部開口愈大，中性帶會上移　(C) 火災發生在中性帶以下區域，煙會隨著煙囪效應迅速由垂直通道向上竄升　(D) 火災發生於中性帶以上的樓層，則煙將由建築物該層的開口直接排出起火樓層外

註：上述4個選項皆無錯誤。

(C) 49. 下列何者非高樓結構耐火設計上考慮之項目？

(A) 內部之可燃物量　　　(B) 火災之燃燒時間

(C) 內部裝修之防焰規制　(D) 長期荷重之應力及安全率

(C) 50. 煙控分析中有關「等效流動面積」應為何種情形下造成同樣流動之單一開口面積？

(A) 在相同高差下　(B) 在相同時差下　(C) 在相同壓差下　(D) 在不同溫差下

(B) 51. 煙控分析中的「等效流動面積」（equivalent leakage area），是由下列何種的關係式求得？

(A) 在相同溫差下造成同樣流動之單一開口面積　(B) 在相同壓差下造成同樣流動之單一開口面積　(C) 在不同壓差下造成同樣流動之單一開口面積
(D) 在不同溫差下造成同樣流動之單一開口面積

(A) 52. 關於煙囪效應之敘述，下列何者錯誤？

(A) 當室內溫度愈高，煙囪效應之中性帶向上偏移　(B) 上部開口愈大，煙囪效應之中性帶會上移　(C) 火災發生在中性帶以下之樓層，煙會隨著煙囪效應迅速由垂直通道向上竄升　(D) 火災發生於中性帶以上之樓層，則煙將由建築物該層之開口直接排出起火樓層外

[註10] $\Delta p = 0.5 \times C_f \times \rho_a \times V^2 = 0.5 \times 0.6 \times 1.0 \times 10^2 = 30$

（D）53. 一扇門高2.13m、寬0.91m，其把手安置在靠近邊緣0.076m處，克服門自鎖力所需之力爲68N，火災時門內外壓差爲75Pa，則需要多少力量才能打開門？註11　(A) 68N　(B) 90N　(C) 133N　(D)148N

（B）54. 遇火災進行避難，何者有誤？

(A) 以溼毛巾掩口鼻並沿牆面逃生　　(B) 儘速搭乘電梯迅速避難

(C) 循著避難方向指標，由安全梯逃生　(D) 濃煙中採低姿勢爬行

（B）55. 對於室內火災中性帶（neutral plane）開口處空氣流進與流出的質量流率推導過程，許多學者（如Babrauskas、Williamson）是基於下列何種方程式進行？

(A) 史蒂芬－波茲曼方程式　(B) 柏努力方程式

(C) 牛頓運動方程式　　　　(D) 動量守恆方程式

（A）56. 在捷運車站或機場航站等處可見防煙垂壁的設計，防煙垂壁的功能主要是？

(A) 火災時控制煙的流動範圍　(B) 火災時具排煙功能

(C) 正負壓區劃　　　　　　　(D) 具標示功能

（B）57. 一般表示著火房間內外，因大量之煙霧密度而所產生的壓差方程式爲何？

（ΔP：壓差（Pa）；K_s：常數（3460Pa・K/m）；T_0：室外溫度（K）；T_F：室內溫度（K）；h：距中性帶距 （m））

(A) $\Delta P = \dfrac{1}{K_s} \times (T_0 - T_F) \times h$　　(B) $\Delta P = K_s \times \left(\dfrac{1}{T_0} - \dfrac{1}{T_F}\right) \times h$

(C) $\Delta P = K_s \times \left(\dfrac{1}{T_0} - \dfrac{1}{T_F}\right)^2 \times h$　　(D) $\Delta P = \dfrac{1}{K_s} \times (T_0 - T_F) \times h^2$

（D）58. 有關於煙囪效應之敘述，下列何者錯誤？

(A) 煙囪效應影響建築物內人員的避難與逃生　(B) 建築物開口面積與位置，會改變煙囪效應之中性帶　(C) 建築物室內火災溫度高低，會改變煙囪效應之中性帶　(D) 如果火災發生在建築物中性帶以下區域，煙僅會隨煙囪效應由該起火層之開口直接排出

（A）59. 建築物的煙控原理，主要是利用起火房間與避難通道間空氣的何種性質？

(A) 壓力差　(B) 比熱差　(C) 熱慣性差　(D) 熱傳導度差

註11　$F = F_A + F_P = F_A + \dfrac{K \times W \times A \times \Delta P}{2(W-d)} = 68 + \dfrac{1 \times 0.91 \times (2.13 \times 0.91) \times 75}{2(0.91 - 0.076)} = 147.31$（N）。式中，W 和 A 爲門之寬度（m）和面積（m²）；ΔP 爲門兩邊的壓差（Pa）；d 爲門把手到門邊緣之距離（m）；係數 K = 1.00。

（ D ）60. 依建築技術規則之建築設計施工編第十二章第227條之規定：高層建築物，係指高度在50公尺或樓層在幾層以上之建築物？

(A) 11層　(B) 12層　(C) 15層　(D) 16層

（ D ）61. 在防煙對策中，何者屬於積極向外排煙方法？

(A) 內部裝潢材料限制　(B) 採用防火閘門

(C) 防焰制度建立　(D) 排煙室排煙法

（ A ）62. 因建築物內外溫度差而引起的壓力差現象稱為：

(A) 煙囪效應　(B) 熱膨脹　(D) 風壓　(D) 浮力

（ A ）63. 提高建築物的中性帶為大樓防煙對策之一，請問如何提高建築物的中性帶？

(A) 自然排煙口設於屋頂　(B) 自然排煙口設於底層不要設　(C) 自然排煙口底層　(D) 開口面積愈大愈好

（ A ）64. 靠近熱固體的熱氣流以及火焰中的熱氣流，由浮力驅使的流動稱之為：

(A) 自然對流　(B) 強制對流　(C) 正煙囪效應　(D) 逆煙囪效應

（ C ）65. 一個加壓空間中存在三個面積分別為$0.10m^2$、$0.20m^2$、$0.30m^2$的開口相互並聯時，其等效流動面積為：

(A) $0.20m^2$　(B) $0.50m^2$　(C) $0.60m^2$　(D) $0.90 m^2$

（ C ）66. 下列有關煙氣流動與控制的敘述，何者不正確？

(A) 設置擋煙物，排煙口和排煙豎井是煙氣管理的傳統方法　(B) 擋煙物的擋煙效果依賴於其本身的密閉性及其兩邊的壓差　(C) 若煙氣被水噴淋而冷卻，則排煙口和排煙豎井的功效將增加　(D) 利用煙氣控制，在設計上可允許擋煙物上存在一些合理的開口和縫

（ D ）67. 建築物於迎風面承受風之正壓力，當氣流流至建築物背面，紊流形成負壓力，此效應稱為：

(A) 正向煙囪效應　(B) 逆向煙囪效應　(C) 浮力效應　(D) 外部風效應

（ B ）68. 一般建築及地下通道排煙口的開口面積，必須大於防煙區劃面積的百分之幾以上？　(A) 1%　(B) 2%　(C) 3%　(D) 4%

（ C ）69. 我國曾發生低樓層火災，卻導致中庭旁高樓層住家傷亡，原因可能為：

(A) 避難不當　(B) 運氣不佳　(C) 煙囪效應　(D) 熱輻射效應

（ D ）70. 安全門若未關閉，則造成火場煙氣沿安全門向上之現象稱為：

(A) 重力流效應　(B) 逆流效應　(C) 回流效應　(D) 煙囪效應

（ B ）71. 大樓因空調而使其溫度較外界為低，此時會造成一股往下之氣流稱為：

　　　　(A) 煙囪效應　(B) 逆煙囪效應　(C) 中性帶　(D) 以上皆非

(B) 72. 在防煙對策中，何者屬於積極向外排煙方法？

　　　　(A) 限制內部裝潢材料　(B) 排煙室排煙法

　　　　(C) 建立防焰制度　　　 (D) 採用防火閘門

(A) 73. 煙控分析中有關「等效流動面積」的定義為：

　　　　(A) 在相同壓差下造成同樣流動的單一開口面積　(B) 在相同樓高下造成同樣流動的單一開口面積　(C) 在相同溫差下造成同樣流動的單一開口面積

　　　　(D) 在相同開口高度下造成同樣流動的單一開口面積

(B) 74. 一侷限空間發生火災，通常開口打開後若無機械進氣空調設備之影響，空氣會從開口之何處進入空間內？

　　　　(A) 上方　(B) 下方　(C) 中間　(D) 右方

(B) 75. 高層建築物火災造成煙氣蔓延的主要因素為煙囪效應（Stack effect），下列關於煙囪效應之敘述，何者錯誤？

　　　　(A) 煙囪效應形成原因係因室內外溫差造成　(B) 夏天氣溫愈高，高層建築物的正煙囪效應愈明顯　(C) 高層建築物因煙囪效應，其垂直管道間常成為煙氣傳播的通道　(D) 某高層建築物於夏天發生火災，起火層在中性帶以上，則煙氣易從管道間傳播至中性帶以下樓層

(A) 76. 關於煙囪效應之敘述，下列何者錯誤？

　　　　(A) 當室內溫度愈高，煙囪效應之中性帶向上偏移　(B) 上部開口愈大，煙囪效應之中性帶會上移　(C) 火災發生在中性帶以下之樓層，煙會隨著煙囪效應迅速由垂直通道向上竄升　(D) 火災發生於中性帶以上之樓層，則煙將由建築物該層之開口直接排出起火樓層外

(C) 77. 某一加壓空間在某側牆面同時存在3個開口，面積大小分別為0.2、0.2與0.4平方公尺，則氣流等效流動面積為何？

　　　　(A) 0.08平方公尺　(B) 0.4平方公尺　(C) 0.8平方公尺　(D) 1.6平方公尺

(A) 78. 建築物煙控系統規劃的主要原理，為利用起火空間與人員避難通道間的何種物理現象進行設計？

　　　　(A) 壓力差　(B) 比熱差　(C) 焓值差　(D) 熱慣性差

(A) 79. 某一防火構造建築物之外牆開窗面積（高寬）設定為12m^2，試問下列開窗的設計防止火焰向上延燒的效果何者最佳？

　　　　(A) 高 = 6m，寬 = 2m　(B) 高 = 2m，寬 = 6m

(C) 高 = 4m，寬 = 3m　(D) 高 = 3m，寬 = 4m

（ A ）80. 高層建築物之防排煙設計十分重要，下列關於防排煙設計之敘述，何者錯誤？

(A) 我國消防法規規定排煙方式有自然排煙、機械排煙及加壓排煙等　(B) 防煙壁設於天花板下方是爲阻擋煙氣之流動擴散　(C) 自然排煙口應設於居室上方位置以利煙氣流出　(D) 高層建築物之自然排煙口，可能因樓層高度及外風影響導致排煙無效

（ D ）81. 兩個均爲1平方公尺且並聯之開口，試計算其煙控的等效流動面積爲若干平方公尺？　(A) 0.5　(B) 1.0　(C) 1.4　(D) 2.0

（ B ）82. 假設火災發生時，在中性帶以上5m處，由於浮力作用所產生的壓差爲10Pa，若火焰內、外的溫差不變，則中性帶以上8m處的壓差爲[註12]：

(A) 12Pa　(B) 16Pa　(C) 20Pa　(D) 24Pa

二、問答題

1. 厚度爲5公尺之煙層測得有50%之光穿過，請計算該煙層之單位長度光學密度與消光係數。（100年設備師）

解：

(一) 光密度$D = log(I_O/I)^{10}$，$D = log(1/0.5)^{10} = 3.01$，其中$I_O$：無煙時光線強度，$I$：有煙時光線強度

(二) 則單位長度之光密度$D_L = D/L$，$D_L = 3.01/5 = 0.6$（m^{-1}），其中L：煙層厚度（m）

消光係數$K = 2.3 \times D_L$，$K = 2.3 \times 0.6 = 1.38$

2. 火災發生時，常伴隨著大量的濃煙產生，濃煙是火災中的第一殺手，請說明煙濃度表示方法中之視覺密度（optical density）表示法與遮光率表示法，並推導此兩者之關係。假設視覺密度爲1，其遮光率爲多少？（102年設備士）

解：

$P_O = 100 - 10^{(2-D)}$

[註12] $5 : 10 = 8 : x$，$x = 16$

$P_O = 100 - 10^{(2-1)}$

$P_O = 90\%$

3. 已知一室內火場之單位長度光學密度為0.087（m⁻¹），則該場域中避難反光指標之能見度約為若干（m）？

解：

單位長度光學密度（D_L）為0.087，依$D_L = D/L = K/2.3$，$0.087 = K/2.3$，因此$K = 0.2$

依反光指標Ks為3，因此$K \times S = 3$，$0.2 \times S = 3$，因此$S = 15$（m）。

式中S為能見度，L為煙層厚度

4. 建築物火災中煙囪效應（stack effect）現象，於中性面上高度h（m）處，因溫度差異熱浮力（buoyancy）所造成之室內外壓力差ΔP（N/m²）為何？（T_i，T_o：室內、外溫度分別為100℃、17℃；ρ_i：T_i時空氣密度kg/m³，ρ_o：T_o時空氣密度1.2kg/m³；h=20m，g=9.8m/s²）。（93年設備士）

解：

$$\Delta P = 3460\left(\frac{1}{T_o} - \frac{1}{T_{in}}\right)h$$

$$\Delta P = 3460 \times \left(\frac{1}{273+17} - \frac{1}{273+1000}\right) \times 20$$

$$= 3460 \times (3.45 \times 10^{-3} - 2.68 \times 10^{-3}) \times 20$$

$$= 53.28 \text{（Pa或N/m²）}$$

5. 火源產生之熱煙流量是火災煙控的重要參數之一，請以公式說明影響熱煙流量因子。並討論在以蓄煙設計之建築物上應注意之處？（99年消防人員升等考）

解：

(一) 以公式說明影響熱煙流量因子

　　1.煙囪效應 $\dfrac{h_上}{h_下} = \dfrac{A_下^2 \times T_內}{A_上^2 \times T_外}$，式中$h_上$與$h_下$：分別為中性層至上部開口及下部開口間之垂直距離；$A_上$與$A_下$：分別為上部開口及下部開口之開口面積（Cross-Sectional Areas）；$T_內$與$T_外$：分別為建築物內部及外部空氣之

絕對溫度（Absolute Temperatures）。

2.自然風力影響 $\Delta p = 0.5 \times C_f \times \rho_a \times V^2$，其中$\Delta p$為風對建築物產生壓力（Pa），$C_f$是形狀因子（Form Factor）、$\rho_a$是外部空氣密度（kg/m³）、V是風速（m/s）。

3.熱膨脹影響流入火場內空氣的體積與流出火場外煙的體積，$\dfrac{Q_{out}}{Q_{in}} = \dfrac{T_{out}}{T_{in}}$

4.熱浮力影響 $\Delta P = 3460\left(\dfrac{1}{T_o} - \dfrac{1}{T_g}\right)h$，其中$\Delta p$為壓力差（Pa），$T_0$為室外空氣溫度（K），$T_g$為室內火場溫度（K），h為天花板面熱煙層至中性層之高度距離（m）。

(二) 建築物內預留可蓄積煙流之之頂部空間，若煙流過來就讓其滯留於其中，不讓煙流太快移至其他區域，亦即於挑高建築物之空間，利用空間高度之原有或刻意預留空間高度來累積煙量，使火災室煙流滯留於其中。也就是說，此種建築物於發生火災時，有一定程度蓄積煙流空間，使火災煙不會立即威脅內部人員，以利避難逃生行為。基本上，目前蓄煙法有蓄煙頂及蓄煙井之2種方式。

6. 何謂浮力效應？在全尺寸單一室內火災實驗中，天花板處牆壁內、外的壓差通常是多少？對於較高大的著火房間，其效應是增大或減少？為什麼？（90年設備師）

解：

(一) 因火焰上方高溫氣體與周圍冷空氣之間密度不同，煙密度高低差，相對產生煙流浮力。亦即當建築物內部燃料正在燃燒會產生熱氣，這些熱氣體比未受影響周遭空氣，具有較低的密度，並向上升形成氣體流，此稱之為熱浮力（Thermal Buoyancy Force）。此種由火災室產生的高溫煙氣與周遭環境的常溫空氣，二者密度差所導致不同流體間的壓力差，因而造成一股上升氣流的現象。

(二) 依據國內黃伯全氏指出，由全尺寸室內火災實驗中，對壓力的量測得知，著火房間天花板處牆壁內、外的壓差可達16Pa。

(三) 對於較高大的著火房間，其效應是增大。如 $\Delta P = 3460\left(\dfrac{1}{T_o} - \dfrac{1}{T_g}\right)h$

其中ΔP為壓力差（Pa），T_0為室外空氣溫度（K），T_g為室內火場溫度（K），h為天花板面熱煙層至中性層之高度距離（m）。

7. 請說明熱的自然對流與強制對流？以及火災發生時影響煙霧自然對流之因素？
（104年3等特考）

解：

(一) 自然對流與強制對流

    1.自然對流：透過溫差所造成的密度差而產生能量傳遞者，如窗戶使室內與室外空氣進行自然對流。

    2.強制對流：透過外力如電風扇或幫浦去帶動流體者。

(二) 影響煙霧自然對流之因素

自然對流	1. 煙囪效應 2. 通風面積與位置 3. 自然風力 4. 熱膨脹 5. 熱浮力

8. 在室內火災之火焰高度達1.5m，入內搜救之消防救助人員（未射水防護情況下），在10分鐘之內可忍受火場之溫度及輻射熱各為何？

解：

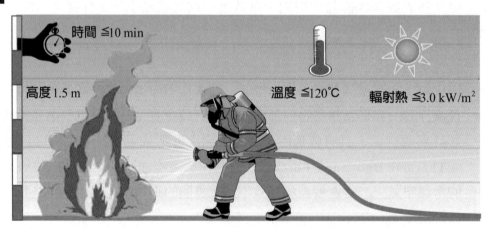

9. 一高層建物中庭挑高為60m，其頂部與底部均有可供空氣流通之開口分別為36m²及64m²。室內外溫度分別為17℃及27℃，試問在恆定狀態下，流出空氣質量為何？（已知開口係數0.75，空氣在17℃時密度為1.26kg/m³）

解：此逆煙囪效應，空氣由上方流入建築物內部。

$$\frac{h_{上}}{h_{下}} = \frac{64^2 \times (273+17)}{36^2 \times (273+27)} = 3.06$$

$$h_{上} + h_{下} = 60 \quad 因此，h_{下} = 14.78(m)$$

$$\Delta P = 3460 \times \left(\frac{1}{(273+27)} - \frac{1}{(273+17)}\right) \times 14.78 = -5.88(Pa)^{註13}$$

$$m_a = C \times \rho \times A \times \sqrt{\frac{2\Delta P}{\rho}} = 0.75 \times 1.26 \times 64 \times \sqrt{\frac{2 \times 5.88}{1.26}} = 184.7(kg/s)$$

10. 假設一火災室初始溫度20℃，起火後天花板熱煙層有1m厚，開口部形成中性層，煙層平均溫度為400℃，該層熱壓力差為多少？

解： $p = \rho gh = 353\left[\dfrac{1}{T_{out}} - \dfrac{1}{T_{in}}\right]gh^{註14}$

$$\Delta p = 353\left[\frac{1}{293(K)} - \frac{1}{673(K)}\right] \times 9.81(m/sec^2) \times 1(m) = 6.7Pa$$

11. 在國內普遍存在鐵皮屋如果發生火災，由於中性面以上的高度較大，因此可產生很大壓差。假使環境溫度20℃在成長期火災溫度達500℃時，則中性面以上8公尺高度上的壓差，為多少？

解： $p = 353\left[\dfrac{1}{T_d} - \dfrac{1}{T_u}\right]gh$

$$\Delta p = 353\left[\frac{1}{293(K)} - \frac{1}{773(K)}\right] \times 9.81(m/sec^2) \times 8(m) = 58.7Pa$$

達58.7Pa此值已不是目前排煙設備所能處理的壓差，但現實生活中鐵皮屋並不是無縫，而且窗戶常有打開；因此，火災成長中大部分壓差，自然會從任何開口或縫隙中降壓。

12. 一扇門高2.13m、寬0.91m，其把手安置在靠近邊緣0.076m處，克服門自鎖力所需之力為50N，火災時門內外壓差為75Pa，則需要多少力量才能打開門？

解： $F = 50 + \dfrac{1 \times 0.91 \times (2.13 \times 0.91) \times 75}{2(0.91 - 0.076)} = 129.31(N)$

13. 有一15層建物依規定設置特別安全梯，其中樓梯間加壓35Pa，排煙室加壓為

註13　$353 \times 9.8 = 3460$

註14　$\rho = \dfrac{273 \times 1.29\ 空氣密度}{T} = \dfrac{353}{T}$

25Pa，以防濃煙流向樓梯間，樓梯間各層開口為安全門（流動面積0.01m²），則加壓之送風量多少（m³/s）？

解：特別安全梯壓力差ΔP為 $35 - 25 = 10(Pa)$

每一層送風量 Pw $= 0.84 \times 0.01 \times \sqrt{10} = 0.0265(m^3/s)$

則15層為 $0.0265 \times 15 = 0.40(m^3/s)$

第三篇 火災各論

第 11 章

電氣類火災
(Electric Fires)

　　電是一種靜止的或移動的電荷，所產生的物理現象，電帶來人類生活不可或缺，但不慎使用卻是火災的常見主因。以臺灣近10年來火災原因第1名即是電氣火災。本章先從電氣系統談起，再者是火災原因，最後，針對靜電與閃電一併探討；以使讀者對電氣類火災有專業之基本了解。

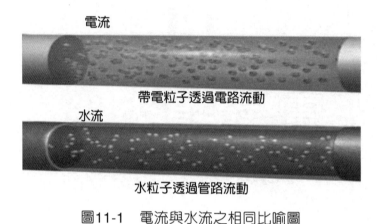

圖11-1　電流與水流之相同比喻圖

第1節　電氣系統（Electric System）

　　功率（P, W）為單位時間內所做之功，依照歐姆定律輪之電阻電路，在功率、電流、電壓和電阻的關係式，對電氣系統了解是非常重要的。

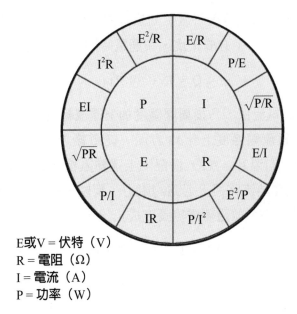

E或V = 伏特（V）
R = 電阻（Ω）
I = 電流（A）
P = 功率（W）

圖11-2　歐姆定律輪之電路關係結構（NFPA 921, 2011）

電弧強度和發熱程度主要取決於電路的電流與電壓（V）以及端子觸點的電阻（R）。如使個多個插入到同一延長線，應可計算導線規格安培數是否超過。如一吹風機是設計120伏特之1500瓦特以下，則其電流、電阻等如次：

$$I = \frac{P}{E} = \frac{1500W}{120V} = 12.5A$$

$$R = \frac{E^2}{P} = \frac{120V^2}{1500W} = 9.6\Omega$$

電氣熱量是由電線上流動的電流以I^2R速率成正比發展。如果在一個插座連接不良，導致2歐姆的電阻（R），並且有10安培的電流（I）流過該電阻，產生熱量（W）速度將是：

$$P = I^2R = 10^2 \times 2 = 200 \text{ watts}$$

這情況類似200瓦特（W）燈泡之高溫熱量集中在一密閉空間容器，如此可能會導致電氣火災。此時溫度很可能上升到足以點燃附近的可燃材料。

功率P = I×V（國內習慣用法，美式P = I×E），使用一台功率（P）1100W的電磁爐，一般使用電壓（V）為110V，則產生電流（I）就是10A，如果設計成220V用，那麼產生電流就是5A，在一般情況線路上電流愈小，則發熱量當然也會愈小。

又依據焦耳定律，流通過導體所產生的焦耳熱（Q，單位J）和導體電阻（R）成正比，和通過導體電流（I）平方成正比，和通電時間（t）皆成正比。

$$Q = IVt = I^2Rt$$

此外，電線之容許電流值，乃指周圍溫度加上電流經過電線形成溫度上升之值，以不超過60℃。容許電流與溫度上升ΔT方面，從電線之電功率（P）乘以熱阻抗，即可獲得該傳熱路徑上的溫升（ΔT）情況。上述熱阻抗（Thermal Impedance, R_t, ℃·cm/W）是指熱量在熱流路徑上遇到的阻力，反映電線導體的傳熱能力大小，其1W熱量所引起的溫升大小，並隨著電線長度成正比。

$$\Delta T = T_1 - T_2 = P \times R_t$$

一、電氣火災防範

1.合格施作人員
所有電氣設備必須由有資格人員，按照現行的電氣規範施作。

2.適當保險絲和斷路器裝置
當電路有較多迴路具更多的電流，電線會過熱並導致火災，應適當地使用保險絲（Operating Fuses）或斷路器（Circuit Breakers）等。

3.定期檢查
電氣設備應接受定期的預防性維護檢修，以確保能發現潛在風險問題。

4.合格電氣設施
使用合格電氣設施與上述定期檢修，以防止電氣絕緣失敗問題

5.使用空間
使用插頭空間不能堆積可燃物，以防止散熱不良或起火延燒。

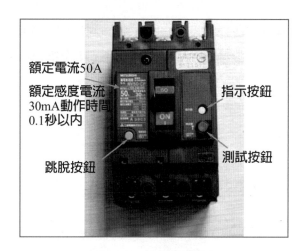

圖11-3　漏電斷路器

6.使用習慣

在電氣使用上，養成正確使用習慣並做檢查。

圖11-4　電線過長而不當捆綁使用致高溫絕緣破壞短路起火

例1　某一電器之電流20A、電阻30Ω，則消耗電功率（W）？

解：

$$P = I^2 \times R = 20^2 \times 30 = 12000 \ (W)$$

例2　於功率（P）1260瓦特，電壓（V）220伏特，功率因數0.9求電流（I）？

解：

$$P = I \times V \times 0.9$$

$$I = P/(V \times 0.9) = 1260/(220 \times 0.9) = 6.4A$$

例3 　使用電氣延長線，該容許電流值為15A，假使同時插上一電鍋（耗電量550W）、熱水瓶（耗電量330W）及電暖爐（耗電量1100W），是否超過延長線之負荷？

解：

$$P = I \times V$$

I = P/V，三種電器分別為5A + 3A + 11A = 19A > 15A

例4 　若電流為30安培，電阻為0.5歐姆，通電時間為10秒，試問在此情況下其發熱量為多少焦耳？

解：

$$Q = I^2Rt = 4500 \text{ J}$$

例5 　於1.6mm電線1km長電阻值為8.931Ω，熱阻抗為415℃/W。若周圍溫度為25℃，當電線通過27安培電流時，其發生熱量及中心線溫度為何？

解：

1cm長線徑1.6mm其電阻值為8.931Ω×10^{-5}

$$P = I^2 \times R = 27^2 \times (8.931Ω \times 10^{-5}) = 0.065 \text{（W）}$$
$$DT = T_1 - T_2 = P \times R_t \quad \rightarrow \quad \Delta T = T_1 - 25 = 0.065 \times 415 = 26.9℃$$

中心線溫度T_1 = 25 + 26.9 = 51.9℃（< 60℃仍尚安全）

第2節　電氣火災原因（Causes of Electrical Fire）

　　Babrauskas博士指出在美國電氣火災，其中由插頭插座引起火災之機率為$\frac{3290}{1.62 \times 10^9}$。表面上，這數據顯示建築物插頭插座造成火災是非常低的。但問題不在於個別起火機率。問題是電力分配非常普及的數量，而且每一個都有可能導致火災發生。

電氣成為火災原因需具備2條件：

A. 必須通電中，電力可來自配電盤、電池或其他電源供應。

B. 導線體必須產生足夠熱，能引燃可燃性物質至起火程度。

　　NFPA指出美國於2007～2011年平均每年有498400建築物火災，有13%是由電氣設備引起的。美國Babrauskas博士將電氣火災原因分類如次：

1. 直接受熱起火（External Heating）

2. 電弧發熱（Arcing）

3. 非電弧之電阻發熱（Excessive Ohmic Heating, Without Arcing）

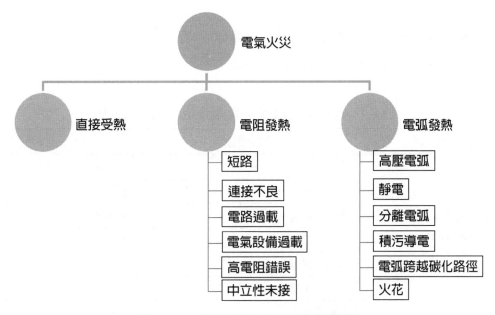

圖11-5　電氣火災原因分類結構圖

　　加拿大電氣火災也依Babrauskas分類，得出電阻發熱佔所有電氣火災最高位（40%）、次之電弧發熱（29%）、由直接受熱設備造成直接起火占12%，其他為不明原因（19%）。

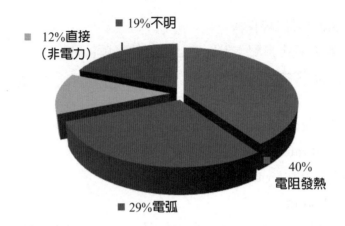

圖11-6　加拿大電氣火災原因之類型（Steve Montgomery 2011）

NFPA 921指出，電氣造成火災原因主要是從2種熱量形成的：即電阻發熱（Resistive Heating Faults）和電弧發熱（Arcing）。

表11-1　NFPA指出2種熱量是造成電氣火災主因

電氣起火類型	起火原因	NFPA 921章節
電阻發熱（Resistive Heating）	短路	8.11.9
	電路過載	8.9.3
	電氣設備過載	8.10.5
	連接不良	8.9.2.3
	高電阻錯誤	8.9.6
	中性線未接	8.5
電弧發熱（Arcing）	高壓電弧	8.9.4.2
	靜電（粉塵或可燃氣起火）	8.9.4.3
	分離電弧（串聯）	8.9.4.4
	積污導電（並聯）	8.9.4.5
	電弧跨越碳化路徑	8.10.3
	火花（平行，高電流）	8.9.5及8.10.2

（NFPA 921, 2011）

一、直接發熱裝置（Heat-Producing Devices）

　　直接發熱裝置是造成電氣設備周遭可燃物質直接受熱起火。造成這些原因有：衣服與電燈接觸、可燃物落入電氣設備、發熱設備忘了關掉、可燃物放置太靠近白熾燈、電暖器、咖啡壺或油炸鍋或電鍋的溫度控制失敗等。

二、電阻發熱（Resistance Heating）

　　每當電流流過導電性物質，會有電阻產生熱，根據加拿大統計從2002～2007年期間，所發生重大電氣火災中，由電阻發熱所引起火災原因之分類如下圖。

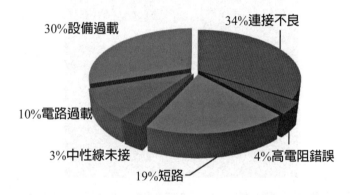

圖11-7　加拿大2002～2007年期間重大電氣火災電阻發熱之類型（Steve Montgomery 2011）

1.短路（Short Circurt）

　　短路是一種不正常的低電阻電路，產生較大的電流，因電線上所流通的電流沒有通過任何電器負載。依歐姆定律出電流＝電壓／電阻，一旦電阻接近0時，則電流能相當大，過大的電流有可能導致電路損壞、過熱、火災或爆炸。

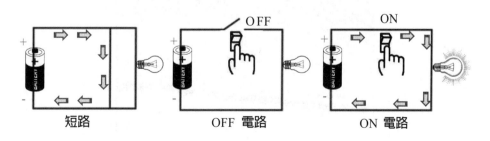

圖11-8　電氣短路現象

基本上，造成電氣短路主因有：

(1) 內部破損影響（Internal Effects）：如(A)絕緣劣化或破損、(B)設備老舊或過載、(C)設計缺陷、(D)接觸不良：接點鬆動、半斷線。

(2) 外部碰觸影響（External Effects）：如(A)氣象條件：如雷擊、雨水、架空線鬆弛風大作用下碰撞或風災斷線或電線桿倒塌；(B)動物因素：小動物（如守宮、老鼠等）接觸或咬傷；(C)人為因素：金屬或人體碰觸、不適當維修或改裝、踐踏或重壓。

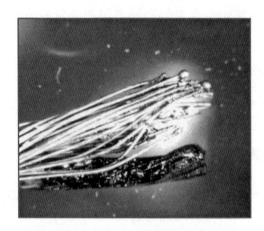

圖11-9　短路現象：多股銅線形成一次痕短路熔斷情況（NFPA 921, 2011）

2.電路過載（Overload and Overcurrent）

過大電流是否成為電氣的起火源，取決於其電流幅度和持續時間。基本上。電線是設計用於攜帶電流，如超過其額定容量（Rated Capacity）會使導線產生過多的熱量。只要熱量能從導線表面進行散熱，這是沒有問題的。但是，如果電線是處在區域，使其散熱不能大於其所生成熱量，就有可能導致火災發生。

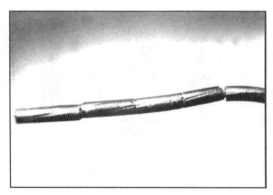

圖11-10　鋁導線電路過載形成熔斷偏移現象（NFPA 921, 2011）

3.設備過載（Overloaded Utilization Equipment）

在設備線路產生部分斷線情況下，所加的電流或電壓過載，過多的熱量造成電氣起火現象。在電動機負載率與繞組電流關係，假使部分斷線情況下使單向運轉的性能降低，其線電流會增加至$\sqrt{3}$倍，很容易造成過載，若持續通電會使繞組電流高溫起火。

表11-2　負載率與繞組電流之關係

負載率（%）	繞組電流／全負載電流（%）
50	100以下
75	140
100	180
125	220

4.接觸不良（Poor Connection）

當電路有連接不良如鎖電線之螺絲釘鬆脫，會導致在接觸部位電阻增大，形成氧化物界面（Oxide Interface），而增加發熱，該氧化物界面發熱可以熱到足以發灼光（Glow）。當銅質導體承受電氣火花等高溫時，一部分銅因氧化而形成氧化亞銅，並會持續增值擴大形成高溫，為氧化亞銅增值發熱之現象。或電氣開關老舊，接觸點每一次打開或關閉，皆產生一個小火花，這會導致接觸表面老化熱降解（Degradation）現象。

5.高電阻錯誤（High-Resistance Faults）

高電阻故障為一個通電導線進入接觸到不良接地之物體，所造成起火現象。

6.中性線未接（Open Neutral）

美國NEC 2008對中性線定義為接到系統之中性點。中性線是一條迴路線，假使電力系統一中性線未接，在2條電線間不會有一零電壓不定點。意即如240 V系統中性線未接，兩條電線之間仍會有240 V，而2條電線彼此至中性點電壓無法固定在120 V，但加起來240 V不變，但彼此2條可能會發生變化。

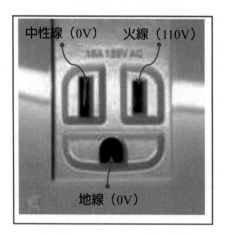

圖11-11　插座110V之火線（寬孔）、中性線（窄孔）與接地線（半圓孔）

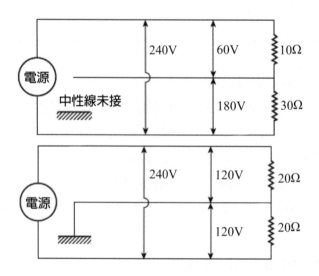

圖11-12　於240V中性線未接（上圖）與正常有接（下圖）相關電壓圖（NFPA 921, 2011）

例1　三相三線式配線之一線斷線，若其負載率維持在125%，試問其繞組電流為未斷線全負載電流之多少%？

解：

基本上以負載率×$\sqrt{3}$，此會有誤差。125（%）×1.73 = 216（%）

例2　三相三線式電動機配線之一線斷線，若其負載率維持在75%，試問其繞組電流為未斷線全負載電流之多少%？

解：

$$75（\%）\times 1.73 = 130（\%）$$

三、電弧

電弧（Arcing）是一種氣體放電現象，電流通過某些絕緣介質（如空氣）所產生的瞬間高溫火花。亦即電弧火花是跨越間隙空間所產生極高溫發光之放電現象。電弧中心溫度高達5000～15000，若周遭有可燃物質，將可能產生火災。

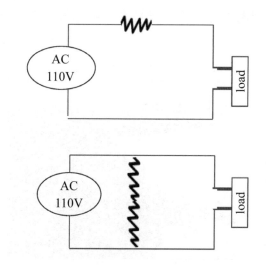

圖11-13　串聯電弧（上）與並聯電弧（下）

電弧可分串聯電弧與並聯電弧現象。串聯電弧如分離電弧現象，並聯電弧如積污導電現象，產生電流較大，又如使用虎頭鉗將通電中二導線同時裁斷，就電路上來看，瞬間就變成一個低阻抗的短路電路，有高電流而產生並聯電弧現象，這是相當危險的。

1.高壓電弧（High-Voltage Arcs）
高電壓形成在電力公司的配電系統與建築物用電系統之間的意外接觸。

2.靜電（Static Electricity）

靜電造成火災原因，一般可燃物是粉塵或可燃氣體狀態，才有可能成爲起火（爆）原因；延伸閱讀本章第3節之探討。

3.分離電弧（Parting Arcs）

分離弧（Parting Arc）是一種帶電電氣通路被打開而電流流過，比如插或拔插頭時，所產生的串聯電弧。此種電弧通常在開關上是不可見的，但是當在電流流動的插頭被拉出時，是能看得見的。

4.電弧跨越碳化路徑（Arcing Across a Carbonized Path）

兩個導體之間受到固體絕緣體（Solid Insulator）分開形成電弧，如絕緣體變成碳化（Carbonized），此碳化形成有2主要原因，透過電流流動與受外來高溫。如果碳化是由於電流流過，這種現象通常被稱爲積污導電（Arc Tracking）。假使碳化是由於非電力方式之高熱如蠟燭線香等。一旦形成碳化後，在兩個導體之間跨越碳化區塊而形成電弧現象。

圖11-14　銅導線在碳化絕緣間形成電弧現象（NFPA 921, 2011）

橡膠、木材等有機物絕緣體，因受電氣火花而碳化，碳化部分會逐漸形成微量石墨結晶，就會具有導電性，稱金原現象，又稱石墨化現象。亦即正負極板間若有機物夾於其間，則會因電氣火花使該部分局部石墨化，形成石墨導電深入內部，產生焦耳熱高溫，使該有機物繼續石墨化，終致大範圍發熱現象，致引起火災。

5.積污導電（Arc Tracking）

積污導電（Arc Tracking）爲插頭導體間附著鹽分、粉塵、毛髮、木屑粉、灰塵或液體情況下，透過此污染物引起絕緣物質高溫熱降解，導致高電壓並聯之電弧放電

現象。

一般常見發生於木器工廠或電鍍工廠之插頭火災案例。在大多數情況下，通過受污染的受溼路徑上的雜散電流，能使受潮路徑逐漸乾燥，使蓄熱情況停止。如果水分能連續地補充，使得電流持續，金屬或腐蝕物能沿著導電通路上形成沉積物（Deposits）促進電化學（Electrochemical）變化，而導致電弧火花現象。這種效果假使在直流電情況下，將更為顯著。

表11-3　積污導電與金原現象異同[註1][註2]：

項目	積污導電	金原現象
相異點	(1) 限於表面發生。 (2) 附著物如水或粉塵，主要是濕度。 (3) 早期碳化石墨化現象。	(1) 絕緣體本身變質劣化後電流形成內部通路。 (2) 木材體等，不一定是濕度。 (3) 深度碳化石墨化現象。
相同點	(1) 有機物絕緣體石墨化。 (2) 形成碳化導電路。 (3) 電化學變化。 (4) 電弧跨越碳化路徑現象。	

6.火花（Sparks）

火花是一種當電弧高溫熔化金屬和電弧飛濺顆粒點，所形成發光顆粒（Luminous Particles），如電焊火花即是。

例

1. 家庭與辦公室資訊化及電氣用品的多樣化，伴隨而來的是「電線走火」的大化，試說明「電線走火」的原因。（15分）（86年設備士）（95-1年設備士）（97-1年設備士）

2. 「電線走火」係泛指發生於用電線路上的事故所引發的火災，請詳細說明電線走火的原因為何？（25分）（97-1年設備士）

3. 電氣設備因素引起之火災，一直高居臺灣火災原因之首，常用「電線走火」來泛指發生於用電線路上之事故引起之火災，請說明電線走火之原因？（25分）（107年一般4等特考）

[註1] 陳弘毅、吳曉生，「火災學」（八版），鼎茂圖書出版公司，2013年3月。

[註2] 八木雅弘，關於插頭積污導電伴隨漏電流檢出方法之研究，博士論文，名古屋工業大學甲第680號，平成21年。

解：

　　本題可寫本章第2節依NFPA所述電氣火災原因分類結構圖，或是以下表所述皆可。

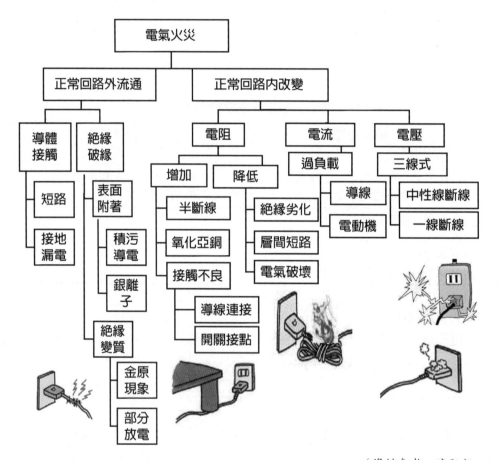

（資料參考：陳弘毅，2013）

4. 台灣地區近年來電氣火災發生率居高不下，佔火災發生總數很大比率，試略述電氣火災發生之原因及防範對策。（25分）（85年設備士）

5. 試述電線走火的原因及電氣火災的防範對策。（25分）？（102年一般4等特考）

解：原因如上題所述，防範對策如下

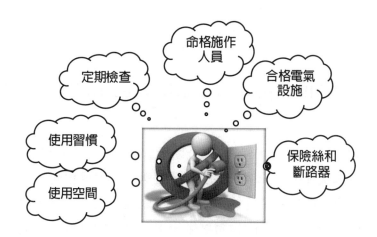

6. 試說明積污導電現象之成因及定義？有那些事例易致使絕緣物產生積污導電現象？（15分）（96-1年設備士）

解：如下圖，餘見本節所述。

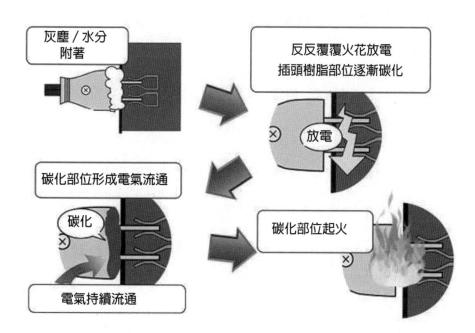

7. 請說明「金原現象」的定義和現象。（25分）（100年消防人員升等考）

8. 請說明金原現象引起火災之機制。（15分）（92年設備士）

9. 請說明「積污導電」和「金原現象」的定義和列表比較其異同。（25分）（97年3等特考）

10. 請說明積污導電與金原現象，並比較其異同？（25分）（104年3等消防特考）

解：見本節所述。

第3節 靜電（Static Electricity）

物質都是由分子組成，分子是由原子組成，原子中有帶負電的電子和帶正電荷的質子組成。在正常狀況下，一個原子的質子數與電子數量相同，正負平衡。造成不平衡電子分布的原因，即是電子受外力如動能、位能、熱能、化學能等。因此，從外部條件而言，任何兩個不同材質的物體接觸後再分離，即可產生靜電。從內部條件而言，使電子脫離原物體，即失去一些電荷如電子轉移到另一物體使其帶正電，而另一帶負電。摩擦起電不能創造額外的電荷，電荷只是發生移轉，相互摩擦的兩物體，所帶的電量相等，而電性相反。但電子仍束縛在原子內，不能自由地在原子間移動，這些電荷稱為靜電。靜電在人類日常生活中，應用於空氣過濾器（特別是靜電除塵器）、汽車塗料、影印機、油漆噴霧器等。

一、靜電原因

靜電來源相當廣泛，其中有2個類似或不類似物質之一定程度分離時，所形成電荷放電現象。

1.接觸

行走中鞋類與地板之接觸摩擦情況，接觸又分離造成電荷不平衡，使電荷累積現象。

2.剝離

當衣服內層相互摩擦而脫下時，特別是毛線衣情況；或一物體上剝離塑膠膜現象。

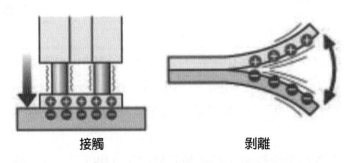

接觸　　　　　　　　　剝離

圖11-15　靜電形成例一（SMC Corporation 2015）

3.摩擦

各種不同的液體或固體表面相互摩擦，相對位置改變，產生電子轉移現象。

4.碰撞或攪拌

研磨物質通過槽或氣動輸送機，產生粒子相互碰撞帶電；或液面上晃動攪拌，造成粒子相互碰撞帶電。

摩擦　　　　　　　　　**碰撞**

圖11-16　靜電形成例二（SMC Corporation 2015）

5.噴射

蒸汽或氣體從管道或軟管口噴出，當流出蒸汽是溼的，或氣體中包含顆粒物，發生接觸分離而帶電。

6.滾動

行進中（輪胎滾動）車輛而帶電。

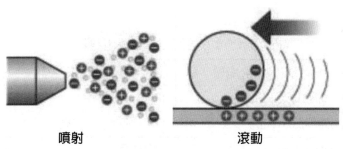

噴射　　　　　　　　　**滾動**

圖11-17　靜電形成例三（SMC Corporation 2015）

7.感應

當帶電物體接近不帶電物體時，會在不帶電之導體二端，分別感應出負電和正電。

8.閃電

由雷暴產生劇烈氣流和溫度差異，帶走水分和冰晶體生成閃電現象。

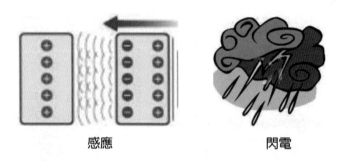

感應　　　　　　　　閃電

圖11-18　靜電形成例四（SMC Corporation 2015）

二、靜電為火災／爆炸起火源之條件

靜電放電而產生火災的過程只有在以下4個條件下，才會成為災害起火源：

1.有效產生

靜電需有有效產生方式。

2.有效儲存

物體間存有電位差，並保持足夠電位差。

3.能量釋放

需有釋放足夠的能量。

表11-4　可燃物質起火能量

最小起火能量	可燃物質
0.000017（mJ）	氫
0.001-0.05（mJ）	細小可燃性粉塵
0.04-1（mJ）	粗粒可燃性粉塵
0.1（mJ）	氣體蒸汽
0.2-2（mJ）	碳氫化合物氣體
1（mJ）	液體微粒子
10（mJ）	粉塵

（NFPA Fire Protection Handbook）

4.可燃混合物

靜電放電必須發生在可燃性混合物（指粉塵、蒸氣或氣體）區域。因此，靜電起火形成災害，如錯誤樹分析如圖11-19所示。

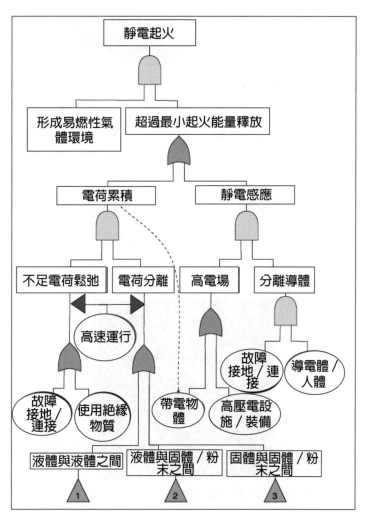

圖11-19　靜電起火形成災害之錯誤樹分析（日本Ohsawa, 2011）

二、靜電放電類型

依日本統計靜電放電類型：刷形放電（Brush）、錐形放電（Cone）、沿面放電（Propagating Brush Discharges, PBD）和火花放電（Spark）。其中火花放電（Spark）占大多數靜電災害事故之起火源。

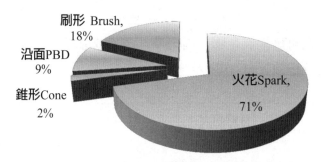

圖11-20　日本1960年至2010年310件靜電火災放電類型（日本Ohsawa, 2011）

依NFPA 77（2006）指出，靜電放電類型有電暈、刷形、錐形、沿面或火花放電。本節依此分述如次：

1.電暈放電（Corona Discharge）

電暈放電也叫尖端放電，是所有靜電放電釋放能量最小，空氣被局部電離的一種放電過程。電暈放電被廣泛利用於工業生產中，如靜電除塵、靜電分離以及防靜電場所靜電消除等，都使用電暈放電之技術。

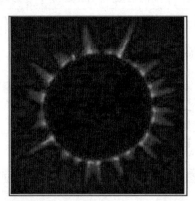

圖11-21　電暈放電現象（CROHMIQ 2015）

2.刷形放電（Brush Discharge）

刷形放電在非導體表面產生許多分岔情形，形成分散現象，如導線口徑大，絕緣體帶電面積愈大，刷形放電釋放的能量也就愈大，致刷形放電釋放的能量可引燃（爆）大多數的可燃氣體。

圖11-22　刷形放電現象（CROHMIQ 2015）

3.錐形放電（Cone Discharge）

錐形放電又稱料堆放電（Bulking Brush Discharge），一般發生於灌裝各類非導電粉之集裝袋，發生錐形放電導致整個堆積粉末，形成錐形大型放電現象。但錐形放電風險可透過填（灌）裝速度降低，減緩放料而降低風險。

圖11-23　錐形放電現象（CROHMIQ 2015）

4.沿面放電（Propagation Brush Discharge, PBD）

沿面放電又稱射狀放電，當非導體之帶電物體接近接地體之際，幾乎同一時間，沿著非導體表面發生如樹枝狀之放電；此種放電能量極大，與火花放電一樣，皆易成災害原因。

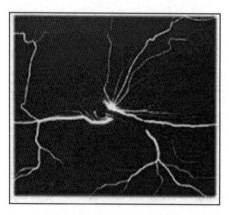

圖11-24　沿面放電現象（CROHMIQ 2015）

5.火花放電（Spark Discharge）

火花放電是2放電體之間距甚小，空氣被擊穿，伴隨「劈啪」的爆裂聲。爆裂聲是由火花通路內空氣溫度急劇上升，所形成的氣壓衝擊波造成音聲。如油槽內累積靜電在漂浮於油面上金屬物，且其電荷密度足夠大時，其與槽壁間產生的感應電荷可能先發生電暈放電，再火花放電，這種放電的能量很大，能點燃空間內油類蒸汽。

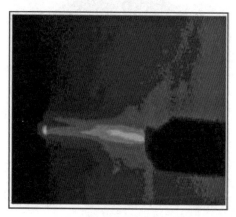

圖11-25　火花放電現象（CROHMIQ 2015）

依NFPA77（2006）所示，靜電放電類型釋放能量，從最低到最高強度依次為電暈、刷形、錐形放電、沿面放電及火花放電；如表11-5所示。電暈一般認為其強度是不足以點燃可燃氣體；刷形放電能夠點燃可燃氣體，但不能夠點燃普通粉塵。錐形、沿面和火花放電都能點燃氣體與粉塵情況。

表11-5 靜電放電類型釋放能量（NFPA 77）

靜電放電類型	最大釋放能量（mJ）	物質
電暈放電	0.1	電線、散裝袋
刷形放電	1～3	彈性靴和襪子
錐形放電	1～10	在料斗或筒倉粉末堆電阻率 > 10^9Ω-m
沿面放電	1000～3000	塑膠管或導管
火花	> 10000	未接地導體如袋式除塵器或包裝機

依NFPA77指出，儲存靜電能量（Energy，焦耳E）以電容（Capacitance，法拉C）表示，這種能量之儲存與釋放是相關於電容（C）和電壓（Potential difference，伏特V），電容（C）是測量當兩端的電位差或電壓（V）為單位值時，而電極的電量（Charge，庫侖Q）之關係如下[註3]：

$$Q = CV \qquad E = \frac{1}{2}QV \qquad E = \frac{1}{2}CV^2 \qquad E = \frac{1}{2} \times \frac{Q^2}{C}$$

即（電量Q = 電容C × 電壓V），（能量E = $\frac{1}{2}$ 電量Q × 電壓V）

（能量E = $\frac{1}{2}$ 電容C × 電壓V^2），（能量E = $\frac{1}{2}$ $\frac{電量 Q^2}{電容 C}$）

例1 電容器兩極板間之電位差為110V，已知電容器之電量為3.6×10^{-3}庫侖，求電容器之電容量為多少？

解：

$$C = \frac{Q}{V} = \frac{3 \times 10^{-3}}{110} = 3 \times 10^{-5} = 30\mu F$$

例2 在6 μF 之電容器上，接上25V之電壓，問電容器上之電量為多少？

解：

$$Q = C \times V = 6 \times 10^{-6} \times 25 = 1.5 \times 10^{-4} = 0.15mC$$

[註3] 為了紀念英國法拉第（Faraday）對於電學貢獻，定義一伏特電壓時，電容器若可以儲存一庫侖電量，就是一法拉（Faraday）。法拉是很大單位，電容量一般以毫法拉（1mF = 10^{-3} F）、微法拉（1μF = 10^{-6}F）、奈法拉（1nF = 10^{-9}F）、皮法拉（1pF = 10^{-12}F）表示。

例3 有一2 μF的電容器,若此時電容器儲存有10mC的電荷,則驅動電容器的電壓為多少?

解:

$$V = \frac{Q}{C} = \frac{10 \times 10^{-3}}{2 \times 10^{-6}} = 5000V$$

例4 當100 μF的電容器充電至200伏特時,其儲存的能量為多少焦耳?

解:

$$E = \frac{1}{2}C \times V^2 = 50 \times 10^{-6} \times 200^2 = 2 \text{ Joul}$$

例5 假設人體的靜電容量為160 pF,如在油漆布或地毯上行走時產生10 kV的靜電,若觸及接地的金屬時,將放出多少能量(mJ)?

解:

$$E = \frac{1}{2}C \times V^2 = \frac{1}{2}(160pF) \times (10000V)^2 = 8 \times 10^{-11}F \times (10)^8V = 8mJ$$

例6 若人穿毛衣從駕駛座起來之帶電電壓經測定為200V,靜電容量為2nF,試問此時之靜電能量為多少?

解:

$$E = \frac{1}{2}C \times V^2 = \frac{1}{2}(2nF) \times (200V)^2 = 4 \times 10^{-9}F \times (10)^4V = 0.04mJ$$

例7 某靜電帶電體電壓為1,000伏特,靜電容量為2×10⁻¹⁰法拉第,試問該帶電體放電火花能量為多少毫焦耳(mJ)?

解:

$$E = \frac{1}{2}C \times V^2 = \frac{1}{2}(2 \times 10^{-10})F \times (1000)^2V = 0.1mJ$$

例8 何謂沿面放電?請說明其發生的時機。(25分)(106年設備師)

解:

在實際絕緣結構中,固體電介質周圍往往有氣體或液體電介質存在,如線路絕緣

子周圍充滿空氣、油浸變壓器固體絕緣周圍充滿變壓器油。在這種情況下，放電往往沿兩種電介質交界面發生，此為沿面放電。其發生取決於①固體介質與電極之間如果接觸不緊密會存在氣隙。首先會電離並產生自由電子，為沿面放電提供了有利條件；②固體介質表面容易吸附一定的水分形成水膜，水膜中的離子在電場力作用下積聚在電極周圍，使介質表面電場發生畸變；③固體介質表面具有一定的粗糙度，在使用過程中也會使表面的光潔度受損，致使介質表面的微觀電場發生畸變；④介質表面電阻不均勻，並存在一定污穢。

三、靜電防制管理

在靜電防制管理方法，可分預防靜電產生及防止電荷累積之方法，後者是將已經存在的靜電荷除去。1.預防靜電產生方式，如增加溼度、連接與接地。2.防止電荷累積之方法，如電離化、限制速度（減少摩擦）、控制可燃混合物（不燃性替代、降低可燃濃度、移位）、抗靜電材料（使用導電性材料或使用兩個帶電序列相近之材料）、防止人體帶電。

(一)預防靜電產生

1.增加溼度（Humidification）

水分含量隨天氣變化，在很大程度上其控制物質的導電性，也因而使其達到防止靜電之作用。在木頭或紙張等物質導電性，取決於空氣中其相對溼度（Relative Humidity, RH）。增加作業環境中空氣的相對溼度，在目前傳統產業的製程中亦是常見的靜電危害防制方法。在高相對溼度（RH > 65%）環境中，工廠製程中通常會採用加溼器、地面灑水，或水蒸汽噴出等方法，增加作業環境中空氣的相對溼度。但油類、其他液體和固體絕緣物的表面，高溼度並不能排除靜電荷，必須另尋求解決之道。

表11-6　比較相對溼度環境下摩擦所產生靜電（單位：kV）

場合	相對溼度10～20%	相對溼度65～90%
走在地毯上	35	1.5
走在乙烯基地板上	12	0.25
在長板凳上工作	6	0.1
在乙烯被膜上作業	7	0.6

場合	相對溼度10～20%	相對溼度65～90%
從板凳上撿起塑膠袋	20	1.2
坐在泡棉椅	18	1.5

（NFPA 921, 2011）

2.連接與接地（Bonding & Grounding）

由於地球是一個導體，所以把電導入大地即可。連接（Bonding）就是用一導體將2個或更多導電物連接一起的方法；而接地（Grounding）則是將一個或更多個導電物與大地連接的方法。如地下管道或大型儲槽接地，連接使2導體間的電位差降到最低限度，而接地則使物體和地面間電位差降到最低限度。

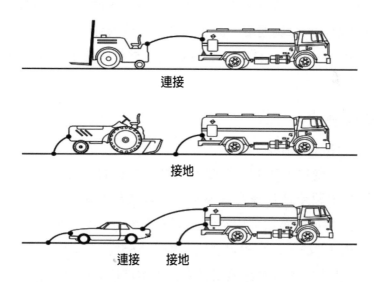

圖11-26 油罐車灌裝作業連接與接地（NFPA 77）

由於連接或接地是不需要低電阻，從電學觀點，幾乎任何導體尺寸都可用。導體能絕緣，也能不絕緣。而連接可使用電池夾或焊接等，使用於金屬與金屬之接觸。靜電危害防制方法中，接地是一種相當有效且經濟的方法。但方法只能消除導體表面自由電荷，對非導體靜電荷是無法導走的。

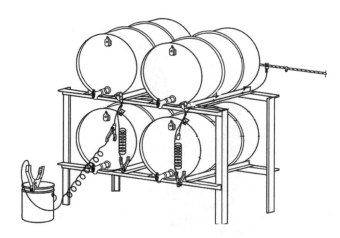

圖11-27　使用電池夾至指定接地點形成完整循環（NFPA 77）

(二)防止電荷累積方法

1.電離化（Ionization）

在某些情況下，使空氣具有導電性而吸取靜電荷。

(1)靜電梳除器（Static Comb）

利用高壓電在空氣中產生帶電離子。由於異性電荷會互相吸引而中和，離子可中和帶靜電物體的電荷，使其電荷蓄積程度降至最低。

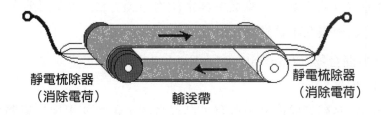

圖11-28　輸送帶使用靜電梳除器（Florida Center for Instructional Technology, 2015）

靜電梳是一系列裝有許多尖針的金屬條，或者是一根周圍有金屬絲箔。如果將接地的靜電梳放在一個絕緣的帶電體附近，則針尖空氣電離而提供足夠導電性，使電荷迅速洩漏或中和。這個原理有時是使用以纖維、輸送帶（Power Belts）和紙上的電荷移除。因輸送帶之帶電現象係來自運轉中之皮帶與帶動輪接觸後離開該輪時所發生，並非該皮帶與帶動輪之摩擦所引起。

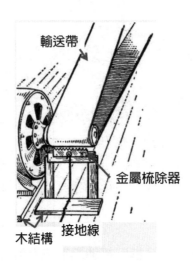

圖11-29　輸送帶使用靜電梳除器（Florida Center for Instructional Technology, 2015）

(2)電中和（Electrical Neutralization）

電中和器是一種線路功率高壓裝置，在作業過程中使靜電荷的有效消除手段。但有可燃蒸氣、氣體或粉塵處，未經特殊許可是不得使用電中和裝置。

(3)放射性中和器（Radioactive Neutralizer）

使用放射性材料來使空氣電離，致耗散靜電累積。

(4)明火（Open Flame）

明火也會造成空氣電離。印刷業中經常使用這種方法，來除去印刷機剛印出來紙張上的靜電，防止紙張互相黏附等機械性問題。

2.控制可燃混合物（Control of Ignitable Mixtures）

(1)不燃性替代

假使一小的密封體如處理槽，內有可燃混合物，則可使用惰性氣體來惰化。

(2)降低可燃濃度

在許多情況下使用機械通風來稀釋可燃混合物濃度，也能用導引空氣流動來防止易燃液體或粉塵累積。

(3)移位

重新放置在安全地點，而不要仰賴於防止靜電累積的措施。

3.抗靜電材料

對於工業製程中使用抗靜電材料，如碳粉、金屬、抗靜電劑、導電性纖維等。

4.限制流速

依NFPA 77指出，導電度（conductivity）大於10^4pS/m或體積電阻係數（resistivity）小於$10^8\Omega \cdot m$之液體為導電性液體；當導電度小於50pS/m或體積電阻係數大於$10^{10}\Omega \cdot m$，就為非導電性的液體；而介於上述二者之間為半導電性的液體。

限制流速可降低摩擦而減緩靜電的產生，如易燃液體的輸送作業。而液體在管線所產生的流動電流和電荷密度的飽和值與液體流速平方成正比。

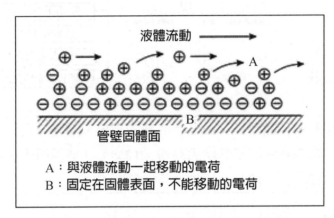

圖11-30 油類導管中輸送時與橡膠管壁摩擦及液體輸送時摩擦產生靜電

5.防止人體帶電

(1) 人體接地。

(2) 工作地面導電化防止人體帶電。

(3) 穿戴防靜電服裝衣帽鞋。

(4) 穿戴防靜電腕帶、鞋襪、腳鏈、手套、指套。

(5) 嚴禁與工作無關的人體活動。

(6) 進行離子風浴。

例

1. 試述靜電產生的原因及靜電災害防止之道？（25分）（101年設備師）

2. 製造或處理公共危險物品之設備有靜電發生之虞時，試述應如何有效消除靜電之危害？（15分）（95-2年設備士）

3. 試述處理可燃性液體所可能產生之靜電危險及其管理對策為何？（10分）（89年3等特考）

解：靜電原因見本節，靜電管理對策如同災害防止之道如下圖。

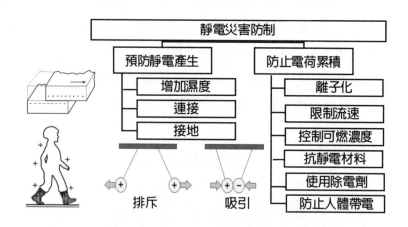

4. 靜電發生放電時會伴隨聲響、發光及放熱的現象，為國內火災事故原因之一。試說明並解釋物體產生靜電的原因為何（13分）。並說明因靜電放電而產生火災的過程。（12分）（103一般消防4等特考）

解：

原因見本節所述，成為火災過程見本節之靜電為火災起火源之條件，此外需有三要素如下：

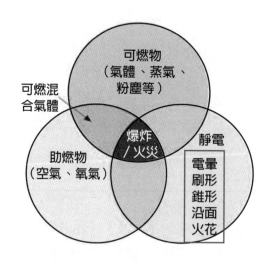

5. 靜電在一些儲存或輸送可燃性液體（如丙酮、甲醇）的處所容易造成火災事故，為點火源之一。試說明液體電導度的影響與那些處理過程會產生靜電現象？並說明如何以控制輸送流速方式避免靜電的產生？（25分）（105年消防設備師）

解：

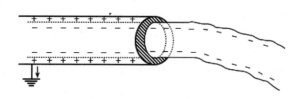

　　依NFPA 77指出，導電度（Conductivity）大於10^4pS/m或體積電阻係數（Resistivity）小於10^8Ω·m之液體為導電性液體；當導電度小於50pS/m或體積電阻係數大於10^{10}Ω·m，就為非導電性的液體；而介於上述二者之間為半導電性的液體。

　　當液體物料處於靜電接地的容器內，液體在進入容器之前所累積的靜電可以透過接地裝置消散掉。消散速度取決於液體本身的電導度，如液體導電度低就需相當長時間才能完成所累積靜電的消散。當液體的靜電持續積累時，即使容器有良好的靜電接地，也會不斷形成靜電累積。導電度與溫度是相關的，因導電度取決於離子的移動，當溫度升高時導電會有所增強。

　　在輸送管內最大流速限制，依日本產業安全研究所技術指南（1978）計算式算出。

$$vd = 0.25\sqrt{\sigma \times L}$$

　　v：最大流速限制值（m/s）、d：配管之直徑（m）、σ：液體導電度（pS/m）、L：槽水平剖面之對角線長度（m）

第4節 閃電（Lightning）

　　閃電是一種大氣中的強力放電現象，為自然界最具規模的靜電火花現象。由於空氣的密度不同，造成了空氣對流，在這些水滴摩擦碰撞的過程中產生電荷，當小水滴接觸到大水滴時，發生電荷交換，形成電場，大水滴帶負電，小水滴帶正電，當兩個水滴分離時，帶正電的小水滴較輕而被上升氣流帶到較高的高度，於是雲層裡的上正下負的電位差就此形成了。當正負兩種電荷的差異極大時，就會以閃電的型式把能量釋放出來。

　　閃電的直徑為2～5mm，並且能在幾毫秒加熱空氣到39000℃。閃電的電流峰值能達到幾萬安培、電荷最大者為200c、電壓約1～10億伏特、電力為4～100kwh，但是其持續的時間很短，閃電的電能90%是以熱量為釋放形式，並快速消散到大氣中。閃電能量小於1%被轉換成聲音，其餘大部分以光的形式作釋放。

　　閃電可分為雲內、雲對地及雲對雲3種放電類型。

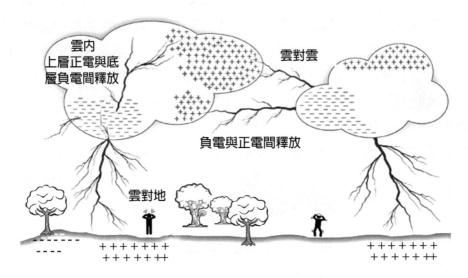

圖11-31　閃電形成與發生類型

一、雲內放電（In-Cloud Lightning）

　　閃電雷雨內閃光被稱為雲內放電（IC），占閃電絕大多數，其形狀大多為片狀閃電。雲內放電（IC）比雲地放電（CG）約大5到10倍。

圖11-32　雲內放電現象

二、雲對地放電（Cloud-to-Ground Lightning）

　　雲對地閃電形狀大多為叉狀閃電，強大的電場使強大的電流沿階梯路徑快速流回雲層，回流通過的電流強度高且非常光亮。

圖11-33　雲對地放電現象

三、雲對雲放電（Cloud-to-Cloud Lightning）

　　雲與雲之間放電是一種很少發生的閃電，雲對雲閃電原理與雲對地閃電，是一樣的。

圖11-34　雲對雲放電現象

第5節　歷屆考題精解

一、選擇題

(A)　1. 在辦公場所和作業場所所設置之飲水機，應加裝何種裝置以防止感電發生？

(A) 漏電斷路器　(B) 有獨立開關之延長線　(C) 緊急電源　(D) 緊急停機按鈕

(D)　2. 對於工業製程的廠房，下列針對靜電消除或防止的措施何者錯誤？

(A) 使用導電性材料　(B) 避免環境溼度過低

(C) 使用除電劑　　　(D) 改用塑膠管件，防止電荷移動

(B)　3. 下列有關焦耳熱之敘述，何者錯誤？

(A) 電流通過有電阻導體所產生的熱　(B) 根據焦耳定理，焦耳熱與電流的平方成反比　(C) 電流增加形成焦耳熱大於導體表面逸散熱時，易生危險

(D) 回路一部分有顯著高電阻時，電流通過會產生局部過量之焦耳熱

(D)　4. 因送配電線落雷，雷電流經送配電線，至建築物或發電所、變電所之機器而產生放電為下列何種落雷？

(A) 直擊雷　(B) 側擊雷　(C) 誘導雷　(D) 侵入雷

(D)　5. 一般插座之容許電流為15 A，假設電壓為110 V，其設計功率可承受多少瓦特，當超過此功率則稱為過負載？

(A) 500　(B) 1000　(C) 1320　(D) 1650

（ B ）　6. 若電鍋（功率550瓦）、熨斗（功率660瓦）及電熱器（功率770瓦）之插頭同時插在某延長線上，該延長線之容許電流至少需多少安培？（家用電壓110伏特）　　(A) 1,980安培　(B) 18安培　(C) 198安培　(D) 110安培

（ B ）　7. 帶電物體為較平滑之金屬導體，而導體與平滑之接地體間隔甚小時，突然發生之放電，此現象稱為：

　　(A) 條狀放電　(B) 火花放電　(C) 沿面放電　(D) 電暈放電

（ B ）　8. 某一線徑1.6 m/m之電線1 Km長之電阻值為8.931 Ω，熱阻抗為415，若周遭溫度為25℃，當此電線通過27安培時，其芯線溫度（℃）為何？

　　(A) 27℃　(B) 52℃　(C) 66℃　(D) 71℃

（ D ）　9. 下列何種電氣火災原因，易於溼度較高場所之電器用具發生？

　　(A) 斷路　(B) 導電　(C) 半斷線　(D) 積污導電

（ B ）　10. 帶電物體為較平滑之金屬導體，而導體與平滑之接地體間隔甚小時，突然發生之放電，此現象稱為：

　　(A) 條狀放電　(B) 火花放電　(C) 沿面放電　(D) 電暈放電

（ B ）　11. 若電鍋（功率550瓦）、熨斗（功率660瓦）及電熱器（功率770瓦）之插頭同時插在某延長線上，該延長線之容許電流至少需多少安培？（家用電壓110伏特）　　(A) 1,980安培　(B) 18安培　(C) 198安培　(D) 110安培

（ D ）　12. 下列何者放電能量最小？

　　(A) 沿面放電　(B) 火花放電　(C) 條狀放電　(D)電暈放電

（ C ）　13. 在橡膠中混入碳黑所製成的產品可防止人體帶靜電，其防止靜電發生的方法為：

　　(A) 減少摩擦　　　(B) 使用帶電序列相近的物質

　　(C) 使用導電性材料　(D) 使用除電劑

（ B ）　14. 下列有關焦耳熱之敘述，何者有誤？

　　(A) 電流通過有電阻導體所產生的熱　(B) 根據焦耳定理，焦耳熱與電流的平方成反比　(C) 電流增加形成焦耳熱大於導體表面逸散之熱時，易生危險

　　(D) 回路一部分有顯著高電阻時，電流通過會產生局部過量之焦耳熱

（ B ）　15. 電線因火災燒熔而短路所形成之熔珠稱為：

　　(A) 一次痕　(B) 二次痕　(C) 過電痕　(D) 過載痕

（ A ）　16. 下列防止靜電災害的方法中，何者的作用機制與其他三者相異？

　　(A) 接地　(B) 減少摩擦　(C) 使用導電性材料　(D) 使用兩個帶電序列相近

之材料

（ B ）17. 下列何種現象對局部電阻變化所產生的效應與其他三者相反？[註4]

（A) 半斷線　（B) 線圈層間短路　（C) 開關接觸不　（D) 氧化亞銅增殖熱

（ A ）18. 避雷針之接地電阻應小於多少歐姆以下？

（A) 10　（B) 25　（C) 50　（D)100

（ D ）19. 有水之場所的插頭應加裝何種裝置以防止感電發生？

（A) 總開關　（B) 延長線　（C) 緊急電源　（D) 漏電斷路器

（ D ）20. 為避免電線短路，下列何者錯誤？

（A) 平時避免老鼠等小動物接觸　（B) 替換老化龜裂的絕緣體　（C) 避免纏繞鐵絲或金屬管邊緣、配線器具與導線摩擦　（D) 汽車、機械等持續性之震動

（ A ）21. 靜電災害之防止方法，下列何者屬於使用除電劑防止靜電發生方法？

（A) 苯中加入油酸鎂　　　　（B) 油罐車注油前先接地

（C) 增加周圍空氣相對溼度　（D) 高壓離子化方法

（ B ）22. 有關靜電之敘述，下列何者有誤？

（A) 靜電發生放電時，若附近有可燃氣體或粉體存在，將引火造成爆炸或火災　（B) 體積電阻係數為 $10^9 \Omega \cdot cm$ 以下者，為容易蓄積靜電導體　（C) 接地目的在使物體發生之靜電洩漏至大地，以防止其蓄積靜電　（D) 浮游、流動之粉體及液體，即使接地亦無法防止其帶電

（ C ）23. 下列何者非屬電線走火之主因？

（A) 過負載　（B) 短路　（C) 斷線　（D) 積污導電

（ A ）24. 下列何者是因回路電阻值降低而生焦耳熱造成電氣火災？

（A) 電阻器電氣破壞　（B) 半斷線

（C) 導線連接不良　（D)氧化亞銅增殖發熱現象

（ D ）25. 容許電流為12A與電壓為110V之三孔插座延長線，當電子鍋、熱水瓶及電磁爐（耗電功率分別為660W、660W、770W）同時插在延長線使用時，其總安培數為多少？　　（A) 6A　（B) 7A　（C) 13A　（D) 19A

（ B ）26. 電線之容許電流值，乃指周圍溫度加上電流經過電線形成溫度上升之值，以不超過攝氏幾度的範圍定之？

（A) 50℃　（B) 60℃　（C) 70℃　（D) 80℃

[註4] 電阻值降低如電阻器或半導體的電氣破壞、線圈層間短路、電容器絕緣劣化。

（ B ）27. 下列何者不屬於電線走火之原因？

(A) 短路　(B) 斷線　(C) 超過負載　(D) 積污導電

（ C ）28. 假設有電子鍋、熱水瓶及電磁爐，耗電功率分別為440W、990W及1100W，欲同時插在同一條延長線上使用時，該延長線至少應具多大之容許電流？

（家用電壓110V）　(A) 15安培　(B) 20安培　(C) 23安培　(D) 26安培

（ B ）29. 當流體流經管子時，若流速越大則靜電產生越：

(A) 無影響　(B) 多　(C) 少　(D) 無法判定

（ D ）30. 常用電壓110V下，某延長線之容許電流為25安培，則在該線上之所有用電器具之總耗電功率不得超過多少？

(A) 1375W　(B) 2200W　(C) 2500W　(D) 2750W

（ C ）31. 下列有關藉由增加空氣溼度之防靜電措施的敘述，何者正確？

(A) 會使絕緣體表面形成水膜，增加其表面電阻　(B) 會使靜電主要經由空氣洩漏　(C) 當靜電發生處所低於室溫時，效果更佳　(D) 絕緣體表面的水膜含有雜質時，會干擾靜電的洩漏

（ C ）32. 氧化亞銅增殖發熱現象屬於下列哪一種電氣條件的變化？

(A) 電阻值減低　(B) 負荷增加　(C) 局部電阻值增加　(D) 配線之一線斷線

（ A ）33. 絕緣物表面附有灰塵之電解質時，即生放電，絕緣物表面因而流通電流，此種現象稱為：

(A) 積污導電　(B) 金原現象　(C) 石墨化現象　(D) 負離子移動現象

（ D ）34. 假設帶電體具有電壓為V，電荷為Q，靜電容量為C，當放電而電荷喪失時，則可能產生靜電火花之能量E 的表示式，下列何者正確？

(A) $E = C \times V^{0.5} / 2$　(B) $E = C \times Q^2$　(C) $E = 2 \times Q \times V^{0.5}$　(D) $E = Q \times V / 2$

（ A ）35. 所謂電線之容許電流值，是周圍溫度加上電流造成之上升溫度，不超過多少溫度而訂定？　(A) 60℃　(B) 70℃　(C) 75℃　(D) 85℃

（ A ）36. 橡膠、木材等絕緣物，因受電氣火花而碳化，碳化部分會逐漸形成微量之結晶，而具有導電性時，亦即有機物之導電化現象稱為：

(A) 金原現象　(B) 沿面放電　(C) 積污導電現象　(D) 氧化亞銅增殖發熱現象

（ C ）37. 液體用管路輸送時，發生靜電的現象稱為：

(A) 電暈放電　(B) 沿面放電　(C) 流動帶電　(D) 撞擊帶電

（ D ）38. 下列何者非絕緣電線起火的原因？

(A) 過大電流　(B) 短路　(C) 局部過熱　(D) 二條電線被覆接觸

（ D ）39. 一般家用之普通插頭僅能容許15安培之電流，試問其所承受之功率為何？

(A) 110瓦特　(B) 15瓦特　(C) 330瓦特　(D) 1650瓦特

（ D ）40. 下列何者非電線燃燒經過的階段？

(A) 引火階段　(B) 著火階段　(C) 瞬間熔斷　(D) 剝離帶電

（ B ）41. 下列何者非絕緣電線起火之原因？

(A) 短路　(B) 二條電線被覆接觸　(C) 局部過熱　(D) 過大電流

（ D ）42. 當電流通過電線時，因其電阻，必會產生焦耳熱，假設電流為I安培，電線之電阻為R歐姆，則發生之熱量Q（瓦特）為：

(A) IR^2　(B) IR　(C) I^2/R　(D) I^2R

（ A ）43. 有一家用延長線，欲連接電子鍋、熱水瓶及微波爐，耗電功率分別為550W、1100W及2200W，請問該延長線至少應具多大之容許電流？（家用電壓為110V）　(A) 35安培　(B) 25安培　(C) 15安培　(D) 50安培

（ D ）44. 消除靜電的方式何者有誤？

(A) 使用導電性材料　(B) 使用除電劑

(C) 接地　(D) 改用塑膠管件，防止導電

（ A ）45. 某靜電帶電體電壓為1,000伏特，靜電容量為2×10^{-10}法拉第，試問該帶電體放電火花能量為多少毫焦耳？

(A) 0.1　(B) 0.01　(C) 0.001　(D) 0.0001

（ D ）46. 下列何者非靜電產生模式？

(A) 摩擦帶電　(B) 剝離帶電　(C) 流動帶電　(D) 金屬接地

（ B ）47. 為防止電線絕緣被覆功能降低，規定電線容許電流值，係指電流流經電線形成之溫度上升值以不超過多少℃為標準？

(A) 50℃　(B) 60℃　(C) 70℃　(D) 80℃

（ C ）48. 下列何種物質不會因靜電放電而發生爆炸或火災？

(A) 可燃性粉塵　(B) 可燃性氣體　(C) 可燃性固體　(D) 可燃性蒸氣

（ A ）49. 所謂電線之容許電流值，乃周圍溫度加上電流經過電線形成溫度上昇之值，以不超過下列何種溫度之範圍而訂定者？

(A) 60℃　(B) 70℃　(C) 80℃　(D) 90℃

（ D ）50. 下列何者會引起冷氣機之起火危險？

(A) 誤接線　(B) 操作錯誤　(C) 配線之損傷　(D) 以上皆是

（ B ）51. 下列何者不是靜電發生之主要原因？

(A) 摩擦帶電　(B) 雲間放電　(C) 剝離帶電　(D)流動帶電

（D）52. 假設人體的靜電容量為160 pF，如在油漆布或地毯上行走時產生10 kV的靜電，若觸及接地的金屬時，將放出多少能量？

(A) 0.1 mJ　(B) 0.8 mJ　(C) 1.6 mJ　(D) 8.0 mJ

（A）53. 下列那一項會造成電氣局部之電阻值減低？

(A) 電容器的絕緣劣化　　　　(B) 半斷線

(C) 氧化亞銅增殖發熱現象　　(D) 接續部螺絲未栓緊

（D）54. 下列哪一種配線方式，最不適合裝置於製造火柴、賽璐珞等易燃物質的場所？　　(A) 金屬管　(B) 非金屬管　(C) 電纜　(D) 導線槽

（C）55. 液體在管道中流動時，產生的靜電約與流速的m次方、管道內徑的n次方成比例，其中m, n為整數，則m + n等於：[註5]　　(A) 1　(B) 2　(C) 3　(D) 4

（A）56. 絕緣物表面附有灰塵之電解質時，即生放電，絕緣物表面因而流通電流，此為何種現象？

(A) 積污導電現象　(B) 金原現象　(C) 石墨化現象　(D) 負離子移動現象

（A）57. 絕緣物表面附著水分、塵埃或含有電解質之液體、金屬粉塵等導電性物質時，絕緣物表面會流通電流產生，此為何種現象？

(A) 積污導電現象　(B) 拉穿效應　(C) 金原現象　(D) 輻射熱回饋效應

（A）58. 電流通過導體時產生的焦耳熱與電流、電阻及時間的關係下列何者正確？

(A) 與電流平方成正比，與電阻及時間成正比　(B) 與時間平方成正比，與電流及電阻成正比　(C) 與電阻平方成正比，與電流及時間成正比　(D) 與電流、電阻及時間均成正比

（B）59. 橡膠、木材、電木等絕緣物，因受電氣火花燒灼而碳化，碳化部分會逐漸石墨化，而轉變成具有導電性，此種有機物質導電化現象稱為下列何者？

(A)氧化亞銅增殖發熱現象　(B)金原現象

(C)沿面放電現象　　　　　(D)積污導電現象

（B）60. 木材受熱碳化，導致石墨化部分導電性增強而造成漏電火災之現象，稱之為何？　　(A) 部分放電　(B) 金原現象　(C) 銀離子移動　(D) 積污導電

（A）61. 已知1.6 m/m橡膠絕緣電線的熱阻抗為415，其合理的單位為何？

[註5] 湍流時，絕緣性液體產生的流動靜電大體上與其在管道內的流速平方成正比，且與管線內徑的0.75次方呈正比。

(A) ℃・cm/W　(B) ℃・m/W　(C) ℃/cm/W　(D) ℃/m/W

(C) 62. 依據焦耳定律，有關焦耳熱的敘述，下列何者正確？

(A) 與電流平方成反比　　(B) 與電阻成反比

(C) 與時間成正比　　　　(D) 與電流成反比？

(D) 63. 當非導體之帶電物體，接近接地體之際，除帶電物體與接地體之間發生放電外，幾乎同一時間，沿著非導體表面發生如樹枝狀發光之放電，此現象稱為？　(A) 電暈放電　(B) 條狀放電　(C) 火花放電　(D)沿面放電

(D) 64. 下列有關帶電體方程式E = CV²/2 = QV/2之敘述，何者正確？

(A) Q是指電容　(B) C是指電壓　(C) V是指電荷　(D) E是指電能

(A) 65. 「電流如超過電線之安培容量時，因焦耳熱之關係，芯線產生過熱」所造成的電線走火原因，一般稱為？

(A) 過負載　(B) 短路　(C) 半斷線　(D) 接觸不良

(B) 66. 高壓氣體鋼瓶當噴射時，若帶有100pF之靜電容量而P = 10^{-12}，與3000V之電壓，試問在這種情況下，其放電之能量為多少毫焦耳？（109年警大消佐班）

(A) 0.30　(B) 0.45　(C) 0.60　(D) 0.75

解：$E = \dfrac{1}{2}C \times V^2 = \dfrac{1}{2}(100pF) \times (3000V)^2$

　　$= 450 \times 10^{-12}F \times (10)^6V = 4.5 \times 10^{-4}J = 0.45mJ$

(B) 67. 若人穿毛衣從駕駛座起來之帶電電壓經測定為200V，靜電容量為2nF（但 n = 10^{-9}），試問此時之靜電能量為多少？（104年警大消佐班）

(A) $2 \times 10^{-5}j$　(B) $4 \times 10^{-5}j$　(C) $6 \times 10^{-5}j$　(D) $8 \times 10^{-5}j$

解：$E = \dfrac{1}{2}C \times V^2 = \dfrac{1}{2}(2nF) \times (200V)^2$

　　$= 4 \times 10^{-9}F \times (10)^4V = 0.04mJ = 4 \times 10^{-5}J$

(B) 68. 假設高壓氣體鋼瓶的靜電容為100pF，當噴出的氣體使得鋼瓶的靜電電位值上昇至3000V，其靜電能量約為多少？（102年警大消佐班）

(A) 0.25mJ　(B) 0.45 mJ　(C) 0.65mJ　(D) 0.85mJ

解：電量（Q）= C × V = $100 \times 10^{-12} \times 3000 = 3 \times 10^{-7}$（庫侖）

　　Energy（焦耳）= $\dfrac{1}{2}VQ = 0.5 \times 3000 \times 3 \times 10^{-7} = 0.45mJ$

(C) 69. 油罐車在灌裝作業中，其累積電壓為16kV（其體積為20m³，電容為1000pF），試估算此作業所產生靜電能量為多少毫焦耳（mj）？（107年消

防設備士）

(A) 32mj　(B) 64mj　(C) 128mj　(D) 256mj

解：$E = \dfrac{1}{2} \times C \times V^2 = \dfrac{1}{2} \times 1000 \times 10^{-12} \times 16000^2 = 128mJ$

二、問答題

1.　有一金屬罐裝有20公升之洗淨油，附有一水龍頭開關以作為分裝使用，其帶電壓經測定之結果如下圖所示，若作業時之最大流出量為5200ml，其靜電容量經測定結果為3.2nF，試問在此情形下之放電能量為多少？（但n = 10^{-9}）（98年3等特考）

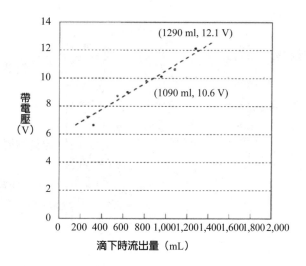

解：

最大流出量為5200ml，電壓$\dfrac{V}{5200} : \dfrac{12.1}{1290} : \dfrac{10.9}{1090} = 5200 \times \left(\dfrac{1.5}{200}\right) = 39V$

靜電容量(C)3.2 nF，電量（Q）$= C \times V = 3.2 \times 10^{-9} \times 39 = 1.248 \times 10^{-7}$（庫侖）

從電壓及電容量，求出放電能量

Energy（焦耳）$= \dfrac{1}{2}VQ = 0.5 \times 39 \times 1.248 \times 10^{-7} = 2.43 \ \mu J$

2.　假設高壓氣體鋼瓶的靜電容為100 pF，當噴出的氣體使得鋼瓶的靜電電位值上升至3000 V，其靜電能量約為多少？（102年消佐班）

解：

電量（Q）＝ C×V ＝ 100×10^{-12}×3000 ＝ 3×10^{-7}（庫侖）

Energy（焦耳）＝ $\frac{1}{2}$VQ ＝ 0.5×3000×3×10^{-7} ＝ 0.45 mJ

3. 靜電常造成可燃液體火災原因，請問靜電發生放電類型為何？

解：

電暈、刷形、錐形、沿面及火花放電如圖所示。

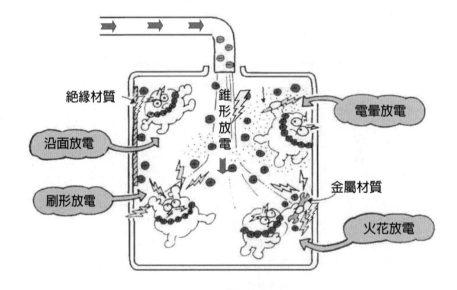

第 **12** 章

化學類火災

（Chemical Fires）

　　自燃化學物質火災主要是由不安全儲存環境所引起自燃現象。在本章能提供讀者一個化學類火災大致的了解，在自燃、危險物品及重質油槽沸（濺）溢等火災發展可能進行方式。爲了能夠了解化學類火災，你需要對能液體與氣體類火災之物理和化學過程，具有某種程度之專業知識。本書在第5、6章包含了這些重要知識的描述，能提供你對化學火災動力學奠定良好之基礎。

　　本章先從自燃發火現象談起，再者是危險物品及化學運輸，最後，針對第4類危險物品之油槽，作進一步探討；以使讀者對化學類火災有專業之基本了解。

圖12-1　化學災害事故非傳統消防安全問題日益突出

第1節　自燃發火（Spontaneous Combustion）

　　自燃是一專業術語，對氣體而言，溫度可超過1300℃的有焰燃燒。對固體可以是300℃低溫悶燒現象。而本節探討係依NFPA定義，可燃物質於空氣常溫下，因化學變化而自體發熱（Spontaneous Heating），反應熱經長期蓄積，在蓄熱大於散熱環境條件下，達到自燃發火現象。

1. 受熱自燃：指可燃物質在外來熱源作用，溫度持續上升，達到自燃點時起火燃燒之情況，如油鍋起火。

2. 自熱自燃：指可燃物質在無外來熱源影響，由於本身化學、物理或生化過程產生發熱，達到自燃點時起火燃燒之情況，如乾草、堆肥、煤炭、亞麻籽油等自燃。

圖12-2　煤作業塔之自燃火災

表12-1　自燃發火二種自燃異同

項目		受熱自燃	自熱自燃
相異	初始熱量來源	外界熱源	物質本身發熱
	延燒方向	從內向外燒	從外向內燒
相同		不接觸明火情況自動發生之燃燒	
		皆需氧化劑、可燃物與熱量	

一、自燃火災

可燃固體自燃溫度都低於可燃液體與氣體自燃溫度，這是因為固體比液體與氣體分子密度大，蓄熱條件好。

依NFPA指出，在美國自燃火災各類場所情形如次：

1. 在住宅場所，車庫是佔最多自燃起火區域。

2. 在儲存場所，乾草或稻草是儲存場所自燃最常見的項目。

3. 在商業場所，有1／4是在洗衣店或乾洗店。

4. 在工業場所，有1／4自燃火災是含油抹布形成很大氧化表面。

二、自燃因素

1.液／氣體可燃物

（1）壓力

壓力愈高自燃點愈低，如汽油在1大氣壓時自燃點為480℃，在10大氣壓時為310℃。

（2）氧濃度

氧濃度增高，則自燃點降低。

（3）催化劑

活性催化劑能降低自燃點，鈍性催化劑能提高自燃點；如四乙基鉛（抗爆劑）會提高汽油的自燃點。

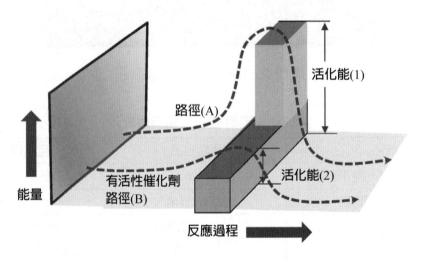

圖12-3　有活性催化劑使活化能降低

（4）容器

直徑愈小自燃點愈高，直徑小至一定值時便不會自燃。

2.固體可燃物

（1）相同於影響液／氣體自燃因素

固體如硫、松香等受熱熔融成液體及蒸氣化燃燒，與影響液氣體相同。

(2)揮發物

分解釋出的可燃氣體（揮發物）愈多，自燃點愈低。

(3)顆粒

顆粒粉碎得愈細，與氧接觸表面積變大，自燃點也愈低。

(4)時間

可燃固體長時間受熱，自燃點會降低如木材低溫起火現象。

3.有機物

(1)分子量

同系物中，自燃點隨其分子量的增加而降低。

(2)莫耳質量

同系物中，自燃點隨莫耳質量增加而降低。

(3)鍵結構

飽和碳氫類比不飽和碳氫類，自燃點高。

(4)密度

液體的密度愈大，閃火點愈高，則自燃點愈低。

三、影響自燃發火因素

1.熱蓄熱：[註1]

物質反應系之熱平衡呈現蓄熱大於散熱，熱量能隨著時間進行累積上升趨勢。

(1)熱傳導

粉末、纖維狀或多孔狀物質，能在結構內部氧化熱因斷層具保溫且氧能深入，能使氧化熱蓄積提升。

(2)通風

物質外部受到通風冷卻，散熱快不易熱蓄積，如含油抹布等氧化發熱自燃，通常發生在通風不良之環境。

[註1]　參考陳弘毅編著，2013，自然發火，火災學，鼎茂圖書出版股份有限公司。

圖12-4　氧化熱自燃通常發生在通風不良環境

(3)堆積方式

堆積愈寬愈高造成深層堆積，在顆粒之間非連續性致熱傳導產生斷層，散熱愈形困難愈易形成熱蓄積，如煤堆氧化發熱、稻草堆微生物發酵等自燃現象。

(4)含水率

物質本身含水率愈高，形成水分會吸熱狀態，以致能蒸發至大氣中；且水量多會使熱傳導加快散熱，較難於熱蓄積，並提高最小起火所需能量並降低物質反應活性。

2.發熱速度

(1)比表面積

物質表面積與其體積之比值，比值愈大顆粒愈小，與空氣中氧接觸面積增大，易於氧化反應，且物質也較易於形成斷熱狀態，發熱速度相對較快。

(2)新鮮度

煤炭、乾性油或活性碳等愈新鮮者，愈易於反應發熱；如煤炭層愈新，有些尚未碳化，含碳量較小，致較易於氧化升溫。

圖12-5 煤炭愈新鮮愈易於反應發熱及含碳量較小較易於氧化升溫

(3)溼度

適當少量溼度會扮演觸媒作用，降低活化能所需能量；但超過一定溼度會吸熱，並提高最小起火所需能量。

(4)發熱量

發熱量為燃料單位體積完全燃燒所釋放出來的熱量。發熱量愈大，發熱速度愈快，在金屬粉末自燃發火快慢以鋁粉 > 鈦粉 > 鐵粉。

(5)溫度

瑞典Arrhenius關係式應用於可燃物分解速度（V, cal.cm^{-3}.sec^{-1}）。

$$V = A \times \exp^{(\frac{-E}{RT})}$$

A ＝ 碰撞頻率因子（J cm^{-3} sec^{-1}）；E ＝ 活化能（J mol^{-1}）；R ＝ 氣體常數（J mol^{-1}K^{-1}）；T ＝ 絕對溫度（K）。

從此關係式，可燃物分解速度是隨著溫度（T）升高而加速分解發熱。

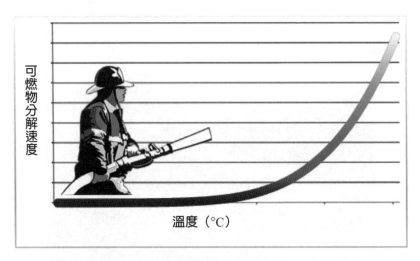

圖12-6　化學反應速率與溫度關係圖（本研究）

三、自燃發火性物質分類

1.氧化熱

(1)金屬粉塵及金屬硫化物類

　　鋅粉、鋁粉屬公共危險物品第2類易燃固體，管制量100 kg。金屬硫化物可由硫與金屬生成二元化合物，如硫化鐵與空氣接觸放出熱量，即會發生自燃。

(2)含油脂物質

　　含油脂物質自燃是油脂中不飽和脂肪酸的甘油酯，能在常溫下發生氧化放熱反應。一般植物油中不飽和脂肪酸的甘油酯，較礦物油或動物油為高，因此植物油更易自燃。

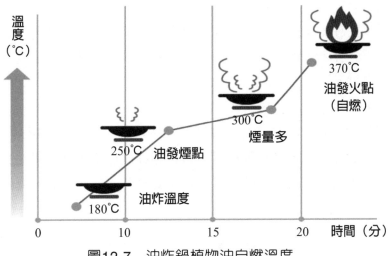

圖12-7 油炸鍋植物油自燃溫度

(3)橡膠粉末

　　天然橡膠及大多數的合成橡膠，在分子結構中都含有不飽和的雙鍵。這些橡膠粉碎成細粒或粉末，氧化表面積增大，在大量堆積條件下，雙鍵氧化放熱致自燃。

(4)煤炭

　　煙煤、褐煤和泥煤在氧化與吸附雙重作用下發生自燃特質；主要由不飽和化合物及硫化物含量的多少決定。依筆者經驗，在東北季風、稍具溼氣、堆積深厚未夯實新進煤炭，較易自燃。

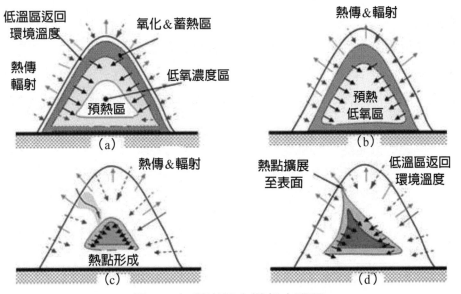

圖12-8 煤炭層自燃起火過程

2.分解熱

此類化學穩定性差，遇到振動、撞擊或摩擦，又分子結構中含有氧，所以在分解放熱過程中不需外界氧反應。常溫下這些物質分解緩慢，但在良好的蓄熱條件下，溫度逐漸上升至自燃。

(1)硝化棉

在工業用硝化纖維（含氮量12.2%以下）係屬公共危險物品第5類自反應物質。具有高度可燃性和爆炸性，其危險程度根據硝化程度而定，含氮量在12.5%以上的硝化棉危險性極大，遇火即燃燒。硝化棉的含氮量愈高，愈不穩定。硝化棉一般保存在水中。

$$硝化度（含氮量）= \frac{N質量}{全部質量}$$

(2)賽璐珞

賽璐珞（Celluloid Nitrate）屬公共危險物品第5類自反應物質，在受潮悶熱條件下存放，也有分解自燃的危險性。

(3)硝化甘油

硝化甘油（Nitroglycerin）（$C_3H_5N_3O_9$）屬公共危險物品第5類自反應物質，管制量10 kg，常溫下分解緩慢，溫度超過50℃時，分解速度加快。

3.聚合熱

聚合反應是指低分子單體，聚合成高分子聚合物，如聚合熱不能散發出體系外，就會使聚合速度劇增而失控致自燃。

4.吸附熱

有些物質對空氣中的氧有較強吸附性，發生氧化反應。

(1)活性炭

剛製成或剛粉碎的活性炭，表面活性大。如煤層愈新鮮含碳量愈少，較易氧化發熱。

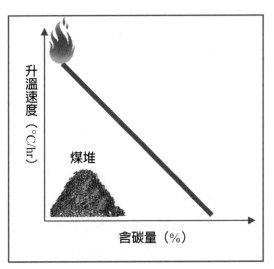

圖12-9 煤層含碳量與升溫速度成反比關係（日產アーク株式會社，1997）

(2)還原鎳

鎳在氫氣流中加熱得到黑色還原鎳，它在空氣中能吸附氧氣，很快發生自燃。

(3)還原鐵

還原鐵類似於還原鎳，也有吸附、氧化自燃的危險。

5.發酵熱

因微生物作用能發酵放熱自燃，多爲植物如稻草、籽棉、樹葉、鋸末、玉米芯，又大量堆積有機肥和堆肥，或國內常發生垃圾山自燃事件。爲防止此類自燃，是控制溼度、分堆保持間距散熱並設縱向與橫向通風孔。

在植物自燃上是由微生物階段（水分使微生物呼吸繁殖生大量熱，植物熱傳導差，蓄熱至70℃使生物無法生存）→物理階段（植物不穩定物如果酸、蛋白質熱分解多孔性吸附炭化）→化學階段（纖維素分解進入氧化並放熱）所致。

例1 若硝化纖維之化學式爲$C_{24}H_{32}O_{12}(NO_3)_8$，試問其硝化度爲多少？

解：

$$硝化度 = \frac{N質量}{全部質量} = \frac{14 \times 8}{288 + 32 + 192 + (112 + 384)} = 11.11\%$$

> **例2**　若硝化纖維之化學式為$C_{24}H_{35}O_{15}(NO_3)_5$，則其硝化度為多少？
>
> 　　(A) 13.48　　(B) 11.97　　(C) 9.15　　(D) 8.02

解：(D)

$$硝化度 = \frac{N\,質量}{全部質量} = \frac{14 \times 5}{288 + 35 + 240 + (70 + 240)} = 8.018\%$$

四、準自燃發火性物質

　　準自燃發火性物是本身為活性物質，當接觸空氣能立即發火或溼氣發生水解放熱反應，釋放氧與可燃氣體並放出熱量。另一種是禁水性物質與水相互作用，發生劇烈化學反應，釋放可燃氣體並放出熱量而自燃或爆炸。基本上，依其與空氣及水分、溼度等催化反應，而催化劑是不參與反應，卻能加快反應進行之物質。在準自燃物質可分如次：[註2]

1. 本身會發火

　　如黃磷屬公共危險物品第3類發火性物質，管制量20 kg。在常溫下能與空氣中極易氧化成P_2O_5反應並大量發熱，黃磷一般應儲存於水中。或如烷基鋁屬公共危險物品第3類發火性物質，管制量10 kg。烷基鋁在常溫下能與空氣中的氧化反應放熱自燃等公共危險物品第三類物質。

$$4P + 5O_2 \rightarrow 2P_2O_5$$

2. 與水份接觸發火（生石灰、硫酸、硝酸）。

3. 生成可燃性氣體而發火（如燃燒彈之磷化鈣、鹼金屬）。

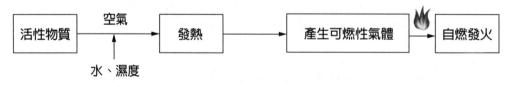

圖12-10　準自燃發火接觸空氣及水分產生發熱自燃

[註2]　陳弘毅、吳喨生，「火災學」（八版），鼎茂圖書出版公司，2013年3月。

表12-2　準自燃發火與自燃發火差異

項目	準自燃發火	自燃發火
化學反應	空氣接觸即發火 與溼氣發生水解放熱反應 與水相互作用發生劇烈化學反應	經氧化、分解、聚合、吸附或發酵熱，蓄熱大於散熱而自燃
接觸介質	空氣常溫或水、溼氣等催化劑	空氣常溫
發火時間	較快	較慢

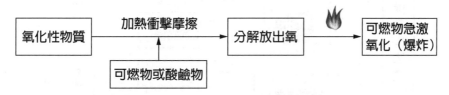

圖12-11　氧化性物質與可燃物或酸鹼物質混合，氧化致自燃或爆炸

例

1. 準自然發火與自然發火最主要之差異為何？（15分）請列舉兩種準自然發火之物質說明其起火之危險性。（10分）（88年3等特考）

解：如下圖，見本節說明

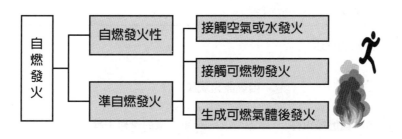

2. 試解釋自然發火之意義（10分）（90年、96-1年設備士）

3. 何謂「準自然發火」現象？請舉例說明準自然發火物質及其反應類型？（15分）（89年設備士）

解：見本節所述

---

4. 試說明影響自然發火的因素有那些？並說明其各因子對自然發火的影響。（25分）（97-1年設備士）

解：如下圖，見本節所述

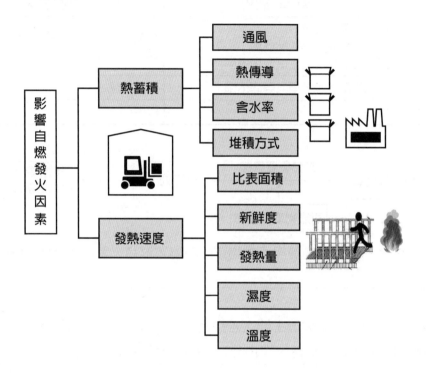

---

5. 何謂自然發火性物質？其有那些分類？並請就各分類舉一、二個物質說明之。（25分）（100年4等一般特考）

解：如下圖，見本節所述

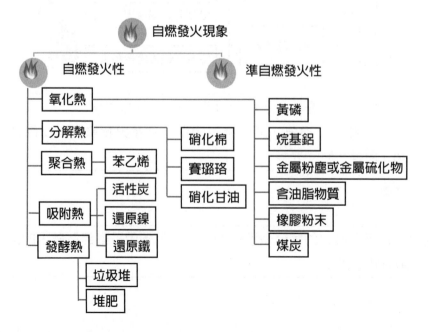

第2節　危險物品（Hazardous Materials）

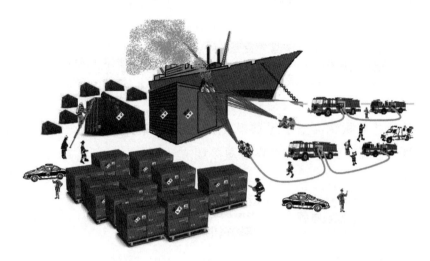

圖12-12　危險物品災害往往衍生複合性危害致消防作業難處理

一、公共危險物品分類

公共危險物品（Hazardous Material），依NFPA指出具有燃燒、爆炸、有毒、腐蝕、快速氧化及其他有害性質，會造成人類死亡或傷害之物品。依據「公共危險物品及可燃性高壓氣體設置標準暨安全管理辦法」第3條規定，公共危險物品分6類。

1. 第一類危險物品（氧化性固體）：如氯酸鹽、過氯酸鹽、無機過氧化物、次氯酸鹽類等。

2. 第二類危險物品（可燃性固體）：如黃磷、硫化磷、紅磷、硫磺、鎂粉、鋁粉、鋅粉等。

3. 第三類危險物品（發火性液體、發火性固體及禁水性物質）：如鉀、鈉、碳化鈣、磷酸鈣等。

4. 第四類危險物品（易燃性液體）：如特殊易燃物、第一石油類等液體。

5. 第五類危險物品（自反應物質及有機過氧化物）：如硝基化合物、亞硝基化合物等。

6. 第六類危險物品（氧化性液體）：如過氯酸、過氧化氫、硝酸等。

在儲存管理方面，依該第45條規定指出

1. 第一類公共危險物品應避免與可燃物接觸或混合，或與具有促成其分解之物品接近，並避免過熱、衝擊、摩擦。無機過氧化物應避免與水接觸。

2. 第二類公共危險物品應避免與氧化劑接觸混合及火焰、火花、高溫物體接近及過熱。金屬粉應避免與水或酸類接觸。

3. 第三類公共危險物品之禁水性物質不可與水接觸。

4. 第四類公共危險物品不可與火焰、火花或高溫物體接近，並應防止其發生蒸氣。

5. 第五類公共危險物品不可與火焰、火花或高溫物體接近，並避免過熱、衝擊、摩擦。

6. 第六類公共危險物品應避免與可燃物接觸或混合，或具有促成其分解之物品接近，並避免過熱。

二、公共危險物品各類特性與滅火

	特性	滅火方法
第1類	無機助燃固體，含氧會因加熱衝擊等分解，釋放氧促進燃燒	同時存在可燃物，冷卻滅火（除過氧化物外），冷卻至分解溫度下停止分解
第2類	低溫起火迅速擴大燃燒，比重大於1	冷卻滅火（除金屬粉、鎂用乾燥砂外）
第3類	常溫起火、與水反應起火	冷卻滅火（除禁水性用窒息滅火）
第4類	釋出可燃蒸氣，累積靜電，為有機化合物，蒸氣比重大於1，大多不溶於水	窒息滅火（泡沫、乾粉）、稀釋氧濃度（二氧化碳）
第5類	熱不穩定性，加熱衝擊等分解起火，為有機可燃化合物，比重大於1	大量水冷卻滅火
第6類	含氧會因加熱衝擊等分解，釋放氧促進燃燒，為無機助燃化合物，比重大於1	同時存在可燃物之火災，冷卻滅火，冷卻至分解溫度下停止分解

例 依法規指出第一級氯酸鹽類管制量為50 kg，請問100g氯酸鉀在環境溫度25℃，可完全分解多少公升的氧氣？（$R = 0.082 \dfrac{L \times atm}{K \times mol}$）

解：

25℃時，$V = \dfrac{nRT}{P} = \dfrac{1mol \times 0.082\dfrac{L \times atm}{K \times mol} \times 298K}{1atm} = 24.4\ L$

$2KClO_3 \rightarrow 2KCl + 3O_2$

$KClO_3$莫耳數 $= 100\ g \times \dfrac{1mole\ KClO_3}{122\ g\ KClO_3} = 0.82\ mol\ KClO_3$

O_2莫耳數 $= 0.82mol \times \dfrac{3}{2} = 1.23\ mol$

在25℃時氧體積可生成$1.23mol \times 24.4L/mol = 30\ L$

三、混合危險

不相容化學混合物（Incompatible Chemical Mixtures）可引起劇烈反應、火災爆炸或產生有毒氣體。在容器內內置不相容的物質，會導致洩漏或災害。而在發生火災或其他災害，容器易於破裂，致化學物質相混，形成對救災人員之更嚴重火災或傷害。亦即混合危險為二種以上液體物質相互混合時，二者間形成混合熱使彼此分子運動加速，產生大量反應熱，導致火災爆炸之危險。

有些物質不當混合，將形成發火或爆炸危險：

1. 氧化性物質與還原性物質混合：（公共危險物品第一類+第四類→發火／爆炸）、（公共危險物品第六類+第二類→發火／爆炸）
2. 氧化性鹽類與強酸混合：（氧化性鹽類+硫酸→發火／爆炸）、（氧化性鹽類+濃硝酸→發火／爆炸）
3. 反應產生爆炸性物質：如（氨+氯→三氯化氮）、（苦味酸+金屬→苦味酸金屬鹽）
4. 與水接觸：如（金屬粉與水接觸發火／爆炸）、（禁水性物質與水接觸發火／爆炸）

(一)混合危險分類

依日本石油 業技術研究所[註3]指出，如果二種物質以上混合，造成以下危險。

1. 混合後，立即反應或經一段時間後才反應，形成發熱發火或爆炸。
2. 混合後，形成爆炸性化合物或混合物。
3. 混合後，形成比原物質更易於發火之混合物。

表12-3　公共危險物品之混合危險

公共危險物品	第1類	第2類	第3類	第4類	第5類	第6類
第1類		✕	✕	✕	✕	✕
第2類	✕		✕	○	●	✕
第3類	✕	✕		●	✕	✕
第4類	✕	○	●		●	●

3　石油産業技術研究所，第3章取扱物質の基礎知識，危険物（消防法関連），保安教育テキスト，平成30年。

公共危險物品	第1類	第2類	第3類	第4類	第5類	第6類
第5類	×	●	×	●		×
第6類	×	×	×	●	×	

表中×表有混合危險者，●表有潛在危險者，○表無混合危險者。

例

1. 試簡要說明六類公共危險物品之混合危險為何？其因應對策為何？（15分）（95-2年設備士）

2. 請說明何謂化學物質之混合危險（hazard of incompatibility）及其分類，並請說明公共危險物品有那幾類，且各類彼此間是否存有混合危險。（25分）（103年設備師）

解：如下圖，餘見本節所述。

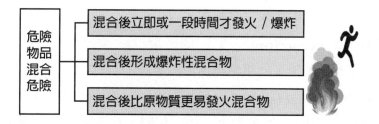

---

3. 試述氧化性物質之特性。（25分）（85年3等特考）

解：氧化性物質易於還原性物質反應發火／爆炸，具自然發熱特性，儲存處應通風良好，餘見本節所述。

---

4. 爆炸性物質具有何種特性，試列舉之。（15分）（94年設備士）

解：毒性、爆炸性、吸水性、撞擊敏感、與金屬反應、與酸／鹼反應。

---

5. 混合危險影響因素有哪些？預防措施為何？

解：如下所示。

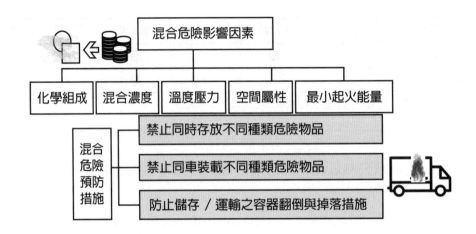

(二)影響混合危險因素

在影響混合危險因素方面，如同影響粉塵爆炸或最小起火能量之因素，如次：

1.化學組成（Chemical Composition）

二者化學組成，關係混合後反應強弱。

2.混合濃度（Concentration）

二者混合濃度會影響所生反應情況。

3.溫度與壓力（Temperature and Pressure）

依理想氣體PV = nRT，溫度與壓力成正相關，在溫度或壓力增高時，燃燒／爆炸範圍增加，燃燒／爆炸下限降低，致最小起火能量變小。

4.最小起火能量（Minimum Ignition Energy）

二者混合之蒸氣或氣體，改變其最小起火能量。

5.空間屬性（Nature of Confining Space）

容器空間之尺寸、形狀等屬性如有無通風孔，將會很大地改變所生反應或爆炸。

(三)因應對策

在管理公共危險物品方面，在國內法規首重於預防階段，因在搶救階段係屬難以消防救災。在硬體方面，依3大場所（製造、儲存及處理）之位置（安全距離及防火空地）、構造（防火、輕質屋頂、不滲透地板等）及設備（粉塵蒸氣抽出設備、防止靜電、管制量達10倍避雷針）等；在軟體方面，主要設置專人管理，即管制量達30倍者應設置保安監督人，在安全管理方面則遵循勞安及工安相關法規辦理，如注意不相容物質、混合危險等相關作業標準之制訂。一旦災害發生，在消防防災計畫必須編

組自衛消防人員及班別，進行初期快速反應等，並依應變作業程序如HAZMAT進行處理。

(四) 應變作業程序

HAZMAT為美國危險物品災害應變單位，早已作為制定危險物品災害應變作業程序之參照。

圖12-13　危險品貨櫃發生洩漏溢出首應進行危害辨識作業程序（臺中港貨櫃碼頭）

1.危害辨識（Hazard Identification）

於危險物品災害發生之初期，最重要是針對災害本身做正確之瞭解與辨識，確認到底是什麼「危害物」致災？其可能之危險程度與嚴重性？如此可透過OSPCT光碟資訊系統、物質安全資料表（MSDS）、緊急應變指南、毒性化學物質防救手冊或美國進口容器外表NFPA菱形標示等查詢相關資料，研判其火災、爆炸及健康危害。此外，初步評估洩漏量、儲存量和供應量，及掌握現場情況如時間、地點、天氣及人員傷亡等重要資訊。

在NFPA704危險識別標示方面，等級有5級，數字愈大危險性愈高：

(1) 最上端紅色為可燃性，代表火災危險程度，4為閃火點在22.8℃以下、3為37.8℃以下、2為93.3℃以下、1為93.3℃以上、0為不燃性物質。

(2) 中間右端黃色為反應性，代表爆炸危險程度，4為可以爆轟、3為撞擊或受熱爆轟、2為產生激烈化學變化、1為受熱形成不穩定、0為穩定性物質。

(3) 中間左端藍色為毒性，代表健康危害程度，4為致命、3為極端危險、2為危害到健康、1為輕微危害到健康、0為正常性物質。

(4) 最下端無色為特殊危害，如OX為氧化性、Acid為酸性、Alkali為鹼性、Corrosive為腐蝕性、Use NO WATER為禁水性、Radiation hazard為放射性。

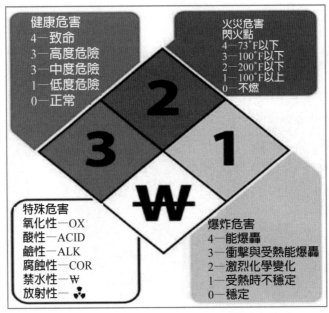

圖12-14　NFPA704危險物質識別菱形標示

2.行動方案（Action Plan）

已對物質危害辨識後，才能採取該物質行動方案，如搶救人員嚴禁貿然進入，進入災害現場應了解需面對情況？會有哪些危害？需要什麼防護裝備器材？需動員多少人力及裝備？請求支援程度？需否做疏散？在衡量全盤狀況後，制定救災方案，並確定行動優先順序。而所有行動需簡明扼要，目標明確及單一；當救災資源充分時可採取主動策略，全面積極將災情控制；當救災資源匱乏時採取被動策略，先控制現場災情，以防止二次災害發生。

圖12-15 危險物品災害行動方案

3.區域管制（Zoning Area）

綜合洩漏物毒性、理化性質、燃爆性、洩漏量、天氣、風向風速及地形等條件，確定管制和疏散範圍，迅速建立管制區域，以降低危害性物質對救災與附近人員之危害。通常可分為3區域來管制，即紅色之熱區（禁區）、黃色之暖區（除污區）與綠色之冷區（支援區或指揮區）。

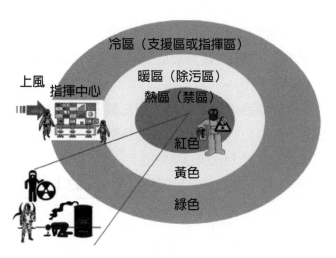

圖12-16 危險物品現場區域管制

4.組織管理（Managing the Incident）

將現場人力及裝備器材資源整合組織，建立災害事故指揮體系（ICS），使各項救災任務能各司其職，並相互配合協調。指揮站應建於冷區之上風處，現場應變以人命救助為第一準則，災情控制為第二考慮，最後才考慮財物保護。

5.請求支援（Assistance）

將現場所所需裝備人員與器材，儘速請求支援。支援項目如人力、裝備、專家學者及技術資訊等有利於救災任務。

6.災後復原（Terminate）

災後復原主要工作即是除污，以消防而言，在消防救災完成人命救助與緊急搶救後，為免危害物質帶離現場，應澈底完成除污程序。一般在災害現場因任務需要僅執行緊急除污，待整個救災工作完成後，再進行完全除污。除污處理後的廢棄物，應置於防滲塑膠袋或廢棄除污容器中，待環保機關進一步處理。

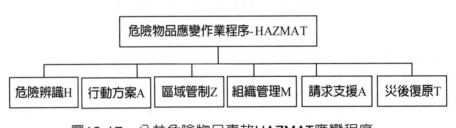

圖12-17　公共危險物品事故HAZMAT應變程序

例

1. 試說明NFPA之危險物品標示規定？（98年消防行政與消防技術升等考）
2. 試說明化學物質災害、工廠災害消防搶救程序（H.A.Z.M.A.T）？（98年消防行政與消防技術升等考）
3. 消防法規定公共危險物品達管制量時，應在製造、儲存或處理場所以安全方法進行儲存或處理；試問公共危險物品有何危險性？對於避免混合危險發生，有何因應對策？試說明之。（102年3等特考）
4. 試述六類公共危險物品之混合危險及因應對策。（83年3等特考）

解：見本節內容所述。

第3節　化學槽車火災（Chemical Transport Accident）

本節係化學火災之進階課程，一般課程可略過本節。

公路運輸槽車是國內相當普遍之化學品運輸方式，除了管路或鐵路運輸之外，陸

路運輸主要依靠槽車。槽車運輸火災如同危險物品一樣，發生火災次數相對很少，能取得現場實際經驗有限。

圖12-18　公路運輸槽車是國內相當普遍化學品運輸方式

一、火災特性

1.火炬式燃燒

當油罐車在呼吸閥或量油孔等處形成穩定擴散燃燒，隨著溫度增加，罐內壓力亦相對隨之增加，使罐內液體油質，快速轉化為氣體，呈現出帶有壓力狀之火炬式燃燒現象。

2.熱輻射能強

室外開放環境燃燒勢必氧化快速，燃燒猛烈，呈明亮黃色火焰，溫度相當高（>1000℃），輻射強度大致難以靠近火場，如苯類、醚類、烷類及醇類等火災。

3.突發性強與燃燒爆炸

化學品災害會因規模程度而擴展迅速，如液體流出導致大火，甚至反應性物質形成爆炸燃燒等情況。

4.複合性危害與搶救難度大

往往產生有毒氣體：於化學品外流或是接觸火焰時，常會因物品本身或因燃燒之緣故，衍生複合性危害如有毒氣體，以致救災作業更難處理。

5.擴展迅速

假使化學品脫離原定容器，成為不受管理狀態。一旦著火後因擴散快速，增加火

場面積。

6.特殊燃燒現象與救災危險高

　　化學槽車因載運物質不同，如LPG在氣相燃燒時會呈明亮的黃色火焰，同時伴隨著刺耳的哨音，LPG在液相燃燒時呈鮮豔的橙黃色火焰並分離出碳黑，火焰高度比燃燒直徑大2～2.5倍；LPG在氣液兩相混合燃燒時，火焰的高度呈週期性變化。液相溫度升高致壓力增加致破裂，會產生液體蒸氣膨脹爆炸（BLEVE）、火球現象（Fire Ball）。

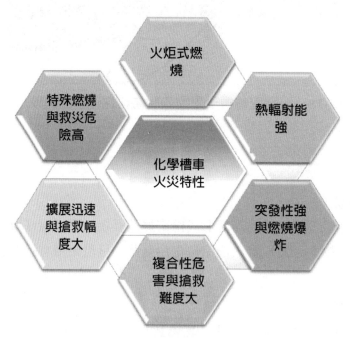

圖12-19　化學槽車火災搶救特性

二、搶救注意事項

1. 槽車火災爆炸方向，因橫式容器二端之鏡版面（窄面），即面對車頭和車尾方向之窄面，承受的爆炸力和衝擊波最大，可能因爆炸而飛散；即爆炸方向會往車輛行進方向前後及左右二側射出破片，故救災時從容器胴版面（長面）活動，最佳部署於車頭方向之45度或135度，係屬較安全之位置。

2. 從上風或側風方向接近火場，要救災人員站位不得高於槽體水平中心線之上，以免受槽體可能爆炸之威脅。

3. 進入火場滅火人員儘量精簡，進入現場消防車及指揮車等一切救災車輛，需車頭朝向現場外並儘可能能便於撤離之位置。

4. 採取低姿勢射水，並注意一旦有危險狀況時之緊急退路之可能路線。

5. 考量無人操作之地面自動搖擺式瞄子或長距離之射水槍等裝備，避免遭遇可能之爆炸危險。

6. 設立現場安全官，注意火勢變化及救災人員活動，掌握火場各種資訊，監視風力和風向，一旦出現槽體或容器有爆炸徵兆，即下達緊急撤退命令。

例 國內油槽車與液化氣體槽車甚多，此類車輛意外事故亦不鮮見，若不慎事故發生火災，如何預測其發生蒸氣爆炸之時機與爆炸方向？請述明其預測之判斷依據。（101年3等特考）

解：

(一) 預測其發生蒸氣爆炸之時機

(二) 爆炸方向

槽車發生火災時，因橫式容器二端之鏡版面，即面對車頭和車尾方向之窄面，承受的爆炸力和衝擊波最大，可能因爆炸而飛散，故一定要由容器之胴版面（長面）側展開活動，最佳部署於車頭方向之45度或135度位置。

45℃

(三) 預測之判斷依據

在氣相燃燒時會呈明亮的黃色火焰並分離出碳黑，同時伴隨著刺耳的哨音，一旦高壓破裂外洩會產生液體蒸氣膨脹爆炸（BLEVE），致現場救災人員之安全性受到嚴重威脅；但其發生大多有其一定規律機制及徵兆。

第4節　沸溢與濺溢現象（The Boilover and Slopover of Oil Tank Fires）

沸溢（Boilover）與濺溢（Spillover or Slopover）是重質油類火災中所常出現特有臨界燃燒現象，其發生意即災害層面升級擴大，是油類火災最嚴重一種行為。在油槽發生火災時，於一定條件下燃燒狀態會急劇變化，從容器中突然大量噴溢出來而形成巨大火柱，並造成更大之二次災害。

圖12-21　沸溢與濺溢是重質油類火災特有現象

一、定義

沸溢（Boil-over）、濺溢（Slop-over）與冒泡溢（Froth-over）是一種完全不同的現象。

1. 沸溢是由重烴或烴類液體混合組成的開放（Open-top）儲槽火災中現象。在長時間燃燒之後，當燃燒油與沉澱在槽底部水接觸時，油質以爆炸形式向上釋放。過程中當熱量向下擴散，將水轉化為蒸氣膨脹1700倍，但隨著溫度越高，膨脹比率也會提升至2000～2300倍左右，隨後攜出燃燒中油質。沸溢出範圍在順風方向涵蓋約10倍槽體（直徑）區域。在NFPA 30指出，『沸溢是當來自液面燃燒的殘餘物變得比未燃燒的油更稠密，並且沉到液面下方以形成「熱波」（Heat Wave）的熱層到達油槽底部的水或乳化水（Water-in-oil）時，水接觸過熱（Superheated）幾乎以爆炸性沸騰，溢流出整個油槽現象』。沸溢的油質必須是具寬範圍沸點組分組成，包括輕餾分和粘稠性殘餘物。而這些特徵普遍存在於大多數原油中，並且可以合成混合產生。

2. 濺溢是當儲槽整個油面火災，通常是固定式槽頂滅火設備或消防泡沫或射水所造成的現象，這些水慢慢下沉遇到還未到達油槽底部的熱波，導致過熱氣化膨脹從槽內溢出之一種現象。依NFPA 30指出，『濺溢是將水射到燃燒中油槽熱表面上時，發生的輕微冒泡（Minor Frothing）溢流現象』。

3. 冒泡溢是當水分與儲槽高溫油質（熱油槽）接觸時，不斷發生打嗝氣泡持續向液面冒泡溢流。依NFPA 30指出，『冒泡溢與火災無關，當油槽存有乳化水或外來水進入含有高溫粘稠油（Hot Viscous Oil）槽時，進行混合時水突然轉化為蒸汽導致冒泡從槽體邊側溢出現象』。

高閃火點液體油槽三種危險溢流（NFPA 30）

	項目	沸溢	濺溢	冒泡溢
相異	火滅後	不發生	可能發生	與火災無關
	發生範圍	高度與範圍大	高度與範圍居中	高度與範圍小
	溢出間隔	連續整槽溢出	槽單側溢出	槽單側溢出
	發生水份	槽底水墊層（water layer）	槽外滅火水	槽內自由水

二、發生因素

導致火災中重質油類（Heavy Oil）如原油、燃料油、瀝青、潤滑油或蠟油等，發生沸（濺）溢的因素有很多，主因如次：

1.輻射熱作用

重質油類火災之輻射熱回饋（Radiation Feedback）在油質表面，隨著加熱時間經過，受熱之液層亦越來越厚，溫度亦隨之增加，一旦達到沸點時，燃燒中油類就沸騰（Oil Burning）而發生沸（濺）溢現象。

2.熱波作用

輕質油類（Light Oil）由於沸點範圍較窄，各組分間密度相差不大，致熱波現象不明顯，火災往往能迅速形成穩定燃燒；而重質油類具有寬沸點範圍，火災中沸點低輕餾分會形成蒸氣燃燒掉，而沸點高重餾分則逐漸下沉並把熱量帶至下面，在液位下形成一熱層面，沉降下部冷油中，這一現象稱為熱波（Hot Zone）。

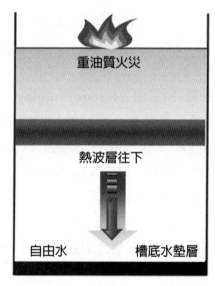

圖12-22　重油槽火災熱波作用

3.水蒸汽作用

重質油類中本身含有一定量水分，一般以乳化水（即自由水）、水墊層（Water Sublayer）二種形式存在。在火焰熱輻射、液位熱對流及槽壁熱傳導作用下，因此亦就產生二種不同燃燒特性。燃燒中由於熱波（其溫度遠高於水沸點）影響，會使乳化

水被汽化沸騰成水蒸汽。熱波溫度由150℃上升至315℃，會使油中乳化水氣化，大量水蒸汽作用要穿過油層向液位上浮出而形成氣泡，使液體體積膨脹並向外溢出，同時部分未形成泡沫油質也被下面蒸氣膨脹力湧出槽體。另一方面，上輕餾分蒸發燃燒，重質餾分因溫度沒有達到沸點而無法汽化，則攜帶熱量向液體深層沉降形成高溫油層向下移動，當遇到槽底之水墊層，水膨脹水蒸汽並聚集在油層與水墊層間，一旦蒸汽壓超過上部油層重量時，即衝破油層向上猛烈噴出，而形成所謂沸（濺）溢現象。

三、發生條件

從許多文獻沸（濺）溢發生條件，可歸結以下要點：

1.熱波

油類需具有向下移動傳播熱波特性。

2.水分

水的存在是油類火災發生沸（濺）溢事故的必要發生條件之一。當水層的溫度高於對應壓力下的沸點時，沸（濺）溢就有可能發生。一旦含水率小於1%油槽是不會發生沸（濺）溢。但又隨著油類含水率增大而熱波速度會減小，主因是在一定範圍內油含水率增大使油黏度增大，造成油內部對流強度減弱，冷油不易獲得熱量；且含水率增大還使油比熱增大，使油升溫所需要的熱量增加，升溫速度變慢。

3.沸點高

油類沸點需高於250℃，能在燃燒液位下形成一定厚度之蒸發層。

4.輕餾分高

重質油類輕餾分含量愈高，儲槽火災熱波速度愈快，沸（濺）溢發生條件愈快。

5.一定開口

儲槽開口條件小於儲槽橫截面積10%時，是難以形成熱波作用，著火後仍不會發生沸（濺）溢。

6.黏稠度

油類需具有一定黏度（Viscous Nature），水蒸汽不易逸出，使水蒸汽泡沫被油薄膜包圍而形成油泡沫。

7.液位高低

液位愈高，槽內容許油類膨脹的空間條件愈多，發生沸溢事故可能性就愈大。液

位低沸（濺）溢無以形成。

8.燃燒時間長

油類燃燒時間需足夠長，液位下面油層能得到充分加熱。

四、發生時間

沸（濺）溢發生時間主因之熱波速度方面，日本學者古積博實驗，提出沸溢發生時間（T, h）為

$$T = \frac{(H - h)}{(V - v)}$$

H為油層總高度（m）；h：水墊層高度（m）

V：油直線燃燒速度（m/h）；v：熱波移動速度（m/h）

於美國石油學會（API）指出100 cm/h速度判斷熱波傳播到達位置。

五、發生徵兆

1. 火焰顏色由深變淺發亮白。
2. 煙霧由濃黑變淡化。
3. 槽體因內部壓力升高形成劇烈顫抖振動。
4. 槽口發生急促「嘶嘶」響聲等現象。
5. 微爆噪音加大且急促。
6. 槽面大量油泡翻湧蠕動。

六、發生區別

汽油等均質油類，燃燒速度等於熱波傳播速度，故難以發生沸溢現象。在沸點較高與黏度較大之輕柴油（沸點241～268℃）與中間餾分油類（沸點162～381℃），在燃燒過程中液位下會形成一定厚度（約2cm）高溫蒸發層，會沉降至槽底水墊層使其汽化，出現液位擾動而火焰增大，油層翻騰溢出現象，稱為準沸溢（Semi-Boilover）現象。一般發生準沸溢現象，大多為槽內油量接近燒盡時才會發生。

表12-4 油類火災危險現象

項目	輕質油類	中質油類	重質油類
餾分	均質油類	輕、中餾分	輕、中、重餾分
傳播速度	燃燒速度是等於熱波速度	熱波速度略大於燃燒速度	熱波速度遠大於燃燒速度
危險現象	不發生	準沸溢	沸溢、濺溢

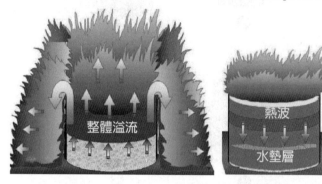

圖12-23 沸溢與濺溢發生示意圖

表12-5 沸溢與濺溢現象異同

項目		沸溢	濺溢
相異	發生範圍	高度與範圍大（整槽）	高度與範圍較小（液面）
	發生間隔	發生時間間隔較長	發生時間間隔較短
	發生水份	槽底水墊層	滅火水
	溢出強度	高	低
	溢出時間	連續性	間斷
	火滅後	不發生	可能發生
相同		開放槽頂、全液面火災、高沸點及粘稠大油質、水分、熱波、儲存液位高、燃燒經過時間長	

例

1. 請解釋並比較說明沸溢（boilover）與濺溢（slopover）火災現象之異同：（91年3等特考）

2. 沸溢（boilover）與濺溢（spilover or slopover）是重質油類火災中所常出現的臨界燃燒現象，其出現常造成災害層面擴大，是油類火災中最嚴重的一種行為。試就沸溢與濺溢發生徵兆與發生區別詳細說明。（104年設備士）

解：見本節內容所述。

圖12-24 小型容器重油燃燒之濺溢形成

第5節 歷屆考題精解

一、選擇題

(A) 1. 對於公共危險物品之分類描述，下列何者正確？

(A) 第一類：氧化性固體 (B) 第二類：發火性液體、發火性固體及禁水性物質 (C) 第三類：易燃液體 (D) 第四類：自反應物質及有機過氧化物

(B) 2. 依據危險物品的管制分類，下列物質何者屬於易燃固體？註4

(A) 二氧化鉛 (B) 赤磷 (C) 鉀 (D) 三氧化鉻

(B) 3. 化學災害搶救程序HAZMAT之說明，下列何者正確？

(A) H表建立管理系統 (B) 前面的A表擬定行動方案 (C) Z表善後處理

註4 二氧化鉛為氧化性固體、赤磷為易燃固體、鉀為禁水性物質、三氧化鉻為氧化性固體。

(D) M表請求外部支援

(D)　4. 下列何者屬於高壓氣體勞工安全規則第2條所稱之高壓氣體？

(A) 在常用溫度下，錶壓力為5公斤／平方公分之壓縮氣體（不含壓縮乙炔氣）　(B) 在常用溫度下，錶壓力為1.5公斤／平方公分之壓縮乙炔氣

(C) 在常用溫度下，錶壓力為0.5公斤／平方公分之液化氣體　(D) 溫度在攝氏35度時，錶壓力為0.1公斤／平方公分之液化溴甲烷

(D)　5. 有關混合危險之敘述，下列何者錯誤？註5

(A) 金屬鉀不能和過氧化氫混合運載　(B) 過氯酸不能和鎂粉混合運載

(C) 過氯酸鹽類不能和硝酸混合運載　(D) 赤磷不能和乙醚混合運載

(A)　6. 美國防火協會（NFPA）使用的危險物品四角標示方法中，對反應性物質，受強震或受熱即行爆炸者，其標示方法為：

(A) 黃色，3級　(B) 藍色，2級　(C) 藍色，4級　(D) 紅色，4級

(A)　7. 可燃物於無明火等火源之條件下，在大氣中僅因受熱而開始自行燃燒所需之最低溫度稱為：　(A) 自燃溫度　(B) 閃火點　(C) 沸點　(D) 閃燃點

(C)　8. 公共危險物品中，哪一類需經實驗確定特性後，再加以區隔為A、B、C、D四型？註6

(A) 第三類　(B) 第四類　(C) 第五類　(D) 第六類

(A)　9. 下列有關NFPA危險物品標示規定之敘述，何者有誤？

(A) 危險程度區分為1, 2, 3, 4, 5等五級　(B) 紅色表示可燃性

(C) 黃色表示反應性　　　　　　　　(D) 藍色表示毒性

(C)　10. 下列有關自然發火物質之敘述，何者正確？

(A) 硝化綿屬於氧化熱蓄積而發火之物質　(B) 油渣屬於分解熱蓄積而發火之物質　(C) 活性碳屬於吸著熱蓄積而發火之物質　(D) 乾草屬於聚合而發熱之物質

(D)　11. 化學災害搶救程序HAZMAT之說明，下列何者為正確？

(A) H表災區管制　(B) Z表善後處理

(C) T表行動方案　(D) M表建立管理系統

註5　第二類易燃固體：硫化磷、赤磷，第四類易燃液體：特殊易燃物指乙醚、二硫化碳、乙醛、環氧丙烷。僅有第二類與第四類可以混合。

註6　第五類自反應物質及有機過氧化物，分A型、B型、C型、D型。

（B）12. 有關化學物質災害搶救之區域管制，下列敘述何者正確？

(A) 指揮站應前進火場，設於禁區　(B) 除污應在溫區進行　(C) 大型火災方需實施區域管制　(D) 指揮站及民眾、記者應安排在支援區

（C）13. 化學物質災害搶救程序H.A.Z.M.A.T.中的「T」，其主要工作為何？

(A) 人員疏散　(B) 前進指揮　(C) 進行除污　(D) 向媒體說明

（D）14. 有關重質油槽火災發生之沸溢（boilover）現象，下列敘述何者正確？

(A) 在火災過程中只可能發生一次　(B) 傳導（conduction）是重油內部引起沸溢的主要熱傳機制　(C) 是一種火災後期的複燃現象　(D) 重油內含的水分或滅火過程的射水都有可能導致這種現象

（D）15. 有關美國防火協會（NFPA）危險物品標示法，下列敘述何者正確？

(A) 紅色代表健康危害性　(B) 危險等級共分四級　(C) 藍色代表禁水性

(D) 最高危險等級以4表示

（B）16. 影響自然發火因素中，下列何者兼具有影響熱之蓄積及發熱速度？

(A) 熱傳導度　(B) 水分　(C) 堆積方法　(D) 空氣流動

（B）17. 含硝基纖維素之塗料產生自然發火時，其發熱原因屬於下列何者？

(A) 分解熱　(B) 氧化熱　(C) 吸著熱　(D) 發酵熱

（C）18. 根據美國防火協會（NFPA）危險物品表示規定，將危險類別記載於菱形方塊上，其中藍色表示何意？

(A) 可燃性　(B) 反應性　(C) 有害健康毒性　(D) 親水性

（B）19. 大部分發火性物質與水接觸會立即發火，又稱禁水性物質。下列何者不屬禁水性物質？　　(A) Li　(B) Ag　(C) Zn　(D) K

（D）20. 在「危害物質災害現場搶救標準作業程序」中，管制區域之影響區，應以何種顏色標示？　　(A) 藍色　(B) 綠色　(C) 紅色　(D) 黃色

（A）21. 下列何者為因分解熱而發火之物質？

(A) 塞璐璐　(B) 油脂類　(C) 塗料　(D) 煤炭

（A）22. 乾性油會因為下列何種化學反應熱能之蓄積而自然發火：

(A) 氧化熱　(B) 聚合熱　(C) 分解熱　(D) 發酵熱

（C）23. 下列何者為第二石油類物質？[註7]

註7　第一石油類：丙酮、汽油，閃火點未達攝氏21度者。第二石油類：煤油、柴油，閃火點在攝氏21度以上，未達70度者。第三石油類：重油、鍋爐油，閃火點在攝氏70度以上，未達200

（A) 活塞油　(B) 汽油　(C) 煤油　(D) 鍋爐油

（D）24.「善後處理」為化學物質災害消防搶救程序之最後步驟，其主要的工作為何？　　(A) 人員死傷清點　(B) 人命救助　(C) 復原交通　(D) 除污

（C）25. 下列儲槽區火災應有的措施何者有誤？
(A) 以水柱澆灌儲槽四週達到降溫的效果　(B) 確認儲槽內化學品種類及存量
(C) 儘量接近儲槽滅火　(D) 劃出管制區域，保持安全距離，以防儲槽爆炸

（A）26. 下列何者不屬「禁水性物質」？
(A) 碘　(B) 丁基鋁　(C) 鉀　(D) 鈉

（B）27. 金屬鈉與水反應後會產生何種氣體？
(A) 氧氣　(B) 氫氣　(C) HCl　(D) 氮氣

（D）28. 下列有關化學災害搶救何者有誤？
(A) 取得現場化學物質之基本資料　(B) 迅速建立管制區
(C) 迅速報案並通知主管機關　　　(D) 立即進入現場搬離化學品

（A）29. 下列何者不屬禁水性物質？
(A) 煤油　(B) 鉀　(C) 鈉　(D) 生石灰

（A）30. 下列何者為第一類公共危險物品？
(A) 氧化性固體　(B) 易燃性液體　(C) 易燃性固體　(D) 禁水性物質

（A）31. 下列何種情形為準自然發火？
(A) 金屬鈉與空氣接觸　(B) 堆肥熱量蓄積導致發火
(C) 汽油燃燒　　　　　(D) 電氣火災

（A）32. 化學物質災害、工廠災害消防搶救程序－H.A.Z.M.A.T中的H代表？
(A) 危害辨識　(B) 區域管制　(C) 請求支援　(D) 除污

（A）33. 堆肥經發酵而發熱，熱慢慢蓄積而起火，稱為：
(A) 自然發火　(B) 準自然發火　(C) 引火　(D) 混合發火

（A）34. 化學物質災害應迅速建立管制區，管制區通常分為三區域，其中禁區又稱為：　(A) 熱區　(B) 溫區　(C) 冷區　(D) 黃色區

（C）35. 化學物質災害應迅速建立管制區，以降低危害性化學物質之危害，管制通常分成三區域，而指揮站應設於哪一區？
(A) 禁區　(B) 除污區　(C) 支援區　(D) 三區以外

度者。第四石油類：齒輪油、活塞油，閃火點在攝氏200度以上，未達250度者。

(C) 36. 目前化學物質災害、工廠災害搶救程序步驟為：H.A.Z.M.A.T.，其中的H.代表的意義為何？

(A) 善後處理　(B) 請求支援　(C) 危害辨認　(D) 區域管制

(B) 37. 就六類危險物品而言，那類危險物品可混合載運而不生混合危險？

(A) 第一類與第四類　(B) 第二類與第四類

(C) 第三類與第六類　(D) 第二類與第五類

(B) 38. 化學物質災害、工廠災害消防搶救程序的指導要領為H.A.Z.M.A.T.，其中第一個A係指：

(A) 危害辨認　(B) 行動方案　(C) 區域管制　(D) 請求支援

(A) 39. 乾性油會因為何種化學反應熱能之蓄積而自然發火：

(A) 氧化熱　(B) 吸著熱　(C) 聚合熱　(D) 發酵熱

(C) 40. 下列何者屬「自然發火性物質」：

(A) 鋁粉　(B) 鉀　(C) 塞璐璐　(D) 黃磷

(B) 41. 化學物質災害應迅速建立管制區，以 低危害性化學物質之危害，管制通常分成三區域，其中除污區又稱為？註8

(A) 紅色區　(B) 黃色區　(C) 熱區　(D)冷區

(D) 42. 在化學災害之搶救中，下列參考資料何者適用之優先順序應放在第一優先？

(A) 物質安全資料表　(B) 消防防護計畫

(C) 緊急應變指南　　(D) 毒性化學物質防救手冊

(B) 43. 美國防火協會（NFPA）使用之危險物四角標示法中，代表燃燒性之顏色為：

(A) 灰色　(B) 紅色　(C) 黑色　(D) 藍色

(B) 44. 化災搶救程序HAZMAT之Z代表為何？

(A) 危害辨識　(B) 災區管制　(C) 行動方案　(D) 請求支援

(A) 45. 當一含不同沸點的混合物儲存於儲槽內且發生火災時，較輕的物質燃燒後較重的物質因受熱而成為熱餅且因比原來之混合物重而向下沉，當其碰到槽底之水時因水之瞬間膨脹而將油帶至槽上而形成一大火球稱之：

(A) 突沸（boilover）　　　　　　(B) 閃燃（flashover）

(C) 液體沸騰膨脹氣體爆炸（BLEVE）　(D) 爆轟（detonation）

註8　禁區：又稱熱區或紅色區。除污區：又稱溫區或黃色區。支援區：又稱冷區、指揮區或綠色區

（A）　46. 化災搶救之程序為：

（A) HAZMAT　(B) AHZMAT　(C) MATHAZ　(D) MATH

（B）　47. 不飽和油脂自然發火之危險性，通常可用碘價（Iodine-value）判斷之。凡碘價超過多少以上者，可視為危險？

(A) 100　(B) 130　(C) 160　(D) 190

（C）　48. 下列有關化學物質災害、工廠災害消防搶救程序（H.A.Z.M.A.T）的說明，何者正確？

(A) A表區域管制　　　(B) T表行動方案

(C) M表建立管理系統　(D) Z表善後處理

（A）　49. 下列有關第四類危險物品之共同理化性的敘述，何者不正確？

(A) 一般而言，其蒸氣較空氣為輕　(B) 可燃性蒸氣之燃燒下限偏低

(C) 著火溫度偏低　　　　　　　(D) 通常比水輕並難溶於水

（B）　50. 下列有關第五類危險物品的敘述，何者不正確？

(A) 屬含氧的可燃物，易起自燃作用　(B) 大部分為無機硝化物　(C) 長期間的儲存易因氧化作用而起熱分解　(D) 因燃燒速度快，不適合以窒息方式滅火

（D）　51. 液化之氰化氫長時間儲存時，由於水分的存在，將會進行下列何種放熱反應而自然發火（自燃）？

(A) 分解　(B) 氧化　(C) 吸著　(D) 聚合

（B）　52. 依據我國公共危險物品之分類，下列哪兩類危險物品無混合後之危險？

(A) 第一類、第二類　(B) 第二類、第四類

(C) 第二類、第三類　(D) 第二類、第六類

（D）　53. 依據「公共危險物品及可燃性高壓氣體設置標準暨安全管理辦法」之分類，下列何者為第六類危險物品？

(A) 烷基鋁　(B) 赤磷　(C) 丙酮　(D) 硝酸

（B）　54. 對於危害性化學品災害現場搶救標準作業程序HAZMAT，第五項程序A代表的意義為何？

(A)危害辨識　(B)請求支援　(C)善後處理　(D)擬定行動方案

（B）　55. 下列何者物質不屬於「禁水性物質」？

(A) 鋅粉　(B) 碳酸氫鈉　(C) 三甲基鋁　(D) 二氫化矽

（D）　56. 有關自然發火物質之敘述，下列敘述何者正確？

(A) 動物油脂屬於分解熱蓄積發火之物質　(B) 乾草、棉屑屬於聚合發熱之物

質　(C) 硝化棉屬於氧化熱蓄積發火之物質[註9]　(D)活性碳屬於吸著熱蓄積發火之物質

(B) 57. 燒烤店或餐廳廚房之排油煙管若沉積厚重之油渣常導致蓄積何種反應熱而自然發火？　　(A) 分解熱　(B) 氧化熱　(C) 吸附熱　(D) 發酵熱

(D) 58. 金屬碳化物屬準自然發火物質的哪一類？
(A) 發熱物質本身會發火者　(B) 發熱物質使接觸之可燃物發火者
(C) 因氧化熱蓄積而發火者　(D) 反應產生可燃性氣體而發火者

(A) 59. 固體熱分解之速度假定為V，則在初期階段可用下列公式表示：$V = K_0 e^{-(E/RT)}$，K_0為頻率因子，E為分解必要之熱能，R為氣體常數，T為凱氏溫度，則下列影響熱分解速度之敘述何者正確？
(A) E愈小T愈大則V愈大　(B) E愈大T愈大則V愈大
(C) E愈大T愈小則V愈大　(D) E愈小T愈小則V愈大

(AB)60. 下列何種油類儲槽發生火災時，若無法迅速滅火，在油槽表面高溫油處進行泡沫放射後，會產生所謂的濺溢（slopover）現象？
(A) 原油　(B) 重質油　(C) 中質油　(D) 輕質油　(E) 特輕質油

(B) 61. 下述何者為NFPA危險物品標示的規定？
(A) 危險程度分為1，2，3，4等四級　(B) 藍色表示毒性
(C) 無色表示反應性　　　　　　　　(D) A和B都對

(D) 62. NFPA將菱形方格分割成四個小方格，並以小方格之位置及底色標示物質的危險性，下列何者正確？
(A) 可燃性標示於左方藍色小方格　(B) 反應性標示於上方紅色小方格
(C) 毒性標示於右方黃色小方格　　(D) 氧化性標示於下方無色小方格

(A) 63. NFPA標示藍色1級物品的危險性為何？
(A) 具刺激性，輕微影響健康　(B) 持續暴露會造成永久性傷害
(C) 短時間暴露會造成永久性傷害　(D) 短時間暴露會造成死亡

二、問答題

1. 就自然發火性物質而言，油脂類之火災並不鮮見，試問其係屬於何種熱的蓄積而

[註9]　硝化棉常溫緩慢分解放熱，超過40℃加速分解，放出熱量如不能及時散失，會造成溫升加劇至180℃時自燃。

發火之物質？判斷油脂自然發火之危險性之依據為何？試述其燃燒時之特徵。
（100年3等特考）

解：

(一) 油脂類係屬於氧化熱。

(二) 油脂的碘價愈高，說明油脂中含雙鍵愈多，因而發生自燃的可能性就愈大。碘價小於80～90的物質，一般不會發生自燃。

(三) 自然發火燃燒特徵

　　1.動物油因含有非常高飽和脂肪，燃點為290～315℃；植物油則不然，燃點為360℃，高於動物油燃點。從氧化熱蓄積而言，油脂類與礦物油燃燒顯著不同，由於礦物油是從礦物中提煉出來，不耐高溫，其速度較快。

　　2.植物油是不飽和脂肪酸與甘油酯化形成的。動物油是飽和脂肪酸與甘油酯化形成的。植物油含不飽和脂肪酸比動物油多，熔點低，在常溫下呈液體。動物油除豬油含不飽和脂肪酸較多以外，其他動物油脂都因含飽和脂肪酸較高，故而熔點高。

　　3.含有大量不飽和脂肪酸油脂類物質，假使附著在多孔性物質上，能增加比表面積，促進油脂氧化反應速度，又因多孔性產生斷熱效果，且在高溫、通風不良及長期堆積下易發生自燃發火之情形。

2. 何謂碘價？並請詳述其作用與相對應之火災危險。（97年消防升等考）

解：

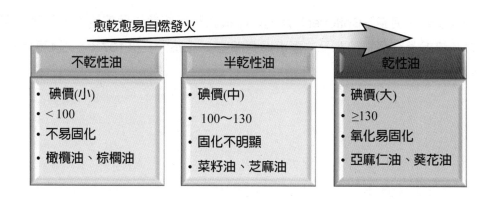

碘價是每100克樣品所消耗碘質量（g）。碘價常用來測定脂肪酸中不飽和度。碘價越高，對應的樣品中C=C含雙鍵量越高，自燃火災可能則升高。

---

3. 「公共危險物品及可燃性高壓氣體設置標準暨安全管理辦法」中之第三類公共危險物品：發火性液體、發火性固體及禁水性物質。依物質在空氣中發火性、與水接觸之發火性或產生可燃性氣體進行判定，試寫出下列物質遇水之化學反應方程式（需平衡係數）：

(1) 磷化鈣（Ca_3P_2）

(2) 氫化鈉（NaH）

(3) 碳化鋁（Al_4C_3）

(4) 碳化鎂（MgC_2）

(5) 三氯矽甲烷（Trichlorosilane）？（105年3等特考）

解：

1. $Ca_3P_2 + H_2O \rightarrow Ca(OH)_2 + PH_3$

2. $NaH + H_2O \rightarrow NaOH + H_2$

3. $Al_4C_3 + H_2O \rightarrow CH_4 + Al(OH)_3$

4. $MgC_2 + H_2O \rightarrow Mg(OH)_2 + C_2H_2$

5. $SiHCl_3 + 2H_2O \rightarrow SiO_2 + 3HCl + H_2$

4. 原油或重質油沸溢（Boilover）是消防隊搶救時可能發生危險情形，預測工作至為重要，請說明其發生徵兆及注意事項有那些？（25分）（107年一般4等特考）

解:

(1) 發生徵兆

(2) 注意事項

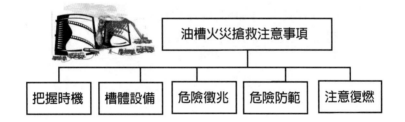

5. 根據下表中給予之公共危險物品的種類,填入其對應之公共危險物品的分類及名稱。(20分)三氯矽甲烷的儲存管制量為50公斤(kg),丙酮的儲存管制量為400公升(l),若三氯矽甲烷的儲存量為A,丙酮的儲存量為B,則A和B應符合何種關係來達到管制量的要求。(5分)(108年消防設備師)

種類	分類	名稱
三氯矽甲烷		
過氧化氫		
丙酮		
過錳酸鹽類		
有機過氧化物		

解：

(一) 填入其對應之公共危險物品的分類及名稱

種類	分類	名稱
三氯矽甲烷	第三類	禁水性及發火性物質
過氧化氫	第六類	氧化性液體
丙酮	第四類	易燃液體
過錳酸鹽類	第一類	氧化性固體
有機過氧化物	第五類	自反應及有機過氧化物

(二) 管制量的要求

儲存公共危險物品種類在二種以上時，計算其是否達管制量之方法，應以各該公共危險物品數量除以其管制量，所得商數之和如大於一時，則儲存總量即達管制量以上，計算式如下：

$$\frac{三氯矽甲烷的儲存數量}{三氯矽甲烷的儲存管制量} + \frac{丙酮的儲存數量}{丙酮的儲存管制量}$$

$$= \frac{三氯矽甲烷的儲存數量}{50} + \frac{丙酮的儲存數量}{400} > 1$$

第 **13** 章

建築物火災
（Architectural Fire）

　　建築物因用途不同，使用結構及材質迥異，一旦發生火災時，火勢特性及消防對策也有所差異。全球大都市因城市發展，土地使用面積有限，建築結構也儘量往上或往下延伸，形成超高樓層建築及地下之建築物陸續出現，而國內中小型工廠從民國80年代大量使用鐵皮屋建築，火災時有其特有發展。

　　在本章能提供讀者一個不同建築類火災大致的了解，在超高樓、地下及鐵皮屋建築等火災發展可能進行方式。為了能夠了解建築類火災，你需要對區劃空間火災發展之初期、成長期和最盛期過程，具有某種程度之專業知識。本書在第9、10章包含了這些火災行為與火災煙流重要知識的描述，能提供你對建築物火災動力學奠定良好之基礎。

　　本章先從國內最普遍之耐火構造建築火災談起，再者是超高樓及地下建築、鐵皮屋，最後，針對現今國內愈來愈多之倉儲類建築火災，作專節探討；以使讀者對建築類火災有專業之基本了解。

第1節　耐火構造建築（Fire-Resistant Construction）

　　耐火構造（Fire-Resistant Construction）多為鋼筋混凝土結構建築，持續向高層化或地下層化，在使用形態較複雜化。

圖13-1　耐火構造建築人命安全問題

一、耐火構造建築火災學特性

1. 通風控制燃燒：立體多層密閉構造，造成火勢成長期之火災生成物排出不易及開口供氧不足，形成火勢由初期燃料控制很快進入通風控制型態。

2. 牆壁熱慣性：建築結構的主要承重構件為鋼筋混凝土構件，其黏土磚、砌塊構成的牆體，牆壁柱體一定承載厚度，致牆壁熱慣性大，扮演火勢成長期之熱容吸收，空間溫升比其他構造建築物慢。

3. 立體煙流：由於立體的消防活動，易使消防力分散。

4. 濃煙充斥：大樓防火區劃之空間小型化，由於有密閉構造形態，易充滿樓梯間濃煙熱氣流及有毒氣體問題。

5. 管道煙流：建築物垂直管道區劃，火勢往上層延燒危險大；又水平方向上有導管與配管分佈，使火勢有二次延燒之可能。

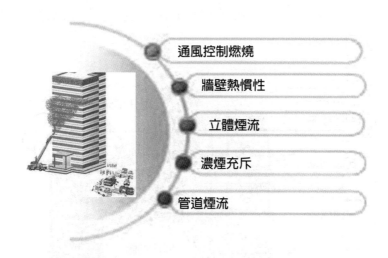

圖13-2 耐火構造建築火災學特性

二、耐火構造建築火災消防特性

1. 人命問題：建築使用用途及往上垂直發展，一般在建築物內部使用人員多且密度較集中，需救助者比平面火災多，假使樓層愈高，消防隊滅火、防止火勢蔓延以及救助、救護、避難引導等活動規模也會愈大，易生搶救人命與滅火活動消防競合。

2. 入口限定：由於需從外部進入，往火點室之進入口受到限定，且活動空間也

非常狹礙。

3. 長時活動：由於一般對象物有大規模化，進行實態把握所需時間較多。如報案延遲，火勢成長期進入最盛期，愈會形成長時間消防活動，消防救災人員較容易產生疲勞狀態。

4. 掉落物體：高處窗戶玻璃及廣告看板等破損掉落，易使消防人員砸傷或跌倒等受傷危險高。

5. 責任細分：大樓對象物責任區分有細分傾向，較難掌握特定之關係者。

6. 消防設備：有效運用建築物消防設備，如警報設備受信總機，且確認火勢起火及延燒範圍；滅火設備或排煙設備之手動啓動，能使消防活動較易有效展開。

7. 水損問題：由於內部區劃等構造，易形成無效射水情況，造成上層水逕流，也產生下層樓水損問題（Water Damage）。

8. 危險因子：易充滿濃煙熱氣流及有毒氣體，也有危險物洩漏（如用戶瓦斯）及發生漏電等危險因子多。

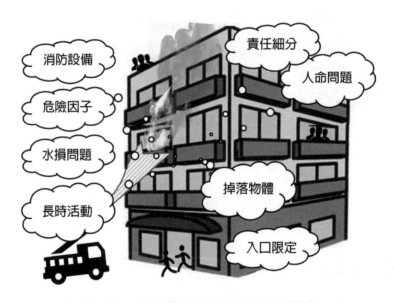

圖13-3　耐火構造建築火災消防特性

第2節　超高層建築（Ultra High-Rise Building）

　　超高層建築（Ultra High-Rise Building）依東京消防廳指出係超過100公尺建築物而言；由於超高層建築功能複雜、設備繁多及用途規模等，火災時搶救作業隨著災害規模相形擴展，帶有多種多樣之消防活動競合。

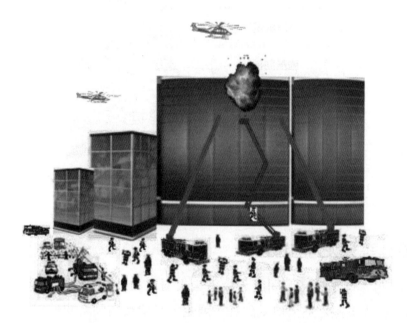

圖13-4　超高層建築火災消防設備活用

一、超高層建築火災學特性

1. 加速對流：高樓火災促使熱氣流向上浮昇原動力，與溫度、樓層高度成正比，樓層愈高，熱氣流上昇愈大。
2. 跳躍延燒：貫通管道密佈，垂直管道往上層易造成火災「跳躍式」延燒危險；且橫向導管配置，往水平方向延燒亦具相當危險性。
3. 強風助長：火災層及其上層窗戶玻璃一旦破裂，在高空強風給氧情況，火勢燃燒更加猛烈。
4. 鋼骨導熱：大樓如是鋼骨結構，由於鋼具良好導熱性，傳熱至鄰近空間，當火災熱超過538℃，鋼骨喪失1/2強度。

5. 抽引力強：抽引力大小與建築物高度成正相關，正負風壓可改變建築物內空氣自然流通之狀態；於頂層處豎井開口與大氣相通時，內部負壓會對豎井會產生強力抽吸作用。

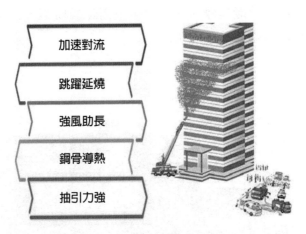

圖13-5　超高層建築火災學特性

二、超高層建築火災消防特性

1. 高度問題：首先是高度問題，接近火災層之方式被限制，射水量供應率也被限制。往火災室之進入口受到許多限定，且搶救活動空間較狹窄。

2. 收容人員：建築物收容人員多，災害時需救助者比率高，且因高度距離問題，避難時間較長。因消防活動形成立體作業，搶救之消防力易形成分斷。

3. 長時消防：火點狀況確認較困難大樓密閉構造易充滿濃煙，火點狀況確認較困難。大樓救災難以有效射水，易形成長時間消防搶救活動。

4. 危險因子：大樓內發生濃煙、熱氣充滿，有毒氣體、危險物質洩漏以及漏電等危險要因多。窗戶、廣告看板等雜物破損落下，及內部救災行動環境不明易形成救災人員跌傷，於搶救活動時傷亡危險性高。

5. 消防設備：對象物複合用途，災害實態狀態判斷需要較長時間。因內部區劃作業空間窄化關係，易造成無效射水與水損（Water Damage）之有效射水問題。必須有效活用對象物消防及建築防災設備，才能達成有效果之消防活動。

6. 通信障礙：大樓氣密性高，無線電等通信易生障礙，致指揮命令與回報等也

受相對影響。

7. 戰略受限：建築物頂樓與窗戶難以接近，火災搶救時必須從內部樓梯、器具與升高裝備才能到達，火場戰略所能運用之方式被限制。

圖13-6　超高層建築火災消防特性

例

1. 在都市為有效利用有限之空間，常會興建高樓大廈來符合空間之需求，因此我國高樓林立，請說明當高樓發生火災時，高樓火災具有那些特性？（25分）（104年消防行政與消防技術升等考）

2. 請從避難逃生及搶救觀點敘述高層建築物火災之特性。（25分）（96-1年設備師）

解：見本節所述。

第3節　地下建築（Underground Construction）

地下建築物（Underground Construction）與地面建築火災大相逕庭，從本身特點及其使用的複雜性，決定了其具有較大火災的危險性。

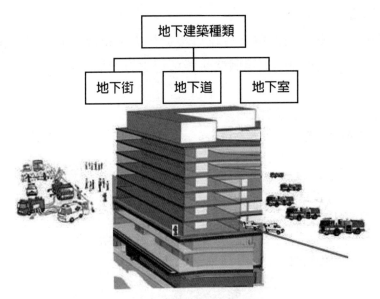

圖13-7　地下建築火災大量濃煙問題

一、地下建築火災學特性

1. 濃煙充斥：不同於一般建築物，地下建築開口相當少，供氧嚴重不足，大量深層濃煙充斥地下空間，致內部人員逃生不及問題。

2. 蓄熱容易：地下空間受邊界層封閉情況，致熱傳熱損少，火災生成熱得以大量保存，一直至火勢搶救熄滅後，內部仍高溫不退。

3. 通風控制：內部空氣受熱膨脹，壓力逐漸增大，火災室很快由燃料控制轉變為通風控制燃燒型態，開口中性面逐漸降低，由通風量決定燃燒。

4. 熱不安定：地下建築火勢不久後需靠開口氧氣供應，內部輕質碳素可燃物，如處在高溫情況下仍會繼續熱分解，釋放出CO、CO_2、H_2等氣體，並囤積地下空間而形成可燃氣體層，假使煙流帶有壓力狀間歇噴出、喘息狀或迴旋狀等，此際內部空間能量已呈現相當不安定（Thermal Instability）之危險情況。

5. 吸風效應：地面下與地面上建築物火災明顯不同是，前者火災生成熱幾乎被保存，於初期燃燒進展往往比後者快，但快速燃燒相對需大量氧氣配合，於開口處產生一種吸風效應現象（Induced Draught Effect）。

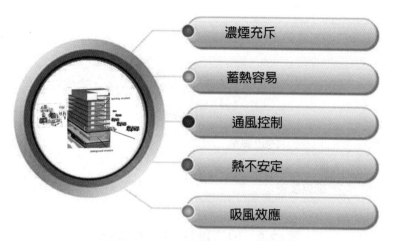

圖13-8　地下建築火災學特性

二、地下建築火災消防特性

1. 能見度差：地下空間濃煙使能見度降低，甚至小於危險可見視距（Precarious Visible Distance），行動能力明顯受限。

2. 內攻異常：短時間內空間充斥濃煙而難以消散，在消防活動時有其限制性。又侷限於外部視認現象，而僅憑內部煙流情況，來對地面下整個災害預測進行狀況判斷，加上四周黑暗難以尋路，使深入地下搶救之消防人員因環境狀況險惡不明，易使搶救人員產生心理上封閉感與壓迫感。

3. 火難攻擊：在沒有可靠安全措施之前提下，難以進行內部深入攻擊，因水帶延伸拖移笨重且有障礙物情況下，影響瞄子射水角度而難以有效直接攻擊火點；即使到場消防力較多，亦未能發揮充分作用。而內部人員無線電波也會受到地下層影響，指揮人員亦無法及時掌握地下內部情況。

4. 出入競合：出口在發生火災時既是疏散通道，又是排煙通道，同時也是消防救災通道。因此，地下建築出入口少，到場消防力量難以全面展開搶救。而到場必須組織救災人員完全著裝，配戴空氣呼吸器（SCBA），攜帶照明工具、安全繩等器材，滅火準備動作時間較長。

5. 次生災害：因火災溫度散熱困難，可能造成壁面剝落或吊飾體墜落；又消防射水累積，導致內部積水排放困難，水損問題污染嚴重。

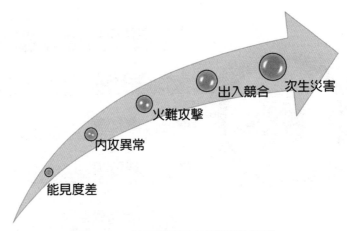

圖13-9 地下建築火災消防特性

例

1. 試說明地下建築物的種類及其火災特性。（25分）（98年消防行政與消防技術升等考）（102年4等一般特考）

2. 近來地下街、道、捷運系統等建築物大量出現，潛在生命、財產損失的重大危害，試就消防安全觀點列舉並簡述地下建築物火災之五種特性。（15分）（89年設備士）

3. 請從搶救及避難逃生觀點敘述地下建築物火災之特性？（25分）（96-2年設備師）

4. 試論地下建築物之火災特性。（25分）（82年3等特考）

解：本節所述。

第4節　鐵皮屋建築（Metal Type Structures）

鐵皮屋建築（Metal-Sheet Type Structures）自民國70年代末以來陸續使用，尤其中小型工廠，此類建築有其潛在火災人命危險特性。

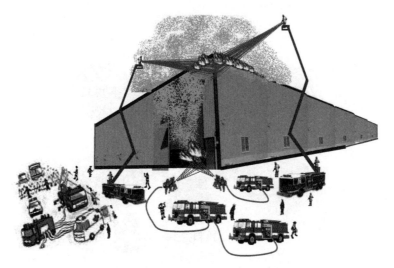

圖13-10　鐵皮屋建築潛在火災危險

一、鐵皮屋火災學特性

1. 燃料控制：因廠房加高加大空間設計，因空間利用及光線取得，空間加大致使火災初、中期即有充沛氧氣供應，火災成長期有最長之燃料控制燃燒型態。

2. 閃燃現象：廠房無防火區劃，火勢向任何方向蔓延，一旦火災成長熱釋放率足夠強時，閃燃現象往往在消防隊介入時就已發生了，擴大了消防搶救資源。

3. 爆燃現象：因火災於初期及成長期中，因空間容積大，可供應火災燃燒所需氧氣，使火災室熱量蓄積至一定高溫後，假使開口緊閉致燃燒生成物無法排出，使燃燒轉變成通風控制型態，一旦前來搶救破門，出現爆燃危險現象。

4. 火成長快：因牆壁屬性薄，吸收火災熱有限，即邊界層熱容少，使成長期火災熱蓄積快，短時間使消防隊無法在其未形成大火前，即趕到現場進行搶救。

5. 輻射回饋：工業廠房火載量與火災猛烈度相對較大，廠房堆積燃料相鄰燃燒，致火災輻射能回饋效應（Radiation Energy Feedback）顯著。

6. 火爐現象：因空間利用及光線取得，往往加高加大空間之設計，於足夠火載量，又燃料控制型態時間長，使火災燃燒之熱釋放率持續囤積在屋內，形成火爐現象。

圖13-11　鐵皮屋火災學特性

二、鐵皮屋火災消防特性

1. 防火區劃差：一棟鐵皮屋建築大多僅為一區劃空間，，即使廠房面積規模較大，往往難以進行有效空間上之防火區劃處理。

2. 人命死亡高：在樓上層可能一般房間使用，一旦從地面層火災，樓上人員往往逃生無門，形成立體燃燒態勢，人命死亡率相當高。

3. 耐火等級差：鐵皮屋建做為中小型工廠加工、傢俱行或為倉儲使用，薄鐵皮結構耐火等級低，火災發生容易燒塌整體構架。

4. 救災威脅多：無防火披覆層的金屬構件在火災高溫作用下，力學性能會迅速發生變化，短時間其強度就會喪失，並威脅救災人員之安全。

5. 空間跨度大：大空間建築物、跨度大、層間高，缺少實體分隔所形成的建築。而鋼材結構主要承重構件，火災因承載問題造成建築的整體或部分坍塌。

6. 易連棟燃燒：火勢燒至鄰棟速度相當快，因火勢延燒僅為一牆之隔，在二戶之間牆壁接縫問題，且為薄金屬熱傳導大，易使高溫熱煙層流至某種程度，延燒至鄰戶。

7. 起火因子多：鐵皮屋廠房與住宅併合使用，因工業處理往往有大量灰塵且機器軸承必須有油脂潤滑，如裝置缺陷、破損洩漏、異常發熱、電源積污導電

或插頭氧化亞銅等，使鐵皮屋廠房潛伏較多火災危險要因，導致火災機率高。

圖13-12 鐵皮屋火災消防特性

第5節 倉儲類建築（Warehouse Type Structures）

倉儲是以貯藏貨物、商品、產品等物流建築物，在國內經濟發展上有日益增加**趨勢**。

一、倉儲建築火災學特性

1. 高火載量：大型倉儲主要用於儲存和流轉製品等，有相當比例是可燃物，貨架間雖有一定間距，但在整體上存放仍是高度密集的；且包裝使用木板紙箱使其較高火載量。

2. 深層火災：高架貨物堆積超過6m，貨架與貨架間通道的寬度小。加上堆物的重量，在火災下貨架塌陷，火堆深層燃料因氧氣問題，燃燒沿著堆疊縫隙向內部縱深發展，形成典型深層火災型態（Deep Seat Fire）。

3. 立體火災：大型倉儲建築高度高達10m以上，底層貨物起火後沿著貨架向上蔓延，同時，高位貨架的燃燒碎片墜，也將引燃其他貨架上的貨物，形成立體燃燒現象（Three-Dimensional Fire）。

4. 扇形擴展火災：倉儲佈局之間影響火災行為，一般倉儲結構所創造的縱橫氣流空隙，此時火災行為取決於儲存物的可燃表面與儲存物間縱橫通風空間；通常火焰的擴展呈扇形，即底部火焰對上方的物料預熱燃燒，隨著高度而扇形面積增大。

5. 形成飛火：倉儲發生火災後，堆疊出現坍塌或火勢一旦突破屋面後，由於燃燒區和周圍環境溫差大，自然形成強烈的空氣對流，從而使燃燒火星隨著火羽流於下風處出現新火點（Spotting Fire）。

6. 閃燃提早出現：可以預見的，倉儲貨架高，通道很窄，形成煙囪管道效應，對流加快使火煙迅速充滿整個空間，閃燃相對較早出現。

圖13-13　倉儲建築火災學特性

二、倉儲火災消防特性

1. 防火區劃無：火勢能隨意向室內任何方向蔓延，火災煙流易水平擴展瀰漫整個廠房。

2. 空間跨度大：倉儲空間使用，形成大跨度、大空間之特點，且無防火分隔，因現代物流倉儲貨物流通較快，在建築內滯留時間短，主要是為周邊區域之門面店提供物流服務；由於流轉需要，所需裝卸、分揀、儲存等作業面積

大。

3. 耐火等級低：在各類普通倉儲中，除多層庫房、高架倉儲和部分外貿倉儲耐火等級較高外，一般單層倉儲或簡易倉儲多為耐火極限較低之建築。

4. 結構高溫塌陷：鋼結構倉儲主要承重構件，是利用型鋼經過鉚焊加工製成的，由許多因素能引起鋼結構倉儲在火災中倒塌變形，如高溫作用、鋼結構的冷熱驟變、結構應力關係的破壞等。

5. 貨物高聳塌陷：內部通道狹窄，又高聳貨物燃燒會塌陷，對入內救災人員有一定危險。

6. 水源缺乏：因土地價位問題多地處偏僻，水源較具缺乏。

7. 外部搶救：窗戶設置少，且開窗位置相對較高，外部搶救形成射水水損等問題。

8. 火場監視：A建築物結構。B設備狀況。C救災人員問題。D火場條件。

圖13-14　倉儲火災消防特性

例

1. 試述大型挑高空間之潛在火災危險性。（15分）（90年設備士）

2. 請說明高架倉儲火災之主要致災因素有那些？（25分）（97-2年設備師）

解：見本節說明。

第6節　歷屆考題精解

一、選擇題

(D)　1. 有關地下建築物火災之敘述,下列何者錯誤?

　　　(A) 火點發現困難　(B) 搶救工作危險　(C) 火場瞬息萬變　(D) 不易延燒

　　　註:地下室火災會很快轉變為通風控制型態,火勢燃燒不完全且濃煙瀰漫,

　　　　　延燒趨慢,本題國內一些火災學課本答案是有問題的。

(C)　2. 下列有關地下建築物火災之敘述,何者有誤?

　　　(A) 高溫灼熱,火點發現困難　(B) 容易造成水損　(C) 局限於地下室,不易

　　　延燒　(D) 可以使用紅外線火源探測器,以即早發現火源

　　　註:如上一題所述。

(A)　3. 地下室火災具有下列何種現象?

　　　(A) 通風控制火災　(B) 容易灌救　(C) 災後復原容易　火勢控制容易

(C)　4. 有關地下建築物火災之特性,下列敘述何者錯誤?

　　　(A) 火災現場瞬息萬變　(B) 搶救工作危險重重

　　　(C) 容易發現火點　　　(D) 水損嚴重

(A)　5. 下列何者非地下建築物火災特殊之處?

　　　(A) 不會複燃　(B) 搶救困難　(C) 火點發現困難　(D) 水損嚴重

(C)　6. 有關高樓建築物火災之特性,下列敘述何者錯誤?

　　　(A) 火場濃煙密布　(B) 內部高溫灼熱

　　　(C) 延燒速度受限　(D) 人員逃生不易

二、問答題

1.　請說明地下建築物火災與高層建築物火災相似之特性。(**97-1年設備師**)

解:

　　二者火災有其相當差異性,做此類比並不是很恰當。

　　基本上,相似性因二者同是本章第1節耐火構造建築。

　　1. 濃煙充斥

　　　易充滿濃煙熱氣流及有毒氣體

2. 使用人員多

一般在建築物內部使用人員多，發生需救助者機率較高。

3. 責任細分

對象物責任區分有細分傾向，較難掌握特定之關係者。

4. 大規模化

由於一般對象物有大規模化，進行實態把握所需時間較多。

5. 密閉構造

由於有密閉構造形態，火災時濃煙易充斥，進行火點與狀況把握較困難。

6. 管道區劃

建築物垂直管道區劃，火勢往上層延燒危險大；又水平方向上有導管與配管分佈，使火勢有二次延燒之可能。

7. 較易水損

由於內部區劃等構造，易形成無效射水情況，也較易產生水損（Water Damage）。

8. 無線電障礙

由於氣密性使無線電通話易生障礙。

9. 建築物消防設備

有效運用建築物消防設備，能使消防活動較易有效展開。

2. 地下建築物發生火災事故時，因結構與密閉建築物空間相似，且人員與煙均往上方移動，常使人員陷入危險狀況。請說明完善的地下建築物防火計畫應具備之特點為何？（105年設備師）

解：

依民86年之地下建築物防災計畫書及管理維護計畫書內容指出，防災計畫書部分：

(一) 計畫書內容

　　1.「全案概要」說明資料

　　　(1) 基地概要說明。

　　　(2) 建築概要說明。

　　　(3) 設備概要說明。

2.「防災計畫概要」說明資料

(1) 防災計畫之基本原則。

(2) 防災消防計畫之要點。

3.「防災消防等相關設施設備之計畫」資料

(1) 避難計畫與避難時間之檢討。

(2) 標示設備。

(3) 防火區劃、防煙區劃。

(4) 排煙設備。

(5) 滅火設備。

(6) 消防搶救上之必要設備。

(7) 警報設備。

(8) 緊急供電系統。

(9) 中央管理室（防災中心）設置。

(10) 防災設備一覽表。

4.「室內裝修材料及構造」之說明資料

(1)內部裝修計畫說明。

(2)構造計畫說明。

5.其他經指定之資料。

(二) 計畫圖內容

1.防災設施配置圖

含中央管理室（或防災中心）、防火區劃、防煙區劃、排煙設備、避難路
徑等之各層平面配置圖。

2.消防相關設備、設施配置圖

含滅火設備、警報設備、消防搶救上之必要設備、避難設備、緊急進口設
備、消防隊進出路徑等之各層平面配置圖。

3.其他設備配置圖

含火源使用設備、電氣設備、空調、換氣設備、緊急電源設備、無線電通
信輔助設備之各層平面配置圖。

4.構造詳細圖

含內部裝修材料表、防火構造、防火與防煙區劃構造、排煙設備與避難路
徑相關構造關係、建築設備與防災設施構造相關關係之構造詳細圖。

第 **14** 章

非建築物火災
（Non-Architectural Fire）

在本章幾種較典型之非建築類火災特性，係進階課程能提供讀者大致的了解，於一般課程可略過本章。在地鐵捷運、隧道、船舶及飛機等結構性，與戶外森林，在火災與消防活動特性。爲了能夠了解非建築類火災，你需要對區劃空間火災發展之初期、成長期和最盛期過程，具有某種程度之專業知識。本書在第2、9、10章包含了這些燃燒科學、火災行爲與火災煙流重要知識的描述，能協助奠定非建築物火災動力學之良好基礎。

第1節　地鐵捷運火災（Metropolitan Railway Seriers Fire）

地下空間因地下化及近似密閉化，一旦發生火災時，由於其特殊環境可能引發多數死傷者而發展成重大災害之危險性。有關地鐵捷運火災學特性如次：

1. 通風控制燃燒：列車之車座及其裝飾材料成爲火災燃料，釋放出毒性氣體，加上地下供氧不足，燃燒不完全，致發煙量大；同時出入口少，大量濃煙僅能從一二個洞口向外湧出，與地面空氣對流速度慢，地下洞口之吸風效應使向外擴散部分濃煙氣又被洞口卷吸回來。

2. 火災高溫持久：地鐵（捷運），地下空間相對封閉、疏散條件更差，軌道電源可能會因火災高溫燒損而被自動切斷，通風系統失效，失去通風排煙作用。形成大量有毒煙氣和黑暗之侷限空間環境，致消防活動之疏散及救災工作有其相當困難性。

3. 逃生及煙流競合：乘客在地下軌道中逃生方向和煙氣擴散方向均由下往上，車站即是乘客逃生出入口，可能也是火災煙出口，致人員疏散逃生受限。

4. 熱氣流吹向後面車廂：列車運行時，車廂內發生了火災和煙氣擴散，在隧道內氣流作用下，從起火車廂處產生高溫氣體被氣流攜帶向下游車廂蔓延，位於起火車廂後部乘客，將會很快受高溫灼傷和煙氣毒害之傷害。

5. 洞口卷吸效應：火災燃燒生成物之易燃碳氫化合物，集中在內部某一個空間，加之地下軌道較長且通風不良，會形成一個低擴散區，使易燃氣體能快速積累到燃燒爆炸範圍，且地鐵的出入口少，洞口「吸風」效應（Suction Effect）使向外擴散的煙霧部分，又被洞口卷吸回來，易令內部人員產生窒息現象。

圖14-1　地鐵捷運空間封閉性有聯絡通信上困難問題

第2節　隧道火災（Tunnel Fires）

隧道是一種重要的交通設施，由於特殊的空間局限性，一旦發生火災，無論火勢搶救和人員疏散皆具一定困難性。於公路或鐵路隧道內交通事故等造成火災發生之情況，從隧道構造及環境特性，由過去許多國外災害例，往往會發生多數死傷者及發展為危險性極大之災害；因此，於隧道火災學特性如次：

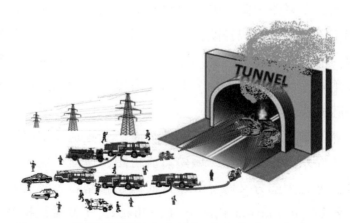

圖14-2　隧道救援面窄內部氣流會往同一方向流動

1. 火災成長期迅速：火災時發煙量與可燃物之物理、化學特性和供氣程度有關。隧道由於內部空間較小，處於近似密閉狀態，供氧來源受限，多產生不

完全燃燒，發煙量大且難以擴散。又因隧道結構特殊，火災發生後，無法自然排煙，致濃厚黑煙（來自於車輛座椅或輪胎等）源源產生且無以消散，而燃燒所產生之熱能易於囤積，短時間內將形成高溫，而汽車之油箱亦將導致火勢迅速燃燒，促使火勢更加猛烈。

2. 侷限空間高溫：拱頂設施物燒塌：空間相對封閉，火災後溫升快，短時間內隧道基礎設施會受到高溫損壞，隧道拱頂混凝土或設施物可能有燒塌崩落的危險。

3. A/B類火災：隧道內火災與車載危險物品火災，同樣呈現出相當A類與B類火災危險性。又於海底或湖底等隧道，大都有裝載危險物品車輛之通行限制，但一般車輛之汽油箱（第四類危險物品），即裝有相當量之易燃性危險物質。

4. 火災生成物多：隧道橫斷面窄且車道狹小，火災後所產生之高溫易使隧道內之照明設施即刻失效，內部人員能見度喪失，又空間濃煙大量蓄積，小於危險可見視距，行動能力相當低。且隧道內常有較大縱向風流，會使隧道整個斷面空間彌漫濃煙，能見度急劇降低；而空氣中含有高濃度有毒氣體充斥，在如此極端惡劣之環境狀況下，人員避難更形困難，車輛亦前後接連阻塞，導致疏散困難問題。

5. 洞口效應：所處內部空間濃煙毒氣瀰漫，搶救人員進攻路徑單一，故視線、體能均受到諸多考驗，瞄子射水難以有效攻擊火點，無論是救災抑或傷患運出皆極端不易。又受近似密閉式火場空間結構，延燒中之車輛影響，因隧道空間是狹長的孔洞結構，這將加速火災水平蔓延，熱量不易散出而溫度上升快，並產生較強持續高溫作用。消防人員難以在內部進行有效率之活動，搶救時間勢必拉長。

6. 火災輻射熱回饋效應：隧道內火災熱煙層，受隧道淨空間限制，集中在隧道頂部，火流向水平方向延伸，熾熱氣流可順風傳播很遠，可燃物燃燒能量傳給熱煙氣流，且大部分又傳至隧道壁面襯砌和圍岩，致受限空間內部產生輻射熱回饋效應（Radiation Energy Feedback），高溫能持續保持一段很長時間，隧道交通勢必封閉多時以上。

圖14-3 隧道特殊空間局限性火災人員疏散具困難性

第3節 船舶火災（Shipboards Fire）

船舶作為海面運輸工具，其獨特功能和結構特徵，即已決定了船舶一旦發生事故所具有特殊屬性。船舶是一個相對獨立之流動個體，由於自身功能限制，形成內部空間狹小、設備集中以及環境多元複雜；因此，於船舶火災學特性如次：

圖14-4 船舶火災深層立體構造致搶救作業上、通風排煙與進入滅火困難

1. 火災多種屬性：甲板下機械室火災如同地下室火災特性；船載危險物品情況如同危險物品火災特性；甲板上船樓情況如同高層建築物火災特性
2. 火災生成物排放困難：為防止下沉，設計了許多隔牆和隔間，火災時雖可發

揮防火區劃功能，對於防止火災燃燒擴大有極大貢獻，然而卻造成熱氣和煙霧排放困難，使逃生動線複雜化。

3. 邊界層熱傳導作用：區劃空間之六面壁（邊界層），材質由傳導性高鋼板組成，有顯著熱傳導作用，增加鄰近空間燃燒擴大。

4. 火煙立體蔓延：為了空間利用容納大量乘客和貨物，設計成複雜的結構，發生火災等緊急狀況時，逃生通道和避難空間不足。而船舶立體深層構造且狹窄，形成火煙流立體向上竄延，內部能見度低，通道縱橫交叉，多層立體空間錯置迷失，消防活動具非常高危險屬性。

5. 通風控制火災：船舶內部具有狹小（封閉）空間，通風不易濃煙難以散除，結構緊湊複雜燃料（油）儲備量大，熱傳導性能強等特性，燃燒實體難以接近搶救。

6. 火災熱量射水限制：受災船舶因燒損或搶救過剩水量，致有翻覆或沈沒之可能，同時亦會影響在旁搶救消防船（艇）之翻沒。消防搶救時應特別注意滅火效果與最低限度之射水量。

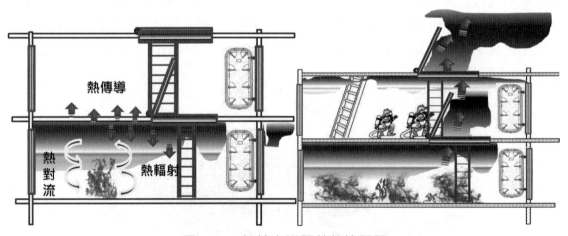

圖14-5　船舶火災顯著熱傳問題

第4節　飛機火災（Airplane Fire）

本節係進階課程，一般課程可略過本節。

飛機是快速便捷交通工具，火災時因飛機結構及航空燃料特性，有其獨特火災特性；且飛機是一種精密度高、造價昂貴航空工具，無論是大量人命傷亡或是本身經濟損失，皆會衝擊至政治社會層面。因此，於飛機火災學特性如次：

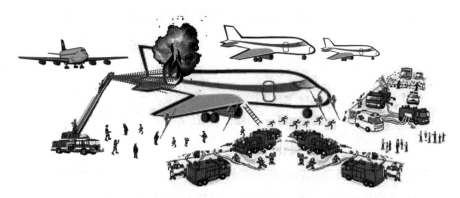

圖14-6　飛機火災時因結構、特性及本身航空燃料引火性強

1. 火勢直接進入最盛期：飛機撞擊後，油箱主結構破壞，由於前沖量與風之剪切作用，燃油可能呈霧狀釋出，易為損壞的電路、高熱發動機表面或地面摩擦所引燃。引火性高燃料，致飛機事故多無一般火災初期與成長期階段，往往是直接進入火災最盛期階段。

2. 燃料油類火災：飛機裝載燃料量有頗大差異，於離陸時燃油箱滿載，而著陸時燃油箱油較少。因此燃油量多少會決定大火持續時間。一架飛機攜油量相當於一小型汽油儲槽，破裂一遇火源即引起燃燒爆炸。

3. 結構解體火災：飛機具快速運動能，機體易破裂粉碎而散開，其燃料因大範圍飛散情況，同時發生激烈燃燒現象。

4. 燃燒與爆炸交替發生：飛機上油箱、氧氣瓶等物品，燃燒引起爆炸，爆炸使燃燒高速度擴大面積發展。

5. 火災溫度相當高：飛機在不同高度飛行，油箱內蒸氣空間條件變化急劇，一般油箱充填惰性氣體，但撞擊後油箱破裂，惰性保護氣體幾乎消失。而航空低閃火點燃油，產生高熱通量（Heat Flow）甚高於建築物火災溫度。

圖14-7　機身空間有特殊火災行為（筆者美國DFW訓練）

第5節　森林火燒（Forest Fires）

台灣因地處低緯度海島型環境因而氣候溼度較高，在森林火燒問題與其他國家相較並不明顯；儘管如此，一旦發生了森林大火將耗費大量人力、物力來加以處理，而造成難以忍受之社會成本損失。森林火災是在野外開放條件下火災，有很大程度上受環境氣象及地形坡度影響。因此，森林火災學特性如次：

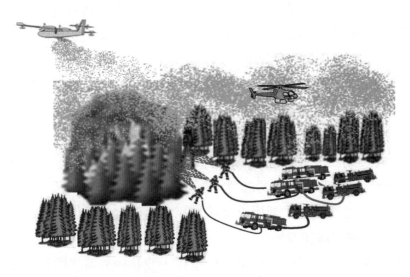

圖14-8　森林大火將耗費大量人力、物力

1. 地表火（Surface Fires）：地表面上覆著之雜草、落葉枯枝等，屬於易燃燒之物質，並受到地形、風向、風速、降雨量、溼度等影響，為森林火災最常發生之燃燒型態；其煙大多呈淺灰色。

2. 地下火（Ground Fires）：是看不見火焰，只有煙氣，無焰燃燒會一直深入至礦物層與地下水邊緣處。一般而言，地下火只有會在乾旱季節內才會發生。地下火因氧氣受限致延燒速度較慢，燃燒常持續悶燒至數週之久，也難判斷是否撲滅。

3. 樹冠火（Crown Fires）：樹由地表火及飛火（Spotting Fire）引起的；一般而言，地表火必須是強烈才足以引發樹冠火。一旦形成樹冠火時，火勢便會變成強烈，滅火困難度增加。

4. 樹幹火（Stem Fires）：樹幹火多為老齡樹種，由地表火引起的，為粗枯木或空洞之樹幹燃燒。

5. 受可燃物（林相）特性火災：在雜草地區輕質可燃物，火勢燃燒性較林木區迅速，延燒移動較快。在針葉樹或二葉松林林區，因燃燒容易往往形成樹冠火型態。幼齡林地區（未滿20年齡木），因樹木間採光較好，地面上之雜草生長較繁茂，易成為地表火型態。壯齡林地區（指生長20～60年），因樹幹間鬱閉度較密，形成地表上陰涼無日照，地面上雜草生長較細小稀疏，因而起火危險性較小。老齡林地區（指生長60年以上），因樹幹間鬱閉度不似壯齡林區密，陽光可穿入樹梢間使地面上雜草繁茂，易成地表火延燒。

6. 受地形特性火災：在陡峭斜面上燃燒熱氣流沿著山腹上昇形成對流輻射之預燃效應；火勢在山谷地區內燃燒，形成空氣對流柱使氧氣供應充足；火勢在林木間燃燒熱流，會形成隙縫風流，產生往上吹加速現象，助長火流上舉作用。在傾斜斜面上因重力使燃燒枝屑掉落或滾落，易演變成下方處另一火勢形成。

7. 受氣象特性火災：降雨量與相對溼度決定地表落葉含水分多少，主要影響起火機率。相對溼度30%以下時，無論是起火率、延燒擴展與飛火危險皆變成極高。風能造成火勢前端形成跳躍式飛火，風扮演降低火焰與燃料之間所形成角度，及增加火焰前端未燃燒燃料之輻射能預熱效果，並帶來新鮮空氣幫助燃燒，又風促使燃料溼度變化，使燃料更易蔓延。

圖14-9 森林火燒採取守勢之消術戰術（筆者指揮消防單位武陵森林大火）

8. 森林火災危險指標：

(1) 不穩定盛氣流。

(2) 螺旋狀火焰產生。

(3) 強烈對流煙柱。

(4) 飛火產生。

(5) 樹冠著火。

(6) 火焰長度超過2.5公尺。

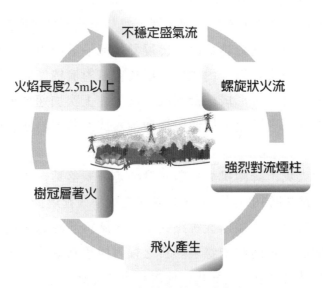

圖14-10 森林火燒危險指標

例 森林火災與都市建築物火災燃燒型態不同，請問森林火災影響延燒之因素為何？又其火災種類及燃燒特性各如何？（25分）（91年3等特考）

解：見本節所述。

第6節　歷屆考題精解

一、選擇題

（D）　1. 下列有關森林火災之敘述，何者有誤？

(A) 地表火多呈花斑狀蔓延　(B) 地表火強度增強會轉爲樹冠火　(C) 火線強度達到2.5MW/m以上時，可能有飛火及火旋風出現　(D) 森林火災等級以火焰高度及風速劃分火強度等級

（B）　2. 下列關於森林火災的敘述，何者錯誤？

(A) 樹冠火多爲地表火所引起，一般油脂較多的針葉樹具有易燃的危險

(B) 發生與地面下可燃性有機物質存在有關，因燃燒時有大量空氣供應，故不易滅火

(C) 樹幹火以枯木、空洞化之針葉林老樹等情況較容易引起

(D) 地表火爲森林火災中最容易發生的火災

（C）　3. 森林火災常發生於冬季，此類火災之形成與何種天氣因素關係較大？

(A) 風　(B) 溫度　(C) 溼度　(D) 雨

（B）　4. 下列何者符合高樓逃生通道及逃生出口之設計原則？

(A) 地下室之逃生出口至少應在三個以上　(B) 逃生應以樓梯及斜坡通道爲主，緩降機爲輔　(C) 避難通道宜直宜短，但路短比路直更重要　(D) 建築物之逃生出口數目，係依樓地板面積之大小而定

二、問答題

1. 雪山隧道在今年發生通車以來人員傷亡最嚴重之火燒車事件，長公路隧道之火災安全問題再次引起國人之關切，試就公路隧道之火災特性探討此次火燒車事件改善因應對策。（101年消防人員升等考）

解：

(一) 火災特性如圖

（文字說明見本章第2節）

對策如次：

1. 排煙設計

(1)隧道內車行及人行連絡道及導坑之通風設施，所需之空氣係由洞口機房之送風機，分開獨立送風；避難聯絡道內持續不斷有空氣供應並使之保持正壓，事故時隧道內產生的煙不致滲入避難連絡道內。

(2)用路人應依指示採逆行車方向逃生，且於進入連絡隧道後，應立即關閉逃生門。

2. 逃生訊息

採順向排煙，人員應立即往逆行車方向逃生，也可經由逃生指示標誌，迅速進入人行或車行連絡隧道內待援，利用連絡隧道緊急電話與行控中心聯繫，並聽其指揮。

3. 不斷電系統

雪山隧道不斷電系統，係在台電供電突然中斷時，可接續供電，惟火災常導致線路燒燬，致電力無法傳輸，應有備用或耐燃防護措施之線路。

2. 可燃物、地形和氣象為影響森林火災的主要因素，請依火災學的原理分別論述其與火勢控制的影響因子。（**91年設備師**）

解：

1. 受可燃物（林相）特性火災：在雜草地區輕質可燃物，火勢燃燒性較林木區迅速，延燒移動較快。在針葉樹或二葉松林林區，因燃燒容易往往形成樹冠火型態。幼齡林地區（未滿20年齡木），因樹木間採光較好，地面上之雜草生長較繁茂，易成為地表火型態。壯齡林地區（指生長20～60年），因樹幹間鬱閉度較密，形成地表上陰涼無日照，地面上雜草生長較細小稀疏，因而起火危險性較小。老齡林地區（指生長60年以上），因樹幹間鬱閉度不似壯齡林區密，陽光可穿入樹梢間使地面上雜草繁茂，易成地表火延燒。

2. 受地形特性火災：在陡峭斜面上燃燒熱氣流沿著山腹上昇形成對流輻射之預燃效應；火勢在山谷地區內燃燒，形成空氣對流柱使氧氣供應充足；火勢在林木間燃燒熱流，會形成隙縫風流，產生往上吹加速現象，助長火流上舉作用。在傾斜斜面上因重力使燃燒枝屑掉落或滾落，易演變成下方處另一火勢形成。

3. 受氣象特性火災：降雨量與相對溼度決定地表落葉含水分多少，主要影響起火機率。相對溼度30%以下時，無論是起火率、延燒擴展與飛火危險皆變成極高。風能造成火勢前端形成跳躍式飛火，風扮演降低火焰與燃料之間所形成角度，及增加火焰前端未燃燒燃料之輻射能預熱效果，並帶來新鮮空氣幫助燃燒，又風促使燃料溼度變化，使燃料更易蔓延。

參考文獻

1. 八木雅弘，關於插頭積污導電伴隨漏電流檢出方法之研究，博士論文，名古屋工業大學甲第680號，平成21年

2. 王信群等，火災爆炸理論與預防控制技術，北京，冶金工業出版社，2014年。

3. 日産アーク株式會社，自然発火，技術営業部，平成9年。

4. 日本火災学会編，火災便覧第3版，共立出版株式会社，平成9年。

5. 石油産業技術研究所，第3章取扱物質の基礎知識，危険物（消防法関連），保安教育テキスト，平成30年。

6. 古积博，原油の燃焼性状，化学工学，1990，29(2)：95-99

7. 平野敏右，燃燒學—燃燒現象制御，日本海文堂出版株式会社，平成8年

8. 共立出版株式会社，火災便覽第3版，日本火災学会編，平成9年5月。

9. 陳弘毅、吳喨生，「火災學」（八版），鼎茂圖書出版公司，2013年。

10. 曾進財、盧守謙，全球性觀點解析閃燃與爆燃現象-1-，消防月刊，內政部消防署，民93年4月。

11. 曾進財、盧守謙，全球性觀點解析閃燃與爆燃現象-2-，消防月刊，內政部消防署，民93年5月。

12. 曾進財、盧守謙，全球性觀點解析閃燃與爆燃現象-3-，消防月刊，內政部消防署，民93年6月。

13. 曾進財、盧守謙，鐵皮屋大火延燒機制之探討，消防月刊，內政部消防署，內政部消防署，民94年8月，頁16～21。

14. 埼玉縣危險物事故防止連絡會，38混合混觸危險について，平成31年。

15. 森のエネルギー研究所，地球温暖化対策と大気汚染防止に資するコベネフィット技術等の評価検討業務報告書，平成23年。

16. 蔡匡忠等，風力效應下液體燃料火災燃燒模式之研究，行政院國家科學委員會專題研究計畫成果報告，96年07月。

17. 梁國偉、盧守謙，解析油類火災沸溢與濺溢現象-1-，消防月刊，內政部消防署，民96年4月。

18. 梁國偉、盧守謙，解析油類火災沸溢與濺益現象-2-，消防月刊，內政部消防署，民96

年5月。

19. 鍾基強等，既有合法建築物特別安全梯及緊急昇降機間排煙效能改善與驗證，內政部建築研究所委託研究報告，2008年12月。

20. 盧守謙與陳永隆著，防火防爆，五南圖書出版，2017年2月。

21. Babrauskas.V., SFPE Handbook, chapter Burning Rates. National Fire Protection Association, Quincy, Massachusetts, 2nd edition, 1995.

22. Babrauskas, V., How Do Electrical Wiring Faults Lead to Structure Ignitions? pp. 39-51 in Proc. Fireand Materials 2001 Conf., Interscience Communications Ltd., London. 2001.

23. Dehaan, J. D., "Kirk'S Fire Investigation", Sixth Edition, A Simon and Schuster Company, Englewood Cliffs, New Jersey 07632, 2007.

24. Drysdale, D., An Introduction to Fire Dynamics, John Wiley and Sons, Chichester 1985.

25. Drysdale Dougal, An Introduction to Fire Dynamics Second Edition, University of Edinburgh, UK, Fire Safety Engineering, 1999.

26. Drysdale Dougal, An Introduction to Fire Dynamics Three Edition, University of Edinburgh, UK, Fire Safety Engineering. 2011.

27. George W. M, Smoke production and propertics, SFPE Handbook of Fire Protection Engineering,2nd Edition, Chapter 15, Section 2, 1988.

28. Gottuk, The development and mitigation of backdraft: a real-scale shipboard study, Fire safety journal, Vol 33. 1999.

29. Hartin E.d., Archive for the 'Fire Behavior Training' Category, Gas Cooling: Part 5, CFBT-US. 2010.

30. IFSTA, Marine fire fighting, the Board of Regents, Oklahoma state University, International Fire Service Training Association, Fire Protection Publications, February. 2000.

31. IFSTA, Marine Fire Fighting for Land Based Firefighters, the Board of Regents, Oklahoma state University, International Fire Service Training Association, Fire Protection Publications, July 2001.

32. IFSTA, Marine Firefighting for Land Based Firefighters, 2nd Edition, the Board of Regents, Oklahoma state University, International Fire Service Training Association, Fire Protection Publications, July 2010.

33. Kosesi. H., A Study on Largescale Boilover using Crude Oil Containing Emulsified Water, Fire

Safety Science38. 2003.

34. Lars-Göran Bengtsson, Enclosure fires, NRS Tryckeri, Huskvarna, Sweden. 2001.

35. LASTFIRE, Boilover Research – Practical Lessons Learned, Project Coordinator: ENRG Consultants Ltd, UK, Issue 3 December 2016.

36. NFPA, Fire Protection Handbook Sixteenth Edition, the National Fire Protection Association, Batterymarch Park, Quincy, MA 02269. 1986.

37. NFPA, Fire Protection Guide to Hazardous Materials, 12 edition, National Fire Protection Association. 1997.

38. NFPA, Fire Protection Handbook, 20th Edition, National Fire Protection Association, Quincy, Massachusetts, 2008.

39. NFPA 30, "Flammable and Combustible Liquids Code", National Fire Protection Association (NFPA), Quincy, MA. 2015.

40. NFPA 77, Recommended Practice on Static Electricity, National Fire Protection Association. 2006.

41. NFPA 92A, Standard for smoke-control systems utilizing barriers and pressure difference, National Fire Protection Association, Quincy , MA. 2009 Edition,

42. NFPA 92B, Edition, Guide for Smoke Management systems in Malls, Atria, and Large areas, National Fire Protection Association, Quincy, MA. 2000.

43. NFPA 130, Standard for Fixed Guideway Transit and Passenger Rail Systems,2004 Edition.

44. NFPA 921, Guide for Fire and Explosion Investigations 2004 Edition.

45. NFPA 1405, Guide for Land-Based Fire Departments That Respond to Marine Vessel Fires, 2007 Edition.

46. NFPA 2000, Fire Protection Systems: Inspection, Test & Maintenance Manual. 2011.

47. Stefan Svensson, Fire Ventilation, the Swedish Rescue Services Agency, 91-7253-279-3, 2000.

48. U.S. Department of Transportation, Frothover , 49 CFR Parts 192 and 195 & Inspector Web-Based Training Terms, 2019.

49. WHA International, Inc, Auto-Ignition Temperature, Wendell Hull & Associates. 2015.

國家圖書館出版品預行編目資料

火災學／盧守謙作. －－三版. －－臺北市：
五南圖書出版股份有限公司, 2021.10
面； 公分
ISBN 978-626-317-040-7(平裝)

1.火災 2.消防

575.87 110012567

5T35

火災學

作　　者 — 盧守謙（481）

協同作者 — 陳承聖

發 行 人 — 楊榮川

總 經 理 — 楊士清

總 編 輯 — 楊秀麗

副總編輯 — 王正華

責任編輯 — 金明芬

封面設計 — 王麗娟

出 版 者 — 五南圖書出版股份有限公司

地　　址：106台北市大安區和平東路二段339號4樓

電　　話：(02)2705-5066　　傳　　真：(02)2706-6100

網　　址：https://www.wunan.com.tw

電子郵件：wunan@wunan.com.tw

劃撥帳號：01068953

戶　　名：五南圖書出版股份有限公司

法律顧問　林勝安律師事務所　林勝安律師

出版日期　2017年9月初版一刷
　　　　　2019年7月二版一刷
　　　　　2021年10月三版一刷

定　　價　新臺幣700元

經典永恆・名著常在

五十週年的獻禮——經典名著文庫

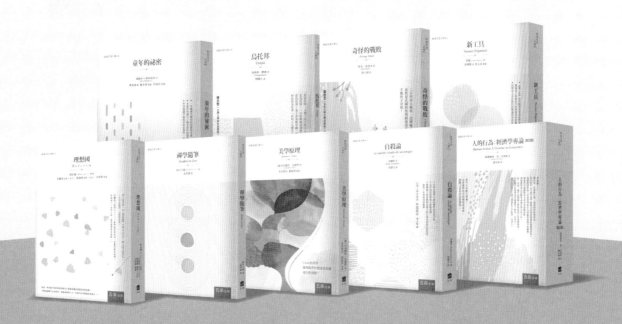

五南，五十年了，半個世紀，人生旅程的一大半，走過來了。

思索著，邁向百年的未來歷程，能為知識界、文化學術界作些什麼？

在速食文化的生態下，有什麼值得讓人雋永品味的？

歷代經典・當今名著，經過時間的洗禮，千錘百鍊，流傳至今，光芒耀人；

不僅使我們能領悟前人的智慧，同時也增深加廣我們思考的深度與視野。

我們決心投入巨資，有計畫的系統梳選，成立「經典名著文庫」，

希望收入古今中外思想性的、充滿睿智與獨見的經典、名著。

這是一項理想性的、永續性的巨大出版工程。

不在意讀者的眾寡，只考慮它的學術價值，力求完整展現先哲思想的軌跡；

為知識界開啟一片智慧之窗，營造一座百花綻放的世界文明公園，

任君遨遊、取菁吸蜜、嘉惠學子！